KB069029

SPORTS MARKETING 4.0

스포츠 마케팅 4.0

:4차 산업혁명 미래비전

문개성 지음

박영사

머리말

개정판에 들어가기에 앞서

스포츠 마케팅이란 실용학문에 4.0시장(market)을 의미하는 표식과 더불어 '4차 산업혁명 미래비전'이란 부제를 달고 지난 2018년 8월 15일 초판에 이어 개정판을 발간하게 됐습니다. 2021년 여름에 치러진 도쿄 올림픽으로 인해 원래 계획보다 출간일을 다소 늦추게 됐습니다. 스포츠 마케팅 분야에서도 짚고 넘어가지 않을 수 없는 매우 기묘한 이벤트이기 때문입니다.

본 개정판에는 <여기서 잠깐!> 코너를 신설하면서 보다 풍부한 내용을 담았습니다. 또한 칼럼과 저작을 통해 고민해봄직한 주제와 연결되는 부분에선 직접인용을 통해 소개했습니다. 이를 위해 본 저서의 특징인 미션과 이슈에 내용을 추가했습니다. 즉, 각 장에 진입하기에 앞서 무엇을 기본적으로 알아야 할지의 현재적 가치와 시대적 흐름에 맞춰 논의할 수 있는 현안을 공감하고자 했습니다. 또한 NCS(국가직무능력표준－스포츠 마케팅)의 자료를 통해 내용을 보강함으로써 실무적 마인드를 공유하고자 했습니다.

현대 인류가 경험해보지 못한 바이러스 팬데믹으로 다양한 직무에 대해 새로운 관점의 논의가 필요하게 됐습니다. 스포츠 마케팅 분야도 예외가 아닐 것입니다. 눈에 띄게 위축될 수도 있고, 또 다른 차원으로 더 확장될 수도 있습니다. 갑자기 찾아온 급변한 환경으로 혁신기술의 도약을 앞당기게 되면서 스포츠 소비의 방식이 다채로워지고 있습니다.

많은 사람들은 스포츠 마케팅 시장을 보다 풍요롭고 공정하기를 바랍니다. 이는 마케팅의 기본 원칙인 생산자, 유통자, 소비자 모두가 만족해야만이 지속가능한 시장(market)을 영위할 수 있다는 것을 익히 알고 있기 때문입니다. 이를 위해 노력하는 주체는 바로 우리입니다.

덧붙여 왜곡된 시장을 받아들이거나 저항하는 몫도 우리일 수밖에 없습니다. COVID－19로 인해 위험해진 개인과 사회의 삶을 돌아보기 이전에 소수집단의

머리말

이익을 좇고자 올림픽을 강행하는 현상을 목격했습니다. 오로지 생산자 · 유통자의 이윤 때문에 소비자를 끝까지 외면했던 사례로 오명을 남기게 됐습니다. 앞으로 인류공통의 빅 이벤트는 어떤 모습이 될까요?

이렇게 혼재된 관점의 스포츠 마케팅 시장은 앞으로 어떻게 진화할까요? 우리는 일반적인 스포츠 마케팅 이론과 실무를 이해하면서도 앞서 언급한 미션과 이슈를 통해 포괄적인 사유가 요구되는 시대에 살고 있습니다. 초판에 공자(孔子)의 논어구절로 시작했으니, 개정판에는 노자(老子)의 도덕경 구절로 마무리하겠습니다. 오소이유대환자(吾所以有大患者), 위오유신(爲吾有身), 급오무신(及吾無身), 오유하환(吾有何患)! 나에게 큰 환란이 있는 것은 나에게 몸이 있기 때문인데, 나에게 몸이 없다면 나에게 무슨 환란이 있겠는가! 즉, 몸을 지킨다는 것은 근본을 흐트러지지 않게 하는 것과 같습니다. 의료 문명에 기대어 몸을 함부로 하면 안 되듯, 과학기술 문명에 기대어 환경을 등한시하거나 이윤만을 추구하는 것은 지양돼야 할 것입니다.

본서를 통해 공감부재가 아닌 보편적 공감이 충만한 스포츠 마케팅 세계를 이해하고, 균형 잡힌 관점을 함양할 수 있길 기대합니다. 또한 개정판이 나오기까지 물심양면으로 지원해주신 박영사의 안종만 회장님 · 안상준 대표님, 기획을 적극적으로 추진해주신 이영조 부장님, 편집 · 디자인을 세련되게 맡아주신 탁종민 대리님, 방미영 님께 고마움을 전합니다.

마지막으로 책에 담긴 생각과 태도에 온전히 영향을 주신 아버지, 어머니께 가슴 깊이 존경심을 담아 감사의 말씀을 올립니다.

2022년 매서운 겨울,

지덕겸수(知德兼修)와 도의실천(道義實踐) 연구실에서

문개성

초판

이 책이 나오기까지

지구상 가장 많은 사람들이 애독하는 경전인 공자의 '논어' 첫 구에 이런 말씀이 있습니다. "학이시습지(學而時習之)" 즉 배움(學)과 실천(習)은 반드시 때(時)가 있습니다. 존경해 마지않는 도올(檮杌) 선생님의 해석입니다. 제 자신이 항상 많이 부족하다고 느끼지만, 스스로 그 때를 잘 맞추고자 구상을 하고 집필했습니다. 스포츠 마케팅에 관심이 있는 분, 혁신적 기술 환경 속에 스포츠 마케팅의 변화를 느끼는 분, 스포츠경영관리사 국가자격증을 공부하는 분, 대학에서 전공을 공부하는 학생 등 많은 분들에게 그 때를 맞추는 데 작은 도움이 되길 바랍니다.

책의 구성

스포츠 산업에 대해선 국내 기준을 따랐습니다. 스포츠 산업에 대한 이론, 분류, 특성 등 주요내용은 정부부처가 발간한 체육백서, 스포츠산업백서, 스포츠산업실태조사 보고서를 참조했습니다.

본문을 기술할 때에는 중요한 이론적 배경에 한해 primary source를 중심으로 선행연구를 포함시켰습니다. 첫 학술인용은 독자의 이해를 돕고자 영문 저자명을 한글로 병행 표기했고, 이후 인용은 APA(American Psychological Association) 스타일을 준용하여 영문 표기(성, 이름 이니셜)를 했습니다. 또한 전공서적의 본질을 훼손시키지 않고자 일반적 발췌 내용은 참고문헌에만 표기했습니다.

머리말

본문의 앞과 뒤엔 미션과 이슈를 넣어 4차 산업혁명 시대를 살아가는 우리에게 미래의 상상력을 불어넣고자 했습니다. 사진과 이미지는 저작권에 저촉되지 않는 자료만을 사용하고자 구글(Google)의 재사용 가능(labeled for reuse) 이미지를 주로 사용했습니다.

인간 삶의 양식을 새로운 차원에서 고민하고, 향유할 수 있게 했던 앨빈 토플러(Alvin Toffler, 1928~2016)와 스티브 잡스(Steve Jobs, 1955~2011)는 학문적, 실무적인 분야의 많은 화두를 남기고 몇 년 전 타계했습니다. 그들을 통해 많은 사람들은 앞으로 펼쳐질 미래를 상상하고 있을지도 모릅니다. 그 상상력을 확장시키고, 시장(market)의 새로운 패러다임을 이해하는 폭을 넓히고자 필립 코틀러(Philip Kotler, 1931~)가 동료학자와 2017년 펴낸 '마켓 4.0(market 4.0)'을 참조했습니다. 상상력을 불어넣고 통찰력을 키우기 위해선 전통적 마케팅 시장에서 통용됐던 우수한 이론을 기반으로 급변하는 최신 트렌드를 접목할 필요가 있습니다. 하루가 멀다 하고 쏟아지는 각종 정보는 토플러가 얘기한 대로 세상을 지식의 경계가 없는 곳으로 만들었습니다. 다만 중요한 이슈인지 혹은 그냥 흘려보낼 가십인지를 구분하고, 자신만의 정보를 축적할 수 있는 역량을 키울 수 있게 되길 바라며 기술하고자 노력했습니다.

감사의 글

곰곰이 생각해 봅니다. 저서가 나오기 까지 도움을 주셨던 수많은 분들을 어떻게 열거할까를 말이죠. 결론은 부족한 지면으로 제 마음을 모두 표현할 수 없기에 두 가지 측면에서 도움을 주신 분들에게 감사의 마음을 전하겠습니다.

우선 책에 담긴 지식과 가치에 영향을 주신 분들입니다. 경희대학교 이정학 지도교수님께 마음속 깊이 감사의 말씀을 드립니다. 한국의 일상을 접고 보다 더 공부하고 싶다고 했을 때, 흔쾌히 그리고 적극적으로 제가 도약할 수 있는 기회를 주셔서 오늘의 저를 있게 하셨습니다. 미국 플로리다 대학교 고용재 교수님과 Daniel P. Connaughton 교수님께 진심으로 감사의 말씀을 드립니다. 짧았지만 강렬한 유학생활에 이루 헤아릴 수 없을 만큼 큰 도움과 넓은 시야를 주셔서 오늘의 저를 있게 하셨습니다.

더불어 책이 세상에 나오기까지 기획, 편집, 디자인에 영향을 주신 분들입니다. 새로운 성장 동력을 갖는 스포츠 산업의 비전을 먼저 알아보시고, 부족한 저에게 영감을 주신 박영사 안종만 회장님께 깊이 감사드립니다. 기획, 편집, 디자인을 물심양면으로 맡아주신 손준호, 김효선, 권효진 님께 감사의 마음을 전합니다.

문득 뒤돌아보면, 제 주변에 많은 분들이 베풀어주신 도움이 있기에 가능한 일입니다. 이 자리를 빌려서 항상 건강과 행복이 가득하기를 간절히 기원합니다.

2018년 뜨거운 여름,
지덕겸수(知德兼修)와 도의실천(道義實踐) 연구실에서
문개성

차례

PART 02

스포츠 마케팅의 이해

차례

PART 03

스포츠 소비자의 충성도와 관여도

PART 04

스포츠 서비스, 브랜드 및 마케팅 조사

차례

PART 06

스포츠 가격과 통화

PART 07

스포츠 장소와 유통

PART 08

스포츠촉진과 커뮤니케이션

차례

PART 09

스포츠 미디어와 방송 중계권

PART 10

스포츠 스폰서십과 매복 마케팅

PART 11

명명권, 인도스먼트, 라이선싱 및 머천다이징

PART 12

스포츠 에이전트와 에이전시

차례

표 차례

차례

차례

미션 및 이슈

차례

차례

여기서 잠깐

PART

01

스포츠 산업의 이해

1 우선 스포츠 산업부터 이해하자

스포츠 마케팅을 공부하기 위해선 왜 스포츠 산업부터 이해해야 하는 걸까? 가끔 학생들이 학기 초에 하는 질문 중에 하나다. 학생들은 하루라도 빨리 스포츠 스타를 만나보고 싶어 한다. 올림픽과 월드컵 같은 화려한 대회의 마케팅 현장에 뛰어드는 것도 좋아한다. 스포츠 산업(sport industry)은 스포츠 마케팅(sport marketing) 외에도 스포츠 경영(sport management) 분야를 이해하기 위해서도 필요한 부분이다.

산업(industry, 産業)하면 떠오르는 것은 무엇일까? 최근 4차 산업혁명이란 화두를 여러 곳에서 꺼내들었다. 분야를 막론하고 우리 삶에 직결되는 매우 중요한 이슈가 됐다. 분야별 융·복합도 가속화되고 있다. 스포츠 분야의 산업도 예외는 아니다. 즉, 화려한 스포츠 마케팅 세계만 떠올리지 말고, 차분하게 스포츠 산업은 무엇이고 어떻게 분류하며 어떤 특성이 있는지를 살펴봐야 한다.

큰 그림을 그리고 작은 그림으로 가야하기 때문이다. 즉, 처음부터 나무 혹은 잔가지만 보게 되면 숲을 볼 수가 없다. 스포츠 산업분야에서 선진국과 이웃나라들의 스포츠 산업 현황을 알아보고, 우리나라의 현주소도 파악이 돼야 치열한 스포츠 마케팅 현장에 뛰어들 준비가 될 것이다. 물론 매우 매력적이고 공감(共感)을 확인할 수 있는 현장임에 틀림이 없을 것이다.

2 더불어 4차 산업혁명도 이해하자

본 저서의 부제가 '4차 산업혁명 미래비전'이기 때문에 새로운 시대의 스포츠 마케팅 시장에 대응하기 위해선 4차 산업혁명의 개념을 정리할 필요가 있다. 세계경제포럼인 다보스 포럼 회장인 클라우스 슈밥(Klaus Schwab, 1938~)과 세계적인 미래학자인 제레미 리프킨(Jeremy Rifkin, 1945~)이 제시한 분류를 비교했다. 슈밥은 혁명적 기술을 기준으로 했고, 리프킨은 에너지의 관점으로 제시했다(최윤식 등, 2017).

| 그림 1-1 | 제러미 리프킨

첫째, 혁명적 기술에 의해 슈밥이 분류한 산업혁명은 다음과 같다. 1차 산업혁명의 시기는 증기기관이 발명된 영국에서의 18세기 무렵이다. 물과 증기 힘에 의한 기계화 현상을 주도했다. 2차 산업혁명 시기는 전기를 이용한 대량생산과 자동화 시스템이 도입됐던 19세기 무렵이다. 3차 산업혁명 시기는 컴퓨터가 개발되고 정보화기술 혁명이 거의 모든 산업과 결합된 20세기 중반에서 최근까지다. 4차 산업혁명 시기는 바로 지금으로 보았다. 3차 산업혁명 시기에 발전을 이룬 디지털 혁명을 토대로 혁신적 기술(인공지능, 사물

인터넷, 로봇기술 등)에 따른 제조업과 서비스업의 패러다임을 180도로 바뀌게 될 미래사회 모습을 목전에 두고 있다는 것이다. 슈밥은 이 시기에 물리학, 디지털, 생물학 간의 기술적 융합이 가속화될 것으로 보았다.

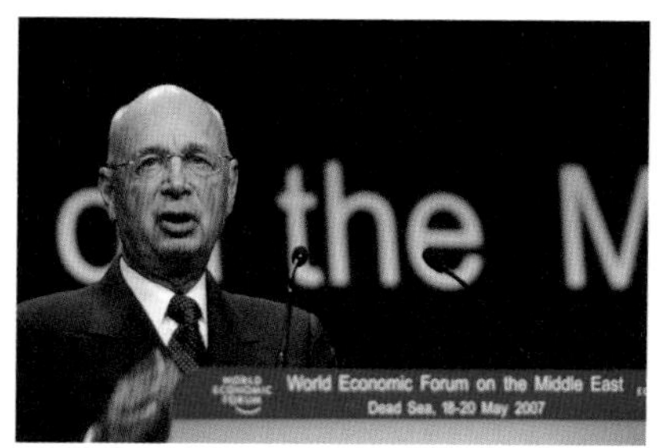

|그림 1-2| 클라우드 슈밥

둘째, 에너지와 에너지를 사용하는 기관을 기준으로 리프킨이 분류한 산업혁명은 다음과 같다. 1차 산업혁명은 영국의 제임스 와트의 증기기관이 출시된 1776년을 기점으로 시작됐다. 에너지원은 석탄이다. 2차 산업혁명은 19세기 말 석유 에너지를 사용할 수 있는 내연기관이 발명되면서 시작됐다. 특히 전기는 석유 동력의 내연기관과 연계되며 대량생산시대를 확장시켰다. 3차 산업혁명은 20세기 말에 인터넷이 도입되면서 시작됐다. 급속한 인터넷 커뮤니케이션 환경이 조성되면서 리프킨이 주목한 융 · 복합적 산업과 비즈니스는 '재생 가능 에너지'와 '지능형 에너지 네트워크'와 결합되며 혁신을 이루게 된다는 것이다. 리프킨은 슈밥이 언급한 4차 산업혁명이란 용어를 사용하는 대신 3차 산업혁명이 아직도 진행 중으로 봤지만, 그 의미는 중복된다. 다만 리프킨은 정보통신기술(ICT)과 친환경 에너지의 융합을 통해 에너지 효율성을 높이고, 가격이 무료가 되면서 공동의 이익을 추구하는 현상을 예측했다.

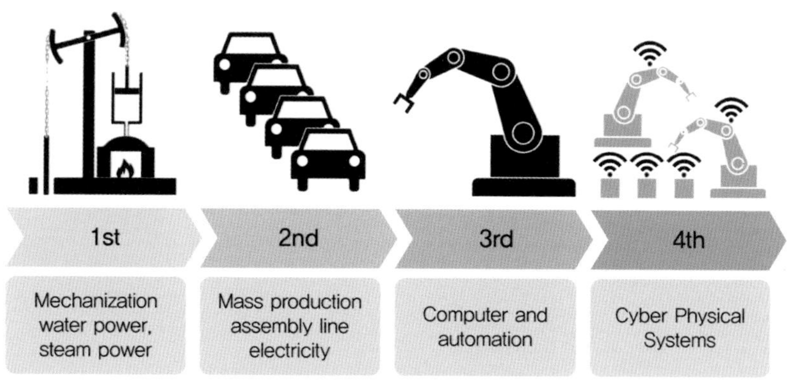

|그림 1-3 4차 산업혁명

I <표1-1> 4차 산업혁명 시기의 관점

클라우드 슈밥 (다보스 포럼 회장)		제레미 리프킨 (미래학자)	
1차 산업혁명	영국 18세기 • 증기기관, 물과 증기의 힘에 의한 기계화 현상 주도	1차 산업혁명	영국 18세기 • 석탄이 주요 에너지원
2차 산업혁명	19세기 무렵 • 대량생산, 자동화 시스템	2차 산업혁명	19세기 말 • 석유 에너지 사용, 내연기관
3차 산업혁명	20세기 중반 • 컴퓨터 개발, 정보화 기술	3차 산업혁명	20세기 말 • 인터넷 도입으로부터 시작 • 급속한 인터넷 커뮤니케이션 환경 • 융·복합적 산업 • 재생 가능 에너지 • 재생 에너지 네트워크
4차 산업혁명	21세기(지금) • 디지털 혁명(3차 산업혁명) 토대 • 제조업, 서비스 혁신 • 물리학, 디지털, 생물학 간 융합		

이 화두는 언제든지 바뀔 수 있다. 벌써 5차 산업혁명에 진입하기 위한 노력을 해야 한다고 한다. 어쨌든 마케팅적 관점에선 4차 산업혁명이란 브랜드는 전 세계를 강타하고, 성공한 것으로 보인다. 모든 산업에 연관돼 있는 이 시대의 흐름은 스포츠도 피해갈 수 없다. 이를 잘 이해하고, 대비하고, 선도적 지위를 확보하는 과정은 우리의 몫이다.

CHAPTER 01

스포츠 산업의 정의

1. 체육과 스포츠

산업(industry, 産業)이란 인간이 생계를 유지하기 위하여 일상적으로 종사하는 생산적(生産的) 활동이다. 스포츠 산업의 정의에 앞서 스포츠란 어떻게 정의하고 있을까? 「스포츠산업진흥법」 제2조 제1항에 따르면 스포츠는 "건강한 신체를 기르고 건전한 정신을 함양하며 질 높은 삶을 위하여 자발적으로 행하는 신체활동을 기반으로 하는 사회 문화적 행태를 말한다."고 정의하고 있다.

여기서 중요한 것은 '자발적으로 행하는 신체활동'과 '사회 문화적 행태'다. 전자는 놀이와 관련돼 있고, 후자는 문화와 관련돼 있다. 특히 시대별, 나라별로 달리하는 다양한 문화는 스포츠 현상을 이해하는 데 필요한 요인이다. 예를 들면 세계축구연맹(FIFA)이 주관하는 월드컵은 일종의 공놀이이지만 특정 시기에 수십억 이상 인구가 시청하는 특이한 현상을 불러일으키는 '인류공통의 상품'이다. 또한 서로 언어가 다르지만 보편적 규칙을 적용하고, 이해하는 과정을 통해 '인류공통의 언어'로서 역할을 한다.

| 그림 1-4 올림픽 관객

| 그림 1-5 월드컵 관객

체육(體育)과 스포츠(sports)가 근본적으로 다르다는 점을 짚고 넘어가자. 「국민체육진흥법」 제2조 제1항에 따르면 체육이란 "운동경기 · 야외 운동 등 신체 활동을 통하여 건전한 신체와 정신을 기르고 여가를 선용하는 것을 말한다."고 정의하고 있다. 즉 체육은 몸 체(體)자와 기를 육(育)자가 조합된 단어로서 몸과 교육이 관련돼 있다.

예를 들면 초등학교 운동회는 스포츠 이벤트가 아니고, 체육행사다. 학생들 간의 협동심을 발휘하여 응원해야 하고, 부모와 함께 참여하는 체육활동도 있다. 마지막 릴레이 경주에선 아쉽게 넘어지기도 하고 지는 팀이 이기기도 한다. 결국은 이기거나 지든 상관없이 참여한 모든 구성원(학생, 부모, 선생, 가족 등)이 웃으며 마무리하는 다분히 교육적인 행사다.

지방자치단체에서 보조금 사업으로 행하는 종목별 동호인 행사도 스포츠 이벤트라기보다는 체육행사에 가깝다. 특히 단체장명(예 시장배, 도지사배 등)을 대회명칭 앞에 붙여 사용하는 수많은 대회는 체육행사다. 지역 체육종목 육성과 동호인의 생활체육 활성화란 측면에서 필요한 행사다. 관(官)은 예산을 지역 실정에 맞게 잘 수립하고 정확히 집행하는지를 관리하게 된다. 종종 체육행사를 치르면서 지역의 홍보와 관광객 유입을 위한 부수적인 효과를 기대하기도 한다.

하지만 체육행사가 아닌 스포츠 이벤트를 통해 효과를 기대할 수 있다. 다시 말해 체육행사를 치르면서 지역의 홍보효과를 기대하고 제시하는 경우는 출발부터 길을 잘못 들어선 경우라 할 수 있다.

스포츠(sports)는 어느 나라에서도 스포츠다. 체육처럼 몸과 교육이 관련된 용

| 그림 1-6 초등학교 운동회

| 그림 1-7 동호인 대회

어는 영어의 'Physical Education'이나 우리나라에서 차용된 한자어처럼 나라마다 다르겠지만, 의미는 같다. 하지만 스포츠는 공통된 언어로서 스포츠를 사용한다. 다시 말해 체육행사와 스포츠 이벤트는 근원적인 의미부터 다르고 목적하는 바가 다르다. 스포츠 마케팅은 체육행사에서 신경써야할 이론과 실무적 개념이 아니라 스포츠 이벤트에서 적용하는 분야다.

2. 스포츠 산업의 의미

「스포츠산업진흥법」 제1조에 따르면 법의 목적이 명시돼 있다. "이 법은 스포츠 산업의 진흥에 필요한 사항을 규정함으로써 스포츠산업의 기반조성 및 경쟁력 강화를 도모하고, 스포츠를 통한 국민의 여가선용 기회의 확대와 국민경제의 건전한 발전에 이바지함을 목적"으로 한다. 동법 제2조 제2항에 따르면 스포츠 산업이란 "스포츠와 관련된 재화와 서비스를 통하여 부가가치를 창출하는 산업"이라고 정의하고 있다.

재화(財貨)라 함은 돈이나 값나가는 물건으로 대가를 주고 얻을 수 있는 물질이다. 시장에서 성립하는 가격을 가진 상품으로 거래된다. 서비스(services)는 물질적 재화를 생산하는 노동과정 밖에서 기능하는 노동을 광범위하게 포괄하는 개념이다. 부가가치(value added)는 개개의 기업 또는 산업이 생산과정에서 새로이 부가(附加)한 가치를 의미한다. 즉, 스포츠와 관련된 값이 나가는 물건은 무엇이며, 값나가게끔 하는 사람들의 서비스는 어떤 것이 있고 어떤 과정을 거쳐 가치를 높이는지를 살펴봐야 할 것이다. 이후 기술할 스포츠 산업의 분류를 통해 이해의 폭을 넓힐 수 있다.

스포츠 산업의 분류

스포츠 산업 분류는 그 시대의 스포츠 산업 진흥 기반 및 정책 등에 따라 국가 혹은 학자마다 매우 다양한 시각으로 제시되고 있다. 스포츠 정책의 주무부처인 문화체육관광부에 따르면 국내 스포츠 산업은 스포츠 시설업, 스포츠 용품업, 스포츠 서비스업으로 분류하고 있다. 이 분류는 「스포츠산업특수분류 3.0」에 의거한 것으로써 이는 「스포츠산업특수분류」 1.0과 2.0에 근거해서 발전시킨 것이다. 순서대로 살펴보면 다음과 같다.

1. 스포츠산업특수분류 1.0

「스포츠산업특수분류 1.0」은 2000년 1월에 제정됐다. 대분류 3개, 중분류 12개, 소분류 23개로 구성됐다. 대분류는 운동 및 경기용품 제조업, 경기 및 오락 스포츠업, 운동 및 경기용품 유통 임대업으로 구분했다. 우리나라는 1986년 아시안게임으로부터 지금까지 국제 스포츠 이벤트를 오랜 기간 동안 개최했던 저력이 있었지만, 스포츠 산업의 개념과 이론이 잘 안착되지 않았다. 심지어 관련법(스포츠산업진흥법)도 2007년 돼서야 제정됐으니 우리 실정에 맞는 스포츠 산업을 이해하기 위한 환경이 조성되기엔 미흡했다.

초창기의 스포츠산업 분류는 <표1-2>와 같이 브렌다 피츠, 로렌스 필딩, 로리 밀러(Brenda Pitts, Lawrence Fiedling, & Lori Miller, 1994)가 제시한 이론을 참조했다. 피츠(Pitts et al.) 등은 스포츠 산업을 스포츠 행위(performance), 스포츠 제품 생산(production), 스포츠 촉진(promotion) 분야로 분류했다.

❙ <표1-2> 초창기 스포츠 산업 분류의 기반

구분	의미	종류
스포츠 행위 (Performance) 부문	참여나 관람 제품으로서 소비자에게 제공된 제품	• 운동경기-아마추어, 프로 스포츠, 민간 비스포츠 사업 • 민간 비스포츠 사업 • 세금이 지원된 스포츠, 비영리 스포츠 조직 • 후원제가 지원된 스포츠 조직 • 스포츠 교육, 피트니스-스포츠회사
스포츠 제품생산 (Production) 부문	스포츠 경기력 생산에 필요한 제품	• 준비제품-장비, 의류 • 경기력 생산제품-피트니스 훈련자, 의료, 스포츠 시설
스포츠 촉진 (Promotion) 부문	스포츠 제품을 촉진시키기 위하여 제공된 제품	• 촉진 거리제품, 촉진행사, 미디어 • 후원-행사후원, 팀 및 개인후원, 서킷트 또는 리그후원, 공동후원 • 서포트광고-개인서포트광고, 팀 서포트 광고

출처: 문체부(2018). 2017 스포츠산업백서. Retrieved from Pitts, B., Fiedling, L., & Miller, L. (1994). Industry segmentation theory and the sport industry: Developing a sport in dustry segment model. *Sport Marketing Quarterly*, *3*(1), 15-24.

2. 스포츠산업특수분류 2.0

「스포츠산업특수분류 2.0」은 2008년 6월에 제정됐다. 1.0 버전 개정과정과 2007년 「스포츠산업진흥법」 제정으로 인해 새롭게 제정되는 계기가 됐다. 대분류 4개, 중분류 15개, 소분류 46개로 구성됐다. 대분류는 운동 및 경기용품 제조업, 경기 및 오락 스포츠업, 운동 및 경기용품 유통 임대업, 스포츠 및 레크리에이션 교육기관으로 구분했다.

1.0 버전과의 가장 큰 차이점은 대분류에서 '스포츠 및 레크리에이션 교육기관'이 추가됐고, 경기 및 오락 스포츠업 중에서 기타 스포츠 서비스업에 '스포츠 미디어(방송, 신문)'를 포함시켰다. 오늘날 대중매체가 빠진 스포츠 현장을 상상

할 수 없을뿐더러 미디어 산업의 규모를 살펴봤을 때 당연히 포함될 부분이다. 이후 기술한 스포츠 미디어(9부)에서 자세히 다룰 것이다. 2.0 버전을 근거로 2010년 11월에 국가 승인 통계로 지정돼 2011년부터 「스포츠산업실태조사」가 국가 차원에서 실시되고 있다.

통계는 매우 중요한 정책적 기초자료가 된다. 스포츠산업에 종사하는 사람, 업체, 종류, 규모 등 다양하게 조사가 돼야 한다. 이를 바탕으로 국가가 계획을 수립하고, 예산지원을 통해 고용창출, 산업발전, 부가가치 창출 등의 효과를 기대할 수 있다.

3. 스포츠산업특수분류 3.0

「스포츠산업특수분류 3.0」은 2012년 12월에 제정됐다. 2.0 버전 개정과정을 통해 지금까지 사용하고 있다. <그림1－10>에 따르면 대분류 3개는 스포츠 시설업, 스포츠 용품업, 스포츠 서비스업으로 구분했다. 중분류는 8개, 소분류는 20개로 구성됐다. 1.0과 2.0 버전과 달리 세분류 65개를 추가 구분함으로써 스포츠 산업의 특징을 나타낼 수 있는 구체적인 업종을 명시했다.

대분류(스포츠 시설업, 스포츠 용품업, 스포츠 서비스업)에서 나눠진 중분류를 살펴보면 다음과 같다. 스포츠 시설업의 중분류는 '스포츠 시설 건설업'과 '스포츠 시설 운영업'이다. 스포츠 시설 건설업은 무(無)에서 유(有)를 만드는 업종이다. 예를

| 그림 1-8 관람 스포츠 시설

| 그림 1-9 참여 스포츠 시설

| 그림 1-10 국내 스포츠 산업 특수분류 3.0

들면 허허벌판인 곳에 국제 스포츠 이벤트 유치를 위해 부지를 선정하고 기초공사를 한 후에 건물을 올리게 된다. 스포츠 시설 운영업은 지어진 건물을 어떻게 하면 잘 운영해야 할 것인가를 놓고 고민할 여지가 있는 업종이다. 즉, 유(有)에서 더 나은 유(有)로 가는 방향을 생각하면 이해하면 쉽다. 최근 대형 스포츠 이벤트를 개최하고 난 후, 스포츠 시설 운영업에 대한 우려의 목소리가 바로 여기에 있다. 연중 건물을 쉬지 않고 돌릴 수 있는 발상이 필요한 분야이기도 하다.

스포츠 용품업의 중분류는 '운동 및 경기용품업'과 '운동 및 경기용품 유통 · 임대업'으로 구분돼 있다. 이 또한 경기용품이 만들어지기 이전 상태인 원단에서 여러 공정을 거쳐 용품이 완성된다. 즉, 무(無)에서 유(有)로 가는 방향으로 운동 및 경기용품업이 있다. 완성된 용품을 유통하거나 빌려주는 방향인 유(有)에서 더 나은 유(有)로 가는 방향으로 이해할 수 있는 운동 및 경기용품 유통 · 임대업이 있다.

| 그림 1-11 운동용품

| 그림 1-12 경기용품

스포츠 서비스업의 중분류는 '스포츠 경기 서비스업', '스포츠 정보 서비스업', '스포츠 교육기관', '기타 스포츠 서비스업'으로 분류했다. 스포츠 경기 서비스업은 대표적으로 국내 프로 스포츠 리그를 떠올리면 되는 스포츠 경기업이 있다. 스포츠 베팅업에는 국가 공기관인 마사회에서 운영하고 있는 경마, 국민체육진흥공단에서 운영하고 있는 경륜, 경정과 스포츠토토로 익숙한 체육진흥투표권과 관련한 민간 업종이 있다. 마지막으로 스포츠 마케팅업이 있다. 최근 관람 스포츠 인구의 저변이 확대됨에 따라 스포츠 마케팅의 위상과 가치가 높아지고 있다. 스포츠 정보 서비스업은 스포츠 미디어업과 기타 스포츠 정보 서비스업으로 분류하고 있다.

정보통신기술(ICT, Information Communication & Technology) 발달에 의해 미디어가 급속히 재편성되면서 스포츠 미디어업의 다변성과 확대는 불가피하다. 기타 스포츠 서비스업은 스포츠 게임 개발 및 공급업과 스포츠 여행업이 있다.

올림픽을 치른 후 스포츠 자체, 환경, 사회, 도시, 경제 등의 다양한 영역에서 유형적(tangible), 무형적(intangible)인 형태의 다양한 유산(legacy)을 남긴다. 반면 엄청난 비용과 인력의 투입으로 스포츠 시설을 갖춰놓고 사후 활용에 대해 홍역을 치르는 경우도 많다. 그럼에도 불구하고 다양한 스포츠 유산을 보존하고 관광객의 유인물(attraction)로서 기대하기 위한 노력을 한다.

매년 특정한 시기에 내가 살고 있는 지역에서 유명한 스포츠 이벤트가 개최된다면 어떨까? 평소엔 조용했던 동네가 그 시기만 되면 국내외 관광객으로 시끌벅적 할 수 있을 것이다. 시설이 있으면 대회개최 전에 개·보수를 하면 되고, 사이클과 마라톤과 같은 종목은 도로에서 하면 된다. 즉, 저비용 고효율을 기대할 수 있다. 대형 스포츠 이벤트뿐만 아니라 이 또한 스포츠 여행업을 활성화시킬 수 있다.

| 그림 1-13 대형 스포츠 이벤트와 지역 스포츠 이벤트

여기서 잠깐

▣ 한국표준산업분류(2017년 제10차 개정)에 따른 스포츠 산업의 분류

대분류	중분류	소분류	세분류	세세분류
예술, 스포츠 및 여가관련 서비스업	스포츠 및 오락관련 서비스업	스포츠 서비스업	경기장 운영업	실내 경기장 운영업
				실외 경기장 운영업
				경주장 및 동물 경기장 운영업
			골프장 및 스키장 운영업	골프장 운영업
				스키장 운영업
				종합 스포츠시설 운영업
				체력 단련시설 운영업
				수영장 운영업
				볼링장 운영업
				당구장 운영업
				골프 연습장 운영업
				그 외 기타 스포츠시설 운영업
			기타 스포츠시설 운영업	스포츠 클럽 운영업
				그 외 기타 스포츠시설 운영업

▣ 시장 1.0, 2.0, 3.0, 4.0의 의미

5부에서 8부에서 다룰 전통적 4P라 함은 제품(product), 가격(price), 장소(place), 촉진(promotion)이다. 세계적인 마케팅 분야의 학자인 Philip Kotler(2017)가 제시한 시장(market) 1.0, 2.0, 3.0, 4.0에 대해 몇 가지 사례와 덧붙여 살펴보면 다음과 같다. 더불어 4차 산업혁명이란 개념과 스포츠 분야와 결부시켜 이해해보자.

첫째, 시장 1.0에선 제품 위주의 마케팅을 한다. 20세기 초 포드 자동차 공장은 당시 미국의 경영학자 프레더릭 테일러(Frederick Taylor, 1856~1915)의 이론에 충실한 것으로 잘 알려져 있다. 컨베이어 벨트의 도입으로 자동차 생산의 효율성을 극대화했지만, 단순 반복적인 작업으로 노동자의 만족도는 떨어졌다. 찰리 채플린(Charlie Chaplin, 1889~1977)의 무성영화인 모던 타임즈(Modern Times)는 요즘 표현으로 웃픈(웃기면서 슬픈) 영화로 시대를 풍자했다. 헨리 포드(Henry Ford, 1863~1947)가 얘기한 표준화(standardization), 전문화(specialization), 단순화(simplification)는 오늘날까지도 자본주의의 생산양식으로 조직문화와 생산방식에 중요한 근간이 돼 왔다.

| 그림 1-14 포드 시스템과 모던 타임즈

우리나라의 가전제품도 공장에서 찍어내는 대로 소비자는 품질을 따지기 이전에 구매할 수밖에 없었다. 일방적 마케팅의 방식이 통했던 시기였다. 프로야구장에 가게 되면 오늘날의 세련된 좌석과 서비스를 기대하기 이전에 야구경기란 제품을 직접 보는 것에 만족했다. 소비자의 생각과 요구사항은 상대적으로 중요하게 생각하지 않았던 제품 중심의 마케팅이 있을 뿐이었다.

둘째, 시장 2.0에선 소비자 중심의 마케팅을 한다. 경쟁사의 제품이 쏟아지다 보니 소비자를 의식하지 않을 수 없게 됐다. 소비자는 품질을 고려하고 애프터서비스(A/S)는 당연한 거라고 인식하게 됐다. 소비자 민원도 강력해지면서 기업의 대응도 예전보다 신속해졌다. '소비자가 왕'이란 프레임이 생겨나면서 간혹 무례한 고객으로 말썽이 나곤 했다. 일방적인 마케팅보다는 기업과 고객 간의 의견을 주고받을 수 있는 쌍방향 마케팅이 중요해졌다. 프로 스포츠 구단은 고객을 유치하기 위해 별도의 노력을 했다. 서포터스를 지원하고 마케팅에 활용했다. 팬과의 소통을 중시하면서 소비자를 중시하는 마케팅 현장으로 발전했다.

셋째, 시장 3.0에선 인간 중심의 마케팅을 한다. 가치 중심의 시장을 주도하는 전략이 필요하게 됐다. 제품 중심의 일방향 마케팅이나 소비자 중심의 쌍방향 마케팅만으로는 고객을 감동시킬 수 없게 된 것이다. 풍부한 '스토리텔링(story-telling)'이 중요해지면서 상상력을 발휘하는 마케팅이 필요해졌다.

아마추어리즘을 표방한 올림픽은 상업주의의 폐해로 몸살을 겪기도 하지만 성, 인종, 국적, 장애인 등 불평등을 해소하기 위한 메시지가 강렬하다. 여전히 인류의 보편적인 가치를 중시하며 이 시기에 갈등 해소, 평화 정착을 위한 징검다리로서 역할을 다하고자 한다. 프로페셔널을 표방하는 프로 스포츠 리그에선 엄청난 몸값과 스폰서 비용으로 양극화가 심한 치열한 경쟁의 장소이지만, 훈훈한 스토리와 동료애를 나타내며 감성을 자극한다. 지금 우린 여전히 3.0 시장에 있고,

4.0 시장을 선도하기 위한 기업 마케팅 현장의 한가운데에 있다. 우리가 바로 잠재적인 스포츠 소비자이기 때문이다.

마지막으로 시장 4.0에선 기업과 고객 사이의 온 · 오프라인의 상호작용을 통합한 마케팅을 한다. 디지털 경제라고 해서 오프라인을 배제하면 안 된다. 오히려 오프라인 접촉을 강화해야 할 시기가 됐다. 인간과 미디어의 상호 작용은 스크린을 통해 확장됐다. 우리 삶에서 스크린을 통해 보는 행위가 매우 중요한 판단 기준으로 작용한다. 스포츠 용품을 사러 오프라인 매장에 가더라도 온라인을 통해 가격을 비교하고, 다른 사람이 남긴 리뷰를 확인한다. 이에 기업은 옴니채널(Omni Channel) 마케팅을 도입하고 있다. 온라인과 오프라인에서 가격과 서비스의 동일함을 추구한다.

기업의 일방적인 마케팅을 위해 부정적인 콘텐츠를 검열하거나 고객을 속일 수 없게 됐다. 스마트해진 고객들은 '스토리두잉(story-doing)'을 통해 자기표현을 거침없이 한다. 소셜 미디어를 통해 자신의 의견을 적극 개진하고, 반응에도 관심을 갖는다.

스포츠맨십과 페어플레이에 어긋난 승리는 선수가 주도하든, 심판의 텃새로 작용하든 간에 상관없이 엄청난 비난이 뒤따른다. 단기간에 그치지 않고, 미디어의 확장성으로 오랫동안 온라인에 존재한다. 반면 공정성, 진정성, 투명성을 보이는 선수, 팀, 구단은 지속적으로 호감을 받는 대상이 된다. 아무리 현대 스포츠를 유통하는 미디어가 승자에 초점을 둔다 하더라도 전 세계의 스포츠 소비자들은 자기 스스로 내용을 이해하고, 판단하고, 결정을 내릴 만큼 4.0 시장에 익숙하게 된 것이다. 반대급부로 모든 분야에 '가짜 뉴스(fake news)'가 바이러스처럼 전파된다. 이를 극복하는 주체도 소비자가 됐다.

❙ <표1-3> 시장의 진화

요인	특성
1.0 시장	제품 중심, 산업혁명의 동인(動因), 기능적 측면을 강조
2.0 시장	소비자 중심, 정보화기술, 기능과 감성적 측면을 강조
3.0 시장	인간 중심, 새로운 차원의 뉴 웨이브 기술, 상상력과 영혼을 강조
4.0 시장	온 · 오프라인 통합 강조, 스토리두잉, 투명성과 진정성 강조

출처: Kotler, P., Kartajaya, H., & Setiawan, I. (2017). *Marketing 4.0: Moving From Traditional to Digital.* 이진원 옮김(2017). 필립 코틀러의 마켓 4.0. 더퀘스트; Kotler, P., Kartajaya, H., & Setiawan, I. (2010). *Marketing 3.0: From Products to Customer to the Human Spirit.* 안진한 옮김(2010). 마켓 3.0. 타임비즈.

CHAPTER 03

스포츠 산업의 특성

스포츠 산업의 특성은 다섯 가지로 분류하여 설명할 수 있다. 공간 · 입지 중시형 산업, 복합적인 산업분류 구조를 가진 산업, 시간 소비형 산업, 오락성이 중심 개념인 산업, 감동과 건강을 가져다주는 산업이다. 하나씩 자세히 설명하면 다음과 같다.

1. 공간 · 입지 중시형 산업

아무리 경치가 좋은 한라산 꼭대기인 백록담이라 할지라도 축구 경기장을 짓는 것은 무리가 있다. 법적 환경을 뛰어넘는다 해도 발상의 전환으로서 가치가 있을지는 모르겠지만 접근성이 현격히 떨어진다. 케이블카를 짓는다고 해도 수만 명의 관중을 신속히 움직이게 할 수는 없다. 즉, 스포츠 참여활동은 적절한 장소와 입지 조건이 선행되어야 하며 시설에 대한 의존도가 높다. 접근이 쉽고 시설의 규모 등이 소비자들에게 주된 관심의 대상이 돼야 한다. 수상스키와 윈드서핑은 해양스포츠 시설이 필요하고, 스키와 스노우 보딩은 겨울스포츠 시설

| 그림 1-15 해양스포츠

| 그림 1-16 겨울스포츠

이 필요하다. 종목별, 계절별 등의 고유한 특성으로 제한된 장소에서만 할 수 있기 때문에 입지 조건이 중요하다.

2. 복합적인 산업분류 구조를 가진 산업

「스포츠산업특수분류 3.0」에 따르면 스포츠 시설업, 스포츠 용품업, 스포츠 서비스업 간의 상호 유기적이고 복합적인 특성을 내포한다. 각자 따로 발전한다고 해서 큰 시너지 효과를 기대하기 힘들다. 스포츠 용품업은 2차 산업, 스포츠 서비스업은 3차 산업으로 스포츠 산업은 복합적인 산업분류 구조의 특성이 있다. 스포츠 산업 생태계란 용어가 쓰이듯 교육, 의료, 패션, 섬유, 조경, 건설, 관광, 게임, 출판, 미디어에 이르기까지 모든 산업 분야와 융합과 복합이 가능한 분야로서 발전하고 있다.

3. 시간 소비형 산업

스포츠 활동이라 함은 대표적으로 동호인 활동, 생활체육종목 배우기 등 직접 참여하는 스포츠와 경기장을 찾아가서 관람하는 스포츠가 있다. 또한 매체(media)를 통해 경기 장면을 찾아본다. 모든 활동을 하기 위해선 시간을 투자해야 한다. 생방송을 보든, 하이라이트만을 보든 간에 시간이 소모된다. 프로야구의 평일 야간 경기의 경우 저녁 7시 넘어서 시작해서 늦게는 밤 11시 이후에 경기가 끝난다. 골프는 18홀 플레이를 기준으로 평균 4시간 넘게 시간을 소비해야 한다. 스포츠 산업의 발달에 따른 노동시간은 줄어들고, 삶의 질을 높이기 위한 여가활동은 늘어난다. 노동과 휴식에 대한 인식과 가치관이 많이 바뀌게 되면서 스포츠 활동에 소비하는 시간이 늘어날 수밖에 없다.

4. 오락성이 중심 개념인 산업

기본적으로 사람들은 스포츠가 재미있기 때문에 좋아하고 열광한다. 수준 높은 경기를 관람하기 위해 사람들은 소비할 마음이 생기기도 하고, 기대에 못 미치면 실망하기도 한다. 몸을 건강하게 하기 위한 목적으로 운동을 배우다가도 재미가 없으면 그만두기도 한다. 소비자의 능동적인 참가를 통해 스포츠가 지닌 선택재로서의 성격을 충족하게 되고 산업으로서 성립한다. 스포츠 산업은 최종 소비재다. 특히 서비스를 다루는 산업으로 소비자와 직접 접촉할 수밖에 없다.

사람들이 돈과 시간을 들여서 관람을 원하는 공연형태를 엔터테인먼트(entertainment)라고 한다. 영화, 연극, 음악 콘서트, 서커스 등과 같은 연출된 무대를 생각하면 된다. 스포츠와 엔터테인먼트를 엄밀하게 구분하기도 하지만, 프로 레슬러 경기와 같은 경우는 경계가 모호하게 바라볼 수도 있다. 즉, 각본 없는 드라마라고 칭하는 스포츠인지, 연출된 엔터테인먼트인지 헷갈리게 하기 때문이다. 오락성을 극대화하기 위해 영역별 경계가 날로 흐릿해질 수 있다.

5. 감동과 건강을 가져다주는 산업

흔히 스포츠는 '각본 없는 드라마'라고 한다. 영화와 연극과 달리 정해진 각본대로 움직이지 않는다. 이변이 속출하고 결과가 불확실하다. 마음속으론 좋아했지만 선뜻 도전하지 못했던 종목에 참여하면서 엄청난 에너지를 느끼기도 한다. 선수들을 응원하는 과정을 통해 자기도 모르게 소리를 지르고, 이기게 됐을 때 스트레스를 쏟아내고 대리만족의 경험을 한다. 궁극적으로 스포츠 산업은 사람들에게 정신적, 육체적 건강을 높여줄 기회를 제공한다.

최근 '각본 없는 드라마'란 수식어가 자주 사용되는가? 한 번쯤은 고민하고 있을 것이다. 이 문제는 <이슈>에서 조금 다른 시각으로도 살펴보겠다. 결론을 미리 얘기하자면 실속을 차려야 하는 새로운 이슈가 생겼다.

스포츠 산업의 중요성

스포츠 산업은 여러 국가의 새로운 성장 동력으로 각광받고 있다. 규모가 나날이 커지면서 다양한 효과가 입증되고 있다. 스포츠 산업은 고부가가치, 무한한 성장 잠재력, 미디어적 가치, 국민복지에 기여하는 산업으로서 중요하다.

1. 고부가가치 산업

많은 국가에서 스포츠 산업을 키우기 위해 정책을 펴고 있다. 스포츠 스타선수가 갖고 있는 가치는 계속 성장한다. 유명한 선수가 현역이든 은퇴를 하던 간에 다양한 형태의 스폰서십과 인도스먼트(endorsement)라 불리는 선수보증광고를 통해 부가가치를 생산한다. 벤쿠버 동계올림픽 금메달리스트 김연아 선수는 여전히 광고시장에서 소비자를 유혹할 수 있는 상품가치가 높다. 소치 동계올림픽 이후 은퇴를 선언했는데도 선수가 갖는 가치는 여전히 효력을 발휘하고 있는 것이다. 2017-18년 시즌을 기준으로 유럽 5대 축구리그는 250억 파운드(약 37조 5,497억 원) 가치로 평가받았다. 2018년 국내 K-리그는 263억 6,800만 원으로 평가받았다(신동호, 2019.6.4.). 이후 국내외 스포츠 산업 규모 부분에서 보다 구체적으로 살펴볼 것이다.

2. 무한한 성장 잠재력이 있는 산업

앞서 언급한 스포츠 산업 특성 중에는 복합적인 산업분류 구조를 지닌다. 스포츠 산업(시설업, 용품업, 서비스업)은 기존 산업과 연계된 복합 산업의 역할을 한다. 부가가치 창출효과가 높고 일자리를 만드는 효과가 크다고 보고됐다. 문화체육관광부(2016)에 따르면 부가가치 유발계수는 스포츠 산업(0.791)이 전체 산업 평균(0.687)보다 높다. 최근 통신기술(IT, Information Technology) 분야의 급속한 발전과 함께 스포츠가 중요한 비즈니스 콘텐츠로 부각되고 있다.

스크린 스포츠(screen sports)는 IT와 스포츠가 융·복합된 체험 상품으로 대표적으로 스크린 골프가 있다. 2015년 2조 5천억 원의 시장 규모로 전국 8천개가 넘고, 2016년엔 이용객이 250만 명을 넘는 것으로 파악됐다. 한국 스크린 골프 사업은 전 세계 휴양지와 중동 부호들의 저택에까지 납품할 정도로 잠재력이 무한하다. 향후 가상현실(VR, Virtual Reality), 증강현실(AR, Augmented Reality) 등의 혁신기술로 스포츠 시뮬레이션 산업 시장이 커질 가능성이 매우 높다. 최근 스크린 야구 시장도 관심이 크다.

스포츠와 IT의 결합은 규격화된 경기장을 앞세운 전통적 스포츠의 개념을 바꾸게 할 수도 있다. "판타지 스포츠(Fantasy Sports)란 야구, 축구, 농구 같은 인기 프로 스포츠를 무대로 자기가 좋아하는 스타 선수를 모아 가상의 드림팀을 만들어 경기를 진행하는 시뮬레이션 인터넷 게임을 말한다. 팬들이 철저한 자료 분석을 통해 팀과 선수를 선택하므로 그들에 대해 관심을 갖게 하고, 해당 스포츠에 대한 이해를 높이는 기능도 지닌다(Rein et al., 2006, p.14)."

3. 미디어적 가치가 있는 산업

올림픽과 월드컵과 같은 대형 스포츠 이벤트를 상상해보면 매체(media)를 빼면 상상할 수 없다. 기업들의 가장 중요한 마케팅 수단이 바로 미디어다. 최근

소셜 미디어(social media)를 통한 스포츠 마케팅의 변화를 예의주시할 수밖에 없다. 관련된 내용과 이슈는 스포츠 미디어(9부)에서 자세히 다루겠다.

스포츠 산업 트렌드는 변하기 마련이다. 스포츠 시장의 변화에 영향을 미치는 요인은 문화, 상품, 유통, 권력구조, 인프라, 팬 등이 있다. 이는 스포츠 산업의 성장에 영향을 미치는 트렌드와 시장을 주도하는 스포츠 종목에 따라 소비자의 관심을 유도하게 된다. 이러한 요인들의 정보가 소비자에게 전달되는 경로와 채널도 매우 중요하다. 또한 스포츠 산업 정책을 결정하는 주요 의사결정자와 영향력도 무시할 수 없다. 이 외에도 스포츠 산업의 경제적, 구조적, 물리적 요소와 관련된 인프라가 있다. 무엇보다 팬들을 끌어들이는 의사결정자들의 전략으로 팬 층을 유입시키기 위한 노력이 필요하다. 이러한 과정의 핵심은 바로 미디어를 통한 전달력이라 할 수 있다.

4. 국민복지에 기여하는 산업

스포츠 산업이 발전하면 국가 경제에 도움이 될 것이다. 무엇보다 국민의 삶의 질 향상에 기여한다. 스포츠를 배우기 위해 직접 참여하거나 경기장에 가서 간접적으로 참여하는 활동을 통해 생산과 소비를 동시에 누리게 된다. 「스포츠산업진흥법」 제2조에서 규정한 내용을 살펴보면 궁극적으로 국민 복지를 지향한다. 즉, 스포츠는 "건강한 신체를 기르고 건전한 정신을 함양하며 질 높은 삶을 위하여 자발적으로 행하는 신체활동을 기반으로 하는 사회 문화적 행태"이고, 스포츠 산업이란 "스포츠와 관련된 재화와 서비스를 통하여 부가가치를 창출하는 산업"이다.

여기서 잠깐

▣ 스포츠의 미디어 가치

<표1-4> 스포츠의 미디어 가치

구분	내용
객관적 규칙을 통한 수용자의 관심 집중	• '승리'와 '도전'이라는 스포츠의 미학이 '경쟁'이라는 객관적 규칙을 통해 구체적으로 구현됨 • '경쟁'이라는 키워드를 통해 미디어 콘텐츠 제작의 중요한 요소로 작용함
활기찬 볼거리 제공	• 자발적이고 사실적이며 활기찬 볼거리를 제공함 • 액티브한 몸동작, 스피디한 진행에 따른 연출되지 않는 '그림'을 보여주는 영상미를 생산함
일상에서 벗어날 수 있는 카타르시스 제공	• 일상생활의 평범함과는 다른 흥분과 각성을 제공함 • 문명화된 시민이라는 속박에서 벗어날 수 있는 카타르시스를 경험하게 하고 재미를 느끼게 함
누구나 즐길 수 있는 넓은 소구력(appeal power) 제시	• 시각에 호소하는 비언어적(non-verbal) 커뮤니케이션으로서 언어, 국경, 인종의 벽을 넘어 글로벌한 어필이 가능함 • 세대 간, 계층 간의 차이를 뛰어넘는 공통의 화제가 가능한 소프트웨어로서 기능을 함
수용자의 반응을 미리 예측할 수 있는 특성	• 시청률, 동영상 조회율을 사전에 예측할 수 있음 • 광고재원 규모 예측, 적정한 수준의 방송 중계권료, 저작권료의 협상, 재판매 규모 등을 결정할 수 있음
고부가가치 산업으로서의 특성	• 스포츠 콘텐츠는 연극 · 영화 · 음악 등 다른 장르의 문화 콘텐츠보다 대중사회에 더 큰 영향을 미침 • 미디어 사업자들은 배타적 권리 확보를 통해 채널 이미지 고양과 수익증대를 기대할 수 있음

출처: 김성길(2012). 스포츠콘텐츠의 이해. 한울 아카데미, p.44-46(요약).

스포츠 산업 현황

국내외 스포츠 산업 현황은 문화체육관광부에서 2014년부터 연례보고서로 발간되고 있는 스포츠산업백서(2018)와 보다 심층적인 자료를 제시하는 스포츠 산업 실태조사 결과보고서(2019)를 참조하였다. 이 외에도 체육백서 등 해당 홈페이지의 발간자료에 공개를 하고 있으니 유용한 정책 자료를 찾고 참고하면 좋을 것이다. 더불어 정부가 한 해 동안 중점적으로 추진하고자 하는 자료는 매년 초에 공개하는 업무계획을 통해 시장상황에 맞는 정책적 추이를 예측할 수 있다.

1. 국내 스포츠 산업의 현황

국내 스포츠 산업의 사업체 수는 2018년에 총 103,145개로서 전년도에 비해 1,938개의 사업체가 늘어나 1.9% 증가했다. 구체적으로 살펴보면 스포츠 시설업은 41,423개이다. 이는 총 사업체 수 대비 40.2%를 차지하는 규모로서 전년도에 비해 8.0%가 증가했다. 스포츠 용품업은 34,161개로서 총 사업체 수 대비 33.1%를 차지하는 규모이다. 이 분야는 전년도에 비해 4.7%가 감소한 수치이다. 마지막으로 스포츠 서비스업은 27,561개로서 총 사업체 수 대비 26.7%를 차지한다. 전년도에 비해 2.1% 증가했다. 상대적으로 스포츠 시설업의 사업체 규모가 스포츠 용품업과 스포츠 서비스업에 비해 크게 나타났다(문화체육관광부, 2020a).

<표1-5> 국내 스포츠 산업의 사업체수

구분	2015년	2016년	2017년	2018년	2017년 대비
스포츠 시설업	34,450개 (36.9%)	34,224개 (35.9%)	38,363개 (37.9%)	41,423개 (40.2%)	8.0% 증가
스포츠 용품업	34,559개 (37.0%)	35,859개 (37.6%)	35,845개 (35.4%)	34,161개 (33.1%)	4.7% 감소
스포츠 서비스업	24,341개 (26.1%)	25,304개 (26.5%)	26,999개 (26.7%)	27,561개 (26.7%)	2.1% 증가
계	93,350개 (100%)	95,387개 (100%)	101,207개 (100%)	103,145개 (100%)	1.9% 증가

출처: 문화체육관광부(2020a). 2019 스포츠산업 실태조사 결과보고서; 문화체육관광부(2019). 2018 스포츠산업 실태조사 결과보고서.

스포츠 산업의 매출액은 2018년 기준으로 78조 670억 원으로 집계됐다. 2018년 총 매출액은 78조 670억 원을 기록했다. 전년 대비 4.5% 증가한 수치이다. 구체적으로 살펴보면 스포츠 시설업이 19조 8,490억 원으로 총 매출액의 25.4%를 차지했다. 이는 전년 대비 13.1% 증가한 수치이다. 스포츠 용품업은 34조 3,710억 원으로 총 매출액 대비 44%를 차지하는 규모로서 다른 영역에 비해 가장 큰 규모를 나타냈다. 다만 앞서 설명한 사업체수가 감소한 여파 등에 따라 전년대비 1.1%의 소폭 증가를 보였다. 마지막으로 스포츠 서비스업은 23조 8,470억 원으로 총 매출액의 30.5% 규모로서 전년 대비 3.1% 증가했다(문화체육관광부, 2020a).

현 매출액 규모는 스포츠 서비스업에서 체육진흥 투표권을 포함한 수치이다. 몇 해 전부터 공식적으로 포함함으로써 전체 매출액 규모가 확대된 측면이 있다. 체육진흥 투표권은 문화체육관광부 산하기관인 국민체육진흥공단에서 독점적으로 운영하는 스포츠 토토(상표명)로서 민간에게 위탁운영을 맡기고 있다. 정부에서 보도자료 등을 통해 발표하는 국내 스포츠 산업의 규모를 파악할 때 체육진흥 투표권 포함여부를 확인할 필요가 있다.

❙ <표1-6> 국내 스포츠 산업의 매출액

(단위: 십억 원)

구분	2015년	2016년	2017년	2018년	2017년 대비
스포츠 시설업	16,216 (23.7%)	17,201 (23.7%)	17,544 (23.5%)	19,849 (25.4%)	13.1% 증가
스포츠 용품업	32,617 (47.7%)	33,547 (46.2%)	34,011 (45.5%)	34,371 (44.0%)	1.1% 증가
스포츠 서비스업	19,516 (28.6%)	21,859 (30.1%)	23,141 (31.0%)	23,847 (30.5%)	3.1% 증가 (체육진흥 투표권 포함)
계	68,350 (100%)	72,608 (100%)	74,696 (100%)	78,067 (100%)	4.5% 증가

출처: 문화체육관광부(2020a). 2019 스포츠산업 실태조사 결과보고서; 문화체육관광부(2019). 2018 스포츠 산업 실태조사 결과보고서.

문체부(2020b)에 따르면 프로 스포츠(Pro Sports)란 "Professional Sports의 약자로서 스포츠를 상품 혹은 서비스로 소비자(관객 혹은 시청자)에게 제공하고, 그에 대한 대가로 스포츠팀, 구단주, 이벤트 주최자 등은 금전적 혹은 물질적 보상이나 이익을 획득하고, 선수는 보수를 받는 경제활동(p.306)"이라고 정의했다. 또한 세 가지 측면으로 분류해 제시했다. 첫째, 관객의 입장료, 방송 중계권료, 기업 스폰서십, 상품화권 등을 통한 수입원으로 운영되는 프로 스포츠 리그가 있다. 대표적으로 야구, 축구, 농구, 배구와 같은 팀 스포츠 리그가 있다. 둘째, 사행성 스포츠라 불리는 스포츠 갬블링 사업이 있다. 국내에는 경마, 경륜, 경정이 있다. 관객의 베팅 금액으로부터 기금을 조성하고, 선수들은 경기출전에 따른 각종 수당을 통해 보수를 얻는다. 마지막으로 스폰서의 상금에 의해 보수를 얻는 프로 스포츠 경기가 있다. 골프, 테니스, 볼링 등으로 협회 프로선수의 개인 자격으로 출전하는 형태이다.

국내 4대 프로 스포츠는 야구, 축구, 농구, 배구로서 연간 티켓팅을 한 관람객수가 1,100만 명을 넘어서고 있다. 누적 관람객이란 점을 감안하더라도 시장

규모가 매우 크다. 프로야구는 1982년에 6개 구단(삼성, 롯데, 해태, 삼미, MBC, OB)으로 출발했다. 가장 인기가 많은 프로야구는 2016년에 국내 프로 스포츠 리그 사상 최초로 800만 명이 돌파했다. 프로축구는 1983년에 프로 2팀(할렐루야, 유공), 실업 3팀(포항제철, 대우, 국민은행)으로 출범해 2011년 처음으로 300만 명을 넘어섰다. 이후 지속적으로 감소해 2015년엔 170만 명대로 급격히 하락했고, 다소 오르는가 싶더니 2018년에는 150만 명대로 다시 추락함에 따라 관객유입을 위한 특단의 조치가 필요한 상태이다. 이는 매력적인 상품이 즐비한 유럽권 프로 축구 리그에 국내 소비자의 관심이 집중됨에 따라 상대적으로 국내 프로 축구시장의 침체를 겪는 것이라 할 수 있다. 마케팅 시장의 활성화를 위해 여러 각도의 전략이 필요한 시점인 것이다. 축구는 2016년 전부 개정된 「스포츠산업진흥법」의 효과를 가장 기대해야 하는 종목이 됐다. 프로농구는 1997년에 첫 리그가 시작됐고, 여자농구는 1998년에 첫 경기가 개최됐다. 관중수는 2015년 남자 프로농구는 110만 명 수준이고, 여자 프로농구는 16만 명 수준으로 집계됐다. 프로배구는 2005년 첫 리그가 시작돼 꾸준히 상승하면서 50만 명을 돌파했다. 프로농구와 프로배구는 타 종목에 비해 조금씩 성장세를 유지하고 있다. 특히 여자배구의 흥행 조짐이 날로 두드러짐에 따라 협회차원의 마케팅 기법을 분석할 필요가 있다.

❙ <표1-7> 국내 4대 프로 스포츠의 입장객

(단위: 명)

구분	2015년	2016년	2017년	2018년	2017년 대비
프로야구	7,622,494	8,631,829	8,713,420	8,400,502	3.6% 감소
프로축구	1,760,243	2,139,826	1,913,164	1,570,628	17.9% 감소
프로농구(남, 여)	1,318,518	1,086,451	972,701	996,782	2.5% 증가
프로배구(남, 여)	524,663	520,768	517,674	580,448	12.1% 증가
계	11,225,918	12,378,874	12,116,959	11,548,360	4.7% 감소

출처: 문화체육관광부(2019a). 2018 스포츠산업백서; 문화체육관광부(2018). 2017 스포츠산업백서.

2. 해외 스포츠 산업의 현황

국내에서도 큰 마케팅 시장이 형성돼 있는 프로 스포츠는 유럽과 북미권에서부터 시작됐다. "프로 스포츠는 오랜 역사가 있으며 19세기부터 서유럽과 북미에서의 환경 변화에 영향을 받았다. 영국의 경우 크리켓, 골프, 축구 등에서 계약 선수로 클럽에 고용되는 프로 선수들이 탄생했다. 미국의 경우 1871년에 최초의 직업야구선수 연맹(The National Association of Professional Baseball League)이 조직됐으며, 1902년에 현재의 내셔널리그(National League)와 아메리칸리그(American League)가 시작됐다. 미식축구(American football)의 경우 1892년에 프로경기가 열렸고, 1989년에는 프로농구리그(National Basketball League)가 결성됐다. 일본의 경우 1920년에 일본 운동 협회라는 첫 일본 프로야구 구단이 생겼으나 1922년에 경영난으로 해산됐으며, 1934년에 요미우리 자이언트가 창단되고 1926년에 창단된 다른 6개 구단과 함께 본격적인 프로야구 시대를 맞이했다(문화체육관광부, 2020b, p.306)."

2016년 기준 전 세계 스포츠 산업 규모는 한화로 약 1조 3천억 달러(약 1,412조 원)으로 추정하고 있다(문체부, 2017). 해외 스포츠 시장의 지역별로 구분하면 북미, 유럽, 아시아이다. 우선 북미권은 대표적으로 미국과 캐나다의 스포츠 시장을 살펴볼 수 있다.

미국은 2016년에 약 4,691억 달러(약 539조 원)로 세계 스포츠 산업 규모의 38.2%의 비중을 차지했다. 포브스(Fobes)에 따르면 2016년 기준 미국 5대 프로스포츠 시장은 약 1,700억 달러(약 205조 원)로 집계됐다. 프로 스포츠 리그의 연간 수익을 살펴보면 미식축구(NFL) 약 130억 달러(약 9조 210억 원), 야구(MLB) 95억 달러(약 10조 9,565억 원), 농구(NBA) 약 48억 달러(약 5조 4,782억 원), 아이스하키(NHL) 약 37억 달러(약 4조 2,228억 원)로 파악됐다. 최근 유럽의 전유물로 인식돼 왔던 프로축구(MLS) 리그의 성장도 기대하고 있다. 미국은 특히 스포츠 관광산업이 지속적으로 증가하고 있어 2014년 스포츠 관광객 수는 2,565만 명으로 총 89억 6천만 달러(10조 2,260억 원)로 집계됐다.

캐나다는 2014년 기준 스포츠 산업의 국내 총생산 규모는 57억 5천만 캐나다 달러(약 4조 9,034억 원)로 캐나다의 총 GDP의 0.3%의 비중을 차지했다.

유럽연합의 스포츠 산업은 전체 경제에서 농업, 임업, 수산업을 합친 규모와 비슷할 정도로 그 비중이 매우 크고 점차 확대되는 것으로 평가되고 있다. 스포츠 산업이 창출하는 총부가가치는 1,738억 6천만 유로(약 216조 원 4,731억 원)로 집계되어 유럽연합이 창출한 총부가가치에서 1.76%의 비중을 차지했다.

영국은 2012년 런던 올림픽의 영향을 받아 지속적으로 성장하여 2015년에 약 350억 파운드(약 52조 5,900억 원)로 추정됐다. 독일은 2010년 기준으로 스포츠 산업이 창출한 부가가치가 774억 유로(약 96조 3,703억 원)로 추정하고 있다.

중국은 2014년 약 1.36조 위안(약 221조 원)으로 중국 총 GDP의 0.64%의 비중을 차지했다. 같은 해 중국 정부가 스포츠 산업 발전을 위한 가이드라인을 발표함으로써 체계적으로 발전시키기 위한 노력을 하고 있다. 2016년 중국 국가체육총국은 '스포츠 산업 발전 13.5규획'을 발표하여 8대 분야(스포츠 경기, 스포츠 레저, 경기장 서비스업, 스포츠 매니지먼트, 스포츠 미디어, 스포츠 용품, 스포츠 트레이닝, 스포츠 복권)를 전략적으로 육성한다고 했다. 베이징에서 2008년 하계올림픽 개최에 이어 2022년 동계올림픽까지 스포츠 산업 육성을 위한 지속적인 국제 경쟁력 확보에 주력하고 있다.

일본은 2012년 기준 약 11조 4,085억 엔(약 125조 원) 규모이고, 공영 경주사업(경마, 경륜, 경정, 자동차경주) 규모가 약 4조 3,360억 엔(약 47조 3,261억 원)으로 가장 큰 비중을 차지한 것으로 보고되고 있다. 2020년 도쿄 하계올림픽 개최를 통한 새로운 유망 산업 중에서 스포츠 산업을 지정하고 육성하는 노력을 했지만, COVID-19로 인해 큰 차질을 빚기도 했다.

해외에서 프로 스포츠 순위를 살펴보면 다음과 같다. 미국에서만 유독 발전하여 인기 있는 미식축구와 야구가 2016/17 리그수입에서 각각 총 130억 달러(약 15조 1,320억 원)와 총 95억 달러(총 11조 580억 원)로 가장 큰 수익규모로 집계됐다. 또한 유럽의 프로축구 리그에서 큰 규모의 수익을 나타냈다.

<표1-8> 세계 프로 스포츠 리그 수입(2016/17년도)

리그	종목	국가	팀수	총수익규모	구단 평균수입규모
프로풋볼리그 (NFL)	미식 축구	미국	32	130억 달러 (15조 1,320억 원)	4억 625만 달러 (4,728억 원)
메이저리그 (MLB)	야구	미국/캐나다	30	95억 달러 (11조 580억 원)	3억 1,666만 달러 (3,685억 원)
프리미어리그 (EPL)	축구	영국	20	53억 달러 (6조 1,692억 원)	2억 6,500만 달러 (3,084억 원)
미국프로농구 (NBA)	농구	미국/캐나다	30	48억 달러 (5조 5,872억 원)	1억 6,000만 달러 (1,862억 원)
분데스리가 (BUNDESLIGA)	축구	독일	18	28억 달러 (3조 2,592억 원)	1억 5,555만 달러 (1,910억 원)
북미아이스하키 리그(NHL)	아이스 하키	미국/캐나다	30	37억 달러 (4조 3,068억 원)	1억 2,333만 달러 (1,435억 원)
라 리가 (La Liga)	축구	스페인	20	22억 달러 (2조 5,608억 원)	1억 1,000만 달러 (1,280억 원)
이탈리아세리아A (Serie A)	축구	이탈리아	20	19억 달러 (2조 2,116억 원)	9,500만 달러 (1,105억 원)
일본프로야구 (NPB)	야구	일본	12	11억 달러 (1조 2,804억 원)	9,166만 달러 (1,066억 원)
리그 앙 (League 1)	축구	프랑스	20	15억 달러 (1조 7,460억 원)	7,500만 달러 (873억 원)

출처: 문화체육관광부(2017, 재인용). http://howmuch.net

<표1-9> 리그수입에 따른 전 세계 프로 스포츠 순위(2019년 기준)

리그	종목	국가	팀수	총수익규모
1위 프로풋볼리그(NFL)	미식축구	미국	32	145억 달러
2위 메이저리그(MLB)	야구	미국/캐나다	30	103억 달러
3위 프로농구(NBA)	농구	미국/캐나다	30	88억 달러
4위 프리미어리그(EPL)	축구	영국	20	69억 달러
5위 라 리가(La Liga)	축구	스페인	20	42억 달러

출처: 문화체육관광부(2020b). 2019 스포츠산업백서, p.309.

여기서 잠깐

▣ EPL 리그의 경제학

① 미디어 수입

- 총 중계권 수입의 50%를 20개 구단에게 균등하게 배분
- 25%를 전년도 리그 순위에 기초하여 장려금 명목으로 순위대로 배분
- 25%를 각 팀의 TV에 방영된 정도에 기초하여 시설 수수료 명목으로 순위대로 배분

② 경기 당일 수입

- 티켓 판매액, 식품, 음료, 기타 경기 당일 매점 판매액
- 경기장 규모와 관중 수의 비율이 높을수록 경기 당일 수입이 높음

③ 스폰서십 및 광고 수입

- 스폰서십, 광고, 컨퍼런스, 음식공급, 상품판매의 수입

④ 유럽 컵 수입원

- EPL의 상위 3~4개 팀이 이듬해의 UEFA 챔피언스 리그 경기에 출전할 자격을 부여
- 유럽 최고구단을 결정하기 위해 32개 팀이 경쟁하는 범 유럽 경기대회로서 참가한 모든 팀에 순위대로 수입을 배분

CHAPTER 06

스포츠산업진흥법

1. 스포츠산업진흥법의 취지

앞에서 '스포츠'와 '스포츠 산업'의 정의를 발췌한 근거로 사용한 「스포츠산업진흥법」은 2007년 처음 제정됐다. 우리나라에서 개최된 국제 스포츠 관련 이벤트는 몇 건이나 될까? 아시아경기대회, 올림픽, 월드컵 정도만 떠올릴 수 있겠지만, 굵직한 규모의 대회는 다음과 같다. <표1-10>에서 보는 바와 같이 1986년 서울 아시아경기대회에서부터 2019년까지 20건이다. 규모가 크다는 의미는 국제 스포츠관련 관리기구(sanctioning bodies)의 승인과 유기적인 공조를 통해 국제행사를 치르는 수준이다. 기본적으로 관련 시설이 포함돼야 하고, 조직위원회를 결성하여 대회를 위한 일정기간의 준비절차를 수행해야 한다. 이는 무엇을 의미할까? 약 30년 동안 2년이 채 안 되는 시기마다 1건씩 개최했을 만큼 스포츠와 관련한 국제적 행사를 무리 없이 소화했던 것이다.

<표1-10> 국내 주요 스포츠 국제행사

연번	주요 국제행사	개최기간	참가규모
1	제10회 서울아시아경기대회	1986.9.20.~10.5.	27개국, 4,839명
2	제24회 서울올림픽대회	1988.9.17.~10.2.	159개국, 8,465명
3	제18회 무주 · 전주동계유니버시아드대회	1997.1.24.~2.2.	48개국, 1,850명
4	제4회 강원동계아시아경기대회	1999.1.30.~2.6.	21개국, 799명
5	제2회 부산동아시아경기대회	1997.5.10.~5.19.	9개국, 2,100명
6	제14회 부산아시아경기대회	2002.9.29.~10.14.	43개국, 11,000명

연번	주요 국제행사	개최기간	참가규모
7	제17회 월드컵축구대회	2002.5.31.~6.30.	32개국, 1,730명
8	제22회 대구하계유니버시아드대회	2003.8.21.~8.31.	174개국, 6,634명
9	제15차 국가올림픽위원회연합회(ANOC) 총회	2006.3.31.~4.7.	198개국, 1,754명
10	2006 스포츠어코드(SportAccord)	2006.4.3.~4.7.	1,000여명
11	제12회 세계청소년(U-17) 월드컵축구대회	2007.8.18.~9.9.	24개국, 1,000여명
12	제13회 대구세계육상선수권대회	2011.8.27.~9.4.	213개국, 6,000여명
13	제17회 인천아시아경기대회	2014.9.19.~10.4.	45개국, 20,000여명
14	제24회 광주하계유니버시아드대회	2015.7.3.~7.14.	170개국, 20,000여명
15	2015세계군인체육대회	2015.10.2.~10.11.	110개국, 8,700여명
16	FIFA U-20 월드컵코리아 2017	2017.5.20.~6.11.	24개국
17	2017 무주 WTF 세계태권도선수권대회	2017.6.24.~6.30.	183개국
18	제23회 평창동계올림픽	2018.2.9.~2.25.	80개국, 26,000여명
19	2018 창원세계사격선수권대회	2018.8.31.~9.14.	110개국, 4,000여명
20	2019 광주세계수영마스터즈선수권 대회	2019.8.5.~8.16.	207개국, 15,000명

2. 스포츠산업진흥법의 내용

「스포츠산업진흥법」의 내용을 하나씩 차분하게 이해해보자. 앞서 언급했지만 스포츠 마케팅을 이해하기 위해선 국내법을 기반으로 한 스포츠 산업을 이해해야 한다. 법을 제정해놓고 일정 기간이 지나면 일부 혹은 전부 개정의 과정을 거친다. 이 법도 2007년 4월 6일에 제정된 후, 두 차례 일부 개정이 있었다. 2008년엔 「정부조직법」에 의해 기획재정부 신설로 개정했고, 2010년엔 프로 스포츠단체에서 끊임없이 요구됐었던 현재 제17조 제3항에 대한 개정이었다.

이 조항은 프로 스포츠단체가 공공체육시설 개·보수를 통해 적극적인 관객

유치를 하려고 해도 「공유재산및물품관리법」에 따라 시설 사용·수익 기간이 3년 이내로 한정돼 있었다. 지방자치단체도 재원부족으로 시설을 보완하지 못하는 상황에서 활발한 논의대상이었다. 두 번째 일부개정 때 프로 스포츠단체가 지방자치단체의 공공체육시설을 25년의 기간 내에서 사용하고 수익을 창출할 수 있도록 법적 근거를 마련했다.

이러한 과정을 통해 스포츠 산업을 체계적으로 육성하고 지원하기 위한 일환으로 프로 스포츠단체와 지방자치단체의 의견 수렴 등을 거쳐 2016년 전부 개정됐다. 이를 통해 프로 스포츠 경기장을 안정적으로 사용할 수 있는 법적인 토대를 마련한 것이다.

「스포츠산업진흥법」

제1조(목적) 이 법은 스포츠산업의 진흥에 필요한 사항을 규정함으로써 스포츠산업의 기반조성 및 경쟁력 강화를 도모하고, 스포츠를 통한 국민의 여가선용 기회의 확대와 국민경제의 건전한 발전에 이바지함을 목적으로 한다.

제2조(정의) 이 법에서 사용하는 용어의 뜻은 다음과 같다.

1. "스포츠"란 건강한 신체를 기르고 건전한 정신을 함양하며 질 높은 삶을 위하여 자발적으로 행하는 신체활동을 기반으로 하는 사회문화적 행태를 말한다.
2. "스포츠산업"이란 스포츠와 관련된 재화와 서비스를 통하여 부가가치를 창출하는 산업을 말한다.
3. "스포츠산업진흥시설"이란 스포츠산업 관련 사업자와 그 지원시설 등을 집단적으로 유치하기 위하여 제11조 제1항에 따라 지정된 시설물을 말한다.

제3조(다른 법률과의 관계) 스포츠산업의 진흥에 관하여 다른 법률에 특별한 규정이 있는 경우를 제외하고는 이 법에서 정하는 바에 따른다.

제4조(국가와 지방자치단체의 책임) ① 국가 및 지방자치단체는 스포츠산업의 진흥을 위하여 필요한 시책을 수립·시행하여야 한다.

② 국가 및 지방자치단체는 스포츠산업의 진흥을 위하여 기술의 개발과 조사, 연구사업의 지원, 외국 및 스포츠산업 관련 국제기구와의 협력체제 구축 등을 위하여 필요한 노력을 하여야 한다.

제5조(기본계획 수립 등) ① 문화체육관광부장관은 스포츠산업 진흥에 관한 기본적이고

종합적인 중장기 진흥기본계획(이하 "기본계획"이라 한다)과 스포츠산업의 각 분야별 · 기간별 세부시행계획(이하 "세부시행계획"이라 한다)을 수립 · 시행하여야 한다.

② 기본계획에는 다음 각 호의 사항이 포함되어야 한다.

1. 스포츠산업 진흥의 기본방향에 관한 사항
2. 스포츠산업 활성화를 위한 기반 조성에 관한 사항
3. 스포츠산업 전문인력 양성에 관한 사항
4. 스포츠산업의 경쟁력 강화에 관한 사항
5. 스포츠산업 진흥을 위한 재원 확보에 관한 사항
6. 국가 간 스포츠산업 협력에 관한 사항
7. 프로스포츠의 육성 · 지원에 관한 사항
8. 그 밖에 스포츠산업 진흥을 위하여 필요한 사항으로서 대통령령으로 정하는 사항

③ 문화체육관광부장관은 기본계획과 세부시행계획을 수립 · 시행하려는 때에는 관계 행정기관의 장과 협의하여야 한다.

④ 문화체육관광부장관은 기본계획 및 세부시행계획의 수립 · 시행을 위하여 필요한 때에는 관계 행정기관, 지방자치단체, 공공기관, 연구소, 대학, 민간기업 및 개인 등에게 필요한 협조를 요청할 수 있다.

⑤ 그 밖에 기본계획과 세부시행계획에 필요한 사항은 대통령령으로 정한다.

제6조(경쟁력 강화 조치 · 지원 등) ① 문화체육관광부장관은 기본계획 및 세부시행계획에 따라 공공기관, 단체 및 스포츠산업 사업자가 스포츠산업의 경쟁력 강화를 위한 조치를 취하고자 할 때에는 예산의 범위에서 지원할 수 있다.

② 문화체육관광부장관은 제1항에 따라 자금 등을 지원하고자 하는 때에는 관계 행정기관의 장과 협의하여야 한다.

제7조(실태조사) ① 문화체육관광부장관은 기본계획과 세부시행계획을 효율적으로 수립 · 시행하기 위하여 정기적으로 스포츠산업 실태조사를 실시하여야 한다.

② 제1항에 따른 실태조사의 범위와 방법 등에 필요한 사항은 대통령령으로 정한다.

⇨ 2016년 전부개정 조항(7조)

제8조(기술개발의 추진) ① 문화체육관광부장관은 스포츠산업과 관련된 기술개발을 추진하기 위한 정책을 수립 · 시행하고, 기술개발을 수행하는 데 드는 자금을 예산의 범위에서 지원하거나 출연할 수 있다.

② 문화체육관광부장관은 기술개발을 효율적으로 추진하기 위하여 「국민체육진흥법」 제36조에 따른 서울올림픽기념국민체육진흥공단에 기술개발사업에 관한 업무를 대행하게 할 수 있다.

③ 제1항에 따른 기술개발의 추진 등에 필요한 사항은 대통령령으로 정한다.

⇨ 2016년 전부개정 조항(8조)

제9조(스포츠산업 전문인력의 양성) ① 국가 및 지방자치단체는 스포츠산업 진흥에 필요한 전문인력을 양성하기 위하여 노력하여야 한다.

② 문화체육관광부장관은 제1항에 따른 전문인력의 양성을 위하여 대통령령으로 정하는 바에 따라 스포츠산업 전문인력 양성기관을 지정하여 운영할 수 있다.

③ 국가 및 지방자치단체는 제2항에 따라 지정된 스포츠산업 전문인력 양성기관에 대하여 대통령령으로 정하는 바에 따라 그 양성에 필요한 경비를 예산의 범위에서 보조할 수 있다.

④ 그 밖에 스포츠산업 전문인력의 양성에 필요한 사항은 대통령령으로 정한다.

제10조(창업 지원 등) 문화체육관광부장관은 스포츠산업과 관련된 창업을 촉진하고, 일자리를 창출하기 위하여 필요한 시책을 마련하며, 사업추진에 필요한 자금을 예산의 범위에서 지원할 수 있다.

⇨ 2016년 전부개정 조항(10조)

제11조(스포츠산업진흥시설의 지정 등) ① 문화체육관광부장관은 스포츠산업의 진흥을 위하여 지방자치단체의 장과 협의하여 다음 각 호의 지정요건을 갖춘 해당 지방자치단체 소유의 공공체육시설을 스포츠산업진흥시설로 지정할 수 있다. 이 경우 시설 설치 및 보수 등에 필요한 자금의 전부 또는 일부를 지원할 수 있다.

1. 문화체육관광부령으로 정하는 수 이상의 스포츠산업 사업자가 입주할 것
2. 입주하는 스포츠산업 사업자의 100분의 30 이상이 「중소기업기본법」 제2조에 따른 중소기업자일 것
3. 입주하는 스포츠산업 사업자가 공동으로 이용할 수 있는 공용 회의실 및 공용 장비실 등의 공용이용시설을 설치할 것

② 제1항에 따른 스포츠산업진흥시설로 지정을 받고자 하는 지방자치단체의 장은 대통령령으로 정하는 바에 따라 문화체육관광부장관에게 지정을 신청하여야 한다.

③ 제2항에도 불구하고 문화체육관광부장관은 프로스포츠의 육성을 위하여 필요하다고 인정하는 경우 지방자치단체의 장과 협의하여 해당 지방자치단체 내의 프로스포츠단 연고 경기장을 스포츠산업진흥시설로 우선 지정할 수 있다.

④ 그 밖에 스포츠산업진흥시설의 지정 및 지원 등에 필요한 사항은 대통령령으로 정한다.

⇨ 2016년 전부개정 조항(11조)

제12조(스포츠산업진흥시설의 지정해제) 문화체육관광부장관은 제11조 제1항에 따라 지정된 스포츠산업진흥시설이 지정요건에 미달하는 때에는 대통령령으로 정하는 바에 따라 그 지정을 해제할 수 있다.

제13조(국유 · 공유 재산의 대부 · 사용 등) ① 국가 또는 지방자치단체는 제11조 제1항

에 따른 스포츠산업진흥시설의 지정 및 운영을 위하여 필요하다고 인정하는 경우에는 「국유재산법」 또는 「공유재산 및 물품 관리법」에도 불구하고 국유 · 공유 재산을 수의계약으로 대부 · 사용 · 수익하게 하거나 매각할 수 있다.

② 제1항에 따른 국유 · 공유 재산의 대부 · 사용 · 수익 · 매각 등의 내용 및 조건에 관하여는 「국유재산법」 또는 「공유재산 및 물품 관리법」에서 정하는 바에 따른다.

제14조(스포츠산업지원센터의 지정 등) ① 문화체육관광부장관은 스포츠산업의 발전을 위하여 다음 각 호의 어느 하나에 해당하는 기관을 스포츠산업지원센터(이하 "지원센터"라 한다)로 지정할 수 있다.

1. 국공립 연구기관
2. 「고등교육법」에 따른 대학 또는 전문대학
3. 「특정연구기관 육성법」에 따른 특정연구기관
4. 그 밖에 문화체육관광부령으로 정하는 기관

② 지원센터는 다음 각 호의 기능을 행한다.

1. 스포츠산업 발전을 위한 지방자치단체와의 협조에 관한 사항
2. 스포츠산업체 발전을 위한 상담 등 지원에 관한 사항

③ 문화체육관광부장관은 지원센터가 제2항의 기능을 충실하게 이행하지 아니하는 때에는 그 지정을 해제할 수 있다.

④ 지원센터의 지정 및 해제 절차 등에 필요한 사항은 대통령령으로 정한다.

제15조(품질 향상 지원) ① 문화체육관광부장관은 스포츠산업의 육성과 기술개발을 위하여 스포츠산업 관련 상품의 품질 향상에 필요한 지원을 할 수 있다.

② 문화체육관광부장관은 제1항에 따른 품질 향상 지원에 소요되는 장비, 인력, 비용 등 운용에 필요한 예산을 지원할 수 있다.

⇨ 2016년 전부개정 조항(15조)

제16조(스포츠산업에 대한 출자) 정부는 스포츠산업에 대한 투자 활성화를 위하여 대통령령으로 정하는 바에 따라 예산의 범위에서 다음 각 호의 조합이나 회사에 출자할 수 있다.

1. 「벤처기업육성에 관한 특별조치법」에 따른 중소기업투자모태조합과 한국벤처투자조합
2. 「중소기업창업 지원법」에 따른 중소기업창업투자조합
3. 그 밖에 스포츠산업체에 투자하거나 스포츠산업에 대한 투자를 목적으로 설립된 조합 또는 회사

⇨ 2016년 전부개정 조항(16조)

제17조(프로스포츠의 육성) ① 국가 및 지방자치단체는 스포츠산업의 발전을 도모하고, 국민의 건전한 여가활동을 진작하기 위하여 프로스포츠 육성에 필요한 시책을 강구할 수 있다.

② 지방자치단체 또는 「공공기관의 운영에 관한 법률」 제4조에 따른 공공기관은 프로 스포츠 육성을 위하여 대통령령으로 정하는 바에 따라 프로 스포츠단 창단에 출자 또는 출연할 수 있으며, 프로 스포츠 활성화를 위하여 필요한 경우 프로 스포츠단 사업 추진에 필요한 경비를 지원할 수 있다.
⇨ 2016년 전부개정 조항(17조2항)

③ 지방자치단체는 공공체육시설의 효율적 활용과 프로 스포츠의 활성화를 위하여 필요하다고 인정하는 경우에는 「공유재산 및 물품 관리법」 제21조 제1항 및 제27조 제1항에도 불구하고 공유재산을 25년 이내의 기간을 정하여 그 목적 또는 용도에 장애가 되지 아니하는 범위에서 사용·수익을 허가하거나 관리를 위탁할 수 있다.
⇨ 2016년 전부개정 조항(17조3항)

④ 지방자치단체의 장은 제3항에 따라 공유재산을 사용·수익하게 하는 경우에는 「공유재산 및 물품 관리법」 제22조에도 불구하고 대통령령으로 정하는 바에 따라 해당 공유재산의 사용료와 납부 방법 등을 정할 수 있다.

⑤ 제3항에 따라 공유재산을 사용·수익하게 하는 경우에는 해당 공유재산의 목적 또는 용도에 장애가 되지 아니하도록 대통령령으로 정하는 바에 따라 사용·수익의 내용 및 조건을 부과하여야 한다.

⑥ 지방자치단체의 장은 공유재산 중 체육시설(민간자본을 유치하여 건설 또는 개수·보수된 시설을 포함한다)을 프로 스포츠단의 연고 경기장으로 사용·수익을 허가하거나 그 관리를 위탁하는 경우 「공유재산 및 물품 관리법」 제20조 및 제27조에도 불구하고 해당 체육시설과 그에 딸린 부대시설에 대하여 대통령령으로 정하는 바에 따라 해당 프로 스포츠단(민간자본을 유치하여 건설하고 투자자가 해당 시설을 프로 스포츠단의 연고 경기장으로 제공하는 경우 민간 투자자를 포함한다)과 우선하여 수의계약할 수 있다. 건설 중인 경우에도 또한 같다.
⇨ 2016년 전부개정 조항(17조 6항)

⑦ 제6항에 따라 공유재산의 사용·수익 허가를 받은 프로 스포츠단은 「공유재산 및 물품 관리법」 제20조 제3항에도 불구하고 사용·수익의 내용 및 조건에 위반되지 아니하는 범위에서 지방자치단체의 장의 승인을 받아 다른 자에게 사용·수익하게 할 수 있다.

⑧ 제6항에 따라 공유재산의 사용·수익을 허가받거나 관리를 위탁받은 프로 스포츠단은 필요한 경우 해당 체육시설을 직접 수리 또는 보수할 수 있다. 다만, 그 수리 또는 보수가 공유재산의 원상이 변경되는 대통령령으로 정하는 대규모의 수리 또는 보수에 해당할 경우에는 지방자치단체의 장의 승인을 받아야 한다.

⑨ 지방자치단체는 제8항에 따른 수리 또는 보수에 필요한 비용의 전부 또는 일부를 지원할 수 있다.

제18조(선수 권익 보호 등) 문화체육관광부장관은 선수의 권익을 보호하고, 스포츠산업

의 건전한 발전을 위하여 공정한 영업질서의 조성 등 필요한 시책을 강구하여야 한다.
⇨ 2016년 전부개정 조항(18조)

제19조(국제교류 및 해외시장 진출지원) ① 문화체육관광부장관은 국내 스포츠산업의 경쟁력 강화와 스포츠산업 관련 상품의 해외시장 진출을 활성화하기 위하여 다음 각 호의 사업을 지원할 수 있다.

1. 외국과의 공동제작
2. 방송·인터넷 등을 통한 해외 마케팅·홍보활동
3. 외국자본의 투자유치
4. 수출 관련 협력체계의 구축
5. 그 밖에 스포츠산업의 경쟁력 강화 및 해외시장 진출을 위한 사업

② 문화체육관광부장관은 제1항에 따른 사업을 효율적으로 지원하기 위하여 대통령령으로 정하는 관련 기관이나 단체에 대하여 이를 위탁 또는 대행하게 할 수 있으며, 이에 필요한 비용을 보조할 수 있다.

제20조(사업자단체의 설립) 스포츠산업 사업자는 스포츠산업의 진흥과 상호 협력증진 등을 위하여 대통령령으로 정하는 바에 따라 문화체육관광부장관의 인가를 받아 업종별로 사업자단체를 설립할 수 있다.

제21조(청문) 문화체육관광부장관은 제12조에 따라 스포츠산업진흥시설의 지정을 해제하거나 제14조 제3항에 따라 지원센터의 지정을 해제할 때에는 미리 청문을 하여야 한다.

제22조(권한의 위임·위탁) 문화체육관광부장관은 이 법에 따른 권한의 일부를 대통령령으로 정하는 바에 따라 특별시장·광역시장·특별자치시장·도지사·특별자치도지사에게 위임하거나 스포츠산업의 진흥을 목적으로 설립된 기관이나 법인 또는 단체에 위탁할 수 있다.

제23조(포상) ① 문화체육관광부장관은 스포츠산업의 발전에 기여한 공로가 현저한 개인·단체 및 기업 등을 선정하여 포상할 수 있다.
② 그 밖에 제1항의 포상에 필요한 사항은 대통령령으로 정한다.

부칙 〈제13967호, 2016.2.3.〉

제1조(시행일) 이 법은 공포 후 6개월이 경과한 날부터 시행한다.

제2조(일반적 경과조치) 이 법 시행 당시 종전의 규정에 따라 행정기관이 행한 행위 또는 행정기관에 대한 행위는 그에 해당하는 이 법에 따른 행정기관의 행위 또는 행정기관에 대한 행위로 본다.

3. 스포츠산업진흥법 전부개정의 의미

2016년 전부 개정된 「스포츠산업진흥법시행령 · 시행규칙」이 8월 4일부터 시행됐다. <표1－11>에 보는바와 같이 전부 개정된 주요내용과 의미를 살펴보면 다음과 같다.

<표1-11> 스포츠산업진흥법 전부 개정의 주요내용

조항	주요 내용	의미
제7조	정기적으로 스포츠 산업 실태조사를 실시해야 한다.	스포츠 산업 특수분류 2.0을 근거로 2010년 11월 국가승인통계로 지정돼 2011년 처음으로 실시된 스포츠 산업 실태조사가 의무사항으로 됨
제8조	• 스포츠 산업 관련 기술개발을 추진하기 위한 정책을 수립 · 시행할 수 있다. • 예산을 지원 또는 출연할 수 있다. • 기술개발사업 업무 대행기관을 둘 수 있다.	• 스포츠 산업과 관련한 기술개발을 위한 예산지원, 출연 및 전문적인 대행기관 활용 등을 위한 법적인 토대를 마련함 • 기술에 기초한 새로운 조직이 생김
제10조	스포츠 산업 관련 창업 촉진과 일자리 창출을 위해 예산을 지원할 수 있다.	청년 일자리 해결 등과 맞물려 스포츠 분야의 창업지원을 할 수 있게 됨
제11조	• 지자체 소유의 공공체육시설을 스포츠 산업진흥시설로 지정할 수 있다. • 프로 스포츠 육성을 위해 프로 스포츠단 연고 경기장을 스포츠산업지정시설로 우선 지정할 수 있다.	• 스포츠 산업 발전을 통해 지자체와의 상생 환경을 조성함 • 지자체의 인적, 물적, 예산 등의 부담을 해소할 수 있는 여지를 마련함
제15조	스포츠 산업의 육성과 기술개발을 위해 스포츠 산업 관련 상품의 품질향상에 필요한 지원을 할 수 있다.	스포츠 산업과 관련한 기술개발의 체계적인 지원을 위한 법적 토대를 마련함
제16조	스포츠 산업 투자 활성화를 위해 중소기업투자모태조합과 한국벤처투자조합 등에 출자할 수 있다.	민간기업의 유도 및 각종 투자환경을 확대할 수 있는 토대를 마련함
제17조 제2항	• 지자체 또는 공공기관은 프로 스포츠단 창단에 출자 또는 출연할 수 있다.	• 지자체가 프로 스포츠와 관련한 분야에 지원을 할 수 있는 토대를 마련함

조항	주요 내용	의미
	• 프로 스포츠단 사업 추진에 필요한 경비를 지원할 수 있다.	• 스포츠 산업 발전을 통해 지자체와의 상생 환경을 조성함
제17조 제3항	지자체는 공공체육시설을 프로 스포츠 단체에게 25년 이내의 기간을 정하여 관리를 위탁할 수 있다.	• 프로 스포츠단체는 주요 수익인 관람객 입장권 판매를 위해 다양한 촉진(promotion) 활동을 할 수 있는 스포츠 마케팅 환경이 마련됐음 • 관중의 만족 개선 및 편의성을 증대시킬 수 있는 환경을 조성함
제17조 제6항	지자체는 공공체육시설을 프로 스포츠단과 우선하여 수의계약할 수 있다.	공공체육시설의 안정적 운영 및 활용도를 높일 수 있도록 기업의 접근성을 제고함
제18조	선수의 권익보호와 스포츠 산업의 건전한 발전을 위해 공정한 영업질서의 조성 등 필요한 시책을 강구해야 한다.	선수 권익을 보호하기 위한 제도적 근거를 마련함(스포츠 에이전트)

① 왜 우린 남의 나라 일까지도 공감하게 됐을까?

독일의 철학자 로베르트 피셔(Robert Vischer, 1856~1933)가 사용한 미학의 용어 '감정이입(Einfuhlung)'이 오늘날 공감(empathy)이 됐다.

나의 마음을 누군가 공감해주길 바라고, 남의 마음을 읽고 함께 생각을 같이함으로써 공감을 표출한다. 진(進)사회성(eusociality)의 동물은 인간이라고 했다. 통섭(consilience)으로 잘 알려진 사회생물학자 에드워드 윌슨(Edward O. Wilson)이 제시한 개념이다. 우리 인간은 진화를 거듭하면서 이타적 행동을 하게 됐다. 즉, 나와 우리를 보호하고 집단의 이익을 위해 자신의 사적인 이익 일부를 희생한다.

이러한 공감의 표현을 최근 우린 소셜 미디어를 통해 활발하게 하고 있다. 이 플랫폼을 통해 확장되는 사회성은 **인지**(cognition), **협동**(cooperation), **커뮤니케이션**(communication)을 포함하며 무한한 가능성을 보여주고 있다.

우리의 관심이 덜 할 것 같은 국제적인 정치와 사회적 이슈도 시간과 공간의 경계를 허물고 실시간 전달받고 있다. 또한 놀랍게 성숙한 민주주의를 향한 우리의 촛불혁명도 전 세계인에게 큰 호응을 얻었던 것도 소셜 미디어의 역할이 크다.

스포츠도 예외는 아니다. 현대 스포츠의 상업화는 승리한 선수와 높은 연봉에 관한 일반인들의 대리만족에 가까운 이슈가 성행하지만, 훈훈한 감동 스토리도 어김없이 실시간으로 알게 됐다. 시장 4.0에서의 스포츠 마케팅은 다양한 콘텐츠를 개발하고, 연관 지으며 또 다시 새로운 융합 콘텐츠를 시장에 내놓고 있다.

나이키(Nike)가 전통적인 운동용품과 무관한 퓨얼 밴드(Fuel Band)를 시장에 팔겠다고 출시한 것도 예외가 아니다. 스포츠 용품의 강자라고 오랫동안 인식돼 온 잘 나가는 브랜드 회사를 뛰어넘어 소비자의 건강을 걱정하는 공감 지향적 회사로 거듭나기 위한 노력이다.

② 왜 스포츠 시설 운영에 대해 고민할까?

2018년 평창 동계올림픽은 매우 성공적으로 치렀다. 남북한, 북미 간의 이슈는 곧 세계적인 이슈가 돼 전 세계인의 주목을 끌었다. 여자 아이스하키 단일팀은 상징적인 사건에 그치지 않고, 평화를 위한 긴장 완화의 물꼬를 튼 계기가 됐다.

더불어 ICT의 강국인 만큼 현란한 미디어 아트와 드론쇼를 보여주며 최고의 찬사를 얻었다. 이러한 긍정적인 분위기에 취해있을 때 조직위원회는 매번 적자를 기록하던 올림픽에서 흑자를 공식적으로 다음과 같이 발표했다. 하지만 과연 흑자일까? 평창 동계올림픽에 투자한 전체 예산은 총 13조8천억 원(운영비 2조8천억 원, 경기장 건설비 2조, 고속철도 건설비 9조)이다. 수입은 13조9,496억 원보다 상회할 것으로 발표했다. 다만, 국비와 지방비 12조를 포함한 금액이다. 국민 세금이 수입으로 잡힌다는 것이 의문이다.

❙ <표1-12> 2018 평창 동계올림픽 수입과 지출 현황

구분		금액
전체 예산(A)		13조 8,000억 원
	대회 운영비	2조 8,000억 원
	경기장 건설비	2조 원
	고속철도 건설비	9조 원
수입추정액(B)		13조 9,496억 원+ ∝

구분		금액
	라이선스 · 부대시설 (식당) 수익	미정
	입장권 판매수익	1,573억 원
	올림픽 파트너 기업(TOP) 협찬금	2,400억 원
	IOC 지원금	4,400억 원
	기업 협찬금	1조 1,123억 원
	국비 · 지방비	12조 원
B-A		1,496억 원 + ∝

출처: 평창 올림픽조직위원회

평창 동계올림픽을 통해 수확된 여러 가지 효과를 보면 흑자를 인정하고, 혹여 적자가 났더라도 충분히 상쇄될 만큼 의미 있는 국제 이벤트로 인식할 수 있다. 즉, 심리적 측면의 흑자로 이해한다 하더라도 이러한 대형 스포츠 이벤트가 매번 정치사회적 효과를 얻는 것은 아니기에 꼼꼼히 살펴볼 필요도 있겠다.

국내 스포츠 산업은 스포츠 시설업, 스포츠 용품업, 스포츠 서비스업으로 분류하고 있다. 스포츠 시설업은 시설 건설업과 시설 운영업으로 재분류한다. 시설 건설업은 새로운 건물을 짓고, 관련 기반시설을 닦는 분야이기에 인적, 물적 자산이 투입되며 경제적 효과를 기대할 수 있다. 여기서 많은 사람들이 우려하는 지점이 시설 운영업이다. 이 건물을 앞으로 어떻게 활용할 것인가의 문제다.

또한 스포츠 산업의 특징 중 공간과 입지 중시형을 강조한다. 근접성이 떨어지는 빈 건물을 어떻게 활용하고, 건물을 유지하기 위한 예산은 우리의 세금으로 충당할 수밖에 없는 현실이라면 앞으로 대형 스포츠 이벤트의 개최 명분을 새롭게 쌓던지, 혹은 1.0 혹은 2.0 사회가 진행되고 있는 국가에 양보하던지 해야 할 것이다. 다시 말해 우리가 3.0을 넘어 4.0 사회로 가고 있다면 저비용, 고효율의 이벤트를 발굴하고 안착시키는 과제를 안고 있는 것이다.

③ 각본 없는 드라마는 어디에 있지?

"스포츠는 본질상 혹은 구조적으로 내러티브를 풀어나가기에 아주 적절하다. 경쟁이라는 핵심적인 요소를 갖는 스포츠의 내러티브는 하나의 플레이를 얘기하는 것도 가능하고, 하나의 경기를 얘기하는 것도 가능하다. 한 시즌을 얘기하는 것도 가능하고, 몇 개의 시즌을 통해 역사를 얘기하는 것도 가능하다(김성길, 2012, p.52)." 이와 같이 스포츠는 아곤(Agôn, 경쟁)과 아레테(Arete, 탁월함을 향한 노력의 과정)란 두 가지 명제에 충실하며 오랜 기간에 걸쳐 발전해 왔다. 20세기 들어 스포츠의 상업화는 끝이 모를 지점까지 내달릴 만큼 고객의 시선을 붙잡기 위한 노력을 하고 있다. 슈퍼볼에서는 경기 전, 하프타임 쇼가 진행되는 경우를 포함해 스포츠 중계 프로그램 전체 시간 가운데 실제 경기시간은 3% 정도이다. 스포츠의 본질적 특성과 상업적 성공이 절묘하게 묶임으로써 스포츠에 대한 투자를 관대하게 바라봤지만, 다소 바뀌는 지점이 생겼다.

앞서 언급한 스포츠 시설 운영에 대한 우려의 연장이다. 2015년 광주 유니버시아드 대회에 칭찬이 쏟아졌다. 이유는 스포츠 스타의 탄생, 기록 갱신 등의 경기와 관련한 이슈가 아니었다. 8천억 예산을 3분의 2 수준으로 절감해 성공적으로 치렀다는 것이다.

스포츠 산업의 특징에선 감동과 건강 지향성이 있다. 영화와 연극처럼 정해진 각본에 따라 연출되는 행위가 아니라 각본 없이 이뤄짐으로써 감동을 준다는 것이다. 하지만, 사람들의 관심과 여론의 시선은 언제부터인가 국민세금으로 알차게 운영했느냐에 초점을 맞추고 있다. 여전히 현재 진행형인 빅 이벤트에 대한 경제적 효과의 의견에 대해 부정적 견해가 다수 차지하고 있는 것이다. 덧붙여 돈으로 치장하여 겉만 화려한 이벤트보다 세계인들이 공감할 만한 이슈(환경, 평화, 공존 등)를 내세워 실속 있게 치러야 되는 시점이다. 21세기의 스포츠 마케팅의 출발과 종착 지점도 이러한 보편적 공감대 속에서 이뤄져야 한다. 이럴 때 스포츠만이 누릴 수 있는 가치인 '각본 없는 드라마'가 더욱 빛을 발휘할 수 있다.

④ 스포츠 4.0 정책은 어떤 모습일까?

지난 정부에서 '스포츠 3.0 정책'을 제시했다. 마케팅 분야의 세계적인 학자인 필립 코틀러(Phlip Kotler)에 의해 널리 알려진 3.0 개념이다(Kotler, 2010). 그는 몇 해 전 '마켓 4.0'으로 한층 더 관심을 불러일으켰다(Kotler et al., 2017). 이 개념을 우리나라 스포츠 정책에 대입해보자.

스포츠 1.0 정책이란 정부가 주도했던 1988년 서울 하계올림픽 때에 펼쳤다고 할 수 있다. 소위 국가가 국민들에게 '나를 따르라'라고 했던 때이다. 국위선양과 전인교육 등의 전통적 역할을 강조하며 일방향 정책을 주도했다.

스포츠 2.0 정책이란 정부가 주도하기도 하지만, 자발적인 국민 참여가 있었던 2002년 월드컵 때에 펼쳤다고 할 수 있다. 누가 시키지도 않았는데 참여했던 붉은 악마 응원단, 경기가 끝난 후 쓰레기 한 조각 없었던 자발적 응원문화 등이 있었다. 정부와 국민이 소통했던 양방향 정책이 가능했던 시기다.

스포츠 3.0 정책은 지금도 현재 진행형이라 할 수 있다. 아직까지 '마켓 3.0'에서 활동하고 있고, 4.0에 가기 위한 진입로 정도의 위치에 있기 때문이다. 스포츠 산업의 경제적 가치를 국가가 인식하는 계기가 된 때에 추진했던 정책이라 할 수 있다. 과거 정부가 주도했던 일방향 혹은 진일보한 양방향 정책을 벗어나 맞춤형 정책인 것이다. 지역에서 잘 되고 있는 지역특화 이벤트를 국가가 보다 더 지원할 수 있고, 새로운 산업 간의 융·복합이 가능하게 할 수 있다.

그렇다면 향후 스포츠 4.0 정책은 어떤 모습으로 발전할 수 있을까? 국가와 국민과의 공동 창조 개념의 제품을 창출하고 관리하는 것에서부터 출발할 수 있다. 국민은 예전처럼 거대 기업의 마케팅에 쉽게 현혹되지 않는 것처럼, 정부가 제시한 정책을 수용하기 위해선 큰 공감이 사전에 이뤄져야 한다. 이제 온라인 상의 '국민청원제도'가 낯설지가 않듯이 말이다.

기업이 새로운 제품을 시장에 내놓으면 해당 전문가의 평론에 의지하지 않고, 자신이 소셜 미디어 상에서 가입한 커뮤니티 내의 다양한 의견을 더 신뢰하고 의지한다. 정부가 아무리 야심차게 정책을 제시해도 각종 사례를 비교 분석하고, 진정으로 '나 그리고 가족과 우리 사회'에 긍정적인 효과가 있는지를 따져보는 몫은 바로 국민이 하게 된다. 스마트한 국민을 상대로 스마트한 정책을 내놓고, 공감을 얻어야 스포츠 4.0 시대를 견인할 수 있을 것이다.

앨빈 토플러(Alvin Toffler, 1928~2016)의 '변화의 속도'에서 우린 1시간에 95km를 갈 수 있을 만큼 정부의 40km/h보다 빠르다. 삼수(2010년 밴쿠버, 2014 소치에 이어 세 번째 유치도전에 성공)까지 하면서 2018년 평창 동계올림픽을 무사히 치렀다. 하지만 우린 저만치 가고 있는데 아직도 1.0 혹은 2.0에 어울릴법한 대형 스포츠 이벤트 개최를 고집하는 상황이 앞으로 피부에 와 닿을 수 있을지 미지수다.

물론 3.0 혹은 4.0 시대를 선도하는 국가에서도 올림픽, 월드컵과 같은 대형 스포츠 이벤트에 관심을 가질 수 있다. 반드시 무질서한 사회가 큰 이벤트를 통해 질서 있는 사회로 가기 위한 차원의 행사로서만 바라볼 수는 없다. 선진사회에선 기존이 치렀던 장소를 조금만 리모델링하면 얼마든지 큰 행사를 개최할 수 있는 여건이 된다. 결론적으로 새로운 갈망이 있는 4.0 시장에선 온·오프라인 상에서 누구나 공감할 수 있는 새로운 차원의 스포츠 정책이 필요하다.

이러한 맥락에서 앞으로 국내에서 치르고자 하는 대형 스포츠 이벤트(올림픽, 월드컵 등)는 왜 치러야 하는지(WHY)에 대한 근본적 질문을 던지지 않을 수 없다. 우리나라는 이미 2021년 7월에 치러진 2020 도쿄 올림픽을 통해 스포츠 이벤트를 바라보는 인식의 수준을 높였다고 해도 과언이 아니다. 국민들은 모

든 선수와 팀에게 응원을 했고, 메달 색깔에 연연해하지 않았다. 물의를 일으킨 우리나라 야구팀에 대해선 가감 없이 비판을 가했다. 일본은 자국에게 유리한 종목을 선정해 금메달을 하나 더 취득하면서 얻게 될 국위선양의 수준, 소수의 정치인에게 이익을 안겨다 주는 수준, IOC와 기업 스폰서와의 이해관계를 뛰어 넘지 못하는 수준을 보여주었다. 오랫동안 이어오면서 뿌리 깊게 보수화돼 유연성을 잃은 정치와 관료 사회는 자국민과의 인식의 차이를 극복하지 못했던 것이다. 이는 곧 보편화된 가치를 내세운 세계인의 인식과도 훨씬 큰 괴리를 낳았다. 앞으로 무엇 때문에 빅 이벤트를 치러야 하는지 질문을 해야 한다.

과 제

1. 가장 최근의 북미권 스포츠 산업 분야에서 어떤 이슈가 있는지 조사하시오.
2. 가장 최근의 유럽권 스포츠 산업 분야에서 어떤 이슈가 있는지 조사하시오.
3. 가장 최근의 아시아권 스포츠 산업 분야에서 어떤 이슈가 있는지 조사하시오.
4. 가장 최근의 국내 스포츠 산업 분야에서 어떤 이슈가 있는지 조사하시오.
5. 북미권 스포츠산업진흥에 관한 법률과 정책이 있는지 조사하시오.
6. 유럽권 스포츠산업진흥에 관한 법률과 정책이 있는지 조사하시오.
7. 아시아권 스포츠산업진흥에 관한 법률과 정책이 있는지 조사하시오.

PART

02

스포츠 마케팅의 이해

미션 _ Mission

1 전통적 마케팅과 디지털 마케팅 시장을 이해하자

1부에서 '스포츠 산업'을 살펴봤다. 국내 스포츠 산업에 대해 집중적으로 이해하기 위해 관련법(스포츠산업진흥법)과 정책자료 등에서 규정한 정의, 분류, 특성을 기술했다. 나라별, 학자별로 다양한 시각과 기준이 있다. 현재 스포츠 관련 국가정책을 이해하고, 향후 정책방향의 변화와 흐름에 대해 능동적인 대응을 하기 위한 노력을 지속해야 한다.

참고로 이해도를 높이기 위해 미국의 스포츠 마케팅 학자인 매튜 섕크(Matthew D. Shank)가 분류한 '스포츠 산업 구조'를 살펴보면 다음과 같다. 첫째, '스포츠 생산품'이다. 스포츠 이벤트와 관련한 선수, 경기장, 라이선싱 허가 제품, 각종 기념품과 소장품, 피트니스 센터와 헬스 서비스, 스포츠 캠프 및 강습, 스포츠 정보 등 무수히 많은 분야와 종류에 해당된다.

둘째, '스포츠 생산자와 중개자'다. 생산자는 국제올림픽위원회(IOC), 국제축구연맹(FIFA)을 비롯해서 나라별 프로 스포츠 리그를 관장하는 기구를 들 수 있다. 프로 스포츠 구단주, 스포츠 팀을 보유하고 있는 대학, 스포츠 리그와 대형 이벤트의 관리 기구 등도 생산자에 해당된다. 중개자는 대표적으로 미디어다. 생산자가 만들어낸 좋은 상품을 소비자에게 효과적으로 전달한다. 소비자에게 스포츠 생산품을 활용해 자사의 이익을 추구하는 기업(협찬사)도 중개자 역할을 한다.

셋째, '스포츠 소비자'다. 협찬사, 관람형 소비자, 참여형 소비자로 분류했다. 협찬사는 스포츠 중개자이면서 스포츠 생산품을 소비하는 소비자다. 현금이나 현물 및 기타 지원(VIK, Value in Kind)을 제공하는 행위가 소비이기 때문이다. 관람형 소비자는 경기장을 직접 방문하는 직접형 소비자와 미디어를 통해 보는 간접형 소비자가 있다. 참여형 소비자는 생활 스포츠에 참여하는 소비자다. 이제 스포츠 산업을 개괄적으로 이해했으니 본격적으로 스포츠 마케팅 세계에 한걸음씩 들어갈 수 있을 것이다.

전통적인 시장에선 고객을 세분화(segmentation), 표적화(targeting), 위치화(positioning) 단계를 거치면서 효과적인 마케팅 전략을 구사했다. 물론 정보통신기술(ICT)이 나날이 발전하고 있는 시점인 요즘에도 유효한 전략임에는 틀림이 없다. 스포츠 제품, 가격, 장소, 촉진 전략(5~8부)은 '스포츠의 마케팅'을 하는 주체(IOC, FIFA, 스포츠단체 등)가 잘 활용해야 할 부분이다. 또한 '스포츠를 통한 마케팅'을 하는 주체(기업 등)가 잘 활용해야 할 부분은 스포츠 미디어, 스폰서십, 선수보증광고, 라이선싱, 머천다이징(9~11부) 등이다.

이 유효한 전통적 마케팅 전략을 기반으로 급변하는 사회의 트렌드에 맞춰 전략적인 수정이 필요한 시점이다. 스포츠 단체나 기업 모두에 해당되는 얘기다. 디지털 스포츠 마케팅이란 개념은 기업이 주도를 하고 있기 보다는 모바일 혁명이라 일컫는 현대 소비자의 역량이 급속히 커진데 따른 것이다. 토플러는 2006년에 출간된 '부의 미래(Revolutionary Wealth)'란 저서에서 부를 만드는 세 가지의 심층기반(deep fundamental)을 제시했다. 바로 시간, 공간, 지식이다.

| 그림 2-1 스포츠의 마케팅 주체

이 세 가지는 경계가 허물어질 것이고, 이 세 가지를 잘 활용하는 개인, 기업, 국가가 21세기를 주도할 경쟁력을 갖춘다고 했다. 스티브 잡스(Steve Jobs, 1955~2011)의 애플은 2007년 첫 스마트 폰을 출시했다. 당시 흥행이 저조할 거라는 세간의 우려에도 불구하고, 지금 필수품이 됐다. 시간, 공간, 지식을 허물어뜨린 대표적 장비다. 토플러는 혁신적 장비가 세상에 나오기도 전에 주요 키워드를 제시했던 셈이다. 2016년 리우 하계올림픽 때 지구 반대편에 있는 브라질 현지의 실황을 모바일로 실시간 보게 됐다. 2018년 평창 동계올림픽도 단일팀 성사 등의 평화적 이슈까지도 실시간으로 방송을 탔다. 2021년에 치러진 2020년 도쿄 하계올림픽의 허술한 준비과정과 선수촌의 열악한 현실(선수들이 직접 영상을 공유) 등이 실시간으로 전 세계인에게 보도됐다. 물리적인 시간과 공간의 개념은 무의미하게 된 것이다.

2 시장이 꿈틀거린다는 의미를 이해하자

마케팅은 마켓(market) 플러스 ~ing이다. 즉, 시장이 꿈틀거리는 것으로 이해해보자. 시장의 세 주체는 생산자, 유통자, 소비자이다. 좋은 제품(product)을 생산자가 근사한 서비스(services)를 가미해 상품(goods)으로 출시를 하게 되면 어떤 유통과정에 의해 소비하게 된다. 궁극적으로 생산자와 소비자 간의 거래에서 유기적 소통을 가능케 한 당사자들이 모두가 만족하게 된다면 성공적인 마케팅이라 할 수 있고, 생산자만 만족한다면 판매에 불과하다. 이럴 경우 다음번에도 생산자의 판매가 성사될지는 미지수다.

지난 2017년 덩케르크(Dunkirk)란 영화로 역시 명불허전을 보여준 크리스토퍼 놀란(Christopher Nolan, 1970~) 감독의 2014년도 작품 인터스텔라(interstellar)에서 제2의 지구를 찾아 나서면서 우리의 지구가 멀어지는 장면이 있다. 보는 각도에 따라 북극이 남쪽에 있을 수 있다. 즉, 우주공간에선 위, 아래, 좌, 우의 구분이 모호하니 어떻게 보느냐에 따라 주관적 시점이 나타날 수 있다.

마케팅은 바로 그러한 패러다임의 전환이 필수가 되기도 한다. 그동안 잘 알려져 있던 마케팅 이론이 반드시 정답이 될 수는 없다는 의미다.

관람 스포츠일 경우 예를 들어보자. 직장인 A는 일과를 마치고 자신이 좋아하는 팀의 프로야구 경기를 보러 갔다. A는 긴 행렬의 창구를 통한 티켓 판매가 아니라 비컨

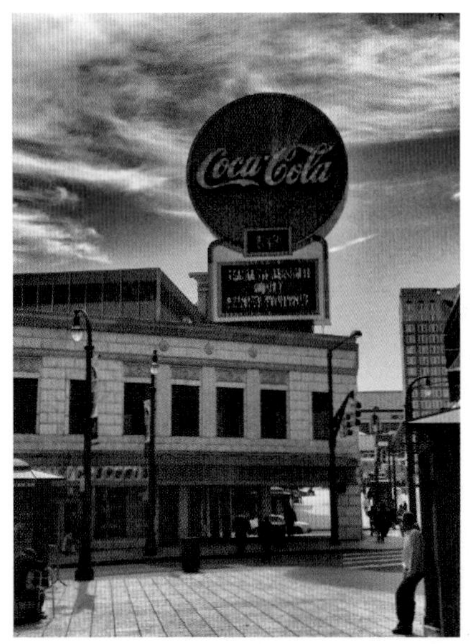

| 그림 2-2 스포츠를 통한 마케팅 주체

(beacon) 서비스로 스마트폰을 통해 결제와 좌석 찾기의 일괄 서비스를 받는다. 꽤 괜찮은 수준의 좌석에 앉아 경기를 보기 전에 편의점에서 간단하게 요기를 하고, 쾌적한 화장실을 이용한다. 신나는 응원 문화를 만끽하고 함께 소리를 지르며 스트레스를 해소한다. 자신이 좋아하는 선수를 보게 되니 환호하고 좋은 성적을 얻길 기대한다. 경기 내내 흥미진진하고 승패에 관계없이 만족할만한 상품을 구매한 느낌을 갖게 된다. A는 경기장 내의 서비스를 받으면서 팀 간의 경기를 구매한 소비자가 됐다.

반면, B는 지친 몸을 이끌고 경기장까지 가서 경기를 보는 것이 엄두가 나지 않아 항상 스마트폰을 통해 실시간 중계방송을 본다. 현장의 응원열기를 느끼기엔 한계가 있으나 주관방송사 중계를 통한 아나운서의 상세한 설명을 들으며 경기에 대한 이해의 폭을 넓힌다. 지난번 경험했던 현장에서 보는 경기에 비해 경기품질이 높아졌다고 느낀다. 경기장 티켓 구매와 요깃거리를 먹지를 않아 추가 소비가 이루어지지 않는 대신, 고품질 방송을 표방한 인터넷 매체를 선택하니 유료이다. 무료를 찾아 TV 중계를 보면 원하지 않더라도 상당한 광고에 노출된다. 광고에 노출된 B는 계획하지 않았던 홈쇼핑에서 상품을 구매한다. 경기장 밖의 서비스를 받으면서 팀 간의 경기를 구매한 소비자가 됐다.

위 두 사례에서 보듯이 경기장이란 물리적 공간을 통한 유통과정이든, 미디어를 통한 유통과정을 거쳐 프로 스포츠 시장(market)에서 꿈틀거린 행위를 한 것이다. 앞서 언급한 것처럼 생산자, 유통자, 소비자가 모두 만족을 했다면 진정으로 성공한 마케팅이 될 것이다. 혹여 생산자만 만족했다면 판매행위에 그치게 되고, 소비자는 또 다른 상품을 찾아 다른 곳을 가버릴지도 모른다.

본 장에선 성공적인 마케팅을 하기 위한 과정을 담았다. 즉, 스포츠 상품을 출시하고 유통자, 소비자까지 만족스러운 결과를 낳게 하기 위한 과정이다. 환경을 분석하고, 시장을 세분하고, 표적을 만들고, 소비자의 마음속에 우뚝 서기 위한 과정이라 할 수 있다. 마케팅 전도자인 필립 코틀러(Philip Kotler, 1931~)가 어김없이 등장한다. 스포츠 콘텐츠를 대입했을 경우를 머릿속에 그리며 차분히 살펴보자.

CHAPTER 01 스포츠 시장

1. 스포츠 마케팅의 시작

코틀러(P. Kotler)는 탁월한 마케팅은 우연한 것이 아니고, 신중한 계획을 세우고 실행의 결과를 통해 이루어진다고 했다. 그에 따르면 마케팅(marketing)은 인간의 욕구와 사회의 욕구를 확인, 규명하고 충족시켜야 한다고 했다.

미국마케팅협회(American Marketing Association)에선 '마케팅이란 조직체의 기능으로 고객가치를 창조하고, 고객과의 커뮤니케이션을 통해 조직체와 이해관계자들 모두의 이익이 되는 고객관계관리에 관한 일련의 과정'이라고 정의했다. 코틀러가 마케팅의 체계화를 목적으로 두고 저술한 '마케팅 경영(marketing management)'은 1967년 초판으로 간행돼 현재까지 출간되고 있다. 그는 마케팅 경영에 대해 '표적시장을 선정하고, 우수한 고객가치를 창조, 전달, 의사소통함으로써 고객을 확보하고 유지하며 증대시키는 기술과 과학'이라고 명시했다.

상업성과 대중성을 앞세운 프로 스포츠는 체계적인 시스템을 통해 이윤창출과 욕구를 충족시키는 마케팅 현장으로 만들었다. 미국의 프로 스포츠산업은 1869년 최초의 프로야구 구단 신시내티 레드스타킹스(Cincinnati Red Stockings)가 창단되면서 시작됐다. 스포츠 마케팅 역사는 조금 더 거슬러 올라간다. 현재의 스포츠 마케팅 현장처럼 체계화되지 않았겠지만 1858년 뉴욕의 롱아일랜드에

| 그림 2-3 초창기 신시내티 레드스타킹스

서 개최된 야구경기 입장권이 당시 50센트에 판매됐다. 생산자(구단)가 관객(소비자)에게 돈을 받고, 프로야구 경기(생산품)를 경기장에서 유통시킨 것이다.

유럽에선 1869년 벨로시페드일뤼스트레(Le Vélocipède illustré)라는 신문사가 파리와 루앙 간의 자전거 대회를 최초로 만들었다. 투르드프랑스(Tour de France)라는 대회명칭을 한 번쯤은 들어봤을 것이다. 매해 7월, 20일 이상 3,500Km에 달하는 거리를 주행하는 세계 최고 수준의 엘리트 선수들이 참가하는 도로 사이클 대회다.

랜스 암스트롱(Lance Armstrong)은 뇌까지 전이된 고환암을 극복한 후 대회 7연패(1999~2005)를 달성해 인간 승리의 대명사가 됐다가 약물 복용으로 모든 기록과 자격이 박탈됐다. 그가 영구 제명된 바로 그 대회다. 1903년부터 개최된 이 대회는 로토(L'Auto)라는 신문사에서 판매 부수를 늘리기 위해 기획돼 오늘날까지 이어지고 있다. 이렇듯 신문의 판매고와 선수를 활용하여 자전거 판매량을 높이기 위한 초창기 스포츠 마케팅 전략으로 대회를 활용했다.

L'Auto

LE TOUR DE FRANCE - LE DÉPART

| 그림 2-4 로또 신문

| 그림 2-5 투르드프랑스

미국 변호사인 마크 맥코맥(Mark McCormack, 1930~2003)은 1960년대에 스포츠 에이전시 산업을 본격적으로 알린 장본인이다. 현재 세계적인 스포츠 마케팅 기업인 IMG(International Management Group)의 창립자다. 당시 왕년의 골프 스타 아놀드 파머(Arnold Palmer, 1929~2016)와 계약해 프로 선수를 대변하면서 스포츠 마케팅 시장을 발전시켰다.

| 그림 2-6 마크 맥코맥

| 그림 2-7 아놀드 파머

버나드 멀린, 스티븐 하디, 윌리엄 서튼(Bernard Mullin, Stephen Hardy, & William Sutton, 1993)에 따르면 '스포츠 마케팅'이란 용어는 1978년 미국에서 '광고세대(Advertising Age)'란 잡지에서 처음 등장했다. 스포츠를 홍보(publicity)와 촉진(promotion) 수단으로 사용하고자 했던 서비스 마케터의 활동에서 비롯됐다.

2. 시장의 변화

어빙 레인, 필립 코틀러, 벤 쉴즈(Irving Rein, Philip Kotler, & Ben Shields, 2006)는 스포츠 경쟁시장을 대략 6가지 영역으로 제시했다. 첫째, 메이저 스포츠 시장이다. 프로미식축구, 유럽축구, 프로야구 메이저 리그, 프로 아이스하키, F1, NCAA 대학 디비전 I 미식축구, 프로농구 등이 해당된다. 국내에서 프로야구, 프로축구, 프로농구, 프로배구 등을 들 수 있다. 둘째, 메이저 스포츠 종목 중에서 그 규모를 확장하여 새롭게 형성된 마케팅 시장이다. 골프, 크리켓, 럭비, 프로레슬링, 나스카 등과 같이 오랜 역사를 통해 수많은 팬을 확보하고 있는 종목이다. 특히 골프는 국내 여자 골프선수들이 메이저 대회에서 우승 소식을 전함으로써 익숙해져 있다.

셋째, 고등학교, 클럽스포츠, 청소년팀, 커뮤니티칼리지, 디비전 II와 III 소속

대학스포츠와 같이 지역사회를 기반으로 하는 스포츠 시장을 들었다. 국내 스포츠 마케팅 시장의 활성화를 위해서 투자와 지원을 아끼지 않아야 할 영역이라 할 수 있다. 넷째, 다양한 미디어 재편성을 통해 급속하게 성장하고 있는 신생 스포츠 시장이다. 젊은 층이 좋아하는 스케이트보딩, 스노보딩, 기타 익스트림, 액션 스포츠 등이 있다. 다섯째, 한 때 전성기를 누렸던 복싱, 육상, 경마와 같은 스포츠 시장이다. 마지막으로 스포츠 용품 산업 시장이다. 팀 관련 제품, 스포츠 장비, 스포츠 의류와 같이 전반적인 분야에서 필수적인 시장이라 할 수 있다.

필립 코틀러, 허마완 카타자야, 이완 세티아완(Philip Kotler, Hermawan Kartajaya, & Iwan Setiawan, 2017)에 따르면 21세기 마케팅 시장에 있는 고객은 연결된 고객 집단으로 확대되면서 힘이 이동하고 있다. 힘이란 물리적인 완력이 아니라 세상을 바꾸는 구조적인 시장을 의미한다. 이러한 힘의 변화는 불과 20년 밖에 안 된 인터넷이 주도했다. 전통적인 시장에선 소비자가 갖는 정보의 양이 한정됐고, 소비자 간의 연결성이 높지 않았다. 정보와 연결성을 짓는 주체는 기업이었다. 하지만 디지털 혁명 시대인 지금은 소비자가 얼마든지 정보를 얻고, 연결성을 확장시킬 수 있는 주체가 된 것이다. 시장의 변화는 더욱 가속화되고 있고, 예측을 통해 대응하거나 선도해야 하는 시대다.

즉, 디지털 접점(touchpoint)들이 급증하면서 고객의 경로가 바뀌었다. 결론적으로 오늘날 시장은 수평적이고 포용적이다. 소비자는 수신자로서의 역할로 국한되는 것이 아니라 '공동 제작자'가 됐다고 표현하고 있다. 소비자의 지위 혹은 위상의 변화는 온·오프라인을 망라해서 활동하기 때문이다. 기업은 단순히 모든 것을 디지털로 변환하는 것이 아니라, 디지털과 아날로그의 융합을 통해 새로운 사업 모델과 소비자로 전달되는 경로의 혁신을 이루어야 한다는 사실을 인식하게 됐다. 21세기는 연결성의 시대다. 디지털 세계(온라인)와 물리적 세계(오프라인) 간이 통합하게 되면서 채널의 급격한 증가로 인해 복잡해졌다.

1) 수평적 공감 사회

세상의 온갖 뉴스는 개인이 알아서 본다. TV 시대가 도래를 한 후 지금까지는 대형 지상파, 케이블 방송사를 통해서만 주요 뉴스를 접할 수 있었다. 자본과 시스템을 갖춘 방송사만이 특파원을 통해 위성을 통한 실시간 전송을 했다. 하지만 지금은 특파원이 말 그대로 특파되기도 전에 현지인들이 유튜브나 메타(구 페이스북) 등을 통해 상황을 전달하게 됐다.

소셜 미디어가 도래하기 직전까지도 정보는 소수에 의해 집중됐다. 그 정보를 얻기 위한 노력은 돈을 내고 기다릴 수밖에 없었지만, 지금은 비용과 시간을 소비하지 않아도 된다. 리프킨(J. Rifkin, 2014)은 21세기 개인과 사회 간에 연결된 가상현실이 중요한 삶의 일부가 되면서 소비자 상품가격이 아주 저렴하거나 거의 무료가 되는 한계비용제로(marginal cost zero) 현상을 주목했다. 재화나 서비스를 한 단위 더 생산하는 데 들어가는 추가비용이 거의 없다는 의미다. 뉴스를 듣고 싶은 소비자가 돈을 내고 듣는 일은 거의 없다. 다소 귀찮은 광고를 보게 될 수는 있지만, 유튜브 광고는 소비자가 마음대로 지나쳐도 된다.

2015년 전 세계에서 급속도로 확산됐었던 '아이스버킷챌린지(Ice Bucket Challenge)'란 공감 캠페인이 있었다. 미국의 어느 투자회사 직원이 루게릭병 진단을 받은 친구를 위해 기획한 릴레이 기부 캠페인이다. 지명된 사람은 얼음물을 끼얹거나 100달러를 기부하고, 세 사람을 지명한다. 유명한 정치인, 연예인 등도 참여하면서 유튜브를 통해 전 세계로 확산됐다. 이 캠페인을 통해 우리나라의 농구선수와 코치출신이었던 박승일 씨에 대한 관심도 높아졌다. 루게릭병으로 알려진 '근위축성측삭경화증(ALS, Amyotrophic lateral sclerosis)'이란 병의 실태와 치유 전망을 위한 노력을 승일희망재단이란 기관이 하고 있다는 사실도 널리 알려졌다.

❙ <표2-1> 시장을 움직이는 힘의 변화

기존시장을 움직이는 힘		현재시장을 움직이는 힘	
요인	특성	요인	특성
수직적 힘	• 아이디어와 상품은 기업이 만든다. • 고객은 마케팅 광고를 신뢰한다.	수평적 힘	• 시장은 아이디어를 공급하고, 기업은 아이디어를 상품으로 만든다. • 고객은 친구, 가족, 페이스북 팬, 트위터 팔로우를 더 신뢰한다.
배타적 힘	기업은 콘텐츠를 검열한다.	포용적 힘	• 소셜 미디어는 전 세계 사람들이 서로 연결하고 소통하게 한다. • 기업은 고객과의 협업이 필수다.
개별적 힘	기업은 마케팅 커뮤니케이션을 통제하고, 고객 불만을 개별적으로 해결한다.	사회적 힘	• 고객은 결정할 때 다른 사람의 의견에 더 신경을 쓰게 됐다. • 자신의 의견을 적극적으로 공유한다.

출처: Kotler, P., Kartajaya, H., & Setiawan, I. (2017). *Marketing 4.0: Moving From Traditi onal to Digital*. 이진원 옮김(2017). 『필립 코틀러의 마켓 4.0』. 더퀘스트. p.30~42(요약).

필립 코틀러 등(Kotler et al., 2017)은 이러한 변화를 마케팅 현장에 적용하기 위해 세 가지의 주요 키워드를 통해 제시했다. 급격한 변화를 맞이하는 세계는 수직적, 배타적, 개별적 힘이 수평적, 포용적, 사회적 힘으로 바뀌고 있다. 기업이 아무리 많은 자본을 투입해 현란한 광고를 펼쳐도 자신이 속해 있으면서 신뢰하는 온라인상의 커뮤니티가 더욱 중요해졌다.

2) 연결혁신 사회

미국의 컴퓨터 과학자 조지프 리클라이더(Joseph Licklider, 1915~1990)는 오늘날의 '인터넷의 아버지'라고 불린다. 1968년에 발표한 논문에 기계를 매개로 커뮤니케이션할 것이라 예측했다. 사람끼리 대면하는 방식보다 효율적이라 생각했던 방식은 범지구적인 컴퓨터 네트워킹이 될 것으로 생각했다. 영국의 과학기술자인 팀 버너스리(Tim Berners-Lee, 1955~)는 1989년 전 세계 컴퓨터를 연결하는 월드와이드앱(World Wide Web) 기술을 개발했다. 구텐베르크의 활판 인쇄술에 비견될 만큼 평가받는 인터넷의 대중화 시작이었다.

최초의 컴퓨터는 방 하나 전체를 차지하는 대용량이었다. 개인 컴퓨터 시대가 열렸고, 랩탑(노트북)으로 옮겨졌다. 이젠 손에서 들고 다니는 스마트폰 시대가 됐다. 앞으로 들고 다니기가 귀찮아 웨어러블(몸에 부착하는) 장비 형태가 될 수도 있다. 혹은 사물인터넷(IoT) 등과 연동돼 가정, 차량, 사무실 등에서 현재의 스마트 기능을 장소와 상관없이 이용할 수도 있다. 아예 1회용 자판기처럼 필요한 비용만 지불하고, 특정기능을 쓸 수도 있다. 가장 혁신적 차원인 사람들의 뇌(brain)끼리 정보가 전달되고, 데이터가 축적될 수 있다면 어떻게 될까? 이처럼 급속하게 변하는 시대에 우린 살고 있다. 기업의 기술과 대중의 수요에 따라 생각지도 못한 방법이 개발될 것이다.

ㅣ그림 2-8 대용량 컴퓨터

ㅣ그림 2-9 퍼스널 컴퓨터

ㅣ그림 2-10 랩탑

ㅣ그림 2-11 스마트폰

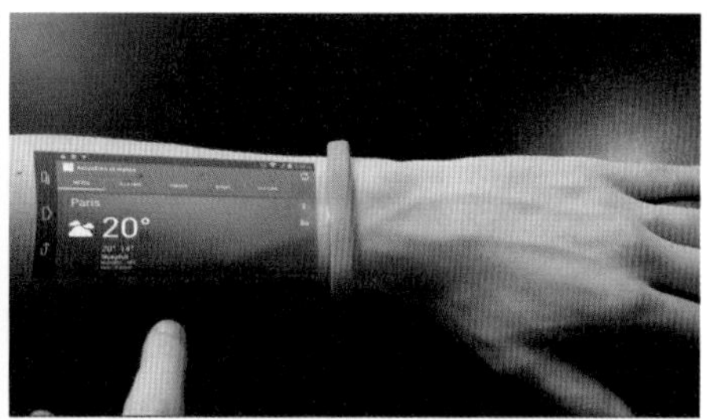

ㅣ그림 2-12 웨어러블 및 칩 이식

소셜 미디어는 커뮤니케이션의 강력한 수단으로 발전했다. 소통수단의 변화가 가장 눈에 띄는 대목일 것이다. 오프라인 상에서 입말로 전달되고 받았던 정보가 이젠 무색해졌다. 커뮤니케이션의 혁명은 가상공간에서 '놀이꾼'으로 활동하는 인터넷 세대가 주도한다. 일꾼이 아니라 그저 온라인상에서 부유하며 그들만의 공간 속 언어를 창출한다. 키보드에 익숙한 그들은 입말보다 글말에 능숙하기 때문에 나로부터 출발하는 '동정'과 남으로부터 유발되는 '공감'의 표현도 온라인상에 이루어진다.

이와 같이 강력한 연결 매개는 온라인 내의 플랫폼이다. 원론적 의미답게 기차 승강장의 수많은 사람들이 타고 내리고 이동하는 복잡함 속의 질서를 유지하듯이 온라인상에서도 마찬가지다. 스포츠 생산자(판매자)와 소비자(구매자)를 이어주는 중요한 연결혁신 매개자로서의 역할을 앞으로도 주목해야 한다.

CHAPTER 02

스포츠 마케팅의 요소

1. 스포츠 마케팅의 필수요소

코틀러(P. Kotler)는 마케팅의 핵심개념으로 '교환(exchange)'을 제시했다. 그는 교환이 존재하기 위한 다섯 가지 조건이 충족돼야 한다고 했다. 첫째, 둘 이상의 당사자가 있어야 한다. 둘째, 상대방에게 가치 있는 무엇인가를 갖고 있어야 한다. 셋째, 의사소통과 전달을 할 수 있어야 한다. 넷째, 상대방이 제공한 것을 승낙 혹은 거절할 수 있어야 한다. 다섯째, 상대방이 거래하는 것이 적절하다거나 바람직하다고 생각해야 한다. 이를 통해 10가지 유형의 주체, 즉 제품, 서비스, 경험, 행사, 사람, 장소, 소유권, 조직체, 정보, 아이디어 등의 마케팅 대상을 설정할 수 있다.

매튜 생크(Matthew D. Shank, 2009)는 스포츠 마케팅 전략의 필수요소도 '교환'이라 했다. 교환의 목적은 상호 이익을 통해 가능하다. 시장(market)엔 생산자, 유통자, 소비자가 있다. 스포츠 산업은 스포츠와 관련된 재화와 서비스를 통하여 부가가치를 창출하는 산업이다. 다양한 스포츠 콘텐츠를 활용해 지금 이 순간에도 이해당사자 간의 교환이 이루어지고 있다.

마케팅 자체가 하나의 사업 기능이 있다. 소비자가 지불하는 금액의 절반 정도는 마케팅 비용이 포함된 것이기 때문이다. 즉 상품 개발, 포장, 광고, 판매 과정에 이르는 다양한 영역에서의 비용이 포함돼 있다. 소비자 욕구의 만족을 최대로 끌어올리기 위해선 소비자와의 중요한 관계를 유지하고 발전시켜야 한다. 이러한 개념을 통해 마케팅 비용을 얼마나 효율적으로 사용하고, 효과를 보이게 할지에 대한 전략이 수반된다.

국제올림픽위원회(IOC, International Olympic Committee)와 같은 스포츠 생산자는 소비자에게 어필할 수 있는 좋은 상품을 만든다. 올림픽과 같은 대형 스포츠 이벤트, 국적을 초월하는 스포츠 스타, 기업 협찬사가 올림픽 기간 내에 실행하는 다양한 프로그램과 부대 이벤트 등 많은 상품을 생산한다. 이는 월드컵을 생산하는 국제축구연맹(FIFA, Fédération Internationale de Football Association), 각 나라별 프로 스포츠 구단 등도 마찬가지다.

| 그림 2-13 근대 올림픽

| 그림 2-14 초기 월드컵

| 그림 2-15 미국 프로 스포츠 개폐막식

| 그림 2-16 경주장면

스포츠 유통자는 생산자가 만들어놓은 좋은 상품을 생산자와 소비자가 느끼기에 '가치가 있는 것'을 중개하는 역할을 한다. 예를 들면 돈, 시간, 즐거움 등이 있다. 이 역할을 협찬사, 미디어, 에이전트 등이 한다. 기업으로 대표되는 협찬사는 소비자이면서 유통자이다. 스포츠 생산품을 현금 등을 제공하여 권리를 취득하는 소비자이다. 또한 기업과 자사의 상품 이미지를 높이고 소비자와의 커뮤니케이션을 극대화하기 위해 참여하여 유통자 역할을 한다. 즉, 생산자의 상품을 소비자(대중)에게 전달한다.

물론 궁극적인 목적은 협찬사(기업)의 홍보와 자사가 판매하는 상품을 알리기 위함이다. 미디어는 스포츠 생산현장(경기장면 등)을 실시간으로 소비자에게 전달하는 유통자 역할을 한다. 최근 큰 이슈가 되고 있는 스포츠 에이전트는 선수를 대리하여 구단(스포츠 생산자)과 협상을 하고, 계약을 맺는다. 이를 통해 특정 구단에 속하게 된 선수를 소비자에게 알리는 유통자 역할을 하는 셈이다.

스포츠 소비자는 말 그대로 스포츠를 소비하는 사람이다. 협찬사는 앞서 언급한 것처럼 스포츠 생산품을 거래하기 때문에 소비자이면서 유통자 역할을 한다. 스포츠를 소비하는 유형을 구분하면 직접 스포츠 활동에 참여하는 소비자가 있고, 경기장을 찾아가서 관람이란 형태를 통해 간접적으로 스포츠 활동을 하는 소비자가 있다. 또한 직접 혹은 간접적으로 참여하지 않으면서 다양한 정보수집 활동을 통해 스포츠에 관심을 갖는 매체 소비자가 있다. 스포츠 소비자에 대한 구체적인 이론과 내용은 3부에 기술했다.

스포츠 마케팅의 필수 요소는 앞서 언급한 것처럼 생산자, 유통자, 소비자 간의 활발한 '교환(exchange)'이 중요하다. 시장(market)에서 가장 중요한 세 가지 주체들이 서로 성과를 얻기 위해 분주하게 움직인다. 멈춰있으면 흐름이 원활하지 않게 된다. 끊임없이 서로가 움직이는 '잉(~ing)'의 과정을 통해 각각의 목적을 달성하고 모두가 만족할 수 있는 마케팅(marketing)이 될 수 있다.

기업의 마케팅 개념은 1950년대 등장했다. 제품을 제조하고, 고객을 찾아 판매하는 개념에서 고객 중심적인 관점에서 최적의 제품을 찾는 것이 중요하게 됐다. 시오도어 레빗(Theodore Levitt, 1960)에 따르면 '판매'와 '마케팅'을 명확하게 구분했다. 판매는 생산자와 판매자의 욕구에 초점을 두고, 마케팅은 구매자의 욕구에 초점을 둔 것이다. 즉, 물건을 만들고 판매하는 주체만 만족을 하면 판매에 해당되고, 소비자의 만족을 유도함으로써 시장의 3주체(생산자, 유통자, 소비자) 모두에게 성과를 안겨주는 것은 마케팅이라 할 수 있다.

이를 위해선 마케팅의 핵심기준을 인지하고 체계적인 계획을 수립·실행해야

한다. 마케팅의 여덟 가지 핵심기준을 살펴보면 다음과 같다. 이는 경로 관리, 가격 책정, 마케팅 정보 관리, 상품 및 서비스 관리, 프로모션, 판매, 시장 계획, 재무관리로 구분할 수 있다. 마케터는 상품을 소비자에게 전달하는 최선의 경로를 찾아야 한다. 소비자가 원하는 제품과 서비스를 합리적인 가격으로 책정을 하고, 다양한 프로모션을 적용하여 시장계획의 목표를 달성해야 한다.

| <표2-2> 마케팅의 핵심기준

구분	내용
경로 관리	• 기업의 제품 혹은 서비스를 소비자에게 전달하는 최선의 방식 • 소비자가 구매할 수 있도록 해당 상품을 판매점에 가져다 놓음
가격 책정	• 제품과 서비스의 가치를 수립하고 소비자와 소통하는 과정 • 상품, 스포츠 및 엔터테인먼트 이벤트의 제작비용을 바탕으로 함
마케팅 정보 관리	• 기업의 의사결정을 개선하기 위해 소비자에 대한 정보를 수집 및 이용하는 것 • 소비자 수요를 예측, 신제품 개발하고 바람직한 상품 생산량을 추산
제품 및 서비스 관리	• 소비자의 필요와 욕구를 충족시키기 위한 상품 혹은 서비스의 디자인, 개발, 유지, 개선, 획득을 관리하기 위한 일환 • 마케터들은 상품이 얼마나 소비자의 필요를 잘 충족시키는지 지속적으로 평가
프로모션	• 원하는 결과를 달성하기 위해서 광고 및 기타 형태의 소통 수단을 이용하여 상품 및 서비스에 대한 정보를 전달하는 것 • 팬들로 하여금 상품 및 서비스를 구매할 수 있도록 유도하는 데 이용
판매	• 소비자가 필요로 하는 욕구를 충족시키기 위한 직접적이고 대인적 소통 • 면대면(face-to-face), 비대면(None face to face)을 통한 구매를 포함
시장계획	• 기업이 진출하기를 원하는 시장을 분석, 그 시장에서 어떻게 경쟁할 것인지를 판단하는 것 • 시장계획의 목표는 목표 시장이 견고하게 해당 팀을 지원할 수 있는 재정적 지원을 갖고 있는 최적의 장소를 찾는 것
자금조달	• 기업의 마케팅 활동 예산을 지원하고 소비자들에게 자사의 상품 혹은 서비스 가격을 지불하는 데 필요한 보조 수단 • 소비자는 현금, 신용 거래, 할부 등 여러 지불 형태사항의 형태로 파이낸싱을 받음

출처: Kaser, K. & Oelkers, D. B. (2015). *Sports and Entertainment Marketing* (4th ed.). 오세이, 전태준 옮김(2016). 스포츠 엔터테인먼트 마케팅. 카오스북, p.11-14(요약).

2. 스포츠 마케팅의 속성

필립 코틀러와 개리 암스트롱(Philip Kotler & Gary Armstrong, 2001)이 정의한 마케팅의 핵심용어를 중심으로 스포츠 마케팅의 속성을 필요, 욕구, 수요, 제품, 교환, 거래, 가치 및 만족, 시장으로 구분할 수 있다(김용만, 2010).

1) 필요(needs)
2) 욕구(wants)
3) 수요(demands)
4) 제품(product)
5) 교환(exchange)
6) 거래(transactions)
7) 가치 및 만족(value and satisfaction)
8) 시장(market)

첫째, 필요는 스포츠 참여, 스포츠 관람 등 다양한 스포츠 활동을 통해 인간의 욕구를 충족시키기 위한 표현의 영역이다.

둘째, 욕구는 인간이 스포츠 활동의 필요를 느낄 때 경제적 수준과 시간 등의 여건을 고려하는 단계이다. 즉, 구매를 하기 위한 의사결정 단계라 할 수 있다.

셋째, 수요는 인간의 욕구가 구매력이 가능한 수준이 될 때 나타나는 단계이다. 스포츠 센터 프로그램을 찾고 경제적으로 가능하다고 판단되면 구매를 고려하게 된다.

넷째, 제품은 소비자의 필요와 욕구를 충족시켜줄 수 있도록 시장에서 제공하는 모든 것을 의미한다. 스포츠 용품과 같은 유형의 제품과 생활체육 프로그램, 전문가의 경험, 정보와 같은 무형의 제품이 있다.

다섯째, 교환은 마케팅의 핵심 개념으로 서로 필요한 것을 주고받는 행위를

뜻한다. 기본적으로 둘 이상의 상대가 있어야 하고, 상대에게 필요한 것을 갖고 있어야 한다. 자유의사에 의해 결정할 수 있어야 하고, 원활한 의사소통과 일정 기간 보증해 줄 수 있어야 한다.

여섯째, 거래는 상호 간의 거래 시 이루어지는 측정단위를 의미한다. 스포츠 센터의 프로그램을 얻고자 할 때, 경기장에 입장해서 관람하고자 할 때, 구단의 선수와 계약할 때 등의 다양한 방식의 거래가 이뤄지고 있다.

일곱째, 가치 및 만족은 거래를 통해 소비자가 가치와 만족을 획득하는 영역이다. 품질 높은 참여 스포츠의 프로그램과 관람 스포츠의 경기 서비스는 소비자로 하여금 가치 있는 제품으로 인식하게 되고 만족을 얻는다.

마지막으로 시장은 생산, 유통, 소비가 이루어지는 주체의 집합이다. 다양한 제품을 선택하고 구매하기 위한 능력, 관심, 의지 등의 요구를 갖는 사람들의 집합이다.

스포츠 마케팅의 구조

버나드 멀린 등(Mullin et al., 1993)에 따르면 스포츠 소비자의 필요(needs)와 욕구(wants)를 충족시킬 수 있도록 계획된 일련의 활동을 스포츠 마케팅이라 했다. 그들은 스포츠 마케팅의 구조를 '스포츠의 마케팅(marketing of sports)'과 '스포츠를 통한 마케팅(marketing through sports)'으로 분류했다.

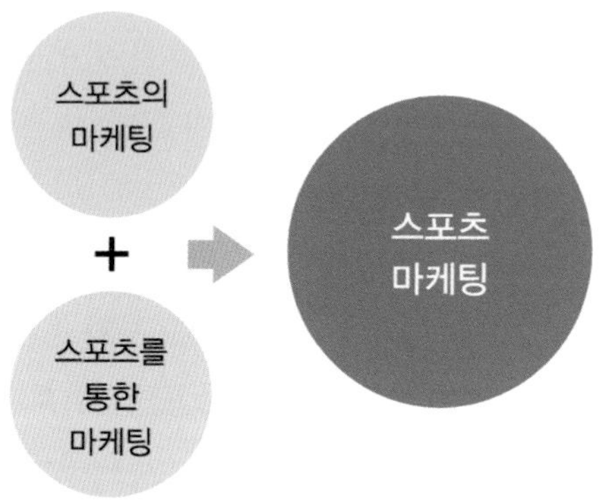

| 그림 2-17 스포츠 마케팅의 구조

1. 스포츠의 마케팅

'스포츠의 마케팅(marketing of sports)'은 스포츠 자체를 소비자와 교환하는 활동에서 시작된다. 스포츠 자체를 생산하는 주체는 스포츠 생산자다. 대회와 경기를 개최할 수 있는 권한을 가진 주체다. 즉, 국제올림픽위원회(IOC), 국제축구

| 그림 2-18 스포츠 단체의 로고

연맹(FIFA), 프로 스포츠 연맹, 각종 스포츠 단체와 센터 등이 해당된다. 이들은 각종 스포츠 상품을 만든다. 소비자를 유도하기 위해서다.

현대 올림픽은 1896년 피에르 쿠베르탱(Pierre Coubertin, 1863~1937) 남작에 의해 다시 탄생했다. 고대와 현대 스포츠 간의 연속성을 부여하기 위해 올림픽 경기를 부활시켰다. 그는 아곤(Agôn, 경쟁)과 아레테(Arete, 탁월함을 향한 노력의 과정)의 가치를 구현하고자 했다. 이를 통해 순수한 스포츠 퍼포먼스와 전 세계의 이상을 연결하고자 했다. 다양한 종목의 체육활동을 우리 다함께 실현하자라고 했을 때 전 세계인들의 동참을 유도할 수 있었을까? 올림픽이란 가치 안에 매력적인 요인이 있었기에 선수라면 누구나 참가하고 싶고, 많은 나라들이 개최하고 싶은 이벤트가 됐던 것이다. 그렇다면 매력적인 요인은 무엇일까?

상품(goods)은 제품(product)에 서비스(services)가 포함된 개념이다. 국제올림픽위원회(IOC)는 체육활동(제품)에 다양한 서비스를 가미해 올림픽이란 근사한 상품을 내놓았다. 신체성, 규칙성, 경쟁성을 통해 '사회 문화적 행태'를 구현할만한 다양한 요인을 찾았다. 개최 희망 도시 혹은 국가 간의 치열한 경쟁제도, 본선에서의 선수 개인과 국가 간 경쟁, 미디어를 통한 방송 송출, 기업 협찬사 유치를 통한 다양한 프로그램 등의 서비스를 더해 올림픽이란 상품이 탄생된 것이다. 국제축구연맹(FIFA)도 공 하나만 있으면 즐길 수 있는 '공놀이'라는 단순한 차원의 제품을 각종 서비스를 포함시켜 누구나 선망하는 월드컵이 됐다.

프로 스포츠도 마찬가지다. 야구, 축구, 농구, 배구 등의 체육종목이란 제품에서 안방까지 전달되는 매력적인 이벤트는 상품으로서 우리에게 다가왔다. 체육(體育)이란 본질적인 의미와는 다른 새로운 형태의 마케팅 활동을 하는 대상이 곧 '스포츠의 마케팅'을 효과적으로 해야 하는 주체다. 구단이 내놓은 상품을 소비하는 대상은 대표적으로 경기장을 찾아 관람하는 소비자다. 1부에서 언급한 국내 프로 스포츠 입장객 수가 현저히 감소하고 있는 프로축구(2011년 300만 명에서 2015년도 40% 이상 감소)의 경우 '스포츠의 마케팅'에 대한 혁신적인 방법을 모색해야 한다. 제품에 대한 자세한 내용은 5부 '스포츠 제품과 상품'에서 설명할 것이다.

'스포츠의 마케팅'을 주도하는 주체는 전통적인 마케팅 믹스(mix)인 스포츠 제품(5부), 스포츠 가격(6부), 스포츠 장소(7부), 스포츠 촉진(8부) 활동을 통해 전략을 구사한다. 또한 전통적 마케팅 시장에서 급변하게 바뀌는 디지털 스포츠 마케팅 시대의 변화를 이해해야 한다. 즉, 최근 소셜 미디어에 의해 급격히 재편되는 마케팅 시장을 정확히 알아야 한다.

2. 스포츠를 통한 마케팅

'스포츠를 통한 마케팅(marketing through sports)'은 기업이 주로 하는 마케팅 활동이다. 기업의 궁극적인 목적은 어떻게든 기업을 홍보하고, 자사의 상품을 많이 파는 것이다. 기업은 스포츠를 매개로 소비자와의 커뮤니케이션을 극대화하고자 한다. 대회 개최 권한이 있는 주최 기관은 국제올림픽위원회(IOC), 국제축구연맹(FIFA) 같은 세계적인 기구가 있다. 국내는 한국야구위원회(KBO), 한국프로축구연맹(KPFL), 한국농구연맹(KBL), 한국배구연맹(KOVO) 등이 해당된다. 이러한 주최기관과 협찬 기업이 공식적인 계약을 통해 상호 윈윈(WIN-WIN)하는 구조를 갖춘다. 주최 기관은 협찬사를 통해 수익을 얻고, 협찬사는 대회 전후에 자사의 기업과 상품 이미지 및 브랜드를 노출해 최대의 성과를 창출한다.

공식 협찬사로 지정된 기업은 반드시 스포츠 관련 상품에 국한된 것은 아니다. 비(非)스포츠 상품들을 스포츠 이벤트 기간 동안 마케팅을 할 수 있어 전 세계의 잠재적인 소비자에게 강렬한 이미지를 전달할 수 있다. 세계적인 음료인 코카콜라는 1928년 암스테르담올림픽부터 현재까지 올림픽 공식 스폰서로 지정돼 활동한다. 우리나라도 삼성전자(올림픽 공식 스폰서)와 현대기아자동차(월드컵

| 그림 2-19 올림픽 스폰서 로고

공식 스폰서) 등 세계적 기업은 '스포츠를 통한 마케팅' 활동을 적극적으로 하고 있다.

'스포츠를 통한 마케팅'의 주체는 스포츠 미디어(9부) 부문의 방송중계권, 스포츠 스폰서십(10부), 경기장 명칭 사용권, 선수보증광고, 스포츠 라이선싱 및 머천다이징(11부) 등 다양한 스폰서십 활동과 관련이 있다. 최근 디지털 스포츠 마케팅 시대의 변화는 '스포츠의 마케팅' 주체이든, '스포츠를 통한 마케팅' 주체이든 간에 매우 중요한 이슈가 됐다.

| <표2-3> 스포츠 마케팅의 구조

구분	내용	
스포츠의 마케팅	주체	스포츠 기관, 단체, 센터 등(IOC, FIFA, 프로 스포츠 연맹, 스포츠 센터 등)
	의미	스포츠 기관 및 단체가 스포츠 자체를 소비자와 교환하는 활동
	예시	올림픽 주최기관 IOC, 월드컵 주최기관 FIFA, 프로 스포츠 주최기관(야구위원회, 한국프로축구연맹, 한국농구연맹, 한국배구연맹 등)은 올림픽, 월드컵, 프로 스포츠 리그란 상품을 소비자와 거래한다.
	범위	입장권 판매, 경기관중 동원, 스포츠 시설 회원확보, 스포츠 용품 판매활동 등
스포츠를 통한 마케팅	주체	기업
	의미	기업이 고객과의 커뮤니케이션을 극대화하고자 하는 마케팅 활동
	예시	올림픽은 TOP(The Olympic Partners) 프로그램으로 10여개의 세계 기업과 공식 스폰서를 운영한다. 올림픽의 공식스폰서인 삼성전자, 월드컵의 공식스폰서인 현대기아자동차는 스포츠를 통해 마케팅을 하고 있다.
	범위	스폰서십, 선수보증광고, 라이선싱(licensing), 머천다이징(merchandising) 등

CHAPTER 04

환경 분석

1. PEST 분석

거시환경(macro environment)은 사회 전체 속에 존재하는 모든 조직에 공통적인 영향을 미치는 환경이다. 즉, 어떤 특정한 조직 내를 넘어서는 다양한 외부적 영향요인이다. 거시적 환경 요인은 정치적 환경, 경제적 환경, 사회문화적 환경, 기술적 환경, 인구통계적 환경, 자연적 환경, 법적인 환경, 국제무역환경 등이 있다. 여기서 PEST 분석이라 일컫는 정치적, 경제적, 사회문화적, 기술적 환경 분석을 살펴보면 다음과 같다.

1) 정치적 환경 분석(political environment)
2) 경제적 환경 분석(economic environment)
3) 사회문화적 환경 분석(sociocultural environment)
4) 기술적 환경 분석(technical environment)

첫째, 정치적 환경은 조직과 개인에게 영향을 주는 정부기관, 정치조직, 압력단체, 법률 등으로 구성된 환경이다. 정부의 구매조달 환경, 정당의 특성, 기업에 관련한 법규 환경, 정부집행기관의 변화 등에 따라 경영환경은 매우 달라질 수 있다.

둘째, 경제적 환경은 기업 활동과 관련한 직접적인 물가, 산업구조, 경제정책, 경기변동, 환율, 국제유가, 재정정책, 통화정책 등의 환경이다. 경제체제, 재정

및 금융정책, 소득과 구매력의 변화, 시장의 형태, 물가동향, 국제유가, 환율 및 세계경제의 변화 등 다양한 요인에 의해 경영환경이 바뀔 수 있다.

셋째, 사회문화적 환경은 사회를 구성하는 모든 구성원의 문화, 가치관, 전통, 관습 등과 같은 사회제도와 태도 등을 의미한다. 이는 지역적인 다양성과 사회문화적 환경의 급격한 변화, 이윤을 넘어선 사회적 책임 실행 등의 인식 변화 등에 따라 경영환경에 영향을 미칠 수 있다.

넷째, 기술적 환경은 기업에 영향을 미치는 산업기술의 수준을 의미한다. 기업 조직의 구조, 구성원의 상호관계, 개인의 작업성취도 등에 따라 경영환경이 변화할 수 있다.

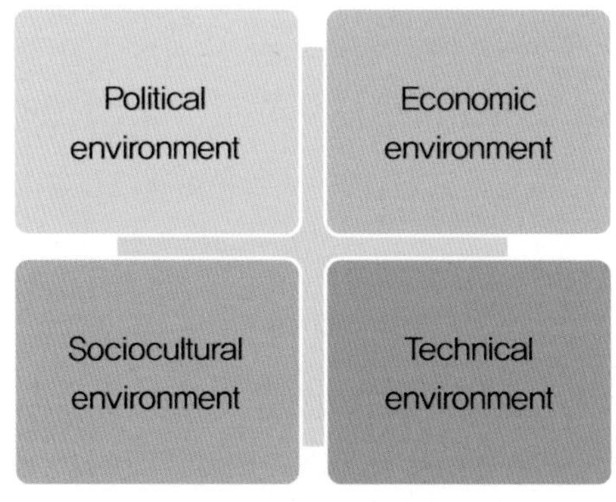

| 그림 2-20 PEST 분석

2. SWOT 분석

1) 내부환경과 외부환경 분석

내부환경 분석은 외부의 구체적인 경영활동을 수행하고, 일정한 목적을 달성할 수 있는 역량을 갖췄는지를 판단하는 영역이다. 즉, 장점(strength)과 단점(weakness)에 대해 파악할 수 있다. 이를 통해 자신의 가치 시스템(value system)을 결합하여 기업조직이 할 수 있는 수준과 범위를 결정할 수 있다.

반면, 외부환경은 기업조직의 경영활동영역과 지속적인 환경을 제공해줄 수 있는지 여부를 판단하는 영역이다. 외부환경은 기본적으로 변화의 정도(degree of change)와 복잡성의 정도(degree of complexity)의 두 차원에서 분석할 수 있다. 즉, 앞으로 펼쳐질 환경이 안정적인지 혹은 급변할지를 분석하고, 단순하게 혹은 복잡하게 변화할지를 파악해야 한다. 이를 통해 불확실성이 높을 수도 있고, 낮을 수도 있다고 판단하게 된다. 경영자는 사업의 기회(opportunities)와 위협(threats)에 대해 파악하게 된다.

2015년에 '부정청탁 및 금품 등 수수의 금지에 관한 법률(일명 김영란법)'이 제정됐다. 한국레저산업연구소(2017)에 따르면 이 법으로 골프 산업의 지형이 바뀌었다. 대중제(퍼블릭) 골프장 수는 2016년 522개에서 2017년 527개로 소폭 늘었지만, 전체 이용객 수는 같은 기간 동안 3,416만 명에서 3,365만 명으로 1.5% 수준으로 하락했다. 이에 골프인구도 402만 명에서 396만 명으로 감소한 것으로 파악했다. 스포츠 산업 분류 중에서 '골프장 및 스키장업'에 속해 있는 골프장의 영업 이익률은 같은 시기에 25%에서 21%, 즉 4%p가 하락하게 되면서 실질적인 타격을 맞았다.

지금까지는 예상하지 못했던 법의 처리로 해당산업은 위협적인 요인으로 작용하겠지만, 반면 수혜주는 스크린 골프, 프로야구를 꼽기도 했다. 스크린 골프는 상대적으로 골프인구의 유입을 예상했다. 야구는 4월부터 10월까지 월요일을 빼고 매일 경기가 있기 때문에 반사이익이 있을 것으로 내다봤다.

2) SWOT 분석을 통한 마케팅 전략

내부환경(강점, 약점)과 외부환경(기회, 위협)을 통해 각 사분면에서 도출될 수 있는 전략들을 활용할 수 있다. 즉, O/S 전략, T/S 전략, O/W 전략, T/W 전략이 있다.

첫째, O/S 전략은 시장상황에 많은 외부의 기회요인과 내부의 강점요인을 활

용하는 전략이다. 시장의 기회를 선점하고 제품을 다각화하는 전략을 구사한다.

둘째, T/S 전략은 시장의 위협요인을 최소화하고 내부의 강점요인을 극대화하는 전략이다. 시장에서 침투전략과 제품을 확충하는 전략을 구사한다.

셋째, O/W 전략은 시장의 기회요인을 극대화하고 내부의 약점요인을 최소화하는 전략이다. 핵심역량을 강화하고 전략적 제휴를 통해 단점을 보완한다.

마지막으로 T/W 전략은 외부의 위협과 내부의 단점을 최소화하는 전략이다. 시장에서 철수를 하고 제품에 대해 집중화 전략을 구사한다.

❙ <표2-4> SWOT 분석을 통한 마케팅 전략

구분	기회(Opportunity)	위협(Threat)
강점(Strength)	〈O/S 전략〉 • 시장기회선점 전략 • 시장/제품 다각화 전략	〈T/S 전략〉 • 시장침투 전략 • 제품확충 전략
약점(Weakness)	〈O/W 전략〉 • 핵심역량강화 전략 • 전략적 제휴	〈T/W 전략〉 • 철수 전략 • 제품/시장 집중화 전략

여기서 잠깐

대표적인 환경 분석법인 PEST와 SWOT 분석 외에 3C, ETRIP, STEEP 분석법을 살펴보자.

▣ 3C 분석

㉠ 고객(Customer): 시장규모, 시장 성장률

㉡ 경쟁자(Competitor): 현재의 경쟁자, 잠재적 경쟁자

㉢ 자사(Company): 시너지 효과

▣ 거시적 환경 분석

㉠ 이트립(ETRIP) 분석

- 경제(Economic), 교역(Trade), 원자재(Raw material), 산업(Industry), 정치(Political)

㉡ 스티프(STEEP) 분석

- 사회/문화(Social), 기술/정보(Technology), 생태학적(Ecological), 경제전망(Economic), 정책/법규(Political)

❙ <표2-5> STEEP 항목 및 주요 고려사항

구분	내용
Society (사회)	문화, 교육, 건강, 복지, 언론, 교통, SNS, 사회안전, 사회보장, 사생활 보호, 게임/오락/관광, 패션/스타일, 정의/평등/신뢰/부패, 사회갈등, 개방성, 폐쇄성, 인구 수, 인구 분포, 노동력, 고용, 실업, 출산, 고령화, 음식, 기아, 비만, 주택 등
Technology (기술)	과학, 수학, 공학(전자, 기계, 화학, 생명, 재료), 연구개발, 혁신, 지적 재산, 기술 경영, 도시, 인공지능, 사물인터넷, 정보통신, 사이버, 의료, 바이오, 국방기술, 교통기술(자동차, 항공기, 선박, 기차, 도로), 사회기술, 문화기술 등
Environment (환경)	기후변화, CO_2 발생, 환경오염(토양, 수질, 지하수, 해양), 환경보전, 육지 및 해양 생태계, 토지/해양 이용, 지하자원, 광물, 석유, 가스, 석탄, 세일가스, 에너지, 원자력, 대체/재생 에너지, 전기, 스마트 그리드, 수자원, 해양자원, 대륙붕 등
Economy (경제)	산업구조, 농업, 제조업, 첨단산업, 서비스업, 제조/유통/물류, 무역, 수출입 금융(화폐, 환율, 중시), 재정, 예산, 기획, 보험, 세금, 성장률, 소비, 생산력, GDP/GNP, 빈부차, 생활비, 창업, 벤처 등
Politics/Legal (정치/법규)	정치체계, 정당, 지배구조, 정치 리더십, 법/행정/제도, 시민참여, 이해집단, 국가전략, 정책, 국제관계, 외교, 남북관계, 영토분쟁, 역사문제, 국방, 국가정보, 사이버 안보 등

출처: 안종배(2020). 미래학 원론. 박영사, p.138.

CHAPTER 05

표적 마케팅

1. 마케팅 경영관리 5단계

코틀러는 마케팅 계획(marketing plan)을 두 가지로 분류하고 수립할 수 있다고 했다. 첫째, 전략적 마케팅 계획(strategic marketing plan)은 표적시장과 가치제안을 제시하며 최상의 시장기회를 분석하기 위한 것이다. 둘째, 전술적 마케팅 계획(tactical marketing plan)은 전통적 마케팅 믹스(4P)인 제품, 가격, 판매경로(장소), 촉진을 비롯해 상품화, 서비스 등 구체적인 마케팅 전술을 의미한다.

마케팅 경영관리의 다섯 단계를 다음과 같이 제시했다. 즉, 조사(Research), 세분화 · 표적화 · 위치화(STP, Segmentation, Targeting, Positioning), 마케팅 믹스(Marketing Mix), 실행(Implementation), 통제(Control)의 과정이다. 줄여서 'R · STP · MM · I · C'라 부르며 전략적 마케팅의 프로세스로 인식해 왔다.

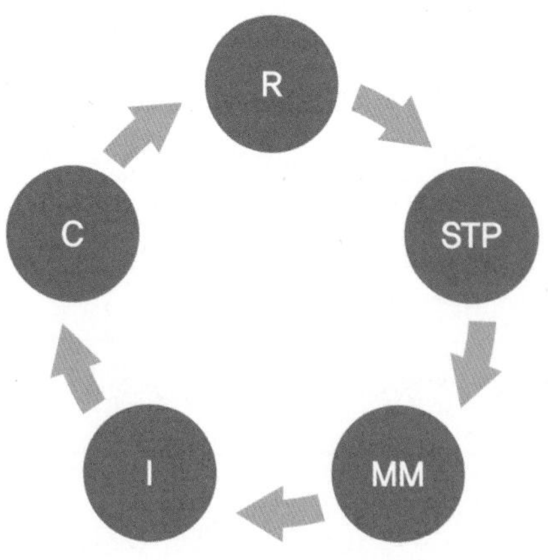

| 그림 2-21 마케팅 경영관리 5단계

1) 조사

효과적인 마케팅의 시작은 조사로 시작된다. 시장조사는 앞서 언급한 환경 분석 등을 거쳐 외부의 기회와 위협요인을 통해 달성할 수 있는 목표에 대해 수행할 능력과 수준을 가늠해볼 수 있다.

2) 세분화 · 표적화 · 위치화(STP)

STP로 줄여서 일컫는 세분화(S), 표적화(T), 위치화(P)가 있다. 세분화는 모든 시장을 대상으로 마케팅을 할 수 없으므로 시장을 자신에게 유리하도록 분할하고, 표적화는 모든 시장을 커버할 수 없기 때문에 표적으로 삼을 시장을 결정하는 일이다. 또한 위치화는 경쟁자에 대해 어떠한 차이를 두는가를 결정하는 단계를 말한다.

<표2-6> STP의 개요

구분		개념
S	Segmentation (세분화)	• 시장 세분화 • 현재의 시장을 이해하는 단계
T	Targeting (표적화)	• 목표시장 선정 • 경쟁력 있는 세분시장별로 사업성을 검토하는 단계
P	Positioning (위치화)	• 포지셔닝 • 마케팅의 차별화 전략을 수행하고 목표설정을 위한 단계

3) 마케팅 믹스

본 서의 5부에서 8부에 걸쳐 자세히 다룰 마케팅 믹스는 대표적으로 4P가 유명하다. 물론 최근 급변하는 디지털 마케팅 현장에선 보다 더 확장된 마케팅 믹스의 발전과정을 지켜보고 있지만, 전통적인 마케팅 시장에선 다음과 같이 일체의 마케팅 수단을 제시했다. 제품(product), 가격(price), 장소 혹은 유통경로(place),

촉진(promotion)이 그것이다.

(1) 제품(product)
(2) 가격(price)
(3) 장소(place) 혹은 유통경로(distribution)
(4) 촉진(promotion)

이는 밥 로터본(Bob Lauterborn, 1990)에 따르면 판매자의 4P(제품, 가격, 유통경로, 촉진)에 맞서 고객의 4C가 어우러져야 효과적인 기업 커뮤니케이션이 가능하다고 했다.

(1) 고객문제 해결(customer solution)
(2) 고객 비용(customer cost)
(3) 편의성(convenience)
(4) 커뮤니케이션(communication)

전통적 마케팅 믹스는 고객에게 무엇을 어떻게 팔 것인지가 중요했다. 이 물건을 판매하는 주체입장에선 판매 계획을 잘 수립하면 됐다. 코틀러 등(2017)은 연결혁신이 가능하게 된 오늘날 디지털 시장에서의 마케팅 믹스 수단으로 고객 참여가 매우 중요한 화두로 인식했다. 전통적 마케팅 믹스인 제품(product), 가격(price), 장소(place), 촉진(promotion)을 바탕으로 4C를 강조했다.

(1) 공동 창조(co-creation)
(2) 통화(currency)
(3) 공동체 활성화(communal activation)
(4) 대화(conversation)

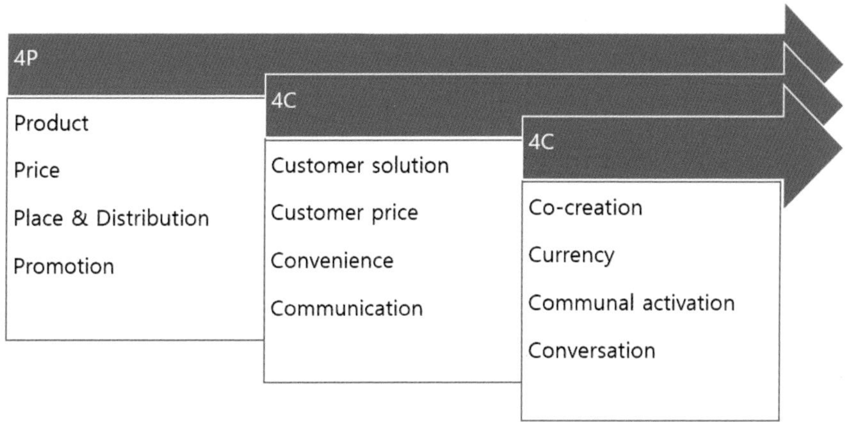

| 그림 2-22 4P와 4C

코틀러 등(P. Kotler et al., 2017)이 제시한 디지털 마케팅 시대에 필요한 4C를 보다 구체적으로 살펴보면 다음과 같다.

첫째, 공동 창조는 말 그대로 기업과 고객이 신제품 개발에 공동으로 참여하는 것이다. 고객을 참여시키는 전략이 제품의 성공으로 이어진다. 토플러(A. Tofler, 1980)에 의해 새로운 개념으로 탄생된 프로슈머(prosumer)는 생산자(producer)와 소비자(consumer)를 분리할 수 없음을 이미 예측한 셈이다.

1.0 시장에선 스포츠 용품회사의 일방적 노선에 소비자는 그대로 따를 수밖에 없었다. 디자인, 기능, 가격 등 다양한 서비스에 대해 기업에서 제시한대로 받아들였다. 2.0 시장에선 경쟁사가 생기면서 일정부분에 대해 소비자 의견에 귀를 기울였지만, 여전히 기업의 강력한 마케팅 기법에 소비자는 순응했다. 하지만 3.0 혹은 4.0 시장에선 소비자가 원하는 맞춤형 디자인은 기본이고, 다른 산업 간의 융합과 복합을 꿈꾸는 새로운 디지털 세대를 겨냥해 적극적으로 소비자 의견을 받아들인다. 즉, 신상품을 기획하는 단계부터 소비자는 이미 개입해 있다.

둘째, 통화는 전통적인 가격 책정방식에서 벗어난 역동적인 가격 책정을 의미한다. 국내 저가 항공사가 도입되면서 대형 항공사 간의 가격 경쟁이 진행 중이다. 서울에서 제주까지 거리는 변하지 않는다. 가격 경쟁을 돌파하기 위해서 주중, 주말, 시간대, 시즌 등에 따라 매우 다양한 가격이 책정되고 있다.

향후 빅데이터 분석을 통해 정밀한 수요 시간대를 파악하고, 고객 취향에 따라 맞춤형 가격을 선보일 수도 있다. 프로 스포츠 경기장에 가보면 좌석별 가격 차등을 두는 전략은 매우 흔하다. 비슷한 위치의 좌석에 대해 동일한 시간대의 경기를 보더라도 언제, 어떤 방식으로 결제하느냐에 따라 고객별로 가격이 달라질 수 있다.

디지털 시대에는 표준화된 가격이 아니라 수요에 따라 끊임없이 변할 수밖에 없는 통화와 같은 개념으로 자리 잡았다. 즉, 고객은 동일한 서비스라고 생각하지 않는데 동일한 가격을 지불하게 한다면 이미 '변화의 속도'에 뒤처지는 현상이라 할 수 있다.

셋째, 공동체 활성화는 최근 유행하는 공유경제와 맞물려 있다. 이 현상에서 가장 강력한 유통은 개인과 개인 간의 유통이다. 흔히 P2P(Peer-to-Peer)라 불린다. 리프킨은 소유의 종말(The age of access, 2001)이란 저서에서 '앞으로의 사회에서는 물적 자본이 아닌 지적 자본이 중요하다'라고 했다. 또한 소유보다 접속(access)을 중시하게 되면서 소비자는 필요할 때마다 서비스를 빌려서 쓰게 된다.

최근 활발하게 진행되고 있는 디지털 제조 산업, 즉 3D 프린터를 중심으로 개인 간 거래가 더욱 활발해질 것이다. 심지어 리프킨은 에너지의 공유경제화를 주장한다. 그가 일관되게 주장하는 바는 재생이 가능한 에너지를 개발, 보급하는 과정은 인터넷 기술을 통해 에너지가 공짜가 되는 사회를 전망했다. 이처럼 일방적 서비스 보급이 아닌 개인이 적극 참여하는 공동체 활성화가 이루어진다.

시장에 새로운 상품이 출시돼 초창기에 유료화를 했던 서비스가 결국은 무료가 된다. 반대로 초창기엔 무료이지만, 그 서비스의 편의성에 길들여진 충분한 고객이 확보됐다고 판단되면 유료화를 실시하기도 한다. 전자는 통신사, 후자는 카카오 택시 서비스와 같은 경우이다. 물론 전자인 경우 새로운 서비스를 통해 수익을 창출한다.

'스포츠의 마케팅(marketing of sports)'의 주체인 스포츠 구단 입장에선 티켓팅의 입장료 수입을 거부할 수 없을 만큼 중요한 수익원이다. 하지만 관람 서비스의 혁신적인 발전에 따라 경기장을 찾는 고객 입장료는 무료가 되고, 새로운 서비스에 대한 유료화 모델이 시장에 나올 수도 있다. 향후 안방에서도 경기장을 찾은 고객 못지않게 현장감을 느끼며 관람할 수 있는 기술이 나올 수도 있기 때문이다.

마지막으로 대화는 기업과 소비자 간의 소통방식에 관한 화두다. 전통적인 촉진전략은 기업이 고객에게 일방적인 메시지를 전달했지만 지금은 상황이 다르다. 기업과 개인 간의 대화로 그치지 않고, 다른 고객들과도 대화로 연결된다. 소셜 미디어는 이러한 현상을 더욱 가속화시킨다. 20세기 내내 소비자는 기업이 공장 컨베이어벨트에서 찍어내서 상품화를 하는 대로 수동적인 입장에 취할 수밖에 없었다. 다른 상품을 고를 기회가 없었기 때문이다. 경쟁사가 늘어나고 소비자의 목소리가 커지면서 쌍방향 커뮤니케이션의 중요성을 깨달았다.

하지만 여기서 그치지 않고, 앞서 제시된 소비자가 생산에 적극 참여하는 공동 창조의 시대가 됐다. 소비자는 기업의 현란한 마케팅에 그다지 두려워하지 않고, 자신이 신뢰하는 소셜 미디어 커뮤니티의 댓글과 같은 직접적인 반응을 더 따르게 됐다. 기업이 고객과의 대화 채널에 진입하기 위해 부단한 노력을 기울일 수밖에 없다. 이러한 과정은 기업 상품화의 투명성을 가속화한다.

관록 있는 스카우터에 의해 섭외되는 선수는 구단 입장에선 소중한 상품이다. 저렴한 가격에 사서 비싼 가격에 팔 수 있는 상품가치를 지녔다. 반면에 기대했던 만큼 실력이 발휘되지 않거나 개인적 일탈(폭행, 승부조작, 약물복용 등)로 인해 구단에 심각한 피해를 줄 수도 있다. 이러한 측면에서도 스포츠 구단은 팬을 한 명이라도 더 확보하기 위한 노력이 절실해졌다. 한 개인이 여러 명에게 영향을 미칠 수 있는 중요한 매개가 됐기 때문이다.

구단의 상품(선수)을 소비한다는 것은 선수가 지닌 '유형적 상품'과 경기력, 카리스마와 같은 '무형적 상품'을 관람하거나 시청한다는 것이다. 연봉이 비싼 스포츠 스타의 매력이 있는 만큼, 잠재력이 있는 신인 선수의 매력이 있다. 팬들과의 소통은 다양한 선수층을 구성하여 효과적으로 운영하는 데에도 중요한 가치를 지녔다. 4.0 시대의 팬들은 구단이 주도하여 홍보하는 방식을 뛰어넘을 만큼 미디어의 확장성을 이해하고 있으며 적극적으로 의견을 개진할 준비가 됐다.

<표2-7> 디지털 마케팅 믹스의 조합

구분			내용
전통적 마케팅 믹스	4P	제품(product)	소비자가 필요로 하거나 요구하는 것을 만족시키기 위해 필요한 유 · 무형의 모든 요소
		가격(price)	제품을 소유하거나 사용하는 대가로 지불해야 하는 화폐, 교환매체로 표시된 가치
		장소(place)	생산품을 최종 소비자에게 전달하는 활동인 유통(distribution) 개념도 내포
		촉진(promotion)	소비자에게 다양한 정보를 전달하기 위한 총체적 노력으로 커뮤니케이션과 동일
디지털 마케팅 믹스	4C	공동 창조(co-creation)	• 기업과 고객이 신제품 개발에 공동참여 • 고객을 참여시키는 전략이 곧 제품의 성공
		통화(currency)	• 역동적인 가격 책정(전통적 price와 차이) • 표준화된 가격이 아니라 변하는 가격
		공동체 활성화(communal activation)	• 물적자본보다 지적자본이 중요 • 소유보다는 접속, 공유경제의 활성화
		대화(conversation)	• 기업과 소비자 간의 소통방식 • 소비자가 생산에 적극 참여, 투명성 강조

출처: Kotler, P., Kartajaya, H., & Setiawan, I. (2017). *Marketing 4.0: Moving From Traditional to Digital*. 이진원 옮김(2017). 『필립 코틀러의 마켓 4.0』. 더퀘스트. p.97~99(요약).

4) 실행

조사(R) → STP → 마케팅 믹스(MM)를 거친 후, 실행단계에 진입한다. 이전 단계는 성공적인 마케팅에 가장 중요한 일련의 계획(plan)단계를 거쳐 실제로 행동(do)을 취하는 단계인 것이다.

5) 통제

통제 단계는 계획(plan), 행동(do) 이후 정확하게 이행되고 있는지를 살펴보는 단계(see)라 할 수 있다. 계획 혹은 실행 단계에서 수정해야 할 사항이 생기면 즉시 개선하기 위한 피드백(feedback) 단계라 할 수 있다.

여기서 잠깐

▣ 메가 트렌드 이슈

앞서 언급한 환경 분석(PEST, SWOT, ETRIP, STEEP 등)을 할 때 점진적으로 혹은 급변하게 변화는 시대 트렌드를 면밀히 분석할 필요가 있다.

| <표2-8> 메가 트렌드 이슈

구분	내용
Ageing (저출산 고령화의 가속화)	국내 신생아 수(70년 초까지 100만 명 이상, 2002-2016년 40만 명 대, 2017-2019년 30만 명 대)의 급격한 변화
Bio Revolution (바이오 혁명, 5차 산업혁명의 시작점)	바이오 관련 미래유망 기술(세계경제포럼 WEF, 2018): 정밀의료, 인공지능 기반 분자 디자인, 전이가능 약물생산 세포, 유전자 드라이브, 실험실 생산 인공육류, 디지털 약물
Climate Change (기후변화, 신재생 에너지, 지구촌의 공동 과제)	에너지 저소비 저탄소 경제구조, 소비자의 에너지 선택 패러다임 전환, 에너지 산업의 성장 동력화
Digital AI World (디지털 초지능 세상)	디지털 트랜스포메이션: 기업들의 최신의 디지털 기술과 인공지능을 활용해 끊임없이 변화하는 환경에 적응하여 경쟁력을 확보하려는 노력(아디다스의 SpeedFactory를 통한 3D 프린팅 제조)
Education Revolution (교육 혁명)	에듀테크(Edutech): 교육(Education)과 기술(Technology)의 합성어로서 교육 콘텐츠를 효과적으로 습득할 수 있도록 하는 기술
Feeling & Spirituality Era (감성과 영성의 시대)	21세기의 3F 시대정신(감성 Feeling, 여성 Female, 상상력 Fiction): 이성 중심, 가부장 중심, 실물 중심 사회를 대체

구분	내용
Global 4.0 (개인의 글로벌화)	글로벌 1.0 시대(1800년부터 1차 세계대전 직전까지로 제품이 본격적으로 국경을 초월), 글로벌 2.0 시대(두 차례 세계대전 기간부터 대공항의 후유증 치유), 글로벌 3.0 시대[제품뿐 아니라 공장이 국경을 초월해 이동하며 글로벌 벨류 체인을 형성한 초(hyper) 세계화 시기], 글로벌 4.0 시대(제품과 공장 차원이 아니라 서비스의 차익거래 세계화가 본격화되는 디지털 혁명 시기)
Health Life Care (건강한 삶의 관리)	의료 헬스케어(의료용 인공지능, 의료용 로봇), 라이프 헬스케어(원격 헬스케어, 스마트 라이프 헬스케어)
Internet Everywhere (만물지능인터넷)	사물인터넷(IoT)의 응용: 에너지, 교통 · 운송, 제조업, 의료, 공공, 고객 서비스, 건축 · 주거, 금융 분야
Job Revolution (일자리 혁명)	4차 산업혁명 선도 기술직의 고용 증가, 4차 산업혁명으로 핵심인재 중심의 인력재편 가속화, 기계화 · 자동화로 대체가능한 직업의 고용 감소, 고령화 · 저출산으로 인한 일자리 변화, 경제성장과 글로벌화에 따른 사업서비스 전문직의 고용 증가, 안전의식 강화로 안전 관련 직종의 고용 증가, ICT 융합에 따른 직업역량 변화

출처: 안종배(2020). 미래학 원론. 박영사, p.349-414(요약).

2. 세분화

앞서 언급한 STP 단계에서 각각의 구체적인 의미와 추가로 이해해야 할 내용을 다음과 같이 정리했다. 우선 세분화를 살펴보면 다음과 같다.

1) 세분화 개념

세분화(segmentation)는 말 그대로 세세하게 분류한다는 의미다. 왜 시장(market)을 분류를 할까? 시장에 새롭게 등장한 상품을 갖고 이 세상에 존재하는 모든 고객을 상대로 판매하겠다는 것은 무모한 일일 것이다. 현재 시장을 이해하는 표적 마케팅의 첫 단계로서 기업이 집중해야 할 세부시장을 선택하게 된다. 즉 스포츠 시장 세분화(market segmentation)는 유사한 욕구를 가진 스포츠 소비자들을 동질적인 여러 개의 시장으로 분류하는 매우 중요한 단계다.

스포츠 용품시장에서 음료시장의 예를 살펴보자. "예를 들면 '물(water)' 시장을 세분해 보면 생수를 선호하는 소비 시장, 술을 선호하는 소비 시장, 음료를 선호하는 소비 시장 등이 있다. 음료시장은 청량음료, 탄산음료, 이온음료 등이 있다. 이온음료는 개인별로 다르겠지만 격렬한 스포츠 활동을 한 후 마시는 게토레이, 평소 차분한 분위기에서 마시면 어울릴 것 같은 포카리스웨트가 있다고 가정하자. 즉 '물' 시장은 점점 작은 단위의 시장으로 세분화할 수 있다. 따라서 스포츠 음료 제품을 만드는 기업은 전체 시장을 특성에 맞게 나누는 활동을 통해 '누가', '왜', '언제', '어떻게' 필요로 하는 소비자 계층이 있는지 파악해야 한다(문개성, 2016, p.25~26)."

다른 예를 들어보자. '신발(shoes)' 시장은 구두 시장, 단화(短靴) 시장, 슬리퍼 시장, 운동화 시장 등 매우 다양하다. 운동화 시장은 조깅화, 농구화, 축구화 등 다시 세분된다. 스포츠 용품 기업은 신발에 관한 전체 시장을 특성에 맞게 여러 차례 세분화하고, 정확한 표적(target) 대상을 선정하기 위한 작업을 해야 한다.

2) 시장 세분화의 조건

전체 시장을 전부 섭렵할 수 없기 때문에 핵심 소비자 계층을 파악하기 위한 세분화 작업이 중요하다. 그렇다고 무턱대고 시장을 세분화하다보면 해당 상품을 실질적으로 필요로 하는 고객층을 놓칠 수 있다. 정확한 고객층을 파악하기 위해 필요한 시장세분화를 위한 조건은 다음과 같다.

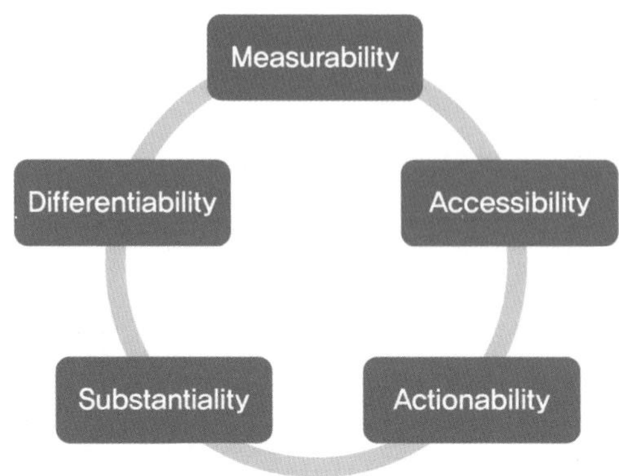

| 그림 2-23 시장세분화를 위한 조건

(1) **측정가능성**(measurability)

(2) **접근가능성**(accessibility)

(3) **실행가능성**(actionability)

(4) **실체성**(substantiality)

(5) **차별화 가능성**(differentiability)

첫째, '측정가능성'은 시장의 규모와 소비자의 특성에 따른 구매력 등을 계량적으로 측정이 가능한지 파악하는 것이다.

둘째, '접근가능성'은 시장에 내놓은 상품이 현행 법규와 제도의 범위 안에 있는지 파악하는 것이다.

셋째, '실행가능성'은 제품을 시장에 내놓을 만한 조직의 능력이 되는지 파악하는 것이다.

넷째, '실체성'은 시장을 세분화할 만한 규모의 제품인지 혹은 투자해서 수익이 나는지 등을 파악하는 것이다.

마지막으로 '차별화 가능성'은 세분시장들이 개념적으로 구분될 수 있어야 하고, 다른 마케팅 믹스에 다른 반응을 보여야 할 것이다.

3) 시장 세분화의 기준

기업이 모든 마케팅 노력을 집중하여 시장을 공략할 수 있는 효과적인 방법으로 시장을 의미 있는 집단으로 분류해야 한다. 이를 위해 아래와 같이 대표적인 시장세분화 기준이 있다.

(1) 인구통계학적 세분화(demographic segmentation)
(2) 지리적 세분화(geographic segmentation)
(3) 행동적 세분화(behavioral segmentation)
(4) 심리묘사적 세분화(psychographics segmentation)
(5) 시간 세분화(time segmentation)
(6) 다속성 세분화(multivariable segmentation)

첫째, '인구통계학적 세분화'는 다른 기준에 비해 객관적으로 측정이 가능하다. 연령, 성, 가족 수, 소득, 직업, 학력 등의 변수로서 스포츠 시장을 세분할 때 적용하기가 쉽다. 소비자의 1차와 2차 욕구, 제품 및 상표 선호성, 사용빈도 등이 인구통계적 변수들과 높은 연관성이 있기 때문에 가장 널리 이용하는 방법이다.

둘째, '지리적 세분화'는 지역에 따라 소비자 욕구가 다를 것이라는 가정에 따라 스포츠 시장을 세분할 수 있다. 더운 지역과 추운 지역에서 소비자가 선호하는 스포츠 활동이 다르듯이 사용하는 스포츠 용품도 차이가 있다. 즉, 경계가 분명한 특성이 있다.

셋째, '행동적 세분화'는 사용빈도, 사용여부, 사용에 따른 만족도 등 다양한 변수가 포함된다. 상품 및 서비스에 대한 스포츠 소비자의 태도다.

넷째, '심리묘사적 세분화'는 스포츠 마케터들이 소비자의 내적 영향 요인인 라이프스타일에 대한 이해를 높이고자 세분한다. 남의 마음을 정확히 파악할 수만 있다면 좋겠지만 어려운 일이다. 즉, 세분시장에 도달할 가능성이 낮고, 정확한 측정을 하기 어렵다는 단점이 있다.

다섯째, '시간 세분화'는 사람마다 행동하는 시간대가 다르다는 사실에서 출발한다. 사람의 성향, 일상생활의 스케줄, 다양한 환경요인 등에 따라 변하는 스포츠 소비자의 시간을 세분한다.

마지막으로 '다속성 세분화'는 스포츠 시장을 세분할 때 단일한 기준보다 여러 가지 기준을 활용할 수 있다.

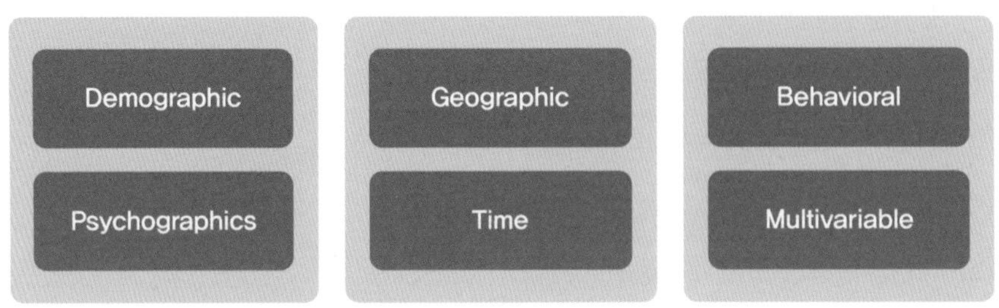

| 그림 2-24 시장세분화 기준

여기서 잠깐

▣ 북미 세대별 스포츠 산업의 특징

스포츠 산업 규모가 가장 큰 북미 시장의 변화를 살펴보면 다음과 같다. 인구통계학적 분석을 할 때 세대별 특성을 파악하는 것은 시장 세분화의 가장 기본적인 조건이라 할 수 있다.

| <표2-9> 북미 세대별 스포츠 산업의 특징

구분	내용
독점 세대 (1900-1950)	• 문화: 스포츠가 처음 산업화됐고, 팬의 대부분은 남성 • 상품: 야구, 경마, 복싱, 아이스하키, 대학미식축구, 프로미식축구 등이 발전 • 매체: 경기 관람, 라디오, 신문, 잡지 등을 통해 스포츠를 경험 • 권력 구조: 구단주, 관리위원회, 코치, 프로모터, 리그 임원, 스폰서 등 • 인프라: 거대한 미식축구, 경기장, 다목적 스포츠 시설들이 최초로 건설 • 팬 유치: 접근성과 가격에 중점을 둔 기본적인 프로모션과 광고전략에 기반

TV 세대 (1950-1990)	• 문화: TV를 통해 새로운 계층 소비자 등장, 스포츠 시장을 포화상태로 만듦 • 상품: 미식축구와 프로농구의 급성장, 경마와 복싱의 쇠퇴 • 매체: 라디오 중계의 영향력 감소, TV의 실시간 중계 시장의 확장 • 권력 구조: 선수 노조, 에이전트, TV 수익 등이 계약에 영향을 미침 • 인프라: 여러 스포츠의 시즌이 중복됨에 따라 팬의 충성도 약화시키기도 함 • 팬 유치: 마케팅, PR, 커뮤니케이션, 광고 전문가들이 산업에 투입
하이라이트 세대 (1990-)	• 문화: 정보사회가 도래하면서 쌍방향 인터넷 커뮤니케이션 구축, 청소년 유입 • 상품: 익스트림 스포츠, 청소년 중심의 스포츠가 주류를 이룸 • 매체: 뉴미디어가 주를 이루게 되면서 스포츠 시장의 세분화가 보다 중요해짐 • 권력 구조: 수익과 미디어 노출 문제로 미디어, 에이전트, 선수, 구단주, 스폰서 간의 갈등 발생이 잦아짐 • 인프라: 스포츠 시즌의 개념이 점차 무색해짐. 스포츠 시설들은 테마를 강조한 종합 엔터테인먼트 센터로 변모함 • 팬 유치: 뉴미디어 자원으로부터 이익을 추구하면서 동시에 기존의 미디어 네트워크로부터의 수익도 유지하려는 이중 전략을 취함

출처: Rein, I., Kotler, P., & Shields B. (2006). *The Elusive Fan: Reinventing Sports in a Crowded Marketplace*. 서원재, 성용준 옮김(2009). 필립 코틀러의 스포츠 브랜드 마케팅: 스포츠팬을 잡아라. 지식의 날개, p.65-87(요약).

3. 표적화

1) 표적화 개념

시장 표적화(market targeting)는 어떤 시장(팬)을 공략할 것인지를 결정하는 단계다. 시장의 특성에 따라 세분된 시장에서 제품과 서비스를 구매할 만한 고객 집단을 찾아내는 활동이다. 즉, 마케팅을 가장 효과적이고 효율적으로 수행할 수 있는 시장을 선택해 기업에게 가장 유리한 성과를 제공한다.

2) 표적시장의 선정 전략

(1) 차별화 전략(differentiated strategy)

(2) 비차별화 전략(undifferentiated strategy)

(3) 집중화 전략(concentrated strategy)

첫째, '차별화 전략'이다. 여러 세부 시장을 목표로 해 각각의 시장에 차별화된 제품을 공급하는 방식이다.

둘째, '비차별화 전략'이다. 한 가지 제품을 갖고 전체 시장에 공급하는 방식이다.

셋째, '집중화 전략'이다. 큰 시장에서 낮은 점유율을 확보하기보다 몇 개의 시장에 집중적으로 제품을 공급해 높은 점유율을 확보하기 위한 방식이다.

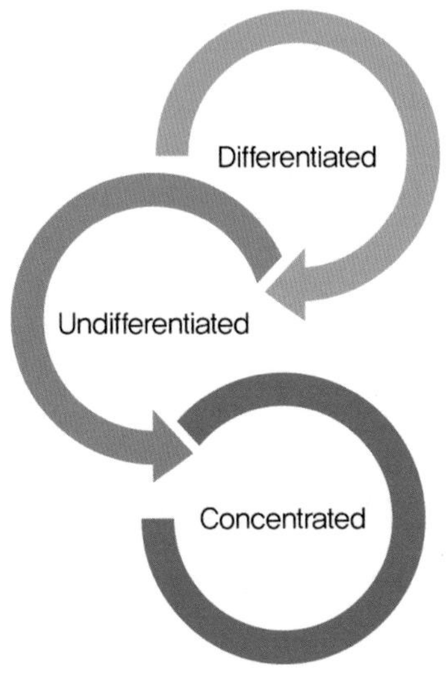

| 그림 2-25 표적시장 선정전략

4. 위치화

1) 위치화 개념

위치화(positioning)는 자사 상품이 경쟁사 상품에 비해 소비자의 마음속에 차별화되도록 위치시키려는 노력의 과정이다. 이를 통해 목표 시장 고객의 마음속에 확실한 이미지의 깃발을 꽂는 것이다. 즉, 유사한 제품과 서비스가 난립하는 스포츠 시장에서 자사 상품이 차지할 수 있는 독특한 위치를 찾아내는 작업이다. 이를 통해 좋은 자리를 먼저 선점하면 경쟁이 치열해도 유리한 입지에서 경쟁할 수 있다. 단순하고 일관성 있는 하나의 메시지로 스포츠 소비자의 마음속에 자리 잡는 전략이 매우 중요하다. '스포츠 마케팅은 이미지가 전부다.'라는 표현이 있듯 위치화란 제품 자체에 초점을 맞추기보다는 잠재 고객의 마음에 집중하는 것이라 할 수 있다.

2) 위치화의 유형

포지셔닝(positioning), 즉 위치화는 해당 표적시장에 소비자들로 하여금 그 브랜드에 대해 일련의 연상을 갖도록 하게끔 하는 작업이다. 모든 기업은 고객의 마음을 사로잡기 위한 위치화 작업에 공을 기울인다. 대표적인 방법은 아래와 같다.

(1) 속성에 의한 위치화

(2) 이미지에 의한 위치화

(3) 사용상황이나 목적에 의한 위치화

(4) 이용자에 의한 위치화

(5) 경쟁상품에 의한 위치화

첫째, '속성에 의한 위치화'는 특정 브랜드가 제품의 어떤 속성을 위치화시키는 것으로 가장 많이 사용하는 포지셔닝 방법이다. 예를 들면 국내 모 중소기업에서 배드민턴 라켓을 새롭게 생산한다고 하자. 인근에 탄소산업을 육성하는 공공기관이 있어 제휴를 통해 세계에서 가장 가볍고 강한 내구성을 가진 라켓을 생산하는 목표를 갖게 됐다. 이는 세계적인 스포츠 용품 회사가 내놓은 제품과의 차별화된 혜택이나 속성을 표적시장 내 고객들에게 인식시키는 것이다.

둘째, '이미지에 의한 위치화'는 제품이 가지고 있는 추상적인 편익을 갖게 한다. 운동이 끝나고 갈증이 날 때 머릿속을 스치고 지나가는 특정 이온음료가 떠오른다면 그 제품에 대한 편익에 따른 포지셔닝이 된 것이다.

셋째, '사용상황에 의한 위치화'는 제품의 적절한 사용상황을 잠재적인 소비자에게 구체적으로 묘사하는 방법을 통해 위치화시키는 것이다. 예를 들어 손목밴드를 사용하여 라켓을 활용한 스포츠(배드민턴, 테니스 등) 활동에 좋은 영향을

준다고 포지셔닝할 수 있다.

넷째, '이용자에 의한 위치화'는 해당 브랜드 제품을 특정 사용자 계층이 사용하기에 적합하다고 강조하며 위치화시키는 것이다. 아웃도어 스포츠를 좋아하는 계층을 파악하고, 경쟁사만큼 가벼운 제품기능과 더불어 방수, 방풍 등 부가적인 기능을 갖춘 신제품을 시장에 내놓을 수 있다.

마지막으로 '경쟁상품에 의한 위치화'는 경쟁사 브랜드에 비해 차별화된 혜택이나 특성을 강조하며 위치화시키는 것이다. 품질의 우수성, 가격 경쟁력 등 경쟁사에 비해 우월한 점을 내세운다.

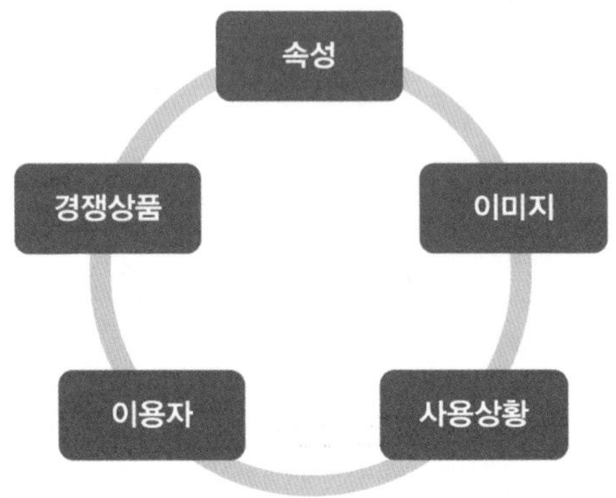

| 그림 2-26 위치화의 유형

① 스포츠 공감의식에 영향을 미치는 소셜 미디어의 위상은 어느 정도일까?

필립 코틀러 등(2017)에 따르면 브랜드에 대한 일차적인 호감은 고객을 둘러싼 커뮤니티에서 영향을 받는다. 최근 이동성과 연결성에 익숙한 디지털 네이티브, 즉 태어날 때부터 디지털 기기의 환경에 노출돼 있는 세대로서 네트워크를 신뢰하고 매우 사회적으로 활동한다. 인터넷을 통한 인간과 사회 간의 연결성 현상에 주목해야 한다. 현재 우린 개인과 사회가 하나의 몸(體)처럼 움직이는 초연결 사회(hyper-connectivity)에 살고 있다. 오늘의 최신 트렌드는 내일의 구(舊) 유물이 된다. 이와 같이 인터넷 연결성에 대한 이해를 높이고 전략적인 마케팅 계획을 수립해야 성공적인 길로 가는 것이다.

코틀러 등은 인터넷 커뮤니케이션에서 비롯된 연결성에 대해 총체적인 관점을 강조했다. 첫째, 모바일 연결성(mobile connectivity)은 모바일 기기를 통해 이루어진다. 가장 기본적 차원의 연결성에 해당된다. 둘째, 경험적 연결성(experiential connectivity)은 고객 경험을 전달해주는 역할에 관한 것이다. 인터넷이 브랜드를 선택할 고객에게 다양한 경험을 공유하게 한다. 셋째, 사회적 연결성(social connectivity)은 전통적인 세분화(segmentation)를 초월하는 궁극적 단계다. 인구학적, 지리적인 특성 등으로 세분됐던 사회에선 기업이 잘 알아서 세분하며 표적(고객)을 찾았지만, 지금 사회에선 생각대로 잘 세분되지 않는다. 정보통신기술(ICT) 시대를 맞아 소비자는 생각보다 매우 빠르고, 능동적이고 변덕이 더 심해졌다. 오히려 불변할 것 같았던 기업 브랜드보다 친구나 가족으로 이루어진 네트워크를 더 신뢰하게 됐다.

2015~2016 시즌에 잉글랜드프리미어리그(EPL)에서 우릴 자극할 만한 소식이 들려왔다. 한창 '흙수저'라는 자조 섞인 단어가 우리 사회를 뒤덮을 때 레스터시티(Leicester City Football Club)가 제이미 바디 선수의 활약으로 우승한 것이다. 1884년에 창단된 팀이 첫 번째 이룬 쾌거였다. 선수는 주급 5만 원의 공장 노동자 출신이란 사실에 흙수저론과 맞물려 노력과 희망이라는 큰 공감을 불러일으켰다. 이역만리의 몸짓도 어느 하나 놓치지 않고 그들의 기적을 가감 없이 전달받을 수 있었던 것은 바로 소셜 미디어의 위상을 말해준다.

② 디지털 마케팅 시장에서는 전통적 4P가 어떻게 진화할까?

전통적 마케팅 시장에서 오랫동안 유지돼 왔던 4P가 하루아침에 사라지는 것은 아닐 것이다. 4P의 개념이 없어진다기보다는 진화한다는 표현이 맞을 듯하다. 헐리웃 영화의 거장 스티븐 스필버그(Steven Spielberg, 1946~)의 2018년 작인 레디 플레이어 원(Ready Player One)을 통해 새로운 개척지인 가상현실과 암울한 현실 간에 펼쳐지는 게임과정을 대비해보며 상상을 할 수 있을 것이다.

| 그림 2-27 가상현실 게임과 스포츠 경기

제품(product)은 유·무형의 제품인 선수를 예로 들어보자. 경기장에 반드시 가서 봐야 했던 선수는 유형의 제품이자, 선수별로 다른 경기력에서 무형의 제품으로 인식된다. 하지만 앞으로 반드시 경기장에 가야만이 관람 스포츠 문화가 형성된다는 개념은 희박해질 수 있다. 혁신기술로 인해 현실과 가상현실의 경계가 희미해지는 틈을 타서 집안에서도 얼마든지 현장열기를 즐길 수 있을 것이다. 이는 장소(place)와 유통(distribution)의 개념이 바뀌게 되는 것과 맞물려서 진화한다.

가격(price)은 어떻게 될까? 호주머니에서 직접 지폐를 꺼내 지불하는 행위는 이미 과거가 됐다. 카드로 결제하든 혹은 스마트폰 내에 내장된 페이(pay) 시스템을 통해 결제한다. 평소 관람 스포츠를 즐기는 소비자가 가상현실을 통해 해당 경기에 개입하는 형태를 상상해보자. 바로 게임이다. 오프라인 경기장에선 실제로 경기를 하고, 그 경기의 실체를 가상현실로 옮겨와 자신이 제2의 캐릭터로 등장해 함께 게임을 할 수도 있다. 물론 게임을 즐기는 것 자체가 돈을 지출하는 행위와 연동될 것이다. 근대 스포츠의 '하는 스포츠'는 미디어의 발달로 '보는 스포츠'로 발전했다. 앞으로 '보는 스포츠'의 구매에서 '보면서 하는 스포츠'의 새로운 차원의 구매가 이루어질 수도 있다. 현실에선 자신이 응원하는 팀이 패배해도 가상현실에선 자신이 적극적으로 개입해 팀의 승리에 기여하는 기록을 얻게 될지도 모른다. 물론 오프라인상의 기록처럼 공식적인 기록으로 인정을 받고, 기록 갱신을 위한 과정은 계속될 것이다.

촉진(promotion)은 이루 말할 수 없을 정도로 개인이 삶의 전반에 침투할 것이다. 개인마다 경험했던 소비 패턴을 분석해 적시(適時)에 광고를 노출시켜 유인할 것이다. 아무리 버텨도 새로운 구매행위에 동참하게 되고, 결국 마케팅 과정의 소비자로서 역할을 잘 수행하게 될 것이다.

③ 뜻하지 않은 환경 변화로 인한 스포츠 정책의 강행을 어떻게 인식해야 할까?

근대 하계올림픽은 1896년 그리스에서 1회 대회로부터 32회 도쿄 올림픽까지 이어져오고 있다. 역대 올림픽 중에서 전 세계적 사건으로 취소된 사례는 세 차례가 있다. 독일 베를린에서 개최하기로 했던 6회 대회(1916년)는 제1차 세계대전으로 취소됐다. 벨기에 앤트워프에서 개최한 7회 대회 때는 전쟁으로 폐허가 된 벨기에의 재건을 기치로 삼았고, 전쟁주범이었던 독일은 초대받지 못했다. 두 번째와 세 번째 취소사례는 일본 도쿄에서 개최하기로 했던 12회 대회(1940년)와 핀란드 헬싱키의 13회 대회(1944년)로 2차 세계대전에 의해 취소가 됐다. 영국 런던에서 개최된 14회 대회 때는 패전주체인 독일과 일본이 참가국에서 제외됐다.

2019년 하반기부터 발발해 전 세계를 강타한 COVID-19 바이러스 팬데믹은 국제 스포츠 이벤트의 개최에 대한 진지한 고민을 낳았다. 2020년 일본 도쿄에서 개최하기로 했던 32회 대회는 2021년으로 미루는 초유의 사태를 남겼다. 전쟁 외의 다른 이유로 정해진 날짜에 치루지 못한 최초의 사례가 됐다. 하지만 백신 개발과 접종의 속도와 또 다른 변이의 출현으로 다수의 여론과 전문가 집단은 올림픽 개최를 반대했다. 그럼에도 불구하고 일본정부의 정치적 계산과 IOC의 상업적 계산이 맞물려 전 세계인이 원하지 않는 방향으로 몰고 갔다. 인류의 보편적 관심사가 과연 소수집단의 한낱 수단으로 이용될 수밖에 없는 현실로 치부될지 의문이다. 앞으로 이에 관한 논의는 지속돼야 할 것이다. 관련 칼럼과 저작을 통해 의견을 제시한다.

마켓 4.0에서의 스포츠, 인간의 욕망

"최근 가상화폐의 열풍과 우려가 공존한다. 평가가 엇갈리는 일론 머스크의 발언에 따라 요동치기도 한다. 그는 화성의 인류 정착을 꿈꾸며 아무도 시도하지 않는 분야에서 여러 도전을 한다. 몇 백 년이 지나면 21세기 판 콜럼버스로 인정받을지 모른다. 혁신적 생각과 실행을 높게 평가함과 동시에 경계해야 할 부분도 있다. 바로 욕망이다. 우리 현생에 지구 밖 화성에 나가 안락하게 살기란 불가능하다. 모든 인류의 문제는 지구 안에서 해결해야 한다. 갈등, 구조, 환경, 전쟁, 평화 등 당면한 문제가 한둘이 아니니다. 현실을 직시해야 한다. 다시 말해 그의 행보를 통해 사람들에게 욕망을 부추기며 이윤을 최정점으로 삼는 기업인의 모습이란 사실도 읽어야 할 것이다. 그 욕망의 폭증을 가능하게 하는 요인은 바로 시장(market)의 변화이다. 흔히 제품중심(1.0 시장), 고객중심(2.0 시장), 인간중심(3.0 시장)으로 변모해 왔던 시장은 이제 오프라인과 온라인이 완전통합된 4.0 시장에 와 있다고 한다. 생산자와 소비자 간의 관계가 어느 한쪽의 강요와 설득으로 이루어질 수 없게 됐다. 소비자로부터 귀를 기울이는 것은 물론이고, 그들을 감동시켜야 시장에서 성공 가능성을 염두에 두게 된 것이다. 그 감동의 이면엔 늘 욕망이 도사리고 있겠지만, 글로벌 자본주의 시대에 이를 무시하기도 어렵게 됐다. 2021년 메이저리그 추신수 선수의 SSG 구단의 입단과 활약 소식은 늘 뜨거운 이슈이다. 야구단(오프라인)과 유통(온라인)을 엮은 전형적인 4.0 시장의 전략이라 할 수 있다. 실제적으로 사람들 간의 소통(정보탐색, 의견교환, 결제 등) 규모는 오프라인 유통보다 온라인의 규모가 훨씬 크다. COVID-19로 중단됐던 프로 스포츠의 무관중 경기는 어떨까? 관람스포츠 영역에서 관중이 꽉 들어찬 경기방식은 오프라인 영역이지만, 무관중이 되는 순간 미디어를 통해 접하는 온라인 스포츠 소비자의 영역이 된 것이다. 처음에는 어색했지만 지금은 일상이 되도 무방하게 된 것이다. 생활스포츠 영역도 체육관

(오프라인) 시장이 홈트레이닝(온라인) 시장과 함께 한다. 영화 산업이 넷플릭스와 같은 편안한 안방 속 재생기술로 히트를 치듯이, 스포츠 산업도 전 세계 어디서나 실시간으로 치러지고 있는 생방송 중계기술 플랫폼이 일상이 될 수 있다. 몇 차례 도쿄 올림픽 강행을 비판했던 뉴욕타임즈가 최근 국제올림픽위원회(IOC)에 대해 비판의 강도를 높였다. 'There are three main reasons: money, money, and money.' 방사능 이슈로 주변국의 보이콧 움직임에도 아랑곳하지 않았던 IOC와 일본정부는 바이러스 팬데믹 사태에도 지구촌 축제를 '세 가지 이유, 즉 돈, 돈 그리고 돈' 때문에 포기를 하지 못하고 있다. 우린 어느 기업인의 말 한마디로 울고 웃기도 하고, 가짜 뉴스가 횡행하기도 하며, 욕망이 투표로 연결되면서도, 음흉한 기득권 집단의 논리를 실시간으로 반박할 수 있는 4.0 시장에 살고 있다. 지나친 욕망을 경계해야 모든 갈등을 별나라가 아닌 지구 안에서 원만하게 해결할 수 있지 않을까(문개성, 2021.5.24.)?"

동떨어진 보편적 가치

"2019년 7월, 일본 도쿄 신주쿠에서는 '노올림픽(NOlympics)' 시위가 열렸다. 2020년 7월 24일 개최 1주년 전에 있었던 올림픽 반대시위였다. 일본은 물론 이웃인 한국, 인도네시아를 비롯해 영국, 브라질 등 다국적 시민단체가 참여했다. 그중 2016년 리우 올림픽을 계기로 결성된 브라질 언론인 '리우온와치(RioOnWatch)'는 이 시위를 상세하게 다뤘다. 2011년 동일본 대지진으로 충격을 받은 일본은 불안해소를 위한 위기타파로 정치사회적 이슈를 찾던 중, 2020 하계올림픽 유치전에 모든 힘을 쏟아 개최를 확정지었다. 국내에서 정치적 · 관료적 이슈로 모든 것을 덮어버릴 때, 2019년 8월 일본에선 도쿄 올림픽 유치 과정에서 IOC 위원에게 뇌물이 전달됐다는 의혹으로 일본 최대 광고회사인 덴쓰(電通)를 수사했다. 7년 전 개최지 선정이란 IOC 조항이 있을 때인 2013년 9월, 2020년 올림픽을 선정하는 시기 전후로 아프리카 출신 IOC 위원들에게 뇌물을 제공했다는 혐의였다. 이미 이 문제로 2019년 3월, 프랑스 사법당국의 내사를 받아온 다케다 스네카즈(竹田恒和) 일본 올림픽위원회(JOC) 회장이 사임한 상태였다. 일본은 2019년 중반, 그 동안의 정치적 퇴행성을 덮기 위해 부쩍 이슈를 키웠다. 국제적으로 특히, 동북아로부터 비난을 받게 된 일본정부는 2020년 올림픽을 통해 1964년 도쿄 올림픽처럼 패망이후 재건이란 기치로 성공을 맛봤던 경험을 다시 재현하고자 했다. 이를 통해 정치에 대한 부정적 시선을 덮고자 했다. 오랜 기간 동안 무기력해진 시민사회에 활력을 찾기 위한 긍정적 시선이 그 기능을 다할 것으로 예측했다. 모든 사안은 긍정과 부정이 상존할 수 있다. 다시 말해 특정한 사안에 대해서 무조건 옳거나 틀린 것은 그렇게 많지 않다. 바라보는 관점에 따라 해석을 달리할 뿐이다. 예를 들어 어떤 일을 추진하는 목적이 수익창출, 홍보강화, 공익활동, 투자활성화 중 어떤 것이냐에 따라 미션이 달라진다. 하지만 개인과 조직의 발전이란 명분을 놓고 바라보면 동일한 사안일 수 있다는 것이다. 즉, 동일한 사안을 두고 일을 보다 효과적이고, 효율적으로 추진하기 위한 노력을 구성원 모두는 해야 한다. 그것이 바로 조직의 기본철학인 미션, 비전, 가치를 공유하는 것이다. 하지만 2020년 올림픽은 다르다. 일개 조직에서 벌어지는 두 가지 시선의 극복 차원이 아니다. 전 세계인을 대상으로 무서운 도박을 하는 것이다. 각 국 선수단, 방문객, 자국민을 대상으로 일본의 부흥을 위한 홍보수단으로 삼는 것이다. 도올 김용옥 선생의 '도올의 중국일기(2015)'에 의미심장한 대화가 나온다. 중국에 있는 고구려 유적을 찾아가는 과정에서 큰 발전소를 놓고 물리학자 최무영이 화두를 던지는 장면이다. '우린 원자력 발전소라 부르지만 원래는 핵발전소가 맞다. 원자력을 아토믹 포스(atomic force)라고 하는데 핵과 그 주변을 도는 전자들 사이에 존재하는 약한 힘이다. 즉, 뉴클리어 포스(nuclear force)로서 핵을 구성하는 양성자와 중성자가 서로 엉켜 매우 강한 힘을 활용하기 때문에 단어를 바꿔야 한다. 하지만 업자들과 결탁한 과학 · 기술계 · 정치권력 등의 이해논리에 따라 순화된 이미지의 원자력 발전소란 용어가 됐다. 핵전이 다른 전기발생방식보다 가장 비싸다. 후쿠시마 비상사태처럼 수습비용은 수천 배 비싼 것이고, 돈을 버는 자들의 관성체계를 아무도 스톱 못시키고 있을 뿐이다(문개성, 2019a, p.25~28)."

바이러스 공포 속의 스포츠

"문명의 이기는 우리에게 많은 혜택을 주었다. 요리상품이 대표적이다. 우린 전문적인 사냥과 도축과정을 모른다. 적당히 구워진 스테이크란 상품만을 알고 있는 것이다. 또 하나는 여행상품이 생겨 지구 곳곳을 누빌 수 있게 됐다. 이 사실을 아시는가? 2019년 하반기부터 발발해 전 세계에 충격을 안겨다 준 바이러스 공포는 사냥과 도축, 그리고 교통혁명이 매우 큰 역할을 했다. 야생과 각 지역에만 머물던 병원균(기생충, 박테리아, 바이러스 등)들이 서로 뒤섞이는 세상을 맞이한 셈이다. 병원균 입장에선 해피한 일이 된 것이다. 다른 병원균들은 살아있는 유기체이지만, 코로나19와 같은 바이러스는 스스로 생식할 수 없어 어딘가에 기생해야 한다. 이 지구상엔 77억이 넘는 엄청난 숫자의 종이 있다. 바로 우리다. 20세기 들어 그 종의 절반이 도시에 몰려 살고 있어 생명체가 아닌 바이러스 입장에선 최적의 숙주 환경을 찾은 것이다. 여기서 두 가지 정도 생각해봄직한 주제를 꺼낼까 한다. 20세기 이후 최고의 상품으로 각광받고 있는 스포츠와 연관해보고자 한다. 첫째, 스포츠 종차별주의다. 작금의 사태는 인간이 함부로 건들지 말아야 할 자연을 역행해 나타난 필연의 결과이다. 식량공급을 위한 집약적 축산, 가죽과 모피수집, 동물실험 등과 같이 종차별주의는 맹위를 떨쳤다. 스포츠에서도 전쟁, 경마, 소싸움, 투견과 같이 동물을 싸움의 경쟁 도구화로 만들었다. 또한 승마, 마장마술, 장애물 비월 경기, 사냥, 낚시, 수렵, 서커스, 투우 등에 셀 수 없을 정도의 동물을 이용했다. 둘째, 스포츠 비즈니스의 패러다임 전환이다. 2020년 상반기에 세계의 관심을 집중시킨 스포츠 현장이 있다. 바로 한국의 무관중 프로야구와 프로축구이다. 프로 스포츠의 본고장인 서구사회와 중계권이 거래되는 흥미로운 기사도 접했다. 경기장 티켓팅 수입 보존을 어느 정도 한 셈이다. 팬데믹이 장기화되면 새로운 장르가 생길 수도 있다. 스포츠 상품(선수)을 혁신적 기술로 안방 소비자에게 선보이는 것이다. 선수들은 원래대로 경기를 치르고 소비자는 게임처럼 즐기는 것이다. 새로운 플랫폼에 등장한 게임 캐릭터는 만화가 아니라 실사가 되는 셈이다. 혹시 압니까? 특정한 선수에 실시간 베팅을 하고 그 선수가 승점을 올리면 배당을 주는 제도까지 생겨날지? 경기장 티켓, 중계권, 스폰서십 수익을 보존하기 위한 공감대 형성은 새로운 차원의 비즈니스로 연결될 수도 있다. 우린 현명한 사람(호모 사피엔스)이라고 다소 낯간지러운 학명을 스스로 지었다. 전혀 상관없을 것 같은 위의 주제를 통해 무엇을 생각해봐야 할까? 이 사태를 극복했을 때 아무 일 없었다는 듯이 지내게 될까? 한낱 미물인 바이러스를 이겼다고 자화자찬하며 또 다시 자연의 섭리를 잊고 살까? 윤리적 관점에서 스포츠와 환경윤리, 스포츠와 동물윤리를 생각해 보게 된다. 또한 창의적 발상으로 벌어들인 자본에 대해 그 쓰임의 용도를 어떤 분야에 집중해야 할지 고민해보게 된다. 덧붙여 잊고 살았던 소박한 밥상의 고마움을 느끼게 된다(문개성, 2020.6.8.)."

④ 사람과 사람 사이의 거래를 통한 탈중개화란 어떤 의미일까?

B2C(business-to-consumer, 기업과 소비자 간 거래)란 개념이 디지털 전환에 따라 민주화와 탈중개화가 가속화되면서 바뀌고 있다. 전자는 기술 비용이 하락하거나 사용이 간편해짐에 따라 소비자들이 생산에도 참여하는 환경을 일컫는다. 후자는 전통적인 중개자들을 통해 소비자에게 전달되는 것이 아니라 직접 콘텐츠와 상품을 직접 전달하는 가능성이 커진 환경이다. 이러한 환경의 변화는 H2H(human to human, 사람 간 거래)를 보다 폭넓은 개념으로 이해해야 한다(Kotler & Stigliano, 2018).

탈중개화는 디지털 기술에 따라 유통사를 거치지 않고 직접 고객을 만나는 지점에서 경쟁사와 치열한 자리싸움을 하고 있는 것이다. 이러한 유통 과정의 변화를 통해 기업의 전략도 바뀌고 있다. 예를 들어 소매업체는 표준화에 익숙한 대중을 상대했던 일대다(one-to-many) 접근 방식에서 개인화된 일대일(one-to-one) 접근 방식으로 전략을 바꾸고 있다.

"고객 맞춤화는 주어진 수의 대안 내에서 특정 조합을 선택할 수 있는 가능성을 사용자에게 제공하는 방식이다. 반면, 개인화는 수집된 소비자 정보를 암묵적으로 사용하여 소비자의 기대치를 예상하고 만족시킬 가능성이 매우 높은 솔루션을 제공하는 방식이다. 고객 맞춤화는 소비자의 선택에 대해 반응형으로 기능하며, 개인화는 놀라움과 즐거움을 위해 선제적으로 작동(Kotler & Stigliano, 2018, p.119)"한다고 했다.

Ⅰ <표2-10> 소매업 시장의 변화

구분	내용
리테일 1.0	• 백화점처럼 직접 고객을 응대하는 방식의 소매업 • 정찰 가격, 상품을 진열한 선반, 유니폼을 입은 직원들의 서비스를 통해 '탈중개화'를 주도함
리테일 2.0	• 몰(Mall)처럼 대형 쇼핑센터의 등장으로 다양한 종류의 상점들이 들어선 소매업 • 지정된 입구와 출구, 계산대 라인, 카트를 모아두는 곳 등으로 쇼핑 경로가 정해져 있음 • 오락실, 영화관, 볼링장 등에 이르기까지 사람의 시선을 끄는 요소들이 함께 존재함
리테일 3.0	• 인터넷의 등장과 함께 등장한 전자상거래가 주도하는 소매업 • 소비자의 의견을 적극 받아들이는 시스템을 만듦 예 아마존의 리뷰 작성 및 추천 기능
리테일 4.0	• 디지털 기술의 가속화에 따라 소매 개념의 재편 • 소비자가 적극 생산에도 참여(민주화), 소비자에게 직접 콘텐츠와 상품을 전달(탈중개화) 가능성이 높아진 환경 • H2H(human to human, 사람 간 거래)라는 폭넓은 개념이 자리잡힘

출처: Kotler, P. & Stigliano, G. (2018). *Retail 4.0.* 이소영 옮김(2020). 리테일 4.0. 더퀘스트, p.16-21(요약).

과 제

1. 가장 최근의 ‘스포츠의 마케팅’에 관한 사례를 찾고, 어떤 이슈가 있는지 조사하시오.
2. 가장 최근의 ‘스포츠를 통한 마케팅’에 관한 사례를 찾고, 어떤 이슈가 있는지 조사하시오.
3. 가장 최근의 스포츠 마케팅 조사에 관한 사례를 찾고, 어떤 이슈가 있는지 조사하시오.
4. 가장 최근의 스포츠 마케팅 STP에 관한 사례를 찾고, 어떤 이슈가 있는지 조사하시오.

PART

03

스포츠 소비자의 충성도와 관여도

1 소비자가 감당하는 변화의 속도를 이해하자

2부에서 '표적 마케팅'을 살펴봤다. 그럼 누가 누구를 표적으로 삼는 것일까? 스포츠 분야에서 마케팅을 하는 주체가 소비자를 표적으로 삼는다. 주체는 어떻게 구분했을까? 스포츠 마케팅 구조를 두 가지로 분류하면 '스포츠의 마케팅(marketing of sports)'과 '스포츠를 통한 마케팅(marketing through sports)'으로 분류했다. 전자는 스포츠 자체를 소비자와 교환하는 활동을 하기 때문에 스포츠 제품을 생산하는 주체다. IOC, FIFA, 연맹, 단체 등을 말한다. 후자는 스포츠를 통해 소비자와 커뮤니케이션을 잘 하고 싶은 주체다. 대표적으로 기업을 말한다. 그렇다면 소비자는 어떻게 구분할까?

두 주체들은 공통적으로 마케팅 경영관리를 잘 해야 한다. 코틀러는 5단계로 구분했는데 조사, STP(세분화 · 표적화 · 위치화), 마케팅 믹스(제품, 가격, 장소, 촉진), 실행, 통제로 분류했다. '스포츠의 마케팅'을 하는 주체는 스포츠 제품(5부), 스포츠 가격(6부), 스포츠 장소(7부), 스포츠 촉진(8부)을 전략적으로 구사해야 한다. '스포츠를 통한 마케팅'의 주체는 스포츠 미디어(9부), 스포츠 스폰서십(10부), 명명권, 인도스먼트 등의 스폰서십 확장(11부)에 등장하는 마케팅 시장을 전략적으로 활용해야 한다. 전통적 스포츠 마케팅 시장에서 급변하는 디지털 스포츠 마케팅 시장에선 두 주체가 최근 현상을 잘 이해하고, 접목해야 할 미래지향적 마케팅 기법을 발굴해야 한다.

몇 해 전 타계한 세계적인 미래학자 앨빈 토플러(Alvin Tofler, 1928~2016)는 '변화의 속도'를 강조했다. 예를 들어 큰 운동장에 선을 긋고 앞으로 내달리기 위해 우리 사회를 구성하는 모든 단체가 대상인 경주를 한다고 하자. 규정은 동시에 출발해서 1시간 동안만 달려야 한다.

| 그림 3-1 앨빈 토플러

가장 빠른 구성원은 누구일까? 눈치를 챘겠지만 기업이다. 1시간 안에 160km를 달리는 자동차와 같다. 두 번째는 시민단체로 140km정도 간다. 이윤 창출을 위해 환경을 파괴하는 행위도 마다않는 기업을 반대하는 세력은 바로 시민단체다. 기업의 전략과 정책을 어떻게 간파했는지 예외 없이 거리에 나와 시위를 한다. 변화의 속도에 그 만큼 빠르다는 것을 의미한다.

세 번째로 빠른 구성원은 누구일까? 바로 우리와 같은 소비자이다. 토플러는 가족이라 표현했다. 시간당 95km로 달린다. 기업이 내놓은 상품을 바로 수용하고 배척도 한다. 전자상거래에 능숙하고 소셜 미디어를 통해 평가를 곧바로 내린다. 시대적 흐름과 이슈에 민감하고 신속하게 대응할 정도의 속도를 지녔다.

네 번째는 시간당 50km로 달리는 노동조합이다. 기업 안에 존재하는 균형 잡힌 조직 문화를 위해서 필요한 세력이지만, 속도가 절반이하로 뚝 떨어지듯 빨리 달리는 가족이 납득하기엔 다소 늦다는 생각을 가질 수도 있다. 변화의 속도에서 다섯 번째 지위는 40km로 가는 정부와 관료조직에게 안겼다. 기업 속도보다 25% 수준이다. 기업은 답답해 할 것이다. 이만큼 빨리 내달려 새로운 제품과 서비스를 보여주고 싶지만, 허가와 승인에 막혀 시장에서 꽃을 피우기도 전에 사라진 수많은 아이템들을 떠올릴 수도 있을 것이다.

여섯 번째 구성원은 바로 학교이다. 시간당 15km로 달린다. 95km로 달리는 가족의 일원인 학생들이 받아들이기엔 턱없이 느린 속도이다. 세상은 급변하는데 아직도 수십 년 전에 나온 전통적 이론만을 적용하려고 한다. 민츠버그(Mintzberg, H., 1939~)가 제시한 전문적 관료제로서 해당 분야의 전문성을 강조하지만, 수평적인 갈등 조정이 난망하다. '변화가 살길'이라 서로 외쳐대지만, 자신과 소속 학과는 변화를 두려워하는 경우가 흔하다. 소위 자리를 뺏기는 것은 아닐까라는 생각이 우선인 경우가 많다.

토플러가 얘기한 일곱 번째로 달리는 단체는 놀랍게도 유엔과 같은 국제기구로서 8km에 불과하다. 뿌리 깊은 관료조직에 의해 국제적 분쟁, 불평등한 거래, 심각한 빈부격차 등 어느 것 하나 명쾌히 해결된 적이 없다고 했다. 여덟 번째는 정치조직으로 5km 달린다. 160km 달리는 기업의 혁신적 기술을 뒷받침할 법과 제도가 없다면 사장(死藏)된다. 정부와 관료조직을 탓하기 이전에 관련법 제정이 중요함을 일깨운다. 그래서 가장 느린 것은 1.5km로 달리는 법(law)이다.

변화의 속도를 물리적인 속도로 환산한 이 예를 들여다 보면 미국이나 한국이 별반 다르지 않음을 보여준다. 다만, 2016~2017년 촛불혁명 때 보여준 시민의 여론은 95km 달리는 가족의 일원에선 심각성을 느끼다가, 막상 정치 조직에선 다른 목소리를 낼 뻔했던 사례를 극복한 한국이 보다 더 변화의 속도엔 민감한 사회인 것 같다. 그렇다 하더라도 대학 내의 여전한 매너리즘의 풍토는 선진사회를 따라가고 있을까하는 의구심을 갖게 한다. 초연결사회(hyper-connectivity society)에서 나 자신과 사회가 하나로 연결돼 있어 속도의 변화를 무시하고선 목소리를 내기가 힘들다. 앞으로 이윤을 창출하는 스포츠 관련 조직도 소비자의 속도를 정확히 읽고 선제적인 마케팅 전략이 필요로 하는 시대인 것이다.

2000년대 들어 디지털 네이티브(digital native)가 탄생하면서 그들이 소비의 주체로 성장했다. 이들은 기업보다 변화의 속도에 빠른 면모를 보여주고 있다. 전통적인 방식에서 혁신적인 방식으로 끊임없이 변화를 꾀했던 소매업자들은 아무리 변했어도 오랜 기간 동안 고수해 온 사고방식이 남아있을 수 있다. 하지만 디지털 환경에만 익숙한 개인들의 속도에 맞추기 위해선 생산과 소비에 관한 새로운 패턴을 찾는 노력을 하지 않을 수 없는 것이다.

2 프로 스포츠에도 직종의 변화가 있음을 이해하자

슈밥(K. Schwab, 2017)은 4차 산업혁명시대에서 가장 큰 돈을 벌 수 있는 집단은 소수가 될 것으로 내다봤다. 즉, 혁신적인 아이디어 생산자, 주주, 투자자 등이다. 기존처럼 값싼 노동력과 일반 자본을 소유한 사람에게 부가 몰리지 않는다. 디지털 시장에선 아이디어가 노동, 자본보다 희소가치가 높아진다.

소수가 과도한 보수를 받는 현상은 빨라지고, 특정상품에 대해 사용자가 많아질수록 승자독식제도(winner-take-all), 승자절대다수 배분제도(winner-take-most)가 적용되는 시장이 되고 있다. 이 현상으로 경제적 불평등이 가속화될 것이다.

기계는 인간의 노동을 대체하는 것에 그치지 않는다. 자기복제를 통해 더 많은 자본을 창출할지도 모른다. 당장에 인공지능(AI, Artificial intelligence)이 프로 스포츠에 도입되면 심판직은 어떻게 될까? 이런 궁금증을 낳는 것은 당연하다. 1950년대 미국프로야구에서 로봇 심판이 등장한 적이 있다. General Electric사와 LA Dodgers팀의 협업으로 금속물질을 바른 특수야구공과 전자시스템을 통한 로봇 심판이다. 지금 시각으론 매우 조악해보이지만, 이러한 시도는 계속되지 않을 이유가 없다. 실제로 2017년 미국 10여개 마이너리그에서 로봇 심판 '엄패트론 1000'을 선보여 인간 심판보다 25% 더 정확한 것으로 나타났다.

| 그림 3-2 야구 로봇 심판

기존처럼 기업의 전문가 집단에 의해 아이디어를 도출하고, 제품을 만들어 시장의 반응을 살피는 것이 아니라, 시장에서 아이디어가 나오고, 그것을 토대로 기업이 제품을 만드는 시대인 것이다. 이는 프로 스포츠 경기 서비스가 반드시 연맹 혹은 구단과 관련한 사람들의 전유물이 안 될 수도 있다는 얘기다. 즉, 앞서 언급한 변화의 속도가 빠른 소비자의 마음을 읽고, 혁신적인 서비스가 제공된다면 시장논리에 의해 급격하게 대체될 수도 있다. 다시 말해 프로 스포츠계에 로봇 심판을 도입한다는 것은 공정성의 무게를 두는 정확도와 신뢰, 재미를 추구하는 소비자의 성향 등이 맞닿을 수 있는 지점이다. 상징적으로 존재해 왔던 직종은 사라지고, 새로운 경기 서비스를 도입한 직종에 초점이 갈 수 있다.

스포츠 소비자

1. 참여형태에 따른 스포츠 소비자

참여형태에 따른 스포츠 소비자는 참여, 관람, 매체 스포츠 소비자로 분류할 수 있다. 물론 모두에 해당되는 스포츠 소비자도 있을 것이다. 구체적으로 살펴보면 다음과 같다.

1) 참여 스포츠 소비자
2) 관람 스포츠 소비자
3) 매체 스포츠 소비자

첫째, '참여 스포츠 소비자'는 직접 스포츠 참여하는 1차 소비자다. 좋아하는 체육종목을 배우기 위해 돈과 시간을 소비하는 소비자다. 이들은 건강과 유행과 관련한 시대적 트렌드에 민감하다. 종합 스포츠 센터 혹은 특정종목을 배울 수 있는 장소를 찾고, 자신에 맞는 프로그램을 찾는다. 여가시간을 적극 활용하고, 삶의 질 향상을 위해 스포츠를 선택한 소비자이다.

둘째, '관람 스포츠 소비자'는 간접적으로 참여하는 2차 소비자다. 즉, 경기관람을 통해 돈과 시간을 소비한다. 이들은 재미있고 호감이 가는 이벤트를 선호한다. 경기관람을 주 목적으로 하기 때문에 시설의 접근성, 부대시설의 편의성 등에 관심이 많고, 응원문화와 같은 별도의 이벤트에도 거부감이 없다.

셋째, '매체 스포츠 소비자'는 말 그대로 매체(media)를 통해 스포츠 콘텐츠를 소비하는 일반적인 소비자다. 직접 운동을 하거나 간접적으로 관람하는 소비행

태를 보이지 않으면서도 스포츠에 대한 관심이 많다. 스포츠 단신을 검색하기도 하고 용품을 구매한다. 규모가 큰 잠재적 소비자층이라 할 수 있다. 스포츠 마케터는 이들을 어떻게 스포츠 현장으로 유도할 것인가를 고민해야 한다.

❙ <표3-1> 참여형태에 따른 스포츠 소비자 분류

구분		내용	특성
1차 소비자	직접 스포츠 소비자	스포츠에 직접 참여하는 소비자	건강, 유행에 민감
2차 소비자	간접 스포츠 소비자	스포츠를 관람하는 소비자	재미, 호감 이벤트 선호
3차 소비자	매체 스포츠 소비자	매체를 통해 참여하는 소비자	다양한 방식으로 소비

출처: 이정학(2012). 스포츠 마케팅. 한국학술정보, 재인용. Retrieved from 김치조(1996). 스포츠 마케팅. 태근문화사.

2. 참여빈도에 따른 스포츠 소비자

멀린 등(Mullin et al., 2000)은 참여빈도에 따라 스포츠 소비자를 분류했다. '스포츠 소비자', '간접 스포츠 소비자', '비스포츠소비자'이다.

1) 스포츠 소비자

2) 간접 스포츠 소비자

3) 비스포츠 소비자

첫째, '스포츠 소비자'는 직접적인 참여빈도를 통해 소량, 중간, 다량 스포츠 소비자로 다시 분류했다. 소량 스포츠 소비자는 스포츠를 소비하지만 상대적으로 적은 비용과 시간을 소비한다. 중간 스포츠 소비자는 적당한 수준의 스포츠

를 소비한다. 다량 스포츠 소비자는 프로 스포츠의 열성 팬들처럼 삶의 많은 부분을 스포츠 소비활동을 한다.

둘째, '간접 스포츠 소비자'는 각종 매체를 통해 스포츠 활동을 하는 매체 스포츠 소비자를 의미한다. 앞서 언급한 스포츠 소비자처럼 직접 참여빈도를 구분할 수 없지만, 소셜 미디어 등의 확장과 혁신적 기술의 발달로 인해 잠재적으로 규모가 확대될 수 있는 소비자이다.

셋째, '비스포츠 소비자'는 스포츠 활동을 하지 않는 소비자를 의미한다. 이는 인지, 왜곡정보, 비인지 비스포츠 소비자로 다시 분류할 수 있다. 인지 비스포츠 소비자는 스포츠 제품을 인지하거나 직접 참여하지 않는 집단이다. 왜곡정보 비스포츠 소비자는 스포츠 제품을 인지하고 직접 소비를 하길 원하지만 왜곡된 정보로 인해 직접 소비를 하지 않는 집단이다. 비인지 비스포츠 소비자는 스포츠 제품을 인지하지 못하기 때문에 직접 참여하지 않는 집단이다.

<표3-2> 참여빈도에 따른 스포츠 소비자 분류

구분		내용
스포츠 소비자	소량 스포츠 소비자	스포츠 소비를 적게 함
	중간 스포츠 소비자	스포츠 소비를 적당한 수준에서 함
	다량 스포츠 소비자	스포츠 소비를 많이 함(프로 스포츠 열성 팬 등)
간접 스포츠 소비자	간접 스포츠 소비자	매체를 통해 스포츠 소비를 함
비스포츠 소비자	인지 비스포츠 소비자	스포츠 제품을 인지하지만 직접 참여하지 않음
	왜곡정보 비스포츠 소비자	스포츠 제품을 인지하고, 직접 소비를 하기를 원하지만 왜곡된 정보로 직접 소비를 하지 않음
	비인지 비스포츠 소비자	스포츠 제품을 인지하지 못하기 때문에 직접 참여하지 않음

출처: 김용만(2010). 스포츠 마케팅 커뮤니케이션. 학현사, 재인용. Retrieved from Mullin, B. J., Hardy, S., & Sutton, W. A. (2000). *Sport marketing* (2nd eds.). Champaign, IL: Human Kinetics Publishers.

레인 등(Rein et al., 2006)은 잠재적인 고객이 스포츠에 관심을 둔 정도에 따라 제시했다. "팬 관여 사다리는 탐닉 집단, 내부 집단, 상호작용 집단, 수집가 집단, 실구매 집단, 관찰자 집단, 무관심 집단이 있다. 탐닉 집단은 스포츠에 대한 흥미가 가장 높다. 내부 집단은 스포츠 세계 내부 속으로 들어오고 때론 참여하는 내부 집단이다. 상호작용 집단은 팀이나 스포츠 영웅과 소통하길 원하고, 서로 인사를 하거나 다른 형태의 눈에 보이는 상호 작용 경험을 갖기를 희망하는 집단이다. 수집가 집단은 스포츠팬 중 가장 수익성이 높으며 스포츠 제품을 구매하기 위해 기꺼이 돈을 지불한다. 실구매 집단은 스포츠를 경험하기 위해 돈을 쓰는 사람들이다. 인색한 팬들은 누구일까? 바로 관찰자 집단이다. 무관심 집단은 사실 스포츠에 그리 신경 쓰지 않는 사람들도 많다(Rein et al., 2006, p.133－140)."

여기서 잠깐

▣ 팬과 스포츠의 연결고리

마케터는 효과적인 프로모션이 가능한 환경을 만들기 위해 스포츠 소비자를 분류해야 한다. 이를 위해 팬과 소비자 간의 연결고리를 파악할 필요가 있다. 말 그대로 소비자들이 어떤 연결고리를 통해 스포츠를 접하는지 알 수 있다. 레인 등(Rein et al., 2006)은 팬과 스포츠의 연결고리를 크게 세 가지로 제시했다.

❙ <표3-3> 팬과 스포츠의 연결고리

구분	내용
필수 연결고리	• 스타: 선수, 매니저, 팀, 리그, 스포츠 시설, 판매를 촉진시킬 잠재력을 지닌 모든 스포츠 관련 요인들(의류, 신발, 기념품, 원정경기 여행 등) • 지역: 지역의 홈팀, 선수, 경기장 등을 이용하는 것(지역적 연대감, 상호작용을 바라는 헌신적인 팬을 확보)
커뮤니케이션 연결고리	• 사회적 정보 교류: 보편적인 대화주제로서의 스포츠 이슈(스포츠 이벤트, 사전 이벤트, 원정경기 관람 여행, 플레이오프 축하 이벤트 등) • 가족: 가족 구성원들을 결속시키는 역할로서의 스포츠 특성

구분	내용
탐구 연결고리	• 대리경험: 스포츠 게임, 비디오 게임, 판타지 게임 등으로 기타 기술적인 경험을 통해 스포츠를 체험 • 불확실성: 결과를 예측할 수 없는 특성의 스포츠 매력('각본 없는 드라마') • 유토피아: 이상적인 레크리에이션으로서의 스포츠 활동의 추억

출처: Rein, I., Kotler, P., & Shields B. (2006). *The Elusive Fan: Reinventing Sports in a Crowded Marketplace*. 서원재, 성용준 옮김(2009). 필립 코틀러의 스포츠 브랜드 마케팅: 스포츠팬을 잡아라. 지식의 날개, p.95-109(요약).

CHAPTER 02

스포츠 소비자 행동

스포츠팬의 입문경로는 크게 다섯 가지 경로로 구분하여 설명할 수 있다. 우선 직접적인 운동 참여를 통해 스포츠를 접한다. 가장 전통적인 연결 경로라 할 수 있다. 또한 스포츠 경기장이나 시설에서 이루어지는 스포츠 경기 현장을 직접 경험함으로써 스포츠를 접한다. 장소마다 다른 다양한 시각적인 자극들이 존재하는 곳에서 소비자마다 느끼는 감정이 다를 것이다. 또한 미디어를 통해 팬들과 접촉할 수 있는 가장 쉬운 경로가 있다. 이 외에도 팬과 스포츠를 연결할 수 있는 요인 중에서 입소문 효과도 있다. 추천이라는 행위를 통해 스포츠를 접하게 된다. 더불어 멘토링을 통해서 스포츠에 꾸준히 흥미를 갖도록 한다.

스포츠 소비자 행동(sports consumer behavior)은 소비자가 스포츠 제품과 서비스를 탐색, 구매, 사용, 평가, 처분하는 과정이다. 소비자 행동에 영향을 미치는 요인은 내적요인과 외적요인이 있다. 내적 영향 요인은 동기, 태도, 라이프스타일, 자아관, 학습이 있다. 외적 영향 요인은 사회계층과 문화, 준거집단, 가족이 있다.

1. 영향 요인

1) 내적 영향요인

(1) 동기

심리학자 애이브러햄 매슬로우(Abraham Maslow, 1908~1970)의 욕구 단계 이론(hierarchy of need theory)은 동기부여(motivation) 이론 중에서 가장 잘 알려져

있다. 이를 스포츠 소비자 행동에 대입해보면 다음과 같다.

| 그림 3-3 애이브러햄 매슬로우

| 그림 3-4 욕구단계이론

1단계는 생리적(physiological) 욕구다. 인간의 가장 기초적인 단계로서 먹고 사는 문제와 직결된다. 운동을 하게 되면 목이 마르고 배가 고프게 된다. 사람들은 즉시 해결하려고 한다.

2단계는 안전(safety) 욕구다. 생리적 욕구가 해결되면 안전과 보호에 대한 관심이 커진다. 사람들은 궁극적으로 건강을 위해 운동을 한다. 신체적, 정신적 안전을 위해 비용과 시간을 소비하며 스포츠에 대한 참여욕구를 해소하고자 한다.

3단계는 사회적(social) 욕구다. 안전욕구가 해결되면 사회에서 인정받고자 한다. 이는 소속감에 기초한다. 직접 스포츠에 참가하거나 경기를 관람함으로써 많은 사람들과 사회적 소통을 한다. 동호인에 관심을 갖고 스포츠 활동 커뮤니티에서 활동을 하게 된다.

4단계는 존경(esteem) 욕구다. 사회적 욕구가 어느 정도 달성되면 사회에서 인정받으면서 자존감을 얻고 싶어 한다. 생활 스포츠로 자리 잡은 번지점프나 자유낙하와 같은 익스트림 스포츠에 도전하는 경우에 해당된다. 사회적으로 새로운 시선을 얻고 자존감을 높이기 위해 분주하게 스포츠 활동을 찾아다닌다.

5단계는 자아실현(self-actualization) 욕구다. 인간이 추구하는 가장 높은 단계로서 자신의 능력을 최대치까지 끌어올리고 싶어 한다. 히말라야 최고봉 등반, 오지탐험, 철인 3종 경기 참가 등 인간의 한계에 도전하면서 자아실현을 추구한다. 올림픽 게임에 출전한 선수들의 인터뷰는 다양하다. 특히 세계적으로 최고의 기량을 보이며 인정을 줄곧 받아왔던 인터뷰에선 자기와의 싸움을 강조한다. 반드시 금메달을 따겠다고 인터뷰를 하지 않는 경우가 많다.

(2) 태도

태도는 학습된 사고와 느낌 등을 통해 형성된 우호적이거나 비우호적인 행동을 의미한다. 태도는 세 가지 요소로 구성할 수 있다. 첫째, 인지적 태도(cognitive attitude)다. 스포츠 소비자는 '어떤 제품은 비싸다', '어떤 종목은 아시아 선수들이 잘한다.' 등의 태도를 갖는 경우다. 둘째, 감정적 태도(affective attitude)다. 스포츠 소비자는 '어떤 종목은 지루하다', '특정 구단을 좋아한다.' 등의 태도를 갖는 경우다. 셋째, 행동적 태도(behavioral attitude)다. 스포츠 소비자는 '어떤 종목에 참여 하겠다', '어떤 제품을 사겠다.' 등의 태도를 갖는 경우다.

<표3-4> 태도 분류

구분	내용	예시
인지적 태도	소비자가 갖는 특정 대상에 대한 생각, 신념	'어떤 제품은 비싸다'
감정적 태도	소비자가 느끼는 감정적인 평가	'특정 구단을 좋아한다'
행동적 태도	소비자의 행동에 기초한 태도	'어떤 제품을 사겠다'

(3) 라이프스타일

라이프스타일(lie style)은 개인마다 세상을 살아가는 다양한 방식이다. 스포츠 마케터가 스포츠 소비자들을 대상으로 조사해야 하는 지점으로 유명한 A(행동, Activities), I(관심, Interests), O(의견, Opinion) 과정이 있다. 스포츠 소비자의 행동, 관심, 견해에 중점을 둔 AIO를 파악하여 시간의 흐름에 따라 끊임없이 변하는 라이프스타일을 분석해야 한다.

이 방법은 특정 상품, 상표를 대상으로 사용자와 비사용자의 라이프스타일을 규명하는 데 초점을 둔다. 이를 위해 사용량, 사용빈도를 기준으로 사용자를 구분할 수 있다. 대량사용자, 중간사용자, 소량사용자 등으로 분류하여 AIO의 세 차원에서 특성변수를 확인한다.

<표3-5> AIO법에 의한 라이프스타일 측정

구분	내용	종류
행동(Activities)	그들은 무슨 활동을 할까?	스포츠, 일, 종교, 학업, 사회, 기술, 휴가 등
관심(Interests)	무엇에 관심이 많을까?	가족, 음식, 패션, 음악, 여가, 활동, 책 등
견해(Opinion)	시대적 트렌드에 어떤 생각을 갖고 있을까?	사업, 정치, 교육, 과거, 미래, 제품, 종교 등

(4) 자아관

사람들은 자신의 성격과 자아관(personality and self concept)과 일치하거나 유사한 제품과 서비스를 선호한다. 자신이 평소 생각했던 이상적인 자아를 나타내는 방법으로 소비할 가능성이 높다는 것이다. 헬스장을 운영하는 사람이 본인의 자아관에 비추어 세계적인 보디빌더 사진을 벽면 여기저기에 부착한다고 해서 모든 사람들이 좋아하지 않을 수 있다. 오히려 비대칭적인 근육과 몸매에 거부감을 느낄 수도 있다. 즉, '헬스하면 근육질'이란 획일적인 촉진(promotion) 전략이 반드시 성공한다고 볼 수 없다.

프로복싱의 침체 속에 세계적으로 흥행하고 있는 종합 격투기 대회는 인간의 본성을 극한으로 자극하며 미디어와 스폰서 환경을 적절히 잘 활용하고 있다. 많은 관객을 유치하기도 하지만, 평소 폭력에 대해 거부감을 갖는 사람은 아예 멀리할 수 있다.

(5) 학습

학습(learning)은 소비자의 과거 경험에 따라 사고하고 행동하는 것이다. 경험에서 나오는 개인적 행동의 변화가 학습이다. 직접적 경험 외에도 광고, 홍보, 구전 혹은 통찰력에 의해서도 이루어진다. 소비자는 제품을 직접 경험하거나 외부정보에 의해 기존의 태도와 신념 등을 바꾸어 가는 과정을 갖는다.

스포츠 참여에 적용하는 학습이론으로 두 가지가 있다. 첫째, 인지주의 학습(cognitive learning)이다. 경험을 바탕으로 하더라도 과정을 추론하면서 배운다. 소비자의 사고에 따라 이뤄지는 학습으로 스포츠 용품을 사거나 서비스를 이용하는 등 의사결정을 위해 정보를 탐색한다. 둘째, 행동주의 학습(behavioral learning)이다. 소비자는 스포츠 정보에 대한 다양한 자극을 통해 일종의 응답을 한다.

<표3-6> 학습이론

구분	내용
인지주의 학습	스포츠 용품을 사거나 서비스를 이용하는 등 의사 결정을 위해 정보를 탐색하는 과정에서 얻는 학습
행동주의 학습	인지주의 학습으로 좋은 감정을 갖게 된 특정 스포츠 브랜드를 구매하는 행동을 함

2) 외적 영향요인

(1) 사회계층과 문화

사회계층(social class)이란 사회적으로 유사한 위치에 있는 사람들의 집단이다. 직업, 소득, 교육 수준, 재산, 친척관계의 연결망 등과 같은 구조적 측면을 갖춘다. 사람들은 유사한 사회계층에 속한 구성원끼리 비슷한 소비형태를 보인다. 라이프스타일, 소비 패턴 등의 다양한 변수에 의해 인식하고 있는 것이다. 이런 상호 간의 유사한 가치관과 성향에 따라 외적으로 영향을 미친다.

문화(culture)적 요인은 스포츠 소비자들의 행동에 가장 광범위하게 영향을 미친다. 개인적 가치는 개개인의 태도와 행동에 영향을 미치고, 문화적 가치는 사회구성원들이 공통적으로 갖게 되는 가치로서 소비자 행동에 영향을 미친다.

(2) 준거집단

준거집단(reference group)은 개인의 태도와 행동에 직접적 혹은 간접적으로 영향을 미치는 집단이다. 회원 여부, 접촉의 형태, 매력의 유무 등에 따라 구분한다. 소비자가 직접 혹은 간접적으로 접촉할 수 있는 가족, 친구, 친척, 사교모임 등에 해당된다. 사람은 사회적으로 잘 알려진 인사들의 집단, 전문가 집단, 직장 내의 동호인 모임 등 다양한 구성원의 집합체에 의해 영향을 받는다. 즉, 준거집단은 사람들에게 라이프스타일, 태도와 자아개념, 제품과 상품 선택 등에 영향을 미친다.

(3) 가족

가족(family)은 사회에서 가장 중요한 소비자로서 가족 간에 매우 큰 영향을 주고받는다. 스포츠 참여와 관람은 부모가 자녀에게 영향을 주기도 하고, 반대로 자녀에 의해 부모의 스포츠 소비 패턴에 변화가 생기기도 한다.

❙ <표3-7> 스포츠 소비자 영향요인

구분		내용
내적 영향 요인	동기	소비자의 목적달성을 위한 행동을 유도
	태도	• 학습된 사고와 느낌 등을 통해 형성된 우호적이거나 비우호적인 행동 • 인지적 태도, 감정적 태도, 행동적 태도
	라이프 스타일	• 행동에 상징적으로 나타나는 개인만의 가치와 태도 • 스포츠마케터는 잠재적인 소비자를 대상으로 바로 이 지점을 조사 AIO | Activities(행동)→Interest(관심)→Opinion(의견)
	자아관	자신의 인식과 평가로서 자신의 자아관과 일치하거나 유사한 제품과

구분		내용
		서비스를 소비할 가능성이 높음
	학습	• 개인적 경험에서 나오는 행동의 변화 • 인지주의 학습, 행동주의 학습
외적 영향 요인	사회계층과 문화	직업, 주거지, 소득, 교육수준 등 자신과 유사한 사회계층 구성원과 비슷한 소비유형을 보임
	준거집단	• 소비자의 행동과 태도에 영향을 미치는 개인, 집단을 의미 • 가족, 친구, 친척, 동호회, 전문가 집단 등
	가족	개인에 대한 집단 영향 중 가장 큰 영향력

2. 소비자 소비 경로

1) 소비자 정보처리 위계모형

제품과 서비스에 대해 소비자는 통상 관심(awareness), 친밀도(familiarity), 고려 혹은 욕구(consideration), 구매 행위(purchase)의 과정을 겪는다. 소비자가 각종 상품과 브랜드를 접하는 방식으로 신문과 잡지와 같은 인쇄매체를 거쳐 방송광고, 언론광고 및 배너와 같은 유료 채널 등을 거쳤다. 또한 최근 웹 사이트, 블로그와 같은 채널을 비롯해 사용자의 리뷰와 댓글을 수집한 획득 채널을 통해서도 소비자는 스포츠에 대한 정보를 접하고 있다.

(1) AIDA

아이다(AIDA)는 광고영업의 선구자인 E.S 루이스(E. S. Lewis)에 의해 1898년 처음 만들어졌다고 알려진 법칙이다. 인간이 행동을 일으키기 까지는 주의(attention), 흥미(interest), 욕구(desire), 행동(action)의 과정을 거쳐야 하는 사고방식을 의미한다. 앞의 이니셜을 차용해 명명했다.

(2) AIDMA

아이드마(AIDMA)는 소비자의 구매과정을 나타내는 광고원칙으로 AIDA를 기본으로 중간에 기억(memory)의 단계를 넣어 미국의 롤랜드 홀(Rolland Hall)이 제창하였다. 즉, 주의(attention), 흥미(interest), 욕구(desire), 기억(memory), 행동(action)의 순서대로 사람이 행동하는 것으로 광고 판매에 있어 매우 중요한 법칙으로 인식하게 되었다.

(3) AIDCA

아이드카(AIDCA)는 AIDMA의 기억(memory) 대신 확신을 넣어 주의(attention), 흥미(interest), 욕구(desire), 확신(conviction), 행동(action)의 순서를 일컫는다.

(4) DAGMAR

다그마(DAGMAR)는 러셀 콜리(Russell H. Colly)의 1961년 저서 'Defining Advertising Goals for Measured Advertising'의 앞 글자를 차용한 모형이다. 1959년 미국광고주협회(Association of National Advertisers)는 기업의 광고비가 증가하는 것에 반해 효과에 의문을 갖기 시작하면서 광고효과 측정에 대한 기준을 마련하기 위해 콜리에게 의뢰하면서 만들어졌다.

이는 광고목표를 어떻게 설정해야 하느냐를 중점적으로 설정하기 위한 이론이다. 콜리는 광고의 최초 노출 시점에서 발생하는 효과와 최종적인 광고목적이 되는 행동 간에는 차이가 있다고 생각했다. 즉, 브랜드를 알지 못하는 소비자들에게 아무리 강력한 광고로 노출시킨다고 해도 바로 구매하게 만드는 것은 불가능하다는 것이다.

그는 소비자가 처음에는 제품과 브랜드를 인지하지 못한 상태에서 다음과 같은 순서대로 광고 효과의 위계 모델을 주장했다. 즉, 인식(awareness), 이해(comprehension), 확신(conviction), 행동(action)으로 이어지는 것으로 보았다.

(5) Lavidge & Steiner

로버트 레비지(Robert J. Lavidge)와 개리 스타이너(Gary A. Steiner)의 위계효과 모형은 크게는 인지(cognitive) 단계, 정서(affective) 단계, 행동(conative) 단계로 구분했다. 소비자가 비인식(unawareness) 단계에서 인지단계로 진입하면 인식(awareness)과 지식(knowledge)을 거치게 된다. 이후 정서단계로 진입하면 호감(liking)과 선호(preference)를 거치고, 행동단계에서 확신(conviction)과 구매(purchase)로 이어진다.

(6) 4A의 발전

AIDA를 발전시킨 개념으로 데릭 러커(Derek Rucker)는 4A로 발전시켰다. AIDA의 관심과 욕구단계를 태도로 단순화하고, 반복행동을 추가했다. 4A는 인지(aware), 태도(attitude), 행동(act), 반복행동(act again)이다. 첫째, 인지는 소비자가 브랜드에 대해 아는 단계다. 둘째, 태도는 소비자가 브랜드를 좋아하거나 싫어하는 단계다. 셋째, 행동은 소비자가 브랜드 구매 여부를 결정하는 단계다. 마지막으로 반복행동은 소비자가 브랜드를 다시 구매할 가치가 있는지를 판단하는 단계다.

코틀러와 스티글리아노(Kotler & Stigliano, 2018)에 따르면 데릭 러커(Derek Rucker)에 의해 제시된 4A 모델은 고객 깔때기(customer funnel)라고 부른다. 이는 실제 고객의 수는 한 단계에서 다음 단계로 넘어가는 과정에서 점차적으로 감소하기 때문이다. 고객이 브랜드 또는 제품의 존재를 알게 되는 인지를 거쳐 자신의 취향과 필요를 바탕으로 브랜드와 제품을 긍정적 또는 부정적으로 판단하는 태도를 갖게 된다. 이후 비로소 고객은 제품을 구매하기로 결정하는 행동을 한다. 만족을 느낀 고객은 자신의 선호를 인정하기로 결정하고 다시 제품 또는 서비스 구매로 돌아간다.

전통적 마케팅 시장에서 소비자의 인지단계는 기업이 통제가 가능했다. 강력한 브랜드 광고를 통해 쉽게 현혹됐었다. 코틀러 등(Kotler et al., 2017)은 4A 단계도 연결성이 적었던 시대의 구매방식 과정이라고 보았다. 지금과 같은 연결성

시대에는 단순하게 기업과 소비자 간의 사이를 규정할 수 없게 됐다. 소비자가 결정한 브랜드는 고객을 둘러싼 커뮤니티에 의해 영향을 받는다. 개인적 결정인 것 같지만 사회적 결정이라 할 수 있다. 자신이 구매했던 제품을 다시 구매하지 않더라도 얼마든지 자신의 의견을 소셜 미디어를 통해 추천한다. 소비자 간에 적극적으로 개입해 묻고 답하기 문화는 매우 자연스러운 것이 됐고, 자신보다 더 많은 경험자를 찾아 연결성을 확장시키고자 한다. 이런 현상은 온라인상에서 사람들 사이에서 옹호하는 관계로 발전한다.

(7) 5A로의 진화

코틀러 등(Kotler et al., 2017)은 인지(aware), 호감(appeal), 질문(ask), 행동(act), 옹호(advocate)인 5A 단계로 보다 더 발전시켰다. '시장(market) 4.0'의 궁극적 목표가 바로 고객의 인지(aware)가 옹호(advocate) 단계로 이동시키는 것이다. 고객이 내리는 결정으로 세 가지 영향요인을 제시했다. 'O존(O_3)'으로 명명한 요인은 그 자신(own)이 주는 영향, 다른 사람들(other)에게 받는 영향, 외부(outer)에서 오는 영향을 의미한다. 5A 단계가 진행되는 과정에 이 요인들은 항상 걸쳐져 있기 때문에 마케터는 잘 활용하여 마케팅 활동의 최적화 프로그램을 마련해야 한다.

전통적 시장의 브랜드에 대한 충성도(loyalty)는 고객 유지와 재구매율 측면을 강조했던 것이다. 디지털 시대에선 사람들끼리 공유할 수 있는 경험에 대해 매우 익숙하기 때문에 옹호(advocacy)라는 개념으로 발전시켰다. 이는 더 이상 브랜드에 대한 고객 충성도 개발로 유지되지 않고, 브랜드가 다양한 접점들을 통해 고객에게 제공하는 경험에 따라 결정되기 때문이다. 고객의 의미 있는 경험을 활성화해야 하는 것이므로 연결성을 가진 개인에게 옹호란 개념이 더욱 부각될 수 있는 것이다(Kotler & Stigliano, 2018).

❙ <표3-8> 코틀러 등의 5A 고객경로

구분	내용
인지	• 고객은 과거의 경험, 마케팅 커뮤니케이션 및 다른 사람들의 추천을 통해 다양한 브랜드를 수동적으로 접하게 됨 • 고객이 가지는 주요 인상: "알아요."
호감	• 다양한 메시지를 통해 브랜드에 대해 매력을 느끼게 됨 • 고객이 가지는 주요 인상: "좋아요."
질문	• 친구, 지인, 가족에게 정보를 물어보고 미디어를 검색함 • 고객이 가지는 주요 인상: "확신해요."
행동	• 소비, 사용, AS를 통해 브랜드와 더 깊게 상호작용함 • 고객이 가지는 주요 인상: "구매해요."
옹호	• 연결성을 가진 개인이 도달할 수 있는 대중의 폭이 날로 넓어지면서 기존의 충성심이란 개념을 뛰어넘음 • 고객이 가지는 주요 인상: "추천해요."

출처: Kotler, P., & Stigliano, G. (2018). *Retail 4.0.* 이소영 옮김(2020). 리테일 4.0. 더퀘스트, p.44-47(요약)

첫째, 인지는 소비자가 과거로부터의 경험과 다양한 방식의 마케팅 커뮤니케이션 등에 의해 수동적으로 노출되는 단계다. 둘째, 호감은 소비자 자신에게 전달된 모든 메시지를 처리하고 특정 브랜드에 끌리는 단계다. 셋째, 질문은 브랜드에 호감을 가진 소비자는 적극적으로 친구, 가족, 소셜 미디어 커뮤니티 등을 통해 더 자세한 정보를 얻기 위해 노력하는 단계다. 넷째, 행동은 소비자가 추가 정보를 접하고 호감에 대해 다시 확인한 후 구매하기로 결정하는 단계다. 마지막으로 옹호는 소비자가 자신의 특별한 노력으로 구매단계까지 갖던 제품에 대해 강력한 충성심을 발휘하는 단계다.

▎<표3-9> 소비자 정보처리에 대한 효과의 위계모형

AIDA	Attention(주의)→Interest(흥미)→Desire(욕구)→Action(행동)
AIDMA	Attention(주의)→Interest(흥미)→Desire(욕구)→Memory(기억)→Action(행동)
AIDCA	Attention(주의)→Interest(흥미)→Desire(욕구)→Conviction(확신)→Action(행동)
DAGMAR	Awareness(인식)→Comprehension(이해)→Conviction(확신)→Action(행동)
Lavidge & Steiner	Awareness(인식)→Knowledge(지식)→Liking(호감)→Preference(선호)→Conviction(확신)→Purchase(구매)
4A	인지(aware)→태도(attitude)→행동(act)→반복행동(act again)
5A	인지(aware)→호감(appeal)→질문(ask)→행동(act)→옹호(advocate)

2) 의사결정 5단계 과정

코틀러(P. Kotler) 등 많은 학자들에 의해 널리 알려진 의사결정 5단계 과정을 살펴보면 다음과 같다.

(1) 문제 혹은 필요 인식

문제 혹은 필요 인식(problem or need recognition)은 소비자의 구매의사결정 과정의 첫 단계다. 소비자가 내적 혹은 외적 영향요인에서 발생하는 정보를 처리하기 위해 문제나 욕구를 인식하게 하고, 문제해결을 위한 동기가 생기는 단계다. 직접(1차) 스포츠 소비자가 운동을 하면서 갈증이 생기면 물이나 음료를 찾는다. 즉, 운동을 하면서 땀이 많이 배출되니까 목이 마른다는 사실에 대해 인식하게 되고, 해소할 수 있는 방법을 찾아야겠다는 생각을 하게 된다.

(2) 정보 수집

정보 수집(information search) 활동은 욕구를 충족시키기 위해 정보를 수집하고 행하는 단계다. 내적탐색과 외적탐색이 있다. 내적탐색은 소비자의 기억 속에 있는 정보에 대해 해석하기 위한 수집영역에 속하고, 외적탐색은 개인의 기억 외적인 영역으로부터 정보를 수집하는 것이다. 운동을 마치고 목이 마를 때 문제 혹은 필요인식 단계를 지나 갈증을 해소하기 위해 물이 좋은지 혹은 기능성 음료가 좋은지를 다양한 방법(내적, 외적)으로 탐색하게 된다.

(3) 대안평가 및 선택

대안 평가 및 선택(alternative evaluation & selection)의 내용은 다음과 같다. 제품의 속성이란 스포츠 소비자들이 흥미를 갖는 스포츠 제품에 대한 특성이다. 소비자는 제품 속성에 있어 중요하다고 생각하는 평가기준뿐만 아니라 자신의 가치관, 신념, 본인이 처해있는 경제, 사회적 환경 등을 근거로 선택대안을 비교하고 평가한다. 운동을 했던 스포츠 소비자가 갈증을 느끼고, 해결방안을 찾기 위해 정보를 수집하는 과정을 거쳐 선택한다. 물보다는 기능성 스포츠 음료가 좋다고 판단했다면 몇 가지 음료 중에 하나를 최종 선택한다. 대안 평가 결과 스포츠 소비자가 원하는 제품이 없을 수도 있다. 이럴 경우 보다 깊은 정보수집 단계로 다시 진입하게 된다.

❙ <표3-10> 참여 스포츠 선택대안 평가 단계

구분	내용
제품군(product family)	건강과 피트니스 산업 내에서의 건강제품과 운동제품
제품계층(product class)	운동군 내에서의 스포츠, 미용체조, 조깅, 산책과 같은 제품
제품계열(product line)	제품 계층 내에서 골프, 라켓스포츠, 소프트볼과 같은 제품
제품유형(product type)	라켓스포츠의 제품계열 안에서 테니스, 스쿼시 및 라켓볼과 같은 제품
제품상표(product brand)	테니스 유형의 제품 안에서 라켓과 공의 특정 상표와 시설과 경험에 대한 어떤 상표

출처: 김용만(2010). 스포츠 마케팅 커뮤니케이션. 학현사, 재인용. Retrieved from Mullin, B. J., Hardy, S., & Sutton, W. A. (2000). *Sport marketing* (2nd eds.). Champaign, IL: Human Kinetics Publishers.

(4) 구매의사 결정

구매의사 결정(purchase decision)의 내용은 다음과 같다. 스포츠 소비자는 제품이나 서비스의 대안들을 비교·평가한 후 특정 제품이나 서비스를 구매하기로 결정하고 실제 구매과정으로 진입한다. 스포츠 소비자가 구매하기로 결정하면 비용을 투입하게 된다.

(5) 구매 후 행동

구매 후 행동(post purchase behavior)은 특정 제품이나 서비스를 구매한 후 소비자가 보이는 행동이다. 구매 후에 가격, 품질, 서비스 등에서 만족을 한다면 별 문제가 없겠지만, 구매이전의 기대와 차이가 났을 때를 설명할 수 있어야 한다. 소비자가 구매 후에 가질 수 있는 심리적 불편함을 '구매 후 부조화(postpurchase dissonance)'라고 한다. 이는 레온 페스팅거(Leon Festinger, 1957)에 의해 제시된 인지 부조화(cognitive dissonance)의 한 가지 유형이다. 즉, 소비자가 기대했던 것보다 만족하지 않게 되거나 불만을 갖게 되는 경우에는 심리적 갈등을 유발하는 현상을 말한다.

구매한 후의 행동이 중요하다. 다시 구매할 수도 있고 다른 음료로 바꿀 수도 있다. 단순히 다른 음료를 선택하기로 결정됐다면 큰 문제가 없겠지만, 최근 소셜 미디어에 의한 개인과 집단 간의 연결혁신 현상으로 부정적 견해는 순식간에 확산된다. 최근 정보사회에서 익숙한 삶을 살아가는 세대는 생산성 혁명을 불러일으키는 매우 중요한 잠재적 소비자 층이 됐다.

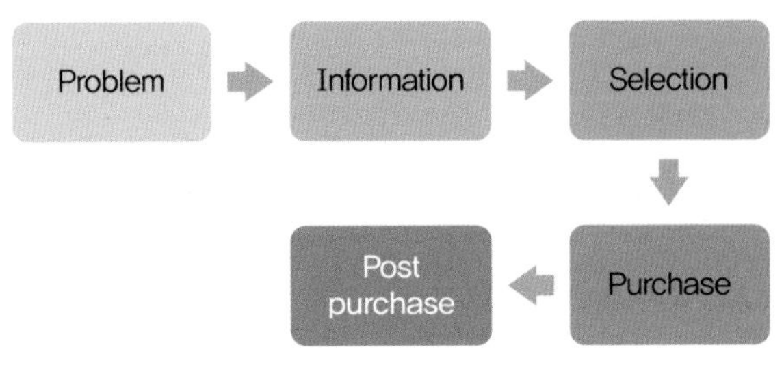

| 그림 3-5 의사결정단계

3. 블랙박스 이론

성공적인 마케팅 전략을 수행하기 위해선 소비자 행동에 대한 이해가 무엇보다 중요하다. 특히 스포츠 마케터는 소비자의 행동심리상태를 완벽하게 파악했으면 좋겠지만, 쉽지 않다. '열 길 물속은 알아도 한 길 사람 속은 모른다.'라는 속담이 있다. 도대체 사람 마음은 아무리 노력해도 읽기가 어렵다. 소비자의 심리를 파악하기 위해 다양한 방법을 적용해도 소비자의 구매의사결정 과정은 '블랙박스'처럼 투명하게 들여다 볼 수 없다는 이론이다. 마케터가 많은 노력을 기울여도 결국 알게 되는 사실은 소비자의 구매행위뿐이다. 구매의사결정을 어떤 경로를 통해 했는지 추측만 하는 것이다.

찰스 샌디지(C. H. Sandage, 1983)에 따르면 촉진, 광고, 포장, 유통 등의 다양한 촉진 요인을 통해 소비자는 구매행위를 한다. 블랙박스 이론은 원인과 결과 사이의 과정은 알 수 없기 때문에 원인과 결과만을 파악하자는 주장이다. 코틀러와 암스트롱(P. Kotler & G. Armstrong, 2000)에 의해 수정된 블랙박스 이론이 제시됐다. 샌디지(C. H. Sandage, 1983)의 촉진 요인 외에도 마케팅 믹스(제품, 가격, 장소/유통, 촉진), 경제적, 기술적, 정치적, 문화적 요인도 소비자의 구매의사결정에 영향을 미치는 자극에 포함시켰다. 소비자 반응에서도 제품선택, 상표선택, 판매상 선택, 구매 시기, 구매량 등을 구체적으로 제시했다.

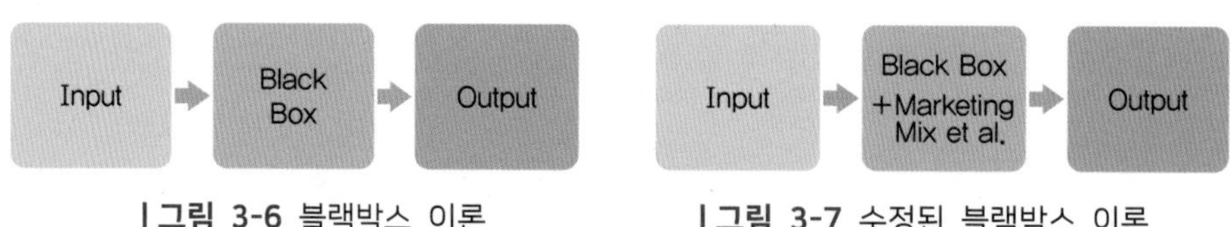

| 그림 3-6 블랙박스 이론

| 그림 3-7 수정된 블랙박스 이론

CHAPTER 03

충성도와 관여도

1. 충성도

쉴라 베크맨과 존 크람프톤(Sheila J. Backman & John L. Crompton, 1991)에 따르면 스포츠 활동 충성도 모형을 통해 참가자의 행동과 심리상태를 4가지로 분류했다. 스포츠 소비자의 만족도를 높여 성공적인 마케팅을 수행하기 위해선 다양한 레크리에이션 프로그램과 활동을 통해 충성도(loyalty)를 높여야 한다고 제시했다.

1) 높은 충성도
2) 잠재적 충성도
3) 가식적 충성도
4) 낮은 충성도

첫째, '높은 충성도'를 보이는 스포츠 소비자는 심리적 애착과 행동이 높은 유형이다. 둘째, '잠재적 충성도'는 강한 심리적 애착에 비해 제약요인 등으로 낮은 참가율을 보이는 상태이다. 셋째, '가식적 충성도'는 높은 참가와 관람을 보이지만 심리적 애착이 약한 상태를 의미한다. 마지막으로 '낮은 충성도'는 스포츠 소비자가 심리적 애착도 낮고 참가율도 낮은 상태를 뜻한다.

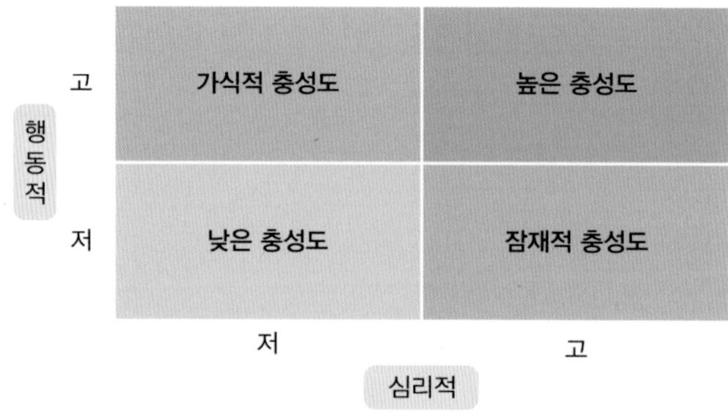

| 그림 3-8 소비자 충성도 모형

2. 관여도

관여도(involvement)란 개인이 주어진 상황에서 특정 대상에 대한 중요성을 지각하는 정도(perceived personal importance)를 의미한다.

1) 일반적 분류

로버트 브루스태드(Robert J. Brustad, 1992)에 따르면 스포츠 분야에서 관여도의 일반적 분류를 행동적, 정서적, 인지적 관여도로 분류할 수 있다. 특히 진 캡퍼러와 길 로렌트(Jean N. Kapferer & Gills Laurent, 1985)는 일반인을 대상으로 정서적 관여와 인지적 관여로 구분하는 것이 중요하다고 했다. 구체적으로 살펴보면 다음과 같다.

(1) 행동적 관여도(behavioral involvement)

(2) 정서적 관여도(affective/emotional involvement)

(3) 인지적 관여도(cognitive involvement)

첫째, '행동적 인지도'는 제품의 생산자나 소비자 역할과 관련된다. 생활 스포츠를 직접 즐기는 소비자와 경기장을 찾아가 관람하는 간접 스포츠 소비자가 행동하는 소비자의 관여도 수준이다. 둘째, '정서적 인지도'는 쾌락적 또는 상징적 동기와 관련된다. 소비자가 특정한 브랜드를 선택할 때 경험적 측면이 중요시되어 감정적 관여가 높아지게 된다. 셋째, '인지적 관여도'는 실용적 동기와 관련돼 있다. 제품의 실용적인 측면에 소비자가 의식한다면 인지적 관여도가 높아진다.

2) 수준에 따른 분류

일반적으로 개인은 제품과 서비스를 구매하기 위해 신중을 기한다. 정보를 탐색하고 평가를 객관적으로 내리기 위해 많은 노력을 하는 경우와 상대적으로 대충 결정하는 경우가 있다. 관여도의 수준에 따라 고관여와 저관여로 분류할 수 있다.

(1) 고관여(high involvement)

(2) 저관여(low involvement)

관여도는 연속적이고 상대적인 개념이지만 편의상 '고관여'와 '저관여'로 구분할 수 있다. 소비자는 관여도가 높은 대상이 제품과 서비스가 광고에 노출되면 낮은 대상보다 많은 관심을 갖게 된다. 예를 들면 미디어와 기업 스폰서의 비즈니스 구조로 엮인 프로 스포츠라는 상품은 아마추어 종목보다 소비자로 하여금 보다 많은 주의를 기울이게 한다.

초창기 소비자 행동 연구에 기여한 허버트 크루그먼(Herbert E. Krugman, 1965)에 따르면 관여도를 제품, 소비자, 수준의 세 가지 측면에서 설명했다. 즉, 고관여 제품이란 제품의 복잡성, 품질 차이, 지각된 위험, 자아 이미지에 대한 영향 등에 기인한 개인적 연관성이 큰 제품을 말한다.

3) 시간에 따른 분류

관여도의 결정요인으로 개인, 제품, 상황이 있다. 개인마다 특정 제품군에 대한 관여도는 다르다. 시간에 따른 분류는 지속적, 상황적 관여도로 구분할 수 있다.

(1) 지속적 관여도(enduring involvement)

(2) 상황적 관여도(situational involvement)

개인이 지속적으로 갖는 관여를 '지속적 관여도'라고 한다. 이는 제품이 자신의 중요한 가치와 관련된다고 지각할 때 높아진다. 예를 들면 자전거 동호인이 고가의 의류와 부가용품에 보다 높게 관여하는 경우는 남들에 비해 매력적으로 보이고 싶어 하거나 경력이 많은 동호인으로 인식되는 것을 중요시하게 생각할 수 있다. 자신의 가치(value), 자아(ego)와 관련될수록 지속적 관여도는 높아진다.

또한 상황에 따라 변화하는 관여를 '상황적 관여도'라고 한다. 이는 소비자가 특정 상황에서 위험을 크게 지각할수록 높아진다.

3. 브랜드 간 차이와 관여도에 따른 구매행동

고관여 구매행동(high–involvement buying behavior)은 소비자가 제품과 서비스에 대한 관심이 많을 때 나타나는 구매행동이다. 구매를 통해 개인적으로 중요하고 지각된 위험이 높아졌음을 의미한다. 또한 소비자가 처한 구매상황이 급박해질수록 소비자의 구매의사결정 관여도가 높아진다. 반면, 저관여 구매행동(low–involvement buying behavior)은 소비자가 제품이나 서비스에 대한 관심이 적을 때 나타난다. 또한 구매의사결정이 중요하게 생각하지 않을 때 저관여 구매행동을 보이게 된다.

헨리 아셀(Henry Assael, 1992)은 관여도와 브랜드(상표) 간의 차이에 따라 소비자의 의사결정에 차이가 있을 것으로 봤다. 즉 복잡한 의사결정, 인지부조화

감소, 다양성 추구, 습관적(관성적) 구매로 구분했다. 브랜드 간 차이와 관여도에 따른 구매행동을 살펴보면 다음과 같다.

1) 복잡한 구매행동(complex buying behavior)
2) 부조화 감소 구매행동(dissonance-reducing buying behavior)
3) 다양성 추구 구매행동(variety-seeking buying behavior)
4) 습관적 구매행동(habitual buying behavior)

첫째, 복잡한 구매행동은 소비자의 관여도가 높고, 브랜드 간에 뚜렷한 차이점이 있는 제품과 서비스를 구매할 경우 발생한다. 또한 자주 구매하는 제품과 서비스가 아니고 소비자가 매우 중요하다고 생각하는 제품과 서비스를 최초로 구매할 때 복잡한 양상을 띤다.

복잡한 구매행동을 보이기까지의 소비자의 학습과정은 신념(belief), 태도(attitude), 선택(choice)으로 나타난다. 예를 들면 프로 스포츠 리그 기간 동안 다양한 혜택을 준다는 프리미엄 좌석티켓을 구매하기 위해선 해당 상품에 대한 지식을 근거로 다른 상품과 비교한다. 소비자는 그 상품에 대한 주관적인 생각을 통해 신념을 갖는다. 이후 상품을 좋아하거나 그렇지 않은 정도를 뜻하는 태도를 갖는다. 마지막으로 소비자가 합리적인 판단을 통해 구매할지 혹은 다른 상품으로 대안을 찾을지를 선택하게 된다.

둘째, 부조화 감소 구매행동은 소비자의 관여도가 높고, 브랜드 간의 차이가 크지 않을 때 발생한다. 평소에 자주 구매하지 않았던 고가의 제품과 서비스를 선택하고자 할 때 브랜드들 간에 지각된 품질의 차이가 없고, 비슷한 가격대라면 판단하기 어렵게 된다.

이 경우 소비자는 비교적 구매를 빨리 하게 되지만 기대한 것보다 만족하지 않았을 경우 구매 후 부조화를 경험할 수 있다. 마케팅 관리자들이 소비자의 구매 후 행동에 초점을 맞추기 위해 다양한 프로모션을 하는 이유이기도 하다.

예를 들면 소비자는 스포츠 용품을 구매하기 위해 다양한 브랜드로 진열된

큰 매장을 둘러본다. 유명한 상표기업들 간의 판매 매장이라 다소 비싸다고 느낄 수도 있지만, 유용한 정보를 얻었다고 판단되면 구매를 어렵지 않게 한다. 구매 후 해당 제품에 대해 불만사항이 도출되거나, 구매하려다 포기했던 타사 제품의 우수성을 알게 됐을 경우 구매 후 부조화를 겪는다. 마케팅 관리자 입장에선 이러한 부조화를 줄여야 고객을 놓치지 않고, 신상품이 출시됐을 시 지속적인 촉진활동의 대상에 포함시킬 수 있다.

셋째, 다양성 추구 구매행동은 소비자 관여도가 낮을 때 제품의 브랜드 간의 차이가 크거나 최초로 구매할 때 나타난다. 소비자가 기존에 구매했던 상표가 싫거나 새로운 것을 추구하려는 의도에서 다른 상표를 찾는 것이다.

마지막으로 습관적 구매행동은 소비자가 제품에 대해 낮은 관여도를 보이고 상표 간 차이가 작을 때 나타난다. 또한 반복 구매하는 저관여 제품에 대해 습관적 구매행동을 보인다.

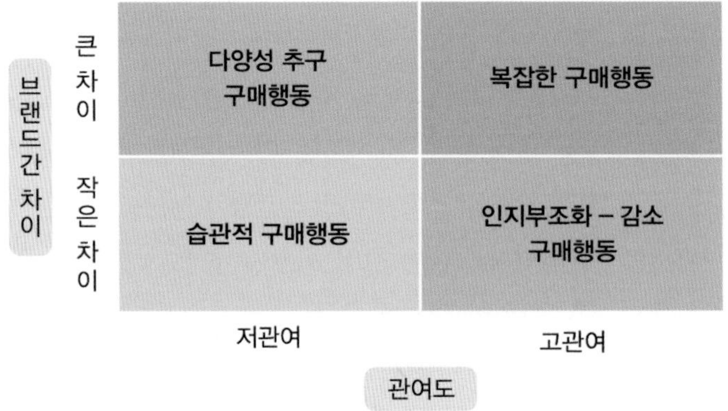

| 그림 3-9 브랜드 간 차이와 관여도

앞서 언급한 브랜드 간 차이에 따른 구매 행동과 달리, 구매행동 간의 차이에 따른 구매행동에는 단순한 의사결정에 따른 구매행동, 시범적 구매행동이 있다.

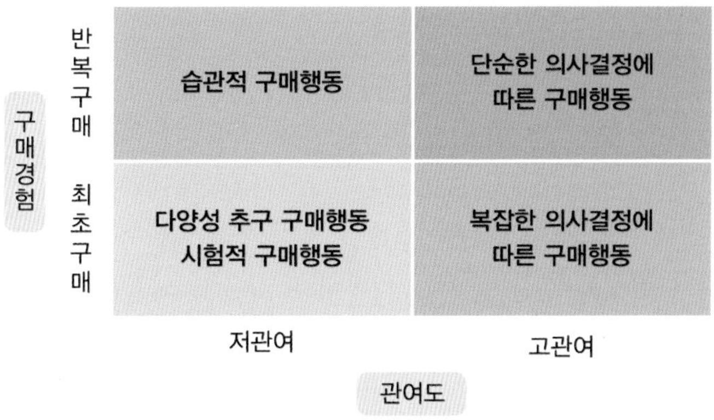

구매경험		관여도: 저관여	관여도: 고관여
	반복구매	습관적 구매행동	단순한 의사결정에 따른 구매행동
	최초구매	다양성 추구 구매행동 시험적 구매행동	복잡한 의사결정에 따른 구매행동

| 그림 3-10 구매경험 차이와 관여도

| <표3-11> 고관여 구매행동과 저관여 구매행동

구분	내용	개요
고관여 구매행동	복잡한 의사결정에 따른 구매	상표 간 차이가 뚜렷하거나 최초로 구매하면서 관여도가 높을 때 나타나는 행동
	부조화-감소 구매	상표 간에 뚜렷한 차이점을 발견하기 어려운 경우 나타나는 행동
	단순한 의사결정에 따른 구매	반복구매를 통해 제품 간의 차이를 인식하게 되면서 나타나는 행동
저관여 구매행동	다양성 추구 구매	상표 간의 차이가 뚜렷하거나 최초로 구매하면서 관여도가 낮을 때 나타나는 행동
	시험적 구매	최초구매 상황에 관여도가 낮기 때문에 시험적으로 충동구매로 나타나는 행동
	습관적 구매행동	상표 간에 차이가 없고 관여도가 낮을 때 관성적으로 나타나는 행동

4. FCB 모델과 관여도 유형

미국 광고대행사인 'Foote, Cone & Belding(FCB)'사의 광고전략 모델로 소비자의 인지구조 분석을 바탕으로 구매의사결정 과정을 분석했다. 2가지 차원을 이용해 4가지 유형의 소비자 반응 모형을 제시한 것으로 전통적 소비자 행동이론과 소비자 관여이론 등을 통합한 개념이다(Vaughn, 1980).

첫째, 제1공간(정보적, informative) 유형은 상품의 기능과 특징을 전달하는 구체적인 정보를 제공하는 마케팅 전략이다. 소비자 반응 모형은 인지→느낌(감정)→구매(행동)이다. 이 부분은 자동차, 가구, 주택 등이 대표적인 제품들로 소비자에게 매우 중요한 제품에 해당되며 잘못 구매하게 되면 위험이 크다고 할 수 있다. 스포츠 제품을 예로 들자면, 고가의 다기능 피트니스 기구, 골프장 회원권 등을 광고할 때 긴 카피를 매체에 등장시켜 관심을 유도한다.

둘째, 제2공간(감성적, affective) 유형은 느낌, 강력한 브랜드 이미지 전략을 통해 이미지를 강조하는 마케팅 전략이다. 소비자 반응 모형은 느낌(감정)→인지→구매(행동)이다. 이 부분은 의류, 화장품, 보석 등으로 소비자는 제품 이미지로 인해 구매하게 된다. 즉, 소비자의 라이프스타일을 강조하는 광고를 통해 소비자를 유혹하게 한다. 강한 임팩트가 발생할 수 있도록 큰 지면을 활용해 감성적 광고를 제시하는 경우가 있다.

셋째, 제3공간(습관적, habitual) 유형은 소비자가 필요한 생필품, 식품 등이 속하는 제품으로 한 번 구매하고 사용한 후 긍정적으로 생각하면 계속 구매하는 행동을 보인다. 소비자 반응 모형은 구매(행동)→인지→느낌(감정)의 의사결정을 보인다. 브랜드를 떠올리게 하는 습관 형성적 광고를 제시하는 매체에 따라 소비할 수 있기 때문에 작은 광고 지면으로도 가능하다고 볼 수 있다.

넷째, 제4공간(자기만족, self-satisfaction) 유형은 제품의 반복적인 노출 광고, POP(Point of Purchase, 소비자가 상품을 구입하는 최종지점에서의 광고) 촉진, 인기모델 광고 등으로 소비자의 기호와 관련된 제품이 주를 이룬다. 소비자 반응 모형은 구매(행동)→인지→느낌(감정)의 의사결정을 보인다. 입간판과 신문 등과 같이 주의를 환기하고 자아만족적인 광고를 제시하는 매체에 따라 소비를 유도하게 된다.

<표3-12> FCB Grid 모델과 관여도 유형

구분	이성	감성
고관여	〈제1공간〉 • 정보적(informative) • 소비자 반응 모형: 인지-느낌-구매 • 구체적 정보 제시, 사고(思考)를 유발하는 매체에 따라 소비 - 매체: 긴 카피 등장	〈제2공간〉 • 감성적(affective) • 소비자 반응 모형: 느낌-인지-구매 • 강한 임팩트가 발생, 감성적 광고를 제시하는 매체에 따라 소비 - 매체: 큰 지면에 제시
저관여	〈제3공간〉 • 습관적(habit formation) • 소비자 반응 모형: 구매-인지-느낌 • 브랜드를 떠올리게 하는 습관 형성적 광고를 제시하는 매체에 따라 소비 - 매체: 작은 광고 지면	〈제4공간〉 • 자아만족(self-satisfaction) • 소비자 반응 모형: 구매-느낌-인지 • 주의를 환기하고 자아만족적 광고를 제시하는 매체에 따라 소비 - 매체: 입간판, 신문 등

① 앞으로도 스포츠 소비자의 구분이 명확해질까?

본 장에서 스포츠 소비자는 참여 스포츠 소비자(1차), 관람 스포츠 소비자(2차), 매체 스포츠 소비자(3차)로 분류했다. 물론 전통적 마케팅 시장에서의 구분법이다. 앞으로 스포츠 소비자가 명확하게 구분이 될까?

경기장에 방문을 하고 관람을 하는 소비패턴을 상상해보자. 현재는 도보, 차량, 대중교통 등을 통해 이동을 하고 경기장으로 진입을 한 후에야 관람 스포츠 소비자로서의 지위를 확보한다. 앞으로도 이 조건을 충족해야 관람 스포츠 소비자가 되는 것일까? 가상현실(VR), 증강현실(AR), 360도 카메라 등의 혁신기술이 대중화되면서 집안으로 들어오는 순간, 많은 변화를 예측할 수 있다.

매체 스포츠 소비자는 각종 미디어 및 온라인 정보 등을 통해 스포츠 단신에 관심을 기울인다. 또한 스포츠 제품과 서비스를 전자상거래를 통해 구입하고

이용한다. 앞서 언급한 혁신기술을 통해 생활 스포츠에 관심이 없고, 경기장에 직접 가서 관람하는 행위를 달가워하지 않았던 성향의 잠재적 소비자를 유인할 수 있는 환경이 조성될 수 있다.

집안에서도 경기장의 열기를 오롯이 느낄 수 있게 되거나, 경기 자체보다는 본인이 보고 싶어 하는 장면만을 고개를 돌리며 관전할 수 있다. 동일한 서비스인데 개인마다 보고 느끼는 관점이 다를 수 있다는 이질성(heterogeneity)이 더욱 극명해질 수 있다는 것이다. 이럴 경우 전통적 방식으로 구분한 스포츠 소비자의 경계가 모호해진다. 마케터는 새로운 소비자를 찾게 되고, 새로운 방식의 유료화 프로그램을 제시할 것이다. 혹은 매우 저렴하게 서비스를 제공하고 부가적인 광고 노출 등을 통해 구매를 누구보다, 그 어떤 장소에서 보다, 어떤 방식보다 편리하게 유도하는 방안을 안착시킬 것이다.

② 디지털 마케팅 시장에서 소비자 구매는 어떻게 바뀔까?

디지털화는 곧 자동화를 의미한다. 수확체감의 법칙(diminishing returns to scale)이 있다. 생산량은 자본, 인력 등을 투입할수록 증대하고, 한계점이 도달하면 투입해도 오히려 감소해진다는 의미다. 디지털 사업은 한계비용제로에 가까워지면서 훨씬 적은 노동력으로 더 많은 수익을 창출할 수 있는 구조다. 저장, 운송, 복제에 드는 비용이 거의 없는 정보재(information goods)이기 때문이다.

이 이슈는 제목을 "왜 전문적인 평론보다 별풍선을 더 좋아할까?"라고 바꿀 수 있다. 코틀러 등(Kotler et al., 2017)은 현재 시장을 움직이는 힘을 **수평적, 포용적, 사회적** 힘에 방점을 두었다. 오랫동안 시장을 지배하고 있는 수직적, 배타적, 개별적 힘과는 상반된 개념이다. 고객은 친구, 가족, 소셜 미디어 내의 커뮤니티 구성원들을 권위적인 전문가, 현란한 마케팅으로 무장한 기업들보다 신뢰한다. 다시 말해 의견을 공유하고 공감하는 수평적 사회의 일원으로서 역할을 다하고 있다. 굳이 돈 들이지 않고 많은 정보를 얻을 수 있는 환경이다.

소셜 미디어는 전 세계 사람들이 실시간 소통할 수 있게 하는 플랫폼으로서 매우 중요한 매개다. 기업은 사람이 오고가는 방대한 시장을 놓칠 리가 없다. 고객 간의 협업 못지않게 기업과 고객과의 협업이 매우 중요하게 되면서 고객의 의견과 반응에 매우 민감하게 반응한다. 기업이 콘텐츠를 검열했던 배타적인 힘이 포용적인 힘으로 바뀌게 되는 것이다.

고객은 **문제 인식, 정보 수집, 대안 선택** 후 **구매**를 결정한다. 이러한 결정은 결국 주관적 판단 하에 이뤄지겠지만, 다른 사람의 의견에 더 신경을 쓰게 된 사회적 힘을 발휘한다. 또한 자신의 의견을 적극적으로 공유하고자 한다.

이러한 시장의 진화는 전문적인 평론을 구구절절 읽느니, 차라리 자신이 쉽게 접근할 수 있는 소셜 미디어 상의 커뮤니티를 통해 댓글, 리뷰, 평점, 풍선, 별 숫자를 확인한다. 1990년대 최초로 댓글을 허용한 것으로 알려진 제프 베조스(Jeff Bezos)의 아마존은 사람들의 심리를 찾고자 했다. 과연 익명의 독자가 제시한 댓글의 공신력을 믿을 수 있을까라는 우려는 독자가 남긴 간결한 사용 후기를 더욱 신뢰하고 따르게 했다. 아마존은 세계에서 가장 긴 강의 이름을 차용한 것처럼 세계에서 가장 큰 매장을 의미한다. 기존 오프라인 경쟁 매장들과의 차별성을 부각하기 위해서 '리뷰 작성'과 '추천 기능'을 도입했다. 고객을 적극 끌어들인 것이다. 4.0 시장에선 사용자들의 리뷰와 댓글을 기업의 광고보다 더 신뢰한다.

직원들의 반복 업무와 관련한 분야를 디지털화하면서 더 큰 부가가치를 창출할 수 있는 많은 시간을 창출할 수 있도록 했다. 아마존 고(Amazon Go)는 2017년 초 직원에게만 허용했던 서비스였지만, 이듬해 대중에게 개방했다. 이는 오프라인 매장에서 카메라로 습득한 영상 정보를 학습해 자동으로 결제를 진행하는 '저스트 워크 아웃(Just Walk Out)' 기술을 적용해 자동 결제를 진행하게 한다. 즉, 물건을 선택해 매장을 떠나면 고객의 계정으로 자동 청구한다. '물리적 세계'와 '디지털 세계'가 감지할 수 없는 방식으로 완벽하게 연결되고 동기화된다는 점(Kotler & Stigliano, 2018)에서 매우 획기적인 방식으로 평가받고 있다.

오늘날 생산성 혁명을 불러일으키는 집단은 누구일까? 권위로 무장된 소수의 전문가가 아니고, 권위를 해제한 다수의 대중에 의해 이뤄지는 경우가 허다하다. 스포츠 콘텐츠가 생산됐을 시 초연결 사회(hyper-connectivity society)에서 글말에 익숙한 디지털 프로슈머들은 손끝 하나로 '구매 후 평가'를 주도하며 잠재적인 소비자를 유도할 수 있다.

예를 들어 스포츠 용품회사가 이를 잘 활용한다면 별도의 노동력을 투입하지 않고, 혹은 값비싼 스포츠 스타와의 계약 없이도 정보재의 효과를 기대할 수 있다. 4.0 시장에 맞는 스포츠 소비자의 이슈가 그래서 중요한 것이다.

③ 스포츠 스토리텔링에서 스포츠 스토리두잉으로 가고 있는가?

브랜드 마케팅 회사 코:콜렉티브(co:collective)의 창업자 타이 몬태규(Ty Montague)는 '스토리두잉(story-doing)' 시대가 왔다고 했다. 소위 '스토리텔링(story-telling)'으로 알려진 좋은 이야기를 만드는 것보다 더 중요한 것은 직접 행동하는 것이란 얘기다. 앞서 언급한 디지털 시장에서 더욱 빛을 발하는 개념이다.

근사한 이야기를 만들어 소비자 관심을 유도하는 스토리텔링은 여전히 좋은 마케팅 전략이지만, 1.0 혹은 2.0 시장에 가깝다. 즉, 제품 중심(1.0)으로 '주체 측에서 이야기를 만들어 놓으면 구경하러 올 것이다.'라는 기대치를 갖고 있다. 또한 소비자 중심(2.0)으로 '소비자의 귀를 기울여 트렌드에 맞는 상품을 만들었으니 체험하러 올 것이다.'라는 정도의 기대치인 것이다.

| 그림 3-11 스토리두잉

반면, 스토리두잉은 소비자가 직접 콘텐츠를 갖고 스토리를 행동으로 옮기게 하는 것이다. 앞서 토플러가 얘기한 시간당 40km로 달리는 정부·지자체 및 관료조직에서 아무리 재미있는 이야기를 풀어도 95km로 달리는 우리를 감동시키기엔 역부족일 수 있다. 160km로 달리는 기업이 내놓은 이야기가 훨씬 세련돼 보이고, 수많은 얼리어답터(early adopter)들이 신상품을 경험하고 남들과 공유하고 싶어 하게끔 만드는 속도는 기업의 속도이지, 관료의 속도가 아니란 것이다.

다시 말해 스토리두잉은 3.0 혹은 4.0 시장에 어울리는 개념이다. 감동을 주고 가치를 찾게 하고, 온라인과 오프라인의 경계를 무디게 하는 것이다. 흥미로운 이벤트 현장에 가면 체험수기를 영상에 담고, 자신의 소셜 미디어에 올리며 다수와 공유·공감하는 시대다. 물론 누가 시켜서 하는 행동이 아니다.

스포츠 조직 역시 이 지점을 잘 간파해야 한다. 전문가, 팀, 구단과 같은 소수의 집단만이 공유했던 선수(상품)는 만인의 선수가 됐다. 오프라인의 체험을 온라인에 업데이트 시키며 감동을 이어가려고 한다. '스포츠를 통한 마케팅(marketing through sports)'의 주체인 기업 입장에선 소비자가 주도하는 능동적 마케팅 현장을 제공만 하면 큰 효과를 얻을 수 있다. 금메달의 가치보다 노력의 가치를 중시하고, 무명 선수의 값진 성과에 초점을 맞춘 영상이 연결혁신의 플랫폼으로 맺어진 잠재적 소비자에겐 더 큰 반향과 감동을 줄 수 있다.

"곡성(哭聲)과 곡성(谷城)이 있다. 나홍진 영화감독의 곡성(哭聲)은 울 곡(哭)자에서 나타나듯, 곡소리가 들리는 공포영화다. 전라남도 곡성(谷城)은 계곡 곡(谷)자에 보여주듯이 매우 아름다운 고장이다. 나감독이 어린 시절을 보냈다는 전남 곡성의 수려한 자연과 평화로운 마을 이미지가 어디로 튈지 모르는 공포 분위기로 연출된다. 매우 빼어난 스토리를 통해 흥행을 한 영화 모티브를 전남 곡성이 놓칠 리가 없다. 영화에서 등장했던 세트를 짓고 관광객을 맞이한다. 여기까지는 전형적인 스토리텔링 현장이다. 주체 측에서 재미있는 이야기를 만들어 잘 꾸몄으니 방문해서 구경하는 방식이 된다. 스토리두잉은 한 걸음 더 들어간다. 잘 만들어진 이야기에 동참한 방문객이 이야기를 덧입히는 방식이 된다. 똑같은 스토리텔링 현장이라 할지라도 여러 개의 새로운 버전이 탄생하는 것이다. 스마트폰이라는 간편한 장치로 소셜 미디어를 통해 표현할 수 있는 적극적인 방문객이 많으면 많을수록 확장 속도가 커진다. 여기서도 '재미'란 키워드가 빠질 수 없다. 이로써 주체 측에서 별다른 홍보를 강화하지 않아도 새로운 소비자는 늘어갈 수밖에 없는 구조가 된다. 디지털 마케팅의 시작이라 할 수 있다. 즉, 생산자뿐만 아니라 소비자도 동참하게 하는 환경을 만드는 것이 어느 때보다 중요해졌다. 올림픽 경기장, 월드컵 경기장, 프로 스포츠 경기장, 동네 스포츠 센터 등 어느 곳에서든 가능한 스토리두잉 환경이 됐다. 4차 산업혁명시대에 혁신적 기술에 힘입어 스포츠 스타를 자신의 스토리두잉 환경으로 불러올 수만 있다면 얼마나 좋을까? 얼마 전까지만 해도 기업 광고는 그 자체만으로도 강력한 힘을 발휘했다. 하지만 지금은 광고내용이 맞는지 직접 검증하는 시대가 됐다. 즉, 생산자 입장에서 소비자는 최소한 자신보다 똑똑하다고 생각해야 한다. 똑똑한 소비자가 재미를 느낄 수 있는 틈새를 만들어주어야 한다. 그럴싸한 이야기만을 만드는 것에 그치지 말고, 소비자가 직접 체험할 수 있는 콘텐츠 개발이 무엇보다 중요해졌다(문개성, 2019. p.55~56)."

④ 왜 고객으로부터 허락을 받아야 하는가?

코틀러와 스티글리아노(P. Kotler & G. Stigliano, 2018)에 따르면 리테일 4.0에선 고객의 '오프라인 경험'과 '온라인 경험'을 어떻게 융합하여 소중한 데이터로 만드느냐가 중요해졌다. 과거는 제품의 기능적 우월성만을 기준으로 평가했다. 하지만 무엇보다 중요한 것은 사람들의 마음을 움직일 수 있게 하는 스토리다. 이는 이미 사용해본 '경험'이 제품 자체보다 더 중요해진 것이다. 사람들이 실시간으로 공유할 수 있기 때문이다. 그들은 CSE(customer shopping experience) 즉, 고객 쇼핑 경험에 초점을 맞춘 마케팅 접근 방식이 중요해졌음을 강조했다.

가상 경험과 전통적인 경험 사이의 경계를 줄이는 것이 중요하다. 세상이 변해도 소비자의 시간은 한정돼 있다. 그들이 가진 미디어 습관은 날이 갈수록 평균 시간이 단축되고 있다. 기업 입장에선 소비자를 최대한 붙들기 위해서 날로 까다로워지는 소비자를 상대해야 한다. 스포츠 영역도 생중계를 놓친 고객을 위해 명장면만을 편집해 시간소비의 효율성을 높여준다면 새로운 소비자를 확보할 수 있다. 이 콘텐츠의 주인은 연맹, 협회, 구단과 같은 '스포츠의 마케팅

(marketing of sports)' 주체이겠지만, 실질적인 영향력은 소비자 시간을 효율적으로 재편집해주고 있는 유튜브에서 활동하는 소비자이자 생산자가 쥐고 있다.

기업은 소비자의 눈치를 보며 슬그머니 마케팅을 해야 한다. 혹은 소비자의 허락을 받아야 한다. 즉, 효과적인 콘텐츠로 소비자의 관심을 끌며 끼워 넣기 광고를 했던 **인터럽션 마케팅**(interruption marketing)으로 유명한 마케터인 세스 고딘(Seth Godin)이 제시한 **퍼미션 마케팅**(permission marketing)의 개념까지 이어지고 있는 것이다. 소비자의 동의를 얻거나 시간 대비 관심을 가질 수 있다는 가치가 교환됐다고 인식을 한 후에 기업의 마케팅을 받아들이는 것이다. 앞으로 스포츠 경기 시간과 무관하게 지루함을 견딜 수 없는 까다로운 소비자를 상대해야 한다. 전통적인 스포츠 경기보다 소비자의 마음을 재빨리 읽는 기업이 내놓은 신종 스포츠에 보다 눈길을 줄 수 있는 것이다.

⑤ 왜 스포츠의 사실성에 주목해야 하는가?

앞서 제시한 소비자의 구분이 모호해지는 이유는 첨단기술에 따라 예측해볼 수 있는 영역이지만, 본질적으로도 소비자 혹은 마케터의 관점에 따라 경계가 흐릿해지는 경우가 있다. 예를 들면 스포츠와 엔터테인먼트의 경계가 모호해짐에 따라 고객이 소비하는 영역이 반드시 스포츠 시장으로 한정되지 않는다. 즉, 스포츠 요소보다 엔터테인먼트가 다분한 무대 위의 공연에서도 극적인 리얼리티를 효과적으로 실행하기 위한 스포츠 마케팅 전략을 다음과 같이 제시했다(Rein et al., 2006, p.330).

- 팬들의 **흥미**를 점령한다.
- 오래 지속되는 인상을 위해 **스포츠 브랜드 아이덴티티**를 각인시킨다.
- **스포츠 브랜드**를 의인화한다.
- 팬들이 스포츠 브랜드와 관계되도록 자극하고 브랜드 구성원과 개인적인 **커넥션**을 가지고 있다고 느끼게 만든다.
- 경기의 **성과**를 승리 이상의 것에 둔다.

프로 레슬링은 신체성과 경쟁성이라는 스포츠 요소로 인해 각본처럼 움직이는 쇼(show)처럼 보여도 많은 사람들을 열광시켰다. 규칙성이라는 스포츠의 본질보다는 다소 반칙을 일삼더라도 그것마저 극복하는 스토리를 가미하는 오락 요소가 보다 중요해졌다. 고대 그리스 올림픽 종목이었던 **판크라티온**(Pankration)을 오늘날 시대로 옮겨온 **종합 격투기** 시장은 날로 커지고 있다. 엄정한 규칙에 따라 승패를 가리고 있지만, 사람들은 선수들의 잔인성을 토대로 한 포장된 기술로 싸우기를 갈망한다. 상대를 쓰러뜨리는 잔인한 방식에 대해 정교하게 세련된 기술로 인식한다. 단지 엔터테인먼트라 생각하며 미디어를 통해 여과 없이 안방까지 침투했다. 스포츠가 갖고 있는 극적인 리얼리티를 강조하는 전략은 여섯 가지 커뮤니케이션으로 살펴볼 수 있다.

<표3-13> 스포츠의 리얼리티 커뮤니케이션 방법

구분	내용
스타 커뮤니케이션	• 팬과의 관계 형성과 브랜드 차별화를 위한 수단으로 스타를 이용함 • 선택된 스타는 시장 중심 특히, 생산자 중심이 될 수도 있음
문화 트렌드 커뮤니케이션	• 팬들의 문화적 행동과 관습을 이용하는 것임 • 패션, 음악, 영화, 소비재, 해외시장의 전반적인 트렌드를 분석함
지역사회 커뮤니케이션	• 팬들의 지원을 얻기 위한 커뮤니케이션 전략임 • 지역사회의 투자가 브랜드에 어떻게 기여할 것인가를 분석함
체험 커뮤니케이션	• 체험을 만들어 내는 것이 차별화를 꾀하는 가장 효과적인 방법임 • 스포츠 콘텐츠와 더불어 배경 장면, 음악, 사운드와 같은 연극적인 커뮤니케이션 장치를 활용함
바이러스 커뮤니케이션	• 팬들과의 강력한 연결고리를 유지하기 위해 입소문을 이용함 • 제품 중심의 광고와 마케팅 메시지 보다 소비자가 개발한 메시지 중심의 소통에 중점을 둠
논쟁 커뮤니케이션	• 팬들은 스포츠와 관련된 크고 작은 주제들로 논쟁하는 것을 선호함 • 의견 교환을 위한 공간을 제공하고 스포츠 논쟁을 커뮤니케이션 전략을 중요한 부분으로 활용함

출처: Rein, I., Kotler, P., & Shields B. (2006). *The Elusive Fan: Reinventing Sports in a Crowded Marketplace.* 서원재, 성용준 옮김(2009). 필립 코틀러의 스포츠 브랜드 마케팅: 스포츠팬을 잡아라. 지식의 날개, p.337-354(요약)

과 제

1. 가장 최근 프로 스포츠 시장에서 소비자 행동에 관한 이슈를 찾아보시오.
2. 가장 최근 스포츠 시장에서 관여도와 구매행동에 관한 이슈를 찾아보시오.
3. 스포츠 마케팅 스토리텔링에 관한 사례를 찾아보시오.
4. 스포츠 마케팅 스토리두잉에 관한 사례를 찾아보시오.

PART

04

스포츠 서비스, 브랜드 및 마케팅 조사

미션 _ Mission

1 국적보다 구단이 먼저 떠오른다는 의미를 이해하자

스포츠는 '인류 공통의 언어'로서 작용한다. 서로 언어가 통하지 않더라도 '신체성', '경쟁성', '규칙성'으로 공고히 하게 된 스포츠를 통해 유사하거나 동일한 감정을 갖게 됐다. 인종, 문화, 종교, 국경 등을 초월하는 이 힘은 대중매체의 영향이 크다. 이는 강력한 브랜드로 전 세계인을 대상으로 마케팅을 할 수 있는 조건을 확장시켰다.

세계적인 축구스타인 리오넬 메시(Lionel Messi)와 크리스티아누 호날두(Cristiano Ronaldo)는 2021년 현재 각각 다른 구단에 속해 있지만, 스페인내의 프로 축구 1부 리그인 프리메라리가(Primera Liga) 소속인 세계적인 명문구단에서 오랜 기간 동안 활약할 때 선수와 구단 간의 라이벌 경쟁으로 늘 뜨거운 이슈를 낳았다. 그들의 국적은 아르헨티나와 포르투갈이지만, 중요한 이슈가 아니다. 오히려 전 세계 팬들은 FC 바르셀로나(FC Barcelona)와 레알마드리드(Real Mardrid)라는 구단 브랜드를 인식하는 경우가 많았다.

아마추어리즘을 표방한 올림픽에선 여전히 국가 간 경쟁으로 인식돼 있다. 올림픽 헌장(Olympic Charter) 제6조(올림픽 대회)에 올림픽 경기는 국가 간 경쟁이 아니고 개인전 또는 단체전을 통한 선수들 간의 경쟁이라고 명시했음에도 불구하고, 국적을 강조한다.

하지만 현대 스포츠 스타는 국가 정체성보다 스포츠 브랜드 자체로서 역할을 다하거나, 다른 분야의 스포츠 브랜드에 지대한 영향을 미친다. 선수 개인은 국적보다 구단 브랜드로 인식되는 주체가 됐다.

성공적인 스포츠 브랜드는 영속성, 팬들과의 유대관계, 프리미엄이란 장점을 극대화하게 된다. 아무리 우수한 팀과 선수라 할지라도 성적 부진으로 인해 옛 명성을 지속적으로 유지한다는 보장이 없다. 하지만 스포츠 브랜드의 형성은 팬들에게 영속적인 커넥션을 제공할 수 있는 특성을 가질 수 있다. 이러한 팬들과의 관계는 보다 넓은 층의 팬을 확보할 수 있고, 연속적인 브랜드 및 다양한 채널과 경로개발을 통해 보다 나은

| 그림 4-1 메시와 호날두

경쟁 환경을 구축하게 된다. 또한 스포츠 브랜드의 프리미엄 보장은 경쟁사 상품보다 더 높은 가격을 형성할 수 있고, 문화적인 트렌드를 주도하게 되면서 경쟁 시장에서 우위를 선점하게 된다.

2 나이키하면 무엇이 떠오르는지 이해하자

| 그림 4-2 나이키 스우시

"스포츠 브랜딩(sports branding)이란 목표로 한 브랜드 콘셉트에 맞게 스포츠 관련 상품(리그, 팀, 선수, 감독, 구단주, 경기장 시설 음식, 경기 자체 등)을 체계적인 브랜드 개발 과정을 통해 세련되게 다듬고 이를 해당 스포츠 상품에 실현시키는 일련의 과정(Rein et al., 2006, p.49)"이라고 했다. 즉, 스포츠 브랜딩은 이름, 디자인, 상징 등을 활용하고 조합함으로써 경쟁사의 제품과의 차별화를 위한 노력을 의미한다. 매튜 생크(M. Shank, 2009)에 따르면 스포츠 브랜딩 개념을 세 가지로 분류했다. 첫째, '브랜드 이름(brand name)'이다. 마이클 조던(Michael Jordan)은 곧 나이키(Nike)란 브랜드를 만드는 과정을 통해 '나이키 에어조던(Nike Air Jordan)'이 됐다. 둘째, '브랜드 마크(brand mark)'가 있다. '나이키 스우시(Nike Swoosh)'를 떠올려보자. 왼쪽 하단은 두껍고 오른쪽 상단은 날카로워지며 올라가는 단순한 로고에서 동적인 느낌을 준다. 셋째, '트레이드 마크(trademark)'가 있다. 기업이 선점한 브랜드 이름과, 브랜드 마크를 법적으로 등록해 타인이 사용하지 못하게 하는 단계이다. 나이키는 브랜드 강화에 지속적인 노력을 한다. 특히 4.0 시장에 걸맞게 나이키 브랜드를 강화하는 데 고객의 역할을 부여하고 있다. 예를 들어 멤버십 클럽이란 개념을 도입해 고객을 비즈니스에 끌어들인다. 나이키 브랜드의 확장은 나이키 플러스(+), 나이키+ 트레이닝 클럽, 나이키+ 러닝 클럽 애플리케이션을 통해 운동, 영양섭취, 신체 변화 추적 등을 비롯해 많은 정보를 제공한다. 또한 고객 맞춤화 마케팅 전략 사례를 살펴보면 2012년에 발표한 나이키iD 프로젝트는 자신의 취향에 따라 신발 한 켤레를 만들 수 있다. 고객 본인이 직접 디자인한 제품은 표준화된 기성 제품보다 30~40% 더 높은 비용이지만, 고객 만족도는 더 높은 것으로 나타났다. 나이키를 소비자에게 직접 판매하는 D2C 브랜드(direct-to-consumer brand)도 좋은 예이다. 이는 나이키 바이 멜로즈(Nike by Melrose)라는 이름의 매장으로 보다 세분화된 고객을 적극 끌어들였다. 멜로즈라고 하는 지역 소비자가 원하는 모델을 적극 도입함으로써 실제 쇼핑과 디지털 쇼핑 사이의 경계를 허물게 했다. 그 지역의 충성도 높은 소비자들은 세계 유일의 매장이라는 인식이 자리 잡혔다.

앞으로도 나이키와 소비자 간의 접점이 어떤 타이밍에서 어떤 이슈를 갖고 성사가 되는지를 살펴볼 필요가 있다. 4.0 시장을 가장 잘 이해하고 있는 기업 중의 하나로서 그들의 트레이드 마크를 어떤 방식으로 지속성을 갖출 지를 예의주시해야 한다.

CHAPTER 01

스포츠 서비스

1. PZB의 서브퀄(SERVQUAL) 척도 이론

미국품질관리협회(The American Society for Quality Control)에 따르면 품질(Quality)이란 '제품이나 서비스가 제시하거나 의미하는 욕구를 만족시키는데 영향을 미치는 어떤 제품 혹은 서비스의 특성'이라고 정의했다.

PZB는 서비스 품질 특성을 분류하고 정의한 세 사람의 학자의 이니셜 조합이다. 1985년 아난싼야라야난 파라수라만(Ananthanarayanan P. Parasuraman), 발레리 자이사믈(Valarie A. Zeithaml), 레오나드 베리(Leonard L. Berry)는 서비스 품질의 특성을 열 가지 차원으로 정의했다. 즉, 유형성(tangibles), 신뢰성(reliability), 응답성(responsiveness), 고객이해(knowing the customer), 접근성(access), 의사소통(communication), 안전성(security), 신용도(credibility), 능숙함(competence), 정중함(courtesy)이다(Parasuraman et al., 1985).

| 그림 4-3 P. A. Parasuraman/V. A. Zeithmal/L. L. Berry

1988년 PZB는 서브퀄(SERVQUAL) 모형의 차원을 기존의 열 가지에서 다섯 가지로 다시 정의했다. 즉, 비슷한 개념을 묶어 보다 명확한 의미를 전달하기 위해 유형성, 신뢰성, 확신성, 응답성, 공감성이 그것이다. 이들은 항공사, 의료 서비스, 자동차 수리업, 건설업, 여행사 등을 대상으로 서비스를 평가할 때 중요한 요인으로 분류했다. 항공사를 예로 들자면 비행기, 티켓팅 카운터, 유니폼 등에 해당하는 물리적인 시설과 장비, 직원들의 외양에 이르기까지 고객들은 유형성을 평가하는 것이다. 항공기의 정시출발과 도착에 관한 신뢰성에 대해선 약속한 서비스를 믿고 정확하게 수행해줄 것으로 고객들은 인지하고 있다. 이를 비롯해 신뢰할 수 있는 이름, 안전기록과 능력 있는 종업원이라는 확신성을 기대하고 있고, 수하물 처리, 티켓팅의 신속성과 기내 서비스 요청의 즉시성에 관한 응답성을 기대한다. 마지막으로 개인의 특수한 욕구에 대한 이해와 배려를 제대로 이해하는 공감성을 평가하고 있는 것이다(Parasuraman et al., 1988).

| 그림 4-4 PZB의 SERVQUAL

PZB(1988)가 제시한 다섯 가지 차원의 서비스 품질 척도에 대해 스포츠 센터 시설과 프로그램을 대입해서 예를 들어보면 다음과 같다.

1) 유형성

유형성(tangibles)은 스포츠 센터의 외형과 시설의 우수함과 관련이 있다. 건물에 처음 들어설 때 느끼는 심미성(審美性)은 그 장소에 대한 기억을 오래가게 한다. 스포츠 시설이란 특성에 맞게 눈에 보이는 시설의 우수성이 매우 중요하다.

2) 신뢰성

신뢰성(reliability)은 스포츠 센터 프로그램의 약속된 서비스의 이행이다. 종종 참여스포츠 소비자들이 실망을 느끼는 경우가 프로그램에 대한 정확한 수행을 하지 않는 주관단체의 사과와 태도다. 예를 들면 오전 10시에 수영 프로그램이 있다고 하자. 고객을 모집해보니 몇 명이 안 되어 11시 프로그램과 합치는 경우가 있다면 신뢰가 하락하게 된다. 아무리 운영이 어려워도 일단 처음 제시한 프로그램은 반드시 이행해야 소비자가 느끼는 신뢰가 유지되는 것이다.

3) 확신성

확신성(assurance)은 스포츠 센터 강사진, 안내데스크 직원 등 전문적인 지식과 태도에 관한 서비스 품질이다. 헬스장에서 갔는데 강사 자신은 몸 관리가 안 된 상태에서 가르친다고 생각해보라. 얼마나 우스운 일인가. 신규 고객이 첫 대면하게 되는 안내데스크 직원도 매우 중요하다. 스포츠 센터의 개괄적인 사업 내용을 파악해야 하고, 상황에 맞게 잘 대처해야 한다. 고객에게 전문적인 뉘앙스를 전달해야 만이 확신하게 된다. 정규복장을 차리고 응대하는 태도를 통해 확신성을 높이게 한다.

4) 응답성

응답성(responsiveness)은 고객에게 서비스를 즉각적으로 제공하려는 의지다. 민원이 제시되면 바로 적절한 응대가 필요하다. 예를 들면 스포츠 공익기관에 문의를 하기 위해 전화를 했다고 하자. 담당자가 누군지 모르는 상황에서 고객은 전화를 했는데 전화를 응대하는 직원이 자세한 사항은 얘기하지 않고, '잠깐만요'하면서 그냥 전화를 돌리는 경우가 허다하다. 담당자가 전화를 잘 받으면 그나마 다행인데 끊어지면 난감하다. 응답성에서 가장 불만을 제기하는 요인이 될 수 있다. 응답성에 대해 교육을 받았다면 '담당자가 자리에 안 계셔서 메모 남기시면 바로 연락을 드리도록 하겠습니다.' 등의 상황에 맞게 답변을 해야 할 것이다.

5) 공감성

공감성(empathy)은 고객별로 개별화된 주의와 관심을 제공하기 위한 노력이다. 아무리 우수한 강사진, 질적으로 높은 시설, 비싼 비용에 대한 차별화 등을 추구해도 사람들이 공감하지 않는다면 해당 서비스는 품질관리가 어렵게 된다.

<표4-1> PZB의 서비스 품질 척도

PZB(1985)	PZB(1988)
유형성, 신뢰성, 응답성, 고객이해, 접근성, 의사소통, 안전성, 신용도, 능숙함, 정중함	유형성, 신뢰성, 확신성, 응답성, 공감성

여기서 잠깐

▣ 스포츠 분야의 서비스 품질 척도

스포츠 분야의 서비스 품질 척도는 국내외를 망라하여 시대적 트렌드, 경기 종목, 엘리트 및 동호인 경기 등에 따라 지속적으로 개발되고 있다. 예를 들면 스포츠 경기 현장에서의 프로그램 품질, 이벤트 현장을 방문한 고객과 대회 관계자 간의 상호작용 품질, 동호인 참가자들이 얻는 경기 결과에 대한 품질, 스포츠 이벤트 현장의 디자인과 장비 등에 관한 환경적인 품질 등 매우 다양하게 서비스 품질을 세분화함으로써 보다 품질 높은 스포츠 현장을 만들고자 노력하고 있다. 마케터는 이러한 개념을 이해하고 적용할 필요가 있다. 대표적인 스포츠 서비스 품질을 살펴보면 다음과 같다.

① 팀퀄(TEAMQUAL)

PZB의 서브퀄(SERVQUAL)을 토대로 미국 프로 농구(NBA)의 티켓 구매자를 대상으로 서비스 품질을 분류했다(Mcdonald, Sutton, & Mline, 1995). 이는 프로 스포츠 팀을 대상으로 서비스 품질을 측정한 최초의 연구라 할 수 있다. 서브퀄(SERVQUAL)과 동일하게 유형성, 신뢰성, 확신성, 응답성, 공감성을 제시했다. 즉, 일반적인 서비스 품질 척도를 그대로 적용하여 티켓 구매자들에게 서비스 품질의 지각을 질문했다. 총 39문항으로 이루어진 측정문항을 통해 스포츠 영역에서도 서비스 품질을 효과적인 마케팅 전략으로 인식했다.

② 스포트서브(SPORTSERV)

프로 스포츠 관람자들을 대상으로 서비스 품질의 지각을 측정한 스포트서브(SPORTSERV)도 있다(Theodorakis, Kambitsis, Laios, & Koustelios, 2001). PZB의 서브퀄(SERVQUAL)에서 제시된 유형성, 신뢰성, 응답성을 비롯해 접근성과 보완성을 추가했다. 스포츠 산업 특징 중에서 공간 · 입지 중시형의 특성에서 살펴보았듯이 대중들이 어렵지 않게 경기장을 찾을 수 있는 환경이 중요하다. 더불어 한 장소에 밀집해 있는 사람들이 안전하게 오고가고 경기를 즐길 수 있는 서비스 품질도 중요한 요인인 것이다.

2. 스포츠 서비스의 특성

서비스의 특성으로 잘 알려진 네 가지는 무형성, 비분리성, 이질성, 소멸성이다. 대표적인 스포츠 서비스인 스포츠 경기를 대입해서 이해할 수 있다. “소비자 기대수준의 변화는 스포츠 산업이 가야 할 방향을 결정하는 요인이라 할 수 있다. 소비자들이 스포츠 말고 별로 할 일이 없거나, 스포츠에 중독된 사람들 때문에 등받이 없는 좌석과 불친절한 매표소 직원의 태도에도 개의치 않고 경기장을 지

속적으로 찾아줄 것이라고 안이하게 생각해서는 안 된다. 만약 어떤 스포츠가 시장의 변화와 요구에 반응하지 않는다면 변화하는 소비자의 욕구에 보다 유연하게 대처하는 다른 스포츠가 그 자리를 차지하게 될 것이다(Rein et al., 2006, p.31)."

1) 무형성

무형성(intangibility)은 정해진 형태가 없고 만질 수 없는 특징을 의미한다. 월드컵 결승전이나 메이저리그 월드시리즈 등 아무리 중요한 경기라 해도 사전에 보여주거나 만질 수 있는 성격이 아니다. 또한 소비자는 정해진 형태가 없는 경기를 관람하거나 시청하는 것이다.

2) 비분리성

비분리성(inseparability)은 생산과 동시에 소비가 되어 분리할 수 없음을 의미한다. 스포츠경기가 시작된 시점이 곧 스포츠 서비스로서의 경기가 생산되었음을 의미하고, 경기를 관람하거나 시청하는 행위를 통해 곧바로 소비하게 된다.

재방송을 통해 다시 시청하는 행위는 생산과 소비가 분리됐다는 의미로 착각할 수 있다. 하지만 이미 다수의 사람들이 생산하는 즉시 소비를 했다. 또한 경기결과는 이미 나와 있기 때문에 재방송을 통한 시청은 이미 소비된 상품을 기술을 통해 다시 보는 행위이다.

3) 이질성

이질성(heterogeneity)은 본질적으로 동일할 수 없는 무형적인 서비스의 특징을 의미한다. 스포츠 경기나 생활체육 프로그램은 사람마다 서비스 품질을 다르게 느낄 수밖에 없다. 예를 들면 아무리 빅 매치의 경기라도 사람마다 흥미진진할 수도 있고, 생각보다 재미가 없다고 생각할 수도 있다.

또한 유명한 스타를 닮은 수영강사가 있는 스포츠 센터의 프로그램에 대해 사람마다 다를 수 있다. '얼굴만 잘 생겼다.'라는 반응과 '박태환 선수처럼 실력도 좋고 잘 가르친다.'라는 반응이 있을 수 있다.

4) 소멸성

소멸성(perishability)은 생산과 동시에 사라진다는 의미이다. 이는 생산과 소비를 분리할 수 없다는 비분리성과 맥을 같이 한다. 스포츠 경기는 생산과 동시에 소멸되는 것이다. 즉, 이미 시작한 경기를 천재지변과 같은 특정한 사유에 의해 공식적으로 취소되지 않는 한, 아무리 권한이 막강한 사람이 부탁을 해도 다시 치러질 수 없는 것이다. 다시 말해 생산을 하며 소요된 시간 동안 스포츠 경기는 사라졌음을 뜻한다.

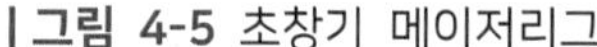
| 그림 4-5 초창기 메이저리그

| 그림 4-6 올림픽 결승전

스포츠 브랜드

1. 전략적 브랜드 관리

스포츠 상품하면 파워 에이드와 같은 음료나 나이키와 같은 용품을 떠올릴 수 있다. 운동을 한 후에 마시는 음료 브랜드나 운동을 할 때 착용하는 브랜드를 선택하기 위해 결정적인 역할을 하는 요인은 브랜드라 할 수 있다. "브랜드란 스포츠 상품을 구성하는 실체(facts)와 이미지(images)의 합성체다. 슬로건, 주체, 포지션, 상징, 상품의 특성 그리고 수많은 유·무형적인 속성으로 정의될 수 있다. 아울러 브랜드 아이덴티티란 우리가 어떤 브랜드를 생각했을 때 마음속에 바로 떠오르는 속성이라 할 수 있으며 브랜드는 소비자에게 경쟁 브랜드로부터 자신의 상품을 차별화시키는 데 도움이 된다(Rein et al., 2006, p.155)."

브랜드 인지도(brand recognition)는 다섯 가지 단계가 있다. 우선 일반적으로 브랜드를 식별할 수 없는 무인지(nonrecognition) 단계가 있다. 소비자에게 알려져 있지 않기 때문에 매출 증대에 영향을 미칠 수 없는 단계이다. 이 시기를 잘 극복하지 못하면 소비자로부터 거부(rejection)를 당하는 단계에 놓일 수 있다. 리콜이 됐던 사례가 있다거나 품질이 좋지 않다는 인식이 자리가 잡히면 거부당할 것이다.

기업의 노력 끝에 인지(recognition) 단계에 이르더라도 구매에 결정적인 영향을 미치진 않는다. 선호(reference) 단계에서는 소비자가 브랜드에 대해 가치가 있는 것으로 여기게 된다. 소비자가 원할 때 손쉽게 구입할 수 있는 환경이 중요하다. 만약 손쉬운 구매가 힘들게 되면 다른 브랜드로 언제든지 옮길 수 있다. 고집(insistence) 단계에선 소비자가 브랜드의 가치를 높게 평가하여 당장에 원하는 브랜드를 구매할 수 없더라도 다른 브랜드로 갈아타지 않는다(Kaser & Oelkers, 2015).

세계적인 스포츠 용품기업의 2013~2014년 매출 자료 기준을 근거로 브랜드 순위를 살펴보면 나이키(Nike)가 278억 달러(약 32조 2,000억 원), 아디다스(Adidas)가 그 뒤를 이어 99.5억 달러(약 12조 원)에 이른다.

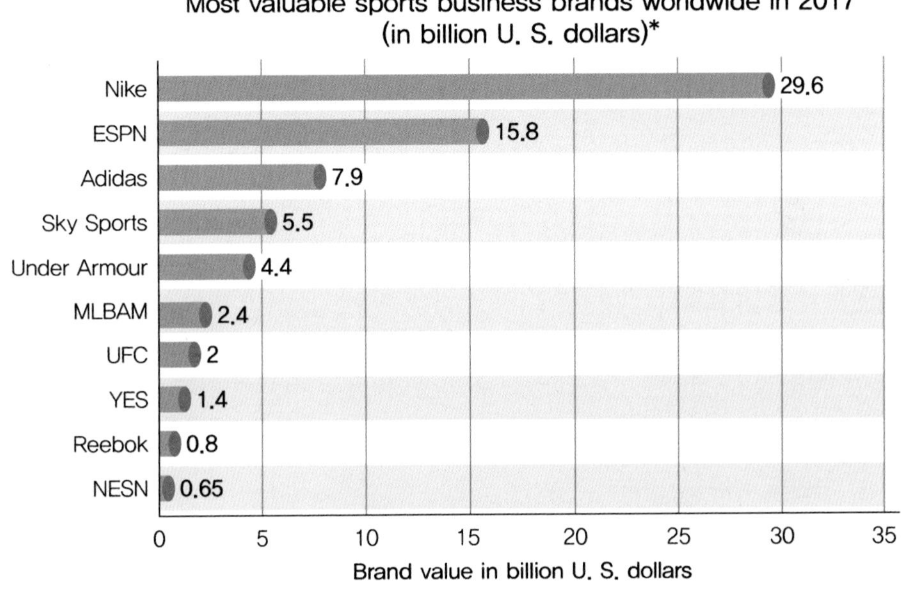

| 그림 4-7 세계 및 국내 스포츠 브랜드 순위

브랜드(brand)의 어원은 고대 노르웨이 단어인 brandr(불에 달구어 지지다)로서 '굽다(burn)'라는 의미에서 비롯됐다. 브랜드 분야의 세계적인 학자인 데이비드 아커(David Aaker, 1991)에 따르면 '브랜드란 판매자들이 경쟁자의 제품이나 서비스를 구분시키고 차별화하기 위해 사용하는 독특한 이름이나 상징물'이라고 정의했다. 또한 필립 코틀러와 케빈 켈리(Philip Kotler, & Kevin L. Keller, 2006)도 '경쟁자와 차별화를 하기 위해 사용하는 독특한 이름, 로고, 상징, 등록상품, 포장디자인의 종합'이라고 했다.

로고는 브랜드가 갖고 있는 정체성(identity)을 문자의 형태를 이용해 함축적으로 표현한 것이다. 상징은 브랜드가 갖는 속성과 정체성을 기초로 해서 디자인 및 그래픽 요소를 형상화시킨 것이다. 즉, 로고 혹은 다른 아이콘을 활용해 브랜드의 이미지를 형상화하는 역할을 한다.

브랜드는 상품 정체성(product identification), 반복 구매(repeat purchase), 신상품 판매(new product sales)의 세 가지 기능이 있다. 이 중에서 가장 중요한 기능은 상품 정체성이다.

전략적 브랜드 관리(혹은 브랜딩)는 하버드 대학의 시어도어 레빗(Theodore Levitt) 교수가 1970년대 말에 정립한 개념이다. 특정 제품인 제품군에 대한 고객 충성도를 유지하는 활동을 의미한다. 경쟁 브랜드들과 비교해 소비자의 마음속에 자리 잡기 위해 필요하고 당연히 브랜드 가치를 높이는 것을 목표로 한다. 이를 위해선 기업은 고객의 관점에서 시장을 바라보게 됐고, 기업 경영자는 브랜드에 대해 정기적인 의사결정이 필요하게 됐다.

브랜딩 목표를 달성하기 위한 네 가지의 의사결정은 브랜드 범위, 브랜드 깊이, 브랜드 계층 구조, 브랜드 포트폴리오로서 주요 개념을 살펴보면 다음과 같다.

1) 브랜드 범위

2) 브랜드 깊이

3) 브랜드 계층 구조

4) 브랜드 포트폴리오

첫째, '브랜드 범위'는 단일 브랜드로 운영할지 혹은 대표되는 하나의 브랜드 밑으로 얼마나 많은 제품을 배치할 것인가를 결정하는 영역이다. 둘째, '브랜드 깊이'는 하나의 사업 단위에서 얼마나 많은 브랜드를 관리할 것인가를 결정하는 영역이다. 셋째, '브랜드 계층 구조'는 서로 다른 브랜드들이 어떻게 서열 관계를 이루게 할 것인가를 결정하는 영역이다. 마지막으로 '브랜드 포트폴리오'는 시장에 소개됐던 기존의 브랜드들을 어떻게 효과적으로 관리할 것인가를 결정하는 영역이다.

2. 브랜드 자산, 브랜드 개성 및 브랜드 확장

브랜드는 정체성(identity)과 명성(reputation)의 개념이 포함돼 있는 것이다. 브랜딩은 리그, 이벤트, 구단 및 선수에게도 나타난다. 특히 구단 브랜딩과 선수 브랜딩은 중요하다. 강력한 구단 브랜드를 가진 구단은 스폰서십 협상에 유리하고, 티켓 구매의 시장 활성화에도 주도할 수 있기 때문에 상업적인 이득을 볼 수 있다. 이러한 스포츠 구단 브랜드를 강력하게 높일 수 있는 핵심적인 요인들은 경기 기록, 경영자 마인드, 고정 팬의 문화, 홈구장의 매력 등에 힘입을 수 있다.

반면, 매우 중요한 브랜딩 요인인 선수 영역은 스포츠 마케팅에서 가장 개척되지 않은 분야이기도 하다. 스포츠 마케팅에서 가장 중요한 상품인 선수의 브랜드 활성화 노력은 그 무엇보다 중요하지만, 언제든지 경쟁팀으로 이적할 수 있기 때문에 선수 스스로 혹은 에이전트의 도움을 받아 구축해야 할 영역일 수도 있다. 선수 브랜드를 높일 수 있는 요인으로는 경기수행 능력, 개성과 카리스마, 사회공헌활동 등에 따른 공공 이미지, 미디어의 노출 시간과 매력 등에 따라 증진시킬 수 있다.

1) 브랜드 자산

성공한 브랜드란 시장 가치가 높은 강력한 브랜드를 의미한다. 이러한 브랜드는 몇 가지 특성이 있다. 우선 경쟁사 제품과의 차별화를 통해 시장에서 우위를 차지한다. 확고한 고객 기반이 있고 새로운 고객을 확보하기 위한 선호도가 분명하다. 가격 프리미엄을 형성하고 시장에서 신규 사업자가 넘어야 하는 진입 장벽의 역할을 한다. 신제품 개발과 제품 수명주기를 늘림으로써 지속적인 브랜드 확장을 하게 된다.

아커(D. Aaker, 1991)는 행동과학 관점에서 브랜드 가치를 높이기 위한 요소를 제시했다. 그가 강조한 브랜드 자산(brand equity)이란 브랜드 이름과 상징에 관련된 자산과 부채의 총체라고 했다. 기업의 제품과 서비스는 기업의 가치를 증가시키거나 감소시키는 역할을 하게 된다. 브랜드는 다른 경쟁사와의 차별적 가치를 표현하는 것과 더불어 중요한 가치로 인식되고 있다. 앞서 언급한 인지도, 지각된 가치, 브랜드 로열티를 높이면 브랜드 자산은 크게 된다.

모든 브랜드가 자산으로 인정받지 못하기 때문에 브랜드 인지(brand awareness), 지각된 품질(perceived quality), 브랜드 연상(brand associations), 브랜드 충성도(brand loyalty) 등의 구성요소를 이해하고, 소비자 중심적 시각으로 조망하고자 했다. 아커는 브랜드 자산관리의 핵심으로 브랜드와 관련된 강력하고(strong), 호의적이며(favorable), 독특한(unique) 브랜드 연상(brand association)을 관리하는 것이라고 했다.

| 그림 4-8 데이비드 아커

| 그림 4-9 브랜드 자산 구성요소

(1) 브랜드 인지도(brand awareness)

(2) 지각된 품질(perceived quality)

(3) 브랜드 연상(brand associations)

(4) 브랜드 충성도(brand loyalty)

첫째, '브랜드 인지도'는 고객들에게 친숙한 브랜드로 인식하기 위해 필요하다. 즉, 소비자로 하여금 어떤 제품군에 속한 특정 브랜드를 기억해 낼 수 있는 능력을 높이게 하는 노력이 중요하다. 소비자 입장에선 친숙한 브랜드와 낯선 브랜드에 대해 태도가 다를 수밖에 없기 때문이다.

둘째, '지각된 품질'은 다른 이미지 요소들과 연계되어 특정한 브랜드가 어떻게 인식되는가를 나타내는 브랜드 자산이다. 즉, 고객들에게 품질에 대해 상대적이고 주관적인 인식을 극복하기 위해 필요한 구성요소이다.

셋째, '브랜드 연상'은 고객들에게 브랜드에 대한 신념과 느낌 등을 풍부하게 하기 위해 필요한 구성요소이다. 특정 브랜드가 소비자의 감각기관을 통해 수용되고 해석된다. 이 과정을 거쳐 제품 및 서비스 브랜드를 연상하는 것에 그치지 않고, 기업이 생성하는 조직 브랜드, 브랜드 개성, 국가, 지역 등을 포함하게 된다.

넷째, '브랜드 충성도'는 고객들에게 장기간 동안 브랜드 선호를 유도하기 위해 필요하다. 소비자가 특정한 브랜드에 대해 지속적으로 구매하는 성향을 높일 수 있기 때문이다. 브랜드 자산의 구성요소 중에서 가장 중요한 핵심 개념이다.

2) 브랜드 개성

데이비드 아커(D. Aaker)가 브랜드 자산의 구성요소를 제시(1991)한 후, 그의 자녀로서 브랜드 분야에 큰 영향력을 미치고 있는 제니퍼 아커(J. Aaker, 1997)는 다섯 가지 차원을 통해 브랜드 개성을 측정하는 척도(BPS: Brand Personality Scale)를 아래와 같이 제시했다.

(1) 진실성(sincerity)
(2) 흥미 유발(excitement)
(3) 자신감(competence)
(4) 세련됨(sophistication)
(5) 강인함(ruggedness)

첫째, '진실성'은 브랜드에 대한 솔직한 이미지와 관련한 브랜드 개성의 차원이다. 즉, 사실성, 정직성, 독창성, 친근함 등이 해당된다.

둘째, '흥미 유발'은 브랜드에 대한 창의성, 첨단적인 속성, 대담함, 멋짐, 최신 유행 등에 관한 이미지를 뜻한다. 세계적인 스포츠 용품 회사인 나이키(Nike)는 오래전부터 용품 자체의 품질을 강조하기 보다는 자사 브랜드의 용품을 착용했을 때의 소비자 심리를 변화시킬 수 있다는 점을 연구했다.

셋째, '자신감'은 브랜드가 경쟁사에 비해 시장에서 성공적이고 선두의 위치를 점하고 있는 이미지를 형상화시키는 브랜드 개성이다. 프로 스포츠 구단이 알려질 때 명품 구단의 이미지를 내세우며 천정부지의 선수 몸값에도 아랑곳하지 않는 자신만만한 속성을 지닐 수 있다.

넷째, '세련됨'은 브랜드의 매력성을 돋보이게 하고 품격을 지향하는 이미지에 관한 브랜드 개성이다. 대중이 스포츠 스타를 바라볼 때 경기력 외의 요건으로 선수의 매력성을 들 수 있다.

<표4-2> 브랜드 개성의 다섯 가지 차원

브랜드 개선

진실성	흥미 유발	자신감	세련됨	강인함
• 사실성	• 대담함	• 믿을만함	• 고상함	• 외향성
• 가족 지향성	• 유행성	• 열심히 일함	• 화려함	• 남성성
• 편협성	• 흥미진진함	• 안전함	• 잘생김	• 서부적임
• 정직성	• 열정	• 똑똑함	• 매력성	• 거침
• 진심성	• 멋짐	• 기술적	• 여성스러움	• 튼튼함
• 깨끗함	• 젊음	• 공동적	• 부드러움	
• 독창성	• 창의성	• 성공적		
• 생동감	• 독특함	• 선두		
• 감상적	• 최첨단	• 자신만만함		
• 친근함	• 독립성			
	• 현대적			

마지막으로 '강인함'은 남성성을 강조하고 거친 느낌을 의도적으로 확산하기 위해 필요한 이미지 형상화와 관련이 있다. 종목별로 프로 스포츠의 이미지 중에 미식축구는 남성성을 강조하고, 여성 팬심을 잡기 위한 노력을 한다.

3) 브랜드 확장

브랜드 확장(brand extension)이란 신제품을 출시할 때 기존에 잘 알려진 브랜드명을 사용함으로써 브랜드 연관성을 갖도록 하는 것을 의미한다. 브랜드 스트레칭(brand stretching)이라고도 불린다. 기존에 소비자에게 알려진 브랜드 명칭을 사용함으로써 마케팅 비용을 절감하고 기대효과를 갖기 위한 전략이다. 일반적으로 브랜드 확장 유형은 두 가지로 분류할 수 있다.

(1) 계열확장(line extension, 라인확장)

(2) 범주확장(category extension, 카테고리 확장)

첫째, '계열확장'은 수직적 확장(vertical extension)과 수평적 확장(horizontal extension)으로 다시 분류할 수 있다. 수직적 확장은 같은 제품 범주(category)에 다른 타깃 시장을 대상으로 가격, 품질의 차이가 있는 유사 브랜드를 출시하는 것이다. 이를 또 다시 상향 확장(upward extension)과 하향 확장(downward extension)으로 분류할 수 있다. 상향 확장 전략은 기존 브랜드를 대중시장에서 상급시장으로 확대하는 개념이고, 하향 확장 전략은 기존 브랜드를 갖고 저가형 시장에 진출하는 개념이다.

상향 확장의 예는 나이키(Nike)가 나이키 플러스(Nike+)로 확장되는 경우이다. 2006년에 첫 선을 보인 Nike+iPod는 걷기, 달리기 등의 사용자 활동 추적 장치로서 건강에 대한 개념을 확장시킨 신제품이다. 용품보다 상위기술제품이라고 인식될 수 있는 혁신기술을 도입해 모제품(parent product)의 기술수준을 강조한다. 현재 모든 성, 연령 등 모든 계층을 대상으로 고객 맞춤형 신상품 개발

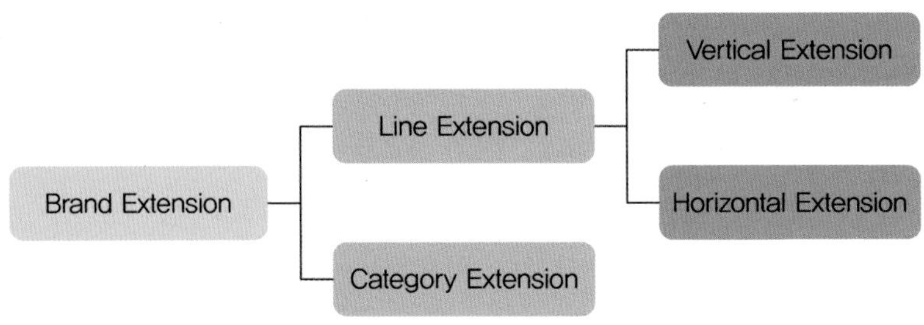

| 그림 4-10 브랜드 확장전략의 유형

로 계속 진화하는 분야로 스포츠 용품업계의 선구자로 평가받고 있는 이유이기도 하다. 하향 확장은 랄프로렌(Ralph Lauren)의 폴로(Polo), 아르마니(Armani)의 아르마니 익스체인지(Armani Exchange) 등의 사례가 있다.

반면 수평적 확장은 동일하거나 유사한 제품 범주에서 완전히 새로운 제품에 계속 사용하고 있는 상표명을 적용하는 경우를 뜻한다. 예를 들면 나이키가 에어조던(Air Jordan) 농구화 시리즈에서 나이키 에어맥스(nike airmax), 언더아머는 기능성을 강조하며 농구선수 스테판 커리의 '커리(Curry) 농구화 시리즈'를 출시했다.

둘째, '범주확장'은 새로운 범주에 어떤 신상품을 출시하기 위해 기존 브랜드 명칭을 사용하는 것이다. 국내 SNS 메신저 서비스인 카카오톡이 카카오택시, 카카오맵 등으로 기존의 고객과 기술을 기반으로 확장하는 경우가 좋은 사례다.

브랜드 확장의 장점은 신제품 브랜드 관점, 기업 관점, 모 브랜드 관점에서 살펴볼 수 있다. 우선 신제품 브랜드 관점에선 브랜드의 인지도를 높이고, 긍정적인 이미지를 형성시킬 수 있다. 소비자에게 생소한 새로운 브랜드의 의미를 전달하고, 지각 위험을 감소시킬 수 있다.

기업 관점에선 신제품 촉진 비용의 효율성을 증가시키고, 유통과 고객의 신제품 수용 가능성을 높일 수 있다. 기업은 새로운 브랜드를 개발하기 위한 비용과 광고·홍보를 위한 마케팅 비용이 발생한다. 이 비용을 절감시키면서 소비자의 다양한 욕구를 충족시키기 위한 유인전략을 구사할 수 있다.

모브랜드(parent brand) 관점에선 의미가 명료화되고 재활성화의 가능성을 열어둘 수 있다. 모브랜드의 이미지를 강화하고 확장시킴으로써 새로운 고객을 창출하고 시장 커버리지를 증대시킬 수 있다. 또한 연속적인 브랜드 확장을 가능하게 한다.

이에 비해 브랜드 확장의 단점이 있다. 이는 소비자의 유통 관점과 브랜드 관점에서 살펴볼 수 있다. 소비자의 유통 관점에선 브랜드 확장을 통해 소비자에게 혼란을 가져다 줄 요인이 되기도 한다. 새로운 제품에 대한 신선함이 낮게 평가될 수도 있어 소매 유통의 저항에 직면할 수 있다.

브랜드 관점에선 모브랜드와 확장 브랜드 간에 서로 시장을 잠식하는 현상이 일어날 가능성도 있다. 또한 브랜드 확장 전략이 실패하게 된다면 모브랜드의 이미지를 저하시키는 요인으로 작용할 수 있다.

❙ <표4-3> 브랜드 확장의 장점과 단점

브랜드 확장의 장점	브랜드 확장의 단점
• 신제품 브랜드 관점 - 신규 브랜드 인지도 제고 - 신제품 브랜드의 긍정적 이미지 제고 - 신규 브랜드 의미 전달 • 기업 관점 - 신제품 촉진비용의 효율성 증가 - 신제품에 대한 유통과 고객의 신제품 수용 가능성 - 신제품 개발 및 마케팅 비용 절감 • 모브랜드 관점 - 모브랜드 의미의 명료화, 재활성화 - 모브랜드 이미지 강화 및 확장	• 소비자의 유통 관점 - 소비자에게 혼란초래 가능 - 신규제품에 대한 신선함 저하 - 소매 유통 저항에 직면 • 브랜드 관점 - 모브랜드와 확장 브랜드 간에 시장 잠식 가능 - 브랜드 확장의 실패로 모브랜드의 이미지 저하 가능성

출처: 이명식, 양석준, 최은정(2018). 전략적 브랜드 마케팅(제2판). 박영사. p.151, 160

3. 브랜드 커뮤니티와 커뮤니케이션 과정

1) 브랜드 커뮤니티

공동체란 개념의 커뮤니티는 1950년대에부터 소비 커뮤니티(consumption community)에 대한 연구가 이루어져 왔다. 도시화가 진행되고 교통편의 발달로 인해 현대인의 특성 중에 두드러진 점은 이동성이 있다. 최근 소셜 미디어의 발달로 온라인상의 이동성이 활발한 새로운 차원의 커뮤니티가 발전하고 있다. 특히 소비 커뮤니티의 구체적인 형태를 브랜드 커뮤니티(brand community)라 할 수 있는데 온라인상에서 형성된 경험과 가치를 공감문화의 확산으로 어디로 튈지 모를 정도로 확장성을 갖는다. 소셜 미디어를 통해 확장되는 사회성은 인지(cognition), 협동(cooperation), 커뮤니케이션(communication)을 포함하기 때문에 매우 중요한 이슈가 됐다.

브랜드 커뮤니티를 '특정 브랜드를 좋아하는 사람들 사이에 나타나는 구조화된 집합체로서 특화성을 갖고, 지리적으로 제약받지 않는 커뮤니티'라고 정의하고 있다(Muniz & O'Guinn, 2011). 즉, 특정 브랜드에 대해 사회적 관심사로 형성된 공동체이다. 인터넷은 브랜드 커뮤니티의 촉매제로서 역할을 한다. 스포츠 종목, 선수, 구단에 이르기까지 기업에서 생산하는 특정한 브랜드 외에도 다양한 브랜드 커뮤니티가 형성된다.

브랜드 커뮤니티의 본질적인 특징은 다음과 같다.

(1) 공유된 의식(shared consciousness)

(2) 의례와 전통(rituals and traditions)

(3) 도덕적 책임감(sense of moral responsibility)

첫째, '공유된 의식'은 해당 브랜드 사용자와 다른 브랜드 사용자 사이를 구분하는 것을 의미한다. 둘째, '의례와 전통'은 커뮤니티만의 문화, 의식, 전통, 규범 등을 망라하여 스토리를 집어넣거나 상징물을 창조하여 구성원들 간의 결속력을 강화시키게 한다. 셋째, '도덕적 책임감'은 커뮤니티를 유지시키기 위한 자발적인 참여와 의무감과 관련돼 있다.

브랜드 커뮤니티의 효과는 소비자 입장과 기업 입장에서 바라볼 수 있다. 소비자 입장에선 정보탐색과 정보제공의 기회를 크게 확장시킬 수 있다. 기업이 제시한 정보와 소비자가 경험한 정보를 통해 정보 수용도를 높이게 된다. 이를 통해 소비자가 만족을 얻게 된다면 브랜드 커뮤니티에 대한 소속감을 강화하게 되고, 온라인상에서도 흔한 공동구매의 소비패턴을 확대하는데 큰 도움을 줄 수 있다.

기업입장에선 브랜드 자산 형성에 큰 도움을 얻고, 시장에서 기회를 창출해 경쟁우위를 선점할 수 있다. 특히 4.0 시대의 소비자 성향이 권위 있는 평론가보다 소셜 미디어 내 커뮤니티 구성원, 가족, 친구 등에 의해 영향을 더 받기 때문에 소비자들의 발언권이 커지는 만큼 기업도 사회적 책임을 수행하기 위한 환경에 노출된다. 이를 통해 상호 윈윈(win-win)할 수 있는 생산과 소비의 성공적인 마케팅이 가능하게 된다.

2) 브랜드 커뮤니케이션 과정

브랜드 커뮤니케이션의 과정을 살펴보면 다음과 같다.

(1) 상황분석
(2) 목표설정
(3) 표적시장 선정
(4) 메시지 작성
(5) 미디어 선택
(6) 광고효과 평가

첫째, '상황분석'은 소비자와 잠재 소비자의 선호도와 조직의 장단점을 파악하는 단계이다. 기존 브랜드를 보다 더 확장시킬 수 있는 방안이 도출될 수 있는지, 신규 브랜드를 시장에 내놓을 수 있는 내·외부 환경을 파악한다.

둘째, '목표설정'은 자사의 장단점과 소비자의 선호도를 파악한 후, 구체적인 목표를 수립해야 한다. 매출 증가의 폭, 새로운 소비자의 유치 규모, 기존 고객의 소비 증대 규모 등의 객관적 수치를 도출할 수 있는 부분과 브랜드 인지도 제고, 스포츠 브랜드를 강화할 수 있는 전방위적 목표를 설정해야 한다.

셋째, '표적시장 선정'은 유사한 소비성향을 가진 소비자를 선정하여 궁극적으로 사람의 마음을 얻을 수 있어야 한다. 이는 2부에서 언급한 세분화, 표적화, 위치화의 과정에서 경쟁력 있는 세분시장별로 사업성을 검토, 브랜드를 알릴 수 있도록 정확한 타깃을 선정하는 것이다.

넷째, '메시지 작성'은 긍정적인 스포츠 브랜드의 연상을 야기하는 메시지를 확정해야 하는 단계이다. 대표적으로 나이키의 'Just Do It', 아디다스의 'Impossible is Nothing', 언더아머의 'Rule Yourself' 등이 대표적인 캠페인성 광고 문구이다.

다섯째, '미디어 선택'은 효과적인 매체를 선택하는 단계이다. 인쇄매체(신문, 잡지 등), 방송매체(TV, 라디오 등), 인터넷 매체(온라인, SNS 등)를 통해 브랜드를 알린다.

마지막으로 '광고효과 평가'는 일련의 과정을 거친 후 특정한 미디어를 통한 소비자와의 커뮤니케이션의 효과를 평가하는 단계이다. 즉, 각 단계별 피드백을 거쳐 수정·보완을 통해 성공적인 브랜드 커뮤니케이션을 하게 된다.

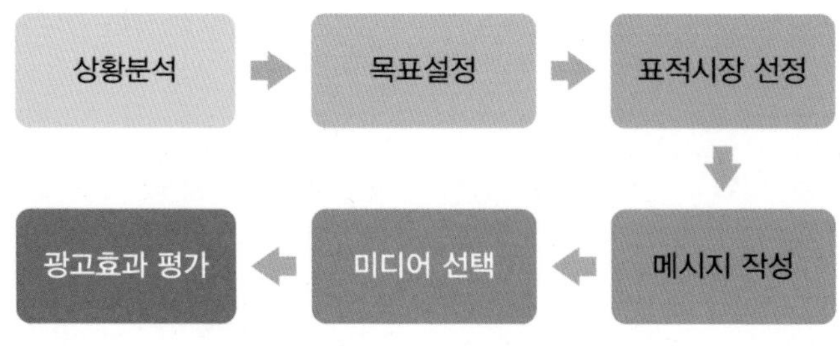

| 그림 4-11 브랜드 확장전략의 과정

4. 스포츠 브랜딩

1) 스포츠 브랜딩의 요소

스포츠 브랜딩의 네 가지 요소는 세분화, 관여도, 윤리성, 변화를 들었다. 세분화는 인구사회학적인 분석으로 시장을 분류하면서 고객의 성향을 관찰해야 한다. 또한 안정적인 스포츠 브랜드를 유지하기 위해선 성격이 너무 크게 차이가 나지 않는 조화로운 목표 시장을 선택할 필요가 있다.

관여도는 팬들과 브랜드 간에 형성하는 관계를 명확하게 설정함으로써 강한 브랜드를 구축하기 위해 필요한 요인이다. 스포츠에 대해 전혀 몰랐던 고객도 잠재적인 소비자로 발전할 수 있다. 스포츠에 대해 점차적으로 알아가게 하는 과정에서부터 스포츠를 삶의 일부로 받아들일 수 있는 단계로까지 발전할 수 있는 것이다. 윤리성은 그 어떤 요인보다 중요한 개념이다.

레인 등(Rein et al., 2006)은 윤리성에 대해 "스포츠에서 윤리성이란 전력을 다해 임하는 게임, 공정한 규칙, 균등한 승리의 기회, 약물복용금지, 규정에 맞는 보조 도구나 용품의 사용, 스포츠 경험을 통해 팬들이 자신이 지출한 돈의 가치를 얻는 것, 구단주, 팀, 선수들, 그리고 에이전트들이 팬들의 입장에서 정직하게 자신의 역할에 열심히 임하는 태도 등을 의미(p.180)"한다고 했다. 더불어 "윤리성에서 신뢰는 매우 중요하다. 스포츠에서 신뢰가 무너진다면 팬들은 즉시 더 믿을 만하고 흥미 있는 스포츠를 찾아 떠날 것이다. 또한 어떤 스포츠가 약물복용, 선수의 도박 혐의, 비윤리적인 판정, 심지어 지역 팀에 대한 충성심 부족 등으로 위기에 빠진다면 그 윤리성은 치명적인 상처를 입게 될 것(p.181)"이라고 했다.

마지막으로 변화는 점진적으로, 인위적이지 않은 시장의 힘에 따른 과정이라 할 수 있다. 19세기 영국에서 치러졌던 미식축구는 양 팀의 유니폼 색깔도 제각각이었고, 야드 표시나 경기 규정에 대해 모호함을 유지했다. 관중들이 적정한 수준에서 양 팀을 구분할 수 있었고, 명확한 기록을 기억해야 한다는 자체에 큰 관심을 기울이지 않았다. 하지만 미국으로 건너온 미식축구는 상황이 달라졌다. 1925년 예일 대학과 하버드 미식축구팀 간의 경기는 수만 명의 팬들이 자동차와 열차를 이용해 경기를 찾았다. 당시 5만 7천 명을 수용할 수 있었던 하버드 경기장에서 열렬한 응원과 승리를 염원했다. 지역 라디오를 통해 전국으로 경기를 중계했다. 이러한 변화를 통해 양 팀을 상징하는 유니폼과 보편적 시각으로 이해할 수 있는 경기규정이 자리 잡히게 됐다.

<표4-4> 스포츠 브랜딩의 네 가지 요소

구분	내용
세분화	• 전통적인 시장 세분화는 소득, 교육 수준, 종교, 지역, 인종 등 인구사회학적 분석에 기반을 두고 소비자를 구분함 • 기술발달에 따라 고객을 좀 더 상세하게 분류해야 함 • 세분화된 시장에서 우선순위를 매겨야 함(표적 시장 마케팅을 위해 선행) • 조화로운 목표 시장을 선택해야 함(시장 조화 market orchestration)
관여도	• 강한 브랜드를 구축하기 위해 팬들과 브랜드 간에 형성하는 관계임 • 팬들이 스포츠 상품에 대한 관여도 5단계 - 스포츠에 대한 인식 → 경기 결과 확인 → 정기적으로 경기 관람 혹은 시청 → 모든 유통채널(TV, 라디오, 신문, 잡지 등)을 통해 스포츠 소비 → 스포츠를 삶의 일부로 받아들임
윤리성	• 소비자들이 이해하고 생각하는 브랜드 의사소통자의 품성과 성격을 의미함 • 팬들로 하여금 스포츠 브랜드의 고귀함과 신뢰성을 유지하게 함
변화	• 점진적이면서 인위적이지 않은 시장의 힘에 따라 변화를 주도하게 됨 • 경쟁이 치열해지면서 엔터테인먼트 중심으로 변화함 • 선수들의 잦은 인터뷰, 경기장 입구에서의 밴드 공연과 관람, 다양한 의상 파티, 경기 중간에 제공되는 엔터테인먼트, 수많은 프로모션, 가격 인하 등

출처: Rein, I., Kotler, P., & Shields B. (2006). *The Elusive Fan: Reinventing Sports in a Crowded Marketplace*. 서원재, 성용준 옮김(2009). 필립 코틀러의 스포츠 브랜드 마케팅: 스포츠팬을 잡아라. 지식의 날개, p.165-186(요약)

2) 스포츠 브랜딩 단계 및 분야

성공적인 브랜드를 개발하기 위해선 다섯 가지 단계가 필요하다(Rein et al., 2006).

(1) 평가: 브랜드 정의 또는 재정의 필요성 평가

(2) 자산 검토: 브랜드 자산의 가치 평가

(3) 목표 설정: 목표시장 정의

(4) 계획: 변화의 정도 결정

(5) 형성: 목표시장을 겨냥한 브랜드 형성과 개발

첫째, 평가 단계에서는 현재 상황, 경쟁 상황, 문화적 트렌드, 비전 등을 객관적으로 제시할 수 있어야 한다. 우선 현재 상황은 SWOT 분석을 통해 자사의 강점과 약점, 시장의 기회와 위기를 평가하는 것이다. 경쟁 상황 조사는 동종 경쟁자와 엔터테인먼트를 주력으로 삼는 유사한 경쟁자들을 상대로 한다. 예를 들어 설문조사를 통해 그들이 가진 경쟁력, 성공 요인, 벤치마킹할만한 요인 등을 분석할 수 있다. 문화적 트렌드는 고객들이 정보를 얻는 방법, 구매 습관, 여가 시간 분포 등을 망라한 영역을 찾는 것이다. 마지막 단계인 스포츠 조직의 비전을 결정하는 일이다. 상품의 현재 상태, 경쟁자들의 활동 범위 등을 염두에 두고 명확한 비전을 개발해야 한다.

둘째, 자산 검토 단계에서는 브랜드 형성 모멘트, 브랜드 가치, 브랜드 시너지라는 측면을 고려해야 한다. "브랜드 형성 모멘트(brand－Forming Moments)란 어떤 상품이 사람들에게 강력한 호감과 이미지를 심어 주는 순간이나 기회를 의미한다. 이러한 순간과 기회는 경기 도중이나 미디어 노출 혹은 스포츠 관련 제반 활동과정에서 우연히 발생하며 아이디어 회사나 조사과정과 같은 보다 체계적인 접근을 통해 생성(Rein et al., 2006. p.209)"되는 것이다. 브랜드가 형성되는 순간이 확실하게 인식할 수 있다면 좋겠지만, 우연히 주어질 수도 있어 잘 보이지 않는 경우도 있다. 이러한 순간을 잘 포착하고 기회를 잘 살려야 한다. 브랜드 가치는 스포츠 브랜드의 의미와 문화를 지탱하는 원칙으로 힘, 의식, 전통, 존경, 성실, 고결함, 명예, 충성심, 보호, 인내 등을 의미한다. 마지막으로 브랜드 시너지란 리그, 컨퍼런스, 연맹, 협회, 이벤트, 팀, 선수, 코치, 경영진, 행정가 등에 이르기까지 상호 보완과 발전을 통해 구축될 수 있는 개념이다.

레인 등(Rein et al., 2006)에 따르면 성공적인 스포츠 브랜딩을 구축하기 위해선 스포츠 자산을 형성하는 전방위적 브랜드화의 중요성을 언급했다. 선수, 팀, 감독, 구단주, 경영인, 프로그램, 리그, 이벤트, 시설, 스포츠 용품, TV 쇼 브랜드를 망라한다.

<표4-5> 스포츠 브랜딩의 11가지 분야

구분	내용
선수 브랜드화	스포츠 마케팅에서 가장 중요한 상품이자 실행자로서 선수 이미지가 지속적으로 팬들에게 노출되므로 브랜드화를 해야 함 예 지성과 매력이 결합된 세계최고의 스포츠 브랜드
팀 브랜드화	선수와 감독에 의해 형성된 팀의 특성 외에도 그 팀만이 갖는 독특한 아이덴티티를 강조할 수 있는 브랜드화가 필요함 예 연패를 당하더라도 팬의 충성도를 놓치지 않는 팀
감독 브랜드화	선수는 팀에서 회전율이 빠르고 선수생활 기간이 짧은 반면, 감독은 팀을 장기간 유지시키는 역할을 할 수 있어 브랜드화가 필요함 예 평범한 팀과 선수를 우승할 수 있는 수준까지 끌어올리는 리더십
구단주 브랜드화	프로 스포츠 구단주의 브랜딩을 통해 대중적인 가시성을 높여주고, 종종 불거질 수 있는 팬과 구단주 사이의 갈등을 사전에 차단할 수 있음 예 모든 팬들을 즐겁게 만들고 싶어 하는 응원 단장
경영인 브랜드화	선수계약, 팀 홍보활동, 경기장 계약 등에 이르기까지 팀 운영과 관련한 활동이 수시로 노출되므로 브랜드화의 기회가 있음 예 기술 혁신과 통계분석에 기반을 두는 선수 스카우트
프로그램 브랜드화	지역사회를 기반으로 한 고등학교, 프로 리그 진출에 교두보 역할을 하는 대학교, 세련된 프로 스포츠별로 트렌드에 맞게 브랜드화를 해야 함 예 대학 리그 프로그램을 벤치마킹하여 재미있는 고등학교 프로그램
리그 브랜드화	고등학교 리그, 대학교 리그, 프로 스포츠 리그별 브랜드화를 해야 함 예 프로 리그를 벤치마킹하여 재미있는 대학 리그
이벤트 브랜드화	특정한 시기에 연례적인 행사를 치를 수 있는 스포츠 이벤트, 시즌 동안 고객의 인식에 각인된 프로 스포츠 등 개별적 이벤트의 브랜드화를 통해 충성도 높은 소비자를 유지해야 함 예 도전과 놀라움의 새로운 기준을 설정해 준 고품격 경주 코스

구분	내용
시설 브랜드화	지역적 특성, 전통적 관습 및 문화 등과 결부돼 있어 선수 못지않게 시장의 차별성을 지닌 독특한 브랜드가 될 수 있음 예 성수기, 비수기 때 팬들이 항상 찾아 즐길 수 있는 복합 공간
스포츠 용품 브랜드화	팀 아이덴티티 표출, 세련된 패션을 주도할 수 있는 스포츠 용품의 브랜드화가 요구됨 예 일상복처럼 평상시에 입거나 신고 다녀도 어울리는 의복
TV쇼 브랜드화	스카우팅 리포트, 드래프트와 관련한 전문적 내용을 재미있게 설명할 수 있는 TV쇼의 브랜드가 필요함 예 스포츠 이슈, 논쟁, 가십 등 예측 불가능한 진행을 하는 스포츠 토크쇼

출처: Rein, I., Kotler, P., & Shields B. (2006). *The Elusive Fan: Reinventing Sports in a Crowded Marketplace*. 서원재, 성용준 옮김(2009). 필립 코틀러의 스포츠 브랜드 마케팅: 스포츠팬을 잡아라. 지식의 날개, p.411-447(요약, 추가정리)

스포츠 마케팅 조사

스포츠 분야에서 정보 수집은 날로 중요해지고 있다. 특히 마케팅 영역에서 방대한 정보를 전산화하고 인프라 구축에 따른 표준화의 실행이 정확히 이루어지기 위해선 정보를 수집하고, 관리하는 것은 매우 중요하다. 또한 데이터와 정보를 명확하게 구분해야 한다. 중요하고 어떤 특정한 목적에 사용될 수 있을 때 데이터는 정보로 변환된다. 소량의 데이터만이 실제 정보로 사용된다고 추정한다. 스포츠 정보 분야는 크게 두 가지로 해석될 수 있다. 첫째는 스포츠 분야로서 스포츠 경영, 스포츠 산업, 스포츠 전자학술 등에 해당되고, 둘째는 데이터 분야로서 각종 자료를 활용하여 고부가치를 창출하는 영역에서 필요한 것이다(한국산업인력공단, 2016). 1부에서 살펴보았던 「스포츠산업특수분류 3.0」에서 스포츠서비스업(대분류)의 중분류에 '스포츠정보 서비스업'이 있다. 이는 스포츠 신문 발행업, 스포츠 잡지 및 정기 간행물 발행업, 스포츠 관련 라디오와 지상파 방송업, 스포츠 관련 프로그램 공급업, 스포츠 관련 유선 방송업, 기타 스포츠 정보 서비스업 등으로 다양한 영역으로 직능 유형을 분류해 놓았다.

1. 스포츠 마케팅 조사 영역

스포츠 마케팅 조사란 스포츠 제품과 서비스를 효과적으로 마케팅하기 위해 정확하고 객관적인 방법으로 자료를 수집, 기록, 분석하는 일을 말한다. 스포츠 마케팅 시장의 잠재력을 측정하고 시장의 수요를 예측하기 위해 중요한 작업이라 할 수 있다. 상품과 항목별 수요량, 가격 등의 관계를 분석하여 그 결정요인과의 관계를 규명하는 일을 수요분석이라고 한다. 이러한 수요분석을 기초로 하여 각종 예측조사와 시장조사 결과를 토대로 미래 수요를 예측하는 일을 수요예측이라고 한다. 스포츠 마케팅 시장에서 활동하는 다양한 주체들은 스포츠 마케팅 조사에 적극적으로 임할 필요가 있다.

1) 스포츠 단체

'스포츠의 마케팅' 주체로서 관중유치, 스폰서십, 방송중계권 판매 전략 수립

2) 스포츠 구단

'스포츠의 마케팅' 주체로서 관중유치, 고객 서비스 전략, 선수 선발 및 활용, 라이선싱, 머천다이징 판매 전략 수립

3) 기업

'스포츠를 통한 마케팅' 주체로 상품 판매 촉진 전략, 소비자 인식자료 확보

4) 스포츠 산업체

스포츠 용품업, 스포츠 시설업, 스포츠 서비스업의 업종으로 고객 유치 및 관리, 사업타당성 분석, 경영자료 확보에 필요한 자료를 수집하고 전략 수립

2. 스포츠 마케팅 시장조사

1) 시장조사의 종류

시장조사는 크게 탐색조사와 기술조사, 그리고 인과조사로 구분할 수 있다. 스포츠 시설 개발을 예로 들어 설명하면 다음과 같다. 첫째, 탐색조사는 스포츠 시설 개발을 의뢰하는 고객과 시설을 사용하는 이용 고객요구를 파악하는 과정에서 발생할 수 있는 문제를 규명하는 것이다. 이를 위해선 학계와 업계에서 발간된 2차 자료를 수집하고 분석하는 문헌조사, 전문가 면접을 통해 고객 선호 시설형태 및 선호패턴을 파악(전문가 조사)하는 경험에 의한 조사, 고객평가나 실적

좋은 시설물을 파악하는 사례조사를 할 수 있다. 또한 특정한 주제를 응답자 집단 대상으로 자유로운 토론을 통해 정보를 수집하고 분석하는 '표적집단면접법'도 있다.

둘째, 기술조사는 경제상황, 소비자 변화 등 시장상황과 소비자 행태를 분석하기 위해 수행하는 조사 방법이다. 대표적인 기술조사방법으로는 시장크기, 소비자 구매력, 기존 스포츠 시설업자의 이용가능성 등을 파악하는 관련시장 조사가 있다. 또한 스포츠 시설의 시장점유율 조사를 통해 소비자가 선호하는 곳을 쉽게 파악할 수 있다. 보다 구체적인 방법으로는 지역별, 시설의 종류별, 고객 규모별의 매출액을 조사할 수 있고, 스포츠 시설의 인지도, 선호시설의 평가, 회원권 구매의사 등을 조사함으로써 구매와 직접 관련이 있는 자료를 분석할 수 있다. 더불어 시간 변화에 따른 스포츠 시설의 시장변수에 대한 소비자 반응을 파악할 수 있는 인구통계학적 변수를 분석함으로써 면밀한 기술조사를 할 수 있다.

기술적인 측면으로 살펴보면 현장조사, 표본조사 등 관심이 있는 모집단에서 단 1회에 걸쳐 선정하고 조사하는 횡단조사가 있고, 조사대상자들로부터 여러 차례의 응답 자료를 파악하는 종단조사가 있다. 또한 코호트 조사(cohort study)로서 처음 조건이 주어진 집단(코호트)에 대해 미래의 경과와 결과를 알기 위해 조사하는 방법도 있다.

마지막으로 인과조사는 스포츠 시설 개발에서 발생하는 특정 현상의 원인과 결과 간의 관계를 규명하는 것이다. 마케팅 현상의 독립변수(원인변수)와 종속변수(결과변수)에 미치는 영향, 크기, 방향을 조사할 수 있다. 즉, 고객의 선호도, 만족도 등을 제고할 수 있는 다양한 요인을 찾아내는 것이다. 이를 위해선 학자들이 실제로 연구한 선행연구를 토대로 분석할 수 있다.

앞서 언급한 세 가지 외에도 조사대상을 패널로 고정시켜 놓고 동일한 주제에 대해 반복적으로 조사하는 패널조사, 한 명의 진행자가 소수의 응답자를 한 장소에 모아 놓고 조사주제와 관련해 대화, 토론을 통해 자료를 수집하는 포커스 그룹 조사도 있다.

2) 시장조사의 방법

시장조사에는 1차 조사와 2차 조사로 나눈다. 1차 조사는 조사자가 현재 수행 중인 연구 목적 달성을 위해 직접적으로 1차 자료(primary data)를 수집하는 것이다. 조사자가 당면한 의사결정 문제를 해결하기 위해 대면면접, 전화면접, 설문 등을 통해 자료를 얻을 수 있다. 2차 조사는 다른 조사자, 정부기관, 언론매체, 기업, 연구기관 등에 의해 이미 만들어진 2차 자료(secondary data)를 수집하는 것이다. 이미 관련 정보가 있으므로 1차 조사보다 비교적 빨리 자료를 찾을 수 있다. 마케터가 고객 선호도를 조사하는 방법으로 통상 설문조사를 통해 1차 조사를 한다. 필요한 시기에 적절히 이용이 가능하기 때문이다. 몇 가지 고객 선호도 조사방법을 살펴보면 <표4-6>과 같다.

<표4-6> 고객 선호도 조사방법

구분	내용	
직접 설문 조사	장점	응답률이 높음
	단점	시간과 비용의 부담으로 응답자 수가 적음
우편 설문 조사	장점	상대적으로 적은 비용 소요, 고객의 프라이버시 보호
	단점	고객주소가 변경되거나 불필요한 우편물로 간주되어 응답률이 비교적 낮음
전화 설문 조사	장점	직접 설문 조사에 비해 인건비, 교통비 등의 비용부담이 없고, 우편 설문 조사에 비해 높은 응답률을 보장함
	단점	문항 수가 많을수록 정보습득이 어려움
인터넷 설문 조사	장점	전통적인 설문 조사에 비해 신속하고 저렴한 비용으로 실시할 수 있음
	단점	종종 스팸 처리가 되거나 고객 호응 부족으로 응답률이 낮을 수 있음

스포츠 마케팅 시장에서 아무리 매력적인 상품을 선보인다고 해서 반드시 흥행한다는 보장이 없다. 소비자 인식 조사를 통해 얻어낸 데이터를 갖고, 긴급히

적용해야 할 정보와 중·장기적으로 활용할 정보를 분류해 전략과 전술을 구성해야 한다. 소비자 조사방법으로는 정성조사와 정량조사가 있다.

첫째, 정성조사는 고객의 믿음, 감정, 동기요인 등 소비자의 심리적인 부분에 대한 정보를 얻는 것이다. 정량조사에서 밝혀내기 힘든 개인의 동기와 태도를 얻기 위해 대화 수단(언어)을 통한 면접법을 사용할 수 있다. 면접자와 피면접자 간에 직접적인 상호과정을 거치기 때문에 응답률이 높다는 장점을 갖는다. 반면, 비용과 시간이 많이 소요되고 면접자와 피면접자에 따라 면접결과가 달라질 수 있는 점을 유의해야 한다.

이러한 질적 데이터를 수집하는 방법에는 면접법 외에도 관찰법, 표준화검사법, 델파이검사법 등이 있다. 관찰법은 절차의 조직성(조직적, 비조직적 관찰), 참여정도(참여, 비참여, 준참여 관찰), 관찰상황(자연적, 통제적 관찰), 관찰시점(직접, 간접관찰), 관찰사실 공개여부(공개적, 비공개적 관찰)로 분류할 수 있다. 표준화검사법은 최대수행검사, 전형적 수행검사, 검사매체에 의한 검사, 검사인원수에 따라 분류할 수 있다. 델파이검사법은 전문가의 의견과 판단을 수렴하는 대표적인 조사방법이다. 이는 직접 대면하고 회의할 때보다 시간과 노력이 덜 소요되고, 익명성과 독립성, 개인이나 집단압력으로부터 소수의 의견도 존중될 수 있다는 장점이 있다. 반면, 질문지처럼 회수율이 낮고, 피드백 절차로 인해 비교적 장기간이 소요되는 단점이 있다. 또한 응답자의 불성실한 응답과 조작될 가능성도 유의해야 하고, 상호작용을 할 수 없다는 한계가 있다.

둘째, 정량조사는 일정한 기준으로 수집한 동질적 특성을 지닌 표본집단을 대상으로 통일된 유형의 설문지와 질문을 통해 규격화된 응답을 구하는 방식이다. 조사자가 사전에 작성한 규격화된 설문 문항을 사용함으로써 시간, 노력, 비용이 적게 소요되는 장점을 갖고 있다. 물론 질문지의 작성과정에 상당한 노력과 주의를 기울여야 정확한 데이터를 확보할 수 있다.

설문지를 작성할 때는 응답자가 이해하기 쉽고 가치중립적인 용어를 선택해야 한다. 또한 필요한 내용만을 선별하여 질문의 분량을 가능하면 줄이는 것이 보다 명확한 자료를 수집할 수 있다. 즉, 간단명료하고 알고자 하는 문제만 질문을 해야 한다. 또한 자연스러운 질문과 논리적 순서로 배열하는 것이 좋다. 설문지 작성의 표현방식과 대표적인 설문종류를 척도별로 분류한 내용은 <표 4-7>과 같다.

<표4-7> 설문지 설계 및 측정방법

<table>
<tr><td rowspan="13">설문지 설계</td><td rowspan="13">문항구성</td><td>① 명료하게 질문 문항을 표현하여 의미를 정확하게 전달함</td></tr>
<tr><td>② 이중 질문을 피함</td></tr>
<tr><td>③ 응답자의 능력을 고려함</td></tr>
<tr><td>④ 응답자가 흔쾌히 대답할 수 있도록 동기 부여함</td></tr>
<tr><td>⑤ 응답자 입장을 곤란하게 하거나 자존심 상하게 하는 표현을 삼감</td></tr>
<tr><td>⑥ 가능한 짧은 문자 사용함</td></tr>
<tr><td>⑦ 다지선다형 응답에 있어서는 가능한 응답을 모두 제시함</td></tr>
<tr><td>⑧ 부정 또는 이중 부정 문항을 피함</td></tr>
<tr><td>⑨ 특정한 응답에 대한 유도질문을 피함</td></tr>
<tr><td>⑩ 응답 항목의 중복을 피함</td></tr>
<tr><td>⑪ 시작하는 질문은 흥미를 유발하게 함</td></tr>
<tr><td>⑫ 민감한 질문은 뒤로 배열함</td></tr>
<tr><td>⑬ 부득이하게 설문지가 긴 경우 앞부분에 위치하게 함</td></tr>
<tr><td rowspan="3">척도</td><td>요약</td><td><table>
<tr><th>구분</th><th>범주</th><th>순위</th><th>등간격</th><th>절대영점</th><th>비고</th></tr>
<tr><td>명목척도</td><td>○</td><td>×</td><td>×</td><td>×</td><td>비연속</td></tr>
<tr><td>서열척도</td><td>○</td><td>○</td><td>×</td><td>×</td><td>비연속</td></tr>
<tr><td>등간척도</td><td>○</td><td>○</td><td>○</td><td>×</td><td>연속</td></tr>
<tr><td>비율척도</td><td>○</td><td>○</td><td>○</td><td>○</td><td>연속</td></tr>
</table></td></tr>
<tr><td>명목척도 (nominal scale)</td><td>집단을 명칭으로 분류하는 척도(=명명척도)
• 성별(남자, 여자), 주민등록번호, 선수 등번호, 프로야구팀의 명칭, 출신고등학교 지역 등 배열할 때 숫자 부여
- 성별이든 프로야구팀 명칭 배열이든 숫자(1, 2, 3...)로 구분함
• 성별, 종교, 날씨, 지역, 계절, 국적, 고향, 선수 등번호 등
예시: 귀하의 성별은? 1. 남자 2. 여자</td></tr>
<tr><td>서열척도 (ordinal</td><td>관찰대상이 아닌 속성의 순서적 특성만을 나타낼 때 사용, 계속되는 두 수치의 간격이 반드시 일치하지 않음(=순위 혹은 순서척도)</td></tr>
</table>

	scale)	• 주 평균 운동횟수: 1=전혀, 2=가끔, 3=보통, 4=자주, 5=매일 • 운동을 자주하는 사람은 가끔하는 사람보다 두 배 더 한다고 볼 수 없음(대상들 간 크기나 차이 없음) • 팀 간의 순위, 교육수준(중졸이하, 고졸, 대졸이상 등) • 학력, 석차순위, 사회계층, 선호순위, 학점 등 예시: 귀하가 좋아하는 종목을 순으로 나열하시오. 1. 야구 2. 축구 3. 농구 4. 배구 5. 골프
	등간척도 (interval scale)	양적 차이를 측정하기 위해 균일한 간격으로 분할 측정(=간격척도) • 비교된 대상물의 차이, 온도, 태도 예시: 귀하가 A 스포츠센터 서비스에 대해 만족하나요? 1. 매우 불만족 2. 불만족 3. 보통 4. 만족 5. 매우 만족
	비율척도 (ratio scale)	• 명목, 서열, 등간척도의 특성을 모두 포함 • 절대 영점(0)을 갖고 있어 모든 산술적 연산(가감승제)이 가능한 척도 - 교육연수, 연령, 수입, 길이, 무게, 거리, 점수 등 예시: 귀하의 시험점수는 어떻게 되나요? 1. 40점 이하 2. 50점 3. 60점 4. 70점 5. 80점 이상

양적 데이터를 수집하는 방법으로 질문지법 외에 실험법도 있다. 인과관계의 파악을 통해 법칙을 발견하는데 유리하고, 정확성 · 정밀성 · 객관성이 높은 결론을 도출할 수 있다. 또한 집단 간의 비교분석이 용이하다. 다만, 자연과학의 실험과 달리 사회과학에서는 엄격하게 통제된 실험이 어렵다는 단점이 있다. 스포츠 마케팅 시장 분석은 사회 현상을 지배하는 객관적 법칙을 해명하기 위한 경험 과학을 토대로 하기 때문에 사회과학에 주로 사용되는 질문지법의 연구를 앞으로도 계속돼야 할 것이다.

여기서 잠깐

▣ 표본추출방법

표분추출방법에는 확률표본추출법과 비확률표본추출법이 있다. 전자는 후자에 비해 모집단에 대한 대표성이 높다. 또한 비확률표본추출법은 각 표본추출단위가 표본으로 추출될 확률이 사전에 알려져 있지 않다.

<표4-8> 확률표본추출법

구분	내용
단순무작위 표본추출법	• simple random sampling • 모집단(population, 통계적인 관찰의 대상이 되는 집단 전체)에 속하는 모든 구성요소에 대해 동등한 확률을 부여하여 표본을 추출하는 방법
층화무작위 표본추출법	• stratified random sampling • 모집단을 미리 몇 개의 집단으로 할당된 수에 따라 각 층에 표본을 추출하는 방법
체계적 표본추출법	• systematic sampling(=등간격 추출법) • 모집단에 포함되는 모든 개체를 임의의 순서로 늘어놓고, 난수표를 사용해서 뽑아낸 개체를 표본으로 하는 방법
군집표본 추출법	• cluster sampling(=클러스터 표본 추출법, 집락추출법) • 세분화한 집단을 무작위로 선별하여 표본추출을 행하는 방법
다단 표본추출법	• multi-stage sampling • 모집단을 몇 개의 그룹으로 나누고 우선 그룹을 추출하여 그 그룹에서 표본을 추출하는 방법을 2단 추출법, 같은 방식으로 3단, 4단 등 표본 추출을 거듭하는 방법

<표4-9> 비확률표본추출법

구분	내용
편의표본 추출법	• convenience sampling • 연구자의 편의대로 임의적으로 추출하는 방법
할당표본 추출법	• quota sampling • 모집단을 대표할 수 있도록 표본요소의 동일한 특성을 가진 모집단의 구성비율이 근접하도록 표본을 추출하는 방법

유의표본 추출법	• purposive sampling • 표본을 주관적으로 선택하고 추출하는 방법
계통추출법	• systematic sampling • 가장 간편한 임의추출의 방법. 조사 표본수가 많을 때는 난수표를 사용하는 일도 간단하지 않으므로 모집단의 전요소에 일련번호를 붙이고, 처음 하나의 표본을 임의추출한 다음은 일정한 간격으로 추출하는 방법
판단표본 추출법	• judgement sampling • 모집단을 전형적으로 대표되는 것으로 판단되는 사례를 표본으로 선정하는 방법

3. 스포츠 정보 분석

1) 신뢰도와 타당도

스포츠 정보를 분석하고 결과를 도출하기 위해서 신뢰도와 타당도의 개념을 알아야 한다. 신뢰도(reliability)는 얼마나 일관성을 갖고 측정을 했는지에 대한 정도이다. 즉, 동일한 검사 또는 동형의 검사를 반복 시행했을 때 측정하려는 것을 얼마나 안정적으로 일관성 있게 측정하였는지, 검사도구가 오차 없이 정확하게 측정한 정도를 뜻한다. 이를 통해 안정성, 일관성, 예측가능성, 정확성을 알 수 있다. 타당도(validity)는 올바른 측정도구와 방법을 사용했는지를 나타내는 개념이다. 즉, 시험조사 또는 시험의 내용이 측정하고자 하는 요소를 정확하게 측정하는 정도를 의미한다.

❙ <표4-10> 신뢰도와 타당도 종류

구분	종류	내용
신뢰도	검사·재검사법	동일한 상황에서 동일한 측정도구, 동일한 대상을 다시 측정하여 결과를 비교하는 방법(재측정법)
	반분법	측정도구를 반으로 나누어 같은 시간에 각각 독립된 두 개의 척도로 사용함으로써 신뢰도를 측정하는 방법(항목 이분할법)
	대안법	검사·재검사법의 시간적 간격문제를 해결하고 거의 동시에 측정하되 측정수단이나 관찰방법은 비슷하지만, 서로 다른 두 가지 형태의 측정도구로 동일한 대상을 차례로 측정하고 그 점수들 사이의 상관관계를 통해 신뢰도를 측정하는 방법(대안형식법)
	내적 일관성법	동일 개념을 지닌 두 개 이상의 문항들을 동시에 측정하여 이들이 동일한 개념을 지니는지를 파악하기 위해 비교하는 방법
타당도	내용 타당도	설문지의 각 항목이 측정하고자 하는 개념이나 속성을 잘 대표하고 있는지에 관한 적절성을 알아보기 위한 분석법
	준거 타당도	어떤 검사나 측정도구가 다른 준거와 얼마나 관계가 있는가의 정도를 알아보는 방법
	구성 타당도	측정하고자 하는 추상적인 개념이 측정도구에 의해 적절하게 측정되는가에 관한 문제를 알고자 하는 방법(요인분석)
	내적 타당도	이론적으로 정립된 독립변수와 종속변수 간의 논리적 인과관계를 판별하는 방법
	외적 타당도	연구에 나타난 결과를 일반화할 수 있는 정도, 실험설계와 같이 실험이 계속해서 반복되어 실험이 효과가 있다는 것이 반복적으로 증명될 때 외적 타당도가 높은 경우임

2) 통계분석방법

대표적인 통계 프로그램은 엑셀(Exel)과 SPSS(Statistical Package for the Social Science)가 있다. 양적연구를 수행하는 연구자, 마케터가 의뢰한 전문 마케팅 조사기관 등에서 주로 사용하고 있지만, 일반 사용자들도 쉽게 숙지하고 이용할 수 있는 통계 소프트웨어이다. 특히 SPSS는 자료를 효율적으로 분석할 수 있도록 개발돼 지속적인 업데이트 버전으로 많은 사람들이 사용하고 있다. 마케터는 기본적인 통계분석기법을 이해하고 해석할 줄 알면 직무를 수행하는 데 큰 도움을 받을 수 있다.

❙ <표4-11> 통계분석기법

종류	내용
빈도분석	원천 데이터의 내용들이 도수분포상태에서 어떤 분포적 특성을 지니는지 파악
기술통계분석	요약 통계량을 계산하고 표준화된 변수 값들을 제시
교차분석	명목 및 서열척도의 범주형 변수들을 분석하기 위한 것으로써 두 변수간의 독립성과 관련성을 분석
상관관계분석	연구하고자 하는 변수들 간의 관련성을 분석하기 위해 사용
요인분석	일련의 관측된 변수에 근거하여 직접 관측할 수 없는 요인을 확인
회귀분석	독립변수(영향을 주는 변수)와 종속변수(영향을 받는 변수) 간의 영향관계 분석
T-test	두 집단과 평균을 비교하는 분석방법
분산분석	두 표본 이상의 평균치에 대한 차이를 검정하는 통계기법
판별분석	사회현상의 여러 특성들을 토대로 주어진 상황에서 응답자들이 어떻게 행동할 것인지를 예측하는 통계기법
군집분석	분류할 집단에 특정한 대상물을 배정하여 동일 집단의 대상물이 유사성을 갖게 함으로써 집단 간의 차이를 명확하게 하는 통계기법
다차원 척도법	응답자의 어떤 대상에 대한 응답자들의 지각과 선호도에 관계되는 태도를 조사할 때 사용될 수 있는 분석기법

출처: 한국산업인력공단(2016). 국가직무능력표준 NCS. 스포츠 마케팅-스포츠정보관리-스포츠정보분석, p.30, 31(요약).

이슈

① **왜 김연아 선수는 소트니코바 선수보다 우리에게 공감(共感)을 줄까?**

3부 내적동기에서 언급한 유명한 심리학자인 애이브러햄 매슬로우(Abraham Maslow, 1908~1970)는 사람들이 특정한 시기에 특정한 욕구에 의해 움직이는 원인을 파악하고자 했다. 그는 인간의 내부에는 **다섯 가지 계층**이 있고, 하위 계층이 충족되면 다음의 상위계층의 욕구가 지배적인 욕구로 부상한다는 이론이다.

첫째, **생리적 욕구**는 음식, 물, 주거와 같은 가장 기본적인 욕구이다. 둘째, **안전 욕구**는 보호와 안전에 관한 욕구이다. 셋째, **사회적 욕구**는 소속감과 사랑에 관한 욕구이다. 넷째, **존경 욕구**는 자존심, 인식, 지위에 관한 욕구이다. 마지막으로 **자아실현 욕구**는 자아계발과 실현에 관한 욕구이다.

올림픽에 참가한 선수들의 인터뷰를 살펴보면 다양한 반응을 알 수 있다. 어떤 선수는 반드시 금메달을 따겠다고 다짐하는 인터뷰를 하는가 하면, 올림픽 참가는 그 자체가 영광스러운 일이고 자신과의 싸움이라고 하는 경우가 있다. 전자는 사람의 욕구에서 가장 기본적인 단계인 생리적 욕구에서 몇 단계를 거쳐 사회적 지위를 통해 인정을 받고자 하는 존경 욕구 단계로 설명될 수 있다.

반면 후자는 궁극적인 인간의 욕구 단계인 자아실현까지 경험하고 싶은 단계욕구를 표출했다고 볼 수 있다. 메달 수와 성적에 집착하는 대중과 여론에 관심이 지양되고, 오랜 노력 끝에 최고의 대회에 참가한 것 자체를 존중하는 문화가 필요할 것이다.

| 그림 4-12 김연아 선수

김연아 선수는 2014년 소치 동계올림픽에서 러시아 텃새에 의해 은메달에 머물렀다. 반면, 소트니코바 선수에겐 명백한 실수를 보였음에도 불구하고 금메달을 안겨주었다. 이해가 가지 않은 판정에 많은 사람들이 공분을 했지만, 김연아 선수는 인터뷰 도중에 '억울하다'라는 반응보다 '그동안 노력이 소중하고 올림픽 참가 자체가 자신에겐 더 중요하다'란 취지로 응했다.

그 당시의 김연아 선수는 은퇴 후에도 세계적인 스타로서의 현재 진행형인 김연아로 남아있고, 러시아 유망주인 소트니코바 선수는 사람들의 기억 속에서 사라졌다. 페어플레이로서 인식을 남기지 못하게 한 러시아 판정단으로 하여금 유망주의 미래를 일찍 접게 했을지도 모른다. 공감(共感)이란 남의 마음을 읽고 함께 생각을 같이할 때 빛을 발하는 것이다.

② 왜 올림픽 메달 색깔에 연연해하는 걸까?

우리나라의 대표적인 언론학자인 강준만 명예교수는 동메달리스트의 표정이 은메달리스트의 표정보다 밝은 이유를 '사후 가정 사고(counterfactual thinking)'의 심리학적 개념을 적용했다. 이는 빅토리아 매드벡(Victoria Medvec) 교수와 스콧 매디(Scott Madey) 교수가 은메달리스트의 어두운 표정에 대해 언급한 개념을 설명한 것이다.

심리학자인 아모스 티버스키(Amos Tversky)와 대니얼 카너먼(Daniel Kahneman)에 따르면 간발의 차이로 더 아쉽고 분하게 생각하게 되면서 인생 전반에 영향을 미칠 수 있다는 현상을 '간발 효과(nearness effect)'라 명명했다.

앞서 언급한 심리학자의 매슬로우(A. Maslow)의 욕구단계이론의 가장 높은 단계는 '자아실현'이다. 엘리트 선수가 평생의 목표에 대해 금메달을 획득하는 것이 전부라고 한다면, '자아실현'보다 한 단계 낮은 '존경'을 받는 것에 만족할 수도 있다. 좋은 성적을 통해 동료, 선후배, 가족, 지인 등 주변사람들로부터 최고의 인정을 받고 싶어 할 것이다. '자아실현'에 방점을 둔 선수는 최고기량의 선수들과 경쟁을 하는 자체가 중요하고, 그 단계까지 올라갔던 자신과의 싸움을 이기려고 했던 노력을 보다 더 평가한다.

미국 스포츠 브랜드 언더아머(UnderArmour)는 승리의 가능성이 적은 상대적 약자를 뜻하는 '언더독(underdog)' 마케팅을 통해 성공했다. 불리함을 딛고 도전하는 것 자체가 소중하다는 메시지를 전달했다. 아직 널리 알려지지 않았지만 누구나 다 잠재력이 있다는 것을 강조했다. 2013년 프로골프대회에 한 번도 참가하지 않았던 조던 스피스(Jordan Spieth)와 선수 스폰서십 계약을 했다.

주변의 우려에도 불구하고 2015년 마스터스 골프대회에서 우승했다. 그것도 업계부동의 1위인 나이키(Nike)의 협찬을 받고 있던 로이 매킬로이(Rory Mcllroy)를 상대로 승리함으로써 회사가 강조한 가치를 이어갔다. 스피스는 몸에 밴 태도인지 의도했던 것인지는 알 수 없으나 인터뷰 소감에서 자신을 낮추고, 주변 사람들의 도움으로 좋은 결과를 얻었다는 정중함(civility)을 보여주었다. 신인 선수답지 않은 '자아실현'의 가치를 보여준 선수와 회사 브랜드는 빠른 속도로 소비자와의 성공적인 커뮤니케이션을 보여주었다.

③ 반드시 스포츠 스타를 통해서만 감동을 받을까?

언더아머(Under Armour)는 1996년에 설립된 스포츠 용품의 후발주자이다. 하지만 몇 해 전 아디다스(Adidas)를 제치고 미국 2위로 성장한 성공비결은 굳건한 1위 주자인 나이키를 활용한 전략이다. 단, '안티 나이키' 마케팅이다. 나이키의 스포츠 스타(마이클 조던 등)를 활용하는 마케팅이 아니라 1등이 아닌 도전자의 열정을 내세우는 비주류 광고 전략으로 젊은 소비자들의 마음에 강한 이미지를 각인시켰다. 나이키와는 전혀 다른 전략인 앞서 언급했던 언더독(underdog) 전략을 추진했다. 스포츠 스타와 거액의 계약을 체결해서 이미지를 높였던 나이키와는 출발점이 달랐다. 대중에게 잘 알려지지 않았지만 성장 가능성이 높은 선수를 발굴하고 지원했다. 대중은 기득권과 주류층에 저항하는 비주류를 '쿨(cool)'하고 우월한 것으로 수용하게 됐다.

매년 1월 미국 네바다주의 라스베이거스에서 개최되는 세계 최대 소비자 가전 전시회인 CES(Consumer Electronics Show)에는 어느새 스포츠 섹터가 별도로 마련돼 있다. TV, 냉장고 등 말 그대로 가전을 위주로 전시했던 양상과는 분명히 달라졌다. 2017년에 CES 사상 처음으로 스포츠 브랜드 회사인 언더아머의 설립자 캐빈 플랭크(Kevin Plank)가 기조연설을 했다. 그는 세계가 새로운 혁신을 거듭하고 있는데 스포츠 용품회사는 100년 전과 같은 방식으로 옷과 신발을 만들고 있다고 했다.

더불어 자신들의 경쟁자를 나이키, 아디다스 등 스포츠 용품회사가 아니라 애플과 삼성전자 등 IT 회사라고 했다. 다른 산업과 융합하지 않으면 살아남을 수 없는 시대를 선도하며 디지털 회사로의 전환을 선언한 셈이다. 앞으로 스포츠 스타를 앞세운 현란한 광고보다 소비자 자신에게 맞는 혁신 기술에 따라 구매를 하게 되는 시대가 멀지 않았다.

후발주자 언더아머의 돌풍은 영원할까? 스포츠 조직의 성장기로 진입한 이들의 행보는 어떻게 될까? "미즈노(MIZNO) 브랜드를 아시는가? 1906년에 설립한 일본의 유명한 스포츠 브랜드이다. 1924년 독일의 아디다스, 1972년의 미국의 나이키, 1996년의 미국의 언더아머와 비교해도 가장 앞선 역사를 갖고 있다. 일본 프로야구가 도래할 즈음 글러브를 비롯해 종목을 다양화시켜 골프, 배구, 축구 등으로 넓혀갔다. 심지어 무동력 글라이더를 만드는 등 도전을 이어나갔다. 하지만 올림픽, 월드컵, 국제 스포츠 이벤트, 선수, 팀 협찬 등의 모든 용품업체가 앞 다투며 선점하려했던 적극적인 스폰서십 환경에 도전하지 않고, 오랜 기간 동안 익숙한 방식인 용품을 제작 판매하는 과정에만 치중했다. 즉, '혁신'이란 이슈를 선점하지 않아 사람들 기억에는 그저 오래된 스포츠 브랜드가 됐다. 그 누구도 미즈노가 세계를 평정할 것이라는 생각을 하지 않는 이유다. 한 때 아디다스를 추월해 북미 시장 2위의 고지에 올랐던 언더 아머는 최근 하락이 심상치 않다. 미국에선 사회적으로 잘 알려진 유명한 사람들이 정치적 성향을 표현하는 문화가 상대적으로 널리 통용된다. 그럼에도 불구하고 트럼프와 같이 열정적인 비즈니스 성향의 대통령을 둔 것은 나라의 진정한 자산이라고 표현한 캐빈 플랭크(Kevin Plank)는 그의 논평 때부터 우려의 목소리가 있었다. 협찬을 받는 스테판 커리(Wardell Stephen Curry II)를 비롯한 선수들도 이 견해에 반박했다. 비주류를 표방한 언더아머의 기조와는 다른 뉘앙스로 들렸기 때문이다. 또한 소비자가전전시회(CES)에서 보여주었던 혁신 아이템의 적극적 도입에 대한 의지와는 달리 커넥티드 하드웨어 제조를 중단하겠다고 발표했다. 혁신이란 키워드가 다소 무뎌지면서 앞으로 어떤 행보를 할지 지켜볼 일이다(문개성, 2019a, p.128, 129)."

| 그림 4-13 언더아머

④ 디지털 마케팅 비즈니스 전략은 스포츠에 어떤 영향을 미칠까?

코틀러 등(2017)이 얘기한 인간 중심의 마케팅은 **'시장 3.0'**에서 제시됐던 개념이다. 제품 중심의 마케팅(**시장 1.0**)과 고객 중심의 마케팅(**시장 2.0**)에서 발전했다. 고객이 요구하는 기능적 부분 외에도 감정과 영혼에 해당되는 심리적 측면도 간과해선 안 된다는 것이다. 궁극적으로 브랜드 매력을 높이기 위한 마케팅이 인간 중심의 마케팅이다.

4차 산업혁명이라 일컫는 시대에 인공지능(AI), 로봇공학 등 최첨단 디지털 혁신기술이 도래한다 하더라도 인간 중심주의는 여전히 빛을 발휘한다고 봤다. 새로운 인류학 분야인 **디지털 인류학**(digital anthropology)을 심층 연구하여 이해의 폭을 넓혀야 한다는 것이다. 이미 태어나는 순간부터 디지털 환경에 익숙한 세대가 사회가 고령화될수록 많아질 수밖에 없는 추세다. 고령화에 속한 세대와의 연결 지속은 결국 디지털 세대의 소통수단을 통해 확장된다. 전 세계가 하나의 디지털 문화권에 속하는 세상에선 **디지털 민족지**(digital ethnography)가 사람들의 마음을 움직일 수 있는 중요한 방법이다.

> **용어** 애스노그패피는 무엇인가?
>
> 특정한 사람들의 생활방식에 대해 사실 그대로 적는 방법을 애스노그래피(ethnography, 민족지)라고 부른다. 인간의 행동양식을 연구하는 인류학자들이 연구대상에 대한 느낌을 직접 체험하기 위해 시도했던 방법이다.

코틀러와 그의 동료들은 디지털 마케팅 시장에서 마케터가 활용할 수 있는 세 가지 방법을 소셜 리스닝(social listening), 네트노그래피(netnography), 감정이입에 기반을 둔 조사(emphatic research)를 제시했다.

첫째, 소셜 리스닝은 소셜 미디어와 온라인 커뮤니티 상에서 잠재적인 소비자들이 브랜드에 대해 오가는 말을 귀담아 들으려는 과정이다. 둘째, 네트노그래피란 인터넷에 집중하는 민족지를 의미한다. 미국의 소비자행동 연구가인 로버트 코지네츠(Robert Kozinets)가 처음 개발한 개념으로 온라인 커뮤니티 상에서 인간 행동을 이해하기 위해 민족지(ethnography)를 활용하는 방법이다. 이러한 커뮤니티에 자연스럽게 스며들어 소비자들을 연구하는 방법이다. 셋째, 감정이입에 기반을 둔 조사는 인간의 시각과 감정 이입이 수반되는 조사이다. 조사원과 커뮤니티 구성원 간에 직접적인 대화, 토론 등의 방법을 사용하므로 전통적인 민족지(ethnography)와 유사하다.

아티스트 스티브 샘슨(Stephen Sampson)은 다른 사람들이 자신에게 끌리게 하는 여섯 가지 인간적 특성이 있다고 했다(코틀러 등, 2017, 재인용). 그 특성은 물리성, 지성, 사회성, 감성, 인격성, 도덕성이다.

첫째, 물리성은 로고와 광고 문구 등과 같이 눈에 보이게 하고 겉으로 드러나는 특성이다. 소비자가 스포츠 브랜드 이름과 브랜드 마크를 법적으로 등록된 트레이드 마크에 매력을 느끼도록 디자인된 로고와 광고 문구를 연구해야 한다.

둘째, 지성은 놀랄만한 아이디어를 의미한다. 소비자가 단 한 번도 생각해보지 못했던 혁신적이고 파괴적인 아이디어를 통해 매력을 느낀다. 스포츠 용품회사가 IT 기술과 융합하며 2012년도에 시장에 선보인 나이키(Nike)의 퓨얼밴드(Fuel Band)는 혁신적 아이디어로서 가치를 지닌다.

셋째, 사회성은 언어적 혹은 비언어적 커뮤니케이션 기술이다. 소비자는 최근 소셜 미디어의 확장 등에 따른 다양한 커뮤니케이션 미디어를 통해 끊임없이

고객과 대화를 시도하고자 하는 이미지를 통해 매력을 느낀다. 전통적 방식의 TV 광고노출보다 생활양식으로 자리 잡은 소통수단인 SNS를 통한 이미지가 친근하게 느낀다.

넷째, 감성은 상대방과의 공감능력과 같이 감정적으로 연결될 수 있는 요인이다. 소비자는 감정을 불러일으키는 브랜드에 대해 매력을 느낀다. 프로 스포츠 구단의 사회적 활동, 선수의 사회공헌활동 등은 많은 사람들에게 감동을 준다.

다섯째, 인격성은 자기 자신에 대해 장점과 단점을 인정하고, 부족한 점에 대해 노력하는 모습과 맥을 같이 한다. 소비자는 기업의 책임의식과 사회적·환경적 가치 등을 표방하는 브랜드에 매력을 느낀다.

마지막으로 도덕성은 윤리적이고 투명함과 관련된 주제다. 소비자는 강력한 도덕성을 갖춘 브랜드에 매력을 느낀다. 특히 진정성, 정직성 등이 두드러질 수밖에 없는 소셜 미디어 환경은 더욱 그러하다. 최근 우리사회에 문제가 되는 오너리스크를 불러일으키는 갑질(Gapjil)은 부끄럽게 외신에서 신조어로 등장했다. 무례함(incivility)을 용인할 경우 개인, 조직, 사회에 막대한 손실이 발생한다고 한다(Porath, 2018). 구단 오너의 도덕성은 곧 선수의 도덕성과 직결되며 일탈(deviance)을 사전에 방지하는 요인이 될 수 있다.

과 제

1. 주변의 스포츠 시설에 대비해 PZB의 서브퀄 척도 이론을 대입시켜 보시오.
2. 가장 최근 스포츠 시장의 제품과 서비스를 놓고 서비스의 특성에 맞게 이슈를 찾아보시오.
3. 가장 최근 스포츠 브랜드에 관한 이슈를 찾아보시오.
4. 프로 스포츠 단체의 데이터 가공(선수 평가 등)의 종류를 종목별로 찾아보시오.

PART

05

스포츠 제품과 상품

1 선수가 제품인지 상품인지 이해하자

사람들이 스포츠 경기를 보는 이유 중에 중요한 변인은 선수다. 특히 스포츠 스타에 대한 팬(fan) 심(心)은 대단하다. 구단 입장에선 타 구단에서 저렴하게 선수를 사고 몸값을 높여서 판다면 성공한 경영을 하는 셈이다. 선수를 사고판다는 개념이 이상하게 들릴 수도 있지만, 선수는 스포츠 마케팅 세계에서 대표적인 상품이라 할 수 있다. 프로 구단 관계자들은 고등학교에서 좋은 선수를 데려오기 위한 물밑 작업을 한다. 풋풋한 선수는 아직까지 구단 입장에선 '제품'정도의 가치를 지니고 있을 것이다. 공을 잘 치는 타자, 공을 잘 던지는 투수, 공을 잘 잡는 수비수 등의 포지션에 따라 훈련된 제품이다. 스카우트가 되면 프로 구단의 로고가 새겨진 유니폼을 입는다. 이 순간 프로 스포츠 세계의 고객에게 하나의 '서비스'를 제공하는 셈이다. 선수들은 성공할 수도 있고 실패할 수도 있다. 높은 가격으로 책정된 '상품'이 되기도 하고, 저가로 평가받을 수도 있다. 즉, 제품과 서비스에 대한 조합이 상품이다. 선수는 스포츠 마케팅이란 분야가 있게 하는 가장 중요한 스포츠 제품과 상품으로서 의미가 있다.

| 그림 5-1 스포츠 제품

| 그림 5-2 스포츠 상품

2 스포츠 제조업과 노동시장의 변화를 이해하자

1962년에 오픈한 월마트는 '매일 최저가'라는 슬로건으로 세계 최대의 유통기업으로 성장했다. 제품가격이 저렴하기 때문에 소비자들은 좋을지 몰라도 이면에 직원의 복지와 임금을 삭감하면서까지 이뤄낸 성과(?)다. 이를 위한 방책으로 인건비를 아끼기 위해 중국, 베트남으로 미국 공장들을 증설했다. 미국의 제조업을 망가뜨리면서 말이다. 최근 월마트가 달라졌다. 납품업체 수십 곳을 본토로 돌아가게 했다. 이들 외에도 GE, 포드, 애플 등의 글로벌 기업들이 다시 리쇼어링(Reshoring) 현상에 동참하고 있다. 비싼 인건비를 감수하면서까지 감행한 이들의 귀환은 결국 일자리가 만들어져야 기업에 도움이 된다는 사실을 깨달았기 때문이다.

1810년대 러다이트(Luddite)로 불리는 영국 섬유 노동자 그룹이 방직기 도입을 반대하며 시위를 벌였다. 노동력 감소를 우려해서 벌인 시위다. 저렴한 노동력을 찾아 생산의 경쟁력을 키우기 위한 노력은 옛말이 될 것이다. 본사와 먼 공장에서 사람을 채용하고, 교육하고 현장에 적용시키기 위한 절차가 한 순간에 생략하게 됐다. 아이디어가 나온 자리가 바로 생산하는 자리인 것이다. 중국, 동남아시아 등지의 저임금을 찾을 필요가 없게 되면서 최종 시장이 있는 곳으로 일이 몰리게 된다. 세계에서 가장 큰 시장인 미국 소비자를 잡기 위해선 그냥 미국에서 제품을 만드는 것이다. 생산시설의 국내 회귀가 이루어지게 된다.

제조 분야의 상당기술이 이미 기계화돼 있다. 어느 때보다 많은 인구의 노동을 대체해 왔다. 향후 이러한 현상은 가속화될 것이다. 이는 노동 시장의 붕괴란 근본적 질문을 던지지 않을 수 없다. 생산, 유통, 소비의 디지털 프로세스의 정착은 소비자로서는 혜택을 받겠지만, 생산자 역할을 했던 노동자들은 급변하는 변화를 감내해야 한다. 경제적 불평등, 소득 불평등, 기회 불평등은 결국 민주주의를 훼손하게 될 수도 있다.

이러한 제조업 환경의 변화와 별개로 혁신 기술에 따른 근본적인 노동력의 변화도 감지된다. 나이키(Nike) 용품의 생산방식은 혁신적이란 평가를 받아왔다. 미국 오레곤주에 위치한 본사, 테네시주에 위치한 유통공장, 생산협력업체가 위치한 베트남 등 동남아시아 등지의 공장으로 대표된다. 본사는 시대적 트렌드와 소비자 욕구를 정교하게 예측하여 신상품의 이미지화 전략을 추구한다. 본사라고 해서 큰 공장 안에 설비, 시설이 존재하지 않고, 핵심 브레인들이 일하는 연구소 정도의 규모다. 그 미션과 비전을 이어받아 상품으로 탄생되는 곳은 동남아시아다.

국내의 대표적인 인구학자인 서울대 조영태 교수에 따르면 동남아시아에서 가장 영향력이 큰 베트남과 이웃나라들까지 합치면 2억 명에 이르는 거대시장으로 가능성을 높게 평가했다. 중위연령이 27세에 불과한 젊은 나라인 베트남에서 원단 조달, 제작, 현지 마케팅을 수행한다. 중위연령이란 나라 전체 인구를 나이순으로 세웠을 때 중간 지점에 있는 사람의 나이이다. 참고로 우리나라 중간나이는 44세로 중년의 나라다. 나이키의 생산 시스템이 가능한 이유는 노동력이 풍부하고 인건비가 저렴하기 때문이다.

하지만 이 시스템도 조만간 구(舊) 유물이 될지도 모른다. 2017년부터 독일 안스바흐(Ansbach) 근처에 있는 로봇 공장인 스피드 팩토리(Speed Factory)에서 스포츠화 대량생산 환경이 구축됐다. 바로 아디다스(Adidas)의 얘기다. 이처럼 운동화를 사람이 만들지 않고 3D 프린터가 대신한다면 제조와 유통비용이 거의 무료가 될 수 있다. 생산공정이 단축이 되고 비용을 절감하는 기회를 준다. 여기에 인공지능, 사물인터넷, 로봇기술 등이 가미가 되면 제조업 전체의 변화를 불러일으킬 수 있다. 전통적인 생산방식이 혁명적으로 바뀌게 된다. 많은 인력과 큰 규모의 공장으로 연상되

| 그림 5-3 스피드팩토리

는 제2의 물결은 점차 감소하게 된다.
아디다스의 혁신적 발상을 통해 반드시 공장을 인건비와 시설투자가 저렴한 곳에서 설립돼야 만이 경쟁력이 높다고 할 수 없다. 값비싼 미국, 독일 등 선진국 본토에서도 공장을 설립할 수 있다. 당연히 공장규모는 굉장히 축소될 것이다. 베트남에서 생산된 상품이 태평양을 건너오기까지 시간, 공간, 비용의 문제도 일시에 사라질 수 있다. 소비자가 어느 나라에서든 인터넷상에서 몇 번의 클릭으로 원하는 제품과 서비스를 받아 볼 수 있다. 20세기의 불변했던 제조업 분야의 가치인 표준화란 개념이 사라지게 된다. 개인의 성향에 따라 세계에서 단 하나밖에 없는 상품이 생산되고 소비되기도 한다.
1980년도에 간행된 제3의 물결(The Third Wave)이란 저서에서 앨빈 토플러가 언급한 유명한 명제인 프로슈머(prosumer)가 진정으로 완성되는 순간이다. 최근 키워드로 재생산된 디지털 프로슈머들은 생산자(producer)이자 소비자(consumer)가 된다. 소비자의 입맛대로 스포츠 조깅화가 생산되니 얼마나 신기한 일인가. 아디다스 입장에선 아무리 희한한 물건을 주문한다고 해도 크게 걱정할 이유가 없다. 오랜 기간 동안 고정비(fixed cost)로 지출됐던 비용이 일거에 사라지기 때문에 비용적인 측면에서 부담이 없고, 오로지 소비자가 감동할 만한 디자인, 기능, 배송 시스템에 신경을 쓰면 된다.
문제는 단 하나 있다. 3D 프린터가 가정에 안착된다면 어떤 문제가 발생할까. 세계적인 스포츠 용품회사의 디자인을 모방한 신발을 가정에서 생산할 수 있을 것이다. 물론 모방할 필요도 없을 것이다. 자기만 만족하면 되니까 크게 개의치 않을 것이다. 이런 현상은 한 개의 단일 스포츠 제품 가격이 낮아지게 된다. 제레미 리프킨의 한계비용제로(Zero Marginal Cost) 현상이다. 이럴 경우 최근 활발하게 출시되고 있는 스포츠 IT상품처럼 소비자를 자극할 수 있는 혁신적 용품을 지속적으로 개발해야 한다.
2D 프린팅은 출력을 명령해야 시행된다. 3D 프린팅으로 대표되는 디지털 제조 기술은 복잡한 프로세스를 거치지 않고 원하는 시간, 방식, 장소에서 눈에 보이는 물체를 디자인하고 생산하게 했다. 부품을 조립하거나 원단을 꿰맬 필요가 없이 제품자체가 서비스가 가미된 생산품이 된다. 리프킨은 3D 프린터를 대량생산에서 대중생산을 이끄는 제조 민주화 수단이라고 했다. 앞으로 4D 프리팅 기술이 나올 수도 있다. 자기조립과 자기복제의 과정이 활발할 것이기에 어떤 상상도 가능하다.
2019년 하반기, 아디다스는 야심차게 추진해 왔던 3D 프린팅 신발 제작 프로젝트를 중단한다고 발표했다. 그들의 도전이 주춤하게 돼 혁신을 바라는 많은 사람들을 안타까워했다. 그렇다고 해서 그들의 철수가 실패란 의미는 아니다. 1924년부터 유구한 역사를 지닌 독일의 아디다스의 도전과 좌절, 숱한 도전을 위한 의사결정 과정 · 계획 · 실행에 이르기까지의 경험치 등은 그 무엇과도 바꿀 수 없는 자산이 될 것이다. 혁신은 항상 기회와 위기를 양팔저울 위에 올려놓고 과감한 길을 걷는 것이기 때문이다.

❸ 세상의 모든 것을 판다라는 의미를 이해하자

슈밥은 21세기의 시작과 함께 4차 산업혁명이 시작됐다고 했다. 디지털 혁명을 기반으로 하기 때문에 유비쿼터스 모바일 인터넷, 더 저렴하면서 작고 강력해진 센서, 인공지능과 기계학습이 특징이다. 이 시기를 매사추세츠 공과대학교의 에릭 브린욜프슨(Erick Brynjolfsson) 교수와 앤드루 맥아피(Andrew MacAfee) 교수는 '제2의 기계 시대(The Second Machine Age)'라 했다. 전례 없이 새로운 것들을 만들어내는 시기란 의미를 내포한다.

베조스의 아마존은 '세상의 모든 것을 판다(The everything store)'라는 명제를 충실히 이행하고 있다. 4.0 시장의 특성에 언급한 온라인과 오프라인의 경계를 이미 허물었다. 고객이 상품을 주무하기도 전에 고객이 앞으로 무엇을 살지 분석을 마쳤다면 어떻게 될까? 이미 배송지 근처 물류센터로 보내 고객의 주문을 기다리고 있다.

제조업의 환경은 변한다. 사람의 노동력은 감소한다. 빅데이터로 소비성향을 미리 분석하고 준비한다. 상상이 현실로 되는 제품과 서비스가 있다. 몇 가지의 명제를 대입해 봐도 소비자의 구매환경은 보다 쉬워지고 다채로워질 것임에 분명해 보인다. 시간이 지날수록 디지털 세대의 소비환경에 맞춰지고, 상상이 현실에서 이루어질 것이다.

1부에서 언급한 스포츠 산업은 콘텐츠가 방대하다. 스포츠 마케팅이란 분야가 있게 한 가장 중요한 선수만 해도 콘텐츠를 달고 다닌다. 선수 자체가 하나의 중요한 콘텐츠가 될 수 있다. 선수를 활용한 캐릭터 사업(오프라인 매장, 온라인 게임 등), 선수가 입고 다니는 용품사업, 선수가 좋아하는 취미와 연관된 여가사업, 선수가 즐겨먹는 음식관련 외식사업, 선수가 즐겨 찾는 장소의 관광사업 등 모든 분야에 연결할 수 있다.

디지털 마케팅 시장에서의 콘텐츠는 하루에도 수천 건이 생겨났다가 사라짐을 반복한다. 고객의 관심을 붙잡기 위한 매개로서 스포츠 분야에만 존재하는 '선수(player)'란 상품가치를 잘 분석해야 한다. 이를 통해 스포츠 소비자의 성향을 미리 파악하고, 제품과 서비스를 제공할 준비가 될 것이다.

CHAPTER 01 제품과 상품

1. 제품과 상품의 이해

1) 제품과 상품의 차이

제품(製品, product)이란 원료를 써서 만들어 낸 물품을 뜻한다. 상품(商品, goods)은 말 그대로 사고파는 물품이다. 같은 물품임에도 불구하고 상품은 거래를 위한 최종 상태의 물품을 의미한다. 최종 상태의 물품을 만들기 위해선 무엇이 첨가될까? 바로 서비스(services)다. 즉, 실제 내용물인 제품에 서비스가 가미되어 매매의 목적으로 거래되는 상품이 된다. 제품과 상품을 혼용해서 쓰이기도 하지만 정확한 개념을 정리하기 위해선 '제품과 서비스' 혹은 '상품'이란 용어사용이 필요하다.

미국 조지아주 애틀랜타시의 다운타운에 가면 코카콜라 본사가 있다. 1996년 애틀랜타 올림픽을 기념해 조성된 올림픽 공원이 둘러싸여 많은 관광객이 찾는 명소가 됐다. 코카콜라(Coca-Cola)는 1928년 암스테르담올림픽부터 지금까지 전 세계 소비자들에게 잘 알려진 올림픽 공식스폰서 상품이다.

제품은 코카잎 추출물, 콜라나무 열매, 시럽 등을 혼합한 원액이다. 1915년에 처음으로 디자인된 그 유명한 '윤곽'이란 의미의 '컨투어(Contour)'병에 넣은 음료는 상품이 됐다. 유명한 병 모양은 아직도 소비자에게 각인돼 코카콜라 상품으로 사용된다. 칼로리를 낮춘 '코카콜라 라이트', 칼로리 제로에 가까운 '코카콜라 제로'등의 지속적인 서비스 제공은 새로운 상품으로 이어지고 있다. 원액인 제품에서 코카콜라 상표부착, 병 모양, 타깃 고객의 차별화 등의 다양한 서비스가 추가됨으로써 우리가 인식하고 있는 상품이 됐다.

200개가 넘는 나라에서 영업을 하는 코카콜라(Coca-Cola Company)는 1928년 올림픽 이후 여태껏 후원하는 최장 기간 협찬기업이다. 앞서 언급한 상품 외에도 코카콜라 클래식, 다이어트 콜라, 무 카페인 다이어트 콜라, 탄수화물 제로 콜라 등에 이르기까지 끊임없이 상품 라인에 공을 들인다. 각기 다른 소비자의 욕구를 충족시키기 위해서 기존의 상품성을 유지하면서 약간의 변화를 가미해 유사한 상품을 출시하는 것이다. 앞으로도 기존의 코카콜라란 상품을 바탕으로 날로 까다로워지는 소비자 욕구에 맞춰 상품화가 진행될 것이다.

| 그림 5-4 코카콜라 상품

2) 스포츠 선수

앞서 서두에 언급한 스포츠 선수는 중요한 스포츠 제품이라 했다. 비싼 상품이 될 가능성이 높기 때문이다. 스포츠 마케팅이란 장르가 있는 가장 큰 이유로서 스포츠 선수는 매우 중요하다. 특정 종목을 수행하는 선수(제품)가 프로 구단에 소속되는 순간 잘 팔리는 상품이 되기 위해 노력하게 된다. 많은 소비자에게 주목받는 상품이 되고자 한다면 우선 발군의 기량을 보여줘야 한다.

팬 층을 형성하면서 구름 관중을 몰고 다닌다면 구단입장에서 입장료 수익의 원천으로서 좋은 제품을 선택했다고 생각할 것이다. 향후 이 선수에 대한 다양한 서비스를 가미하여 더 나은 상품을 만들기 위한 노력을 아끼지 않을 것이다. 또한 상품으로서 선수도 다양한 서비스를 창출하게 되면서 구단과 리그의 가치를 높이는 역할을 하게 된다.

성공적인 스포츠 마케팅의 전략에서 최우선 과제는 선수 확보이다. 특히 블루칩 선수(blue chip athletes)들이라 일컫는 선수들이 중요하다. 이들은 매우 뛰어난 운동 능력을 보이고, 경기장 안팎에서 무난한 인간관계를 보여준다. 유명한 선수임에도 불구하고 겸손한 자세를 견지하며 원만한 성격과 리더십을 갖추었다. 이들은 스포츠 현장에선 승리를 불러오고, 기업 비즈니스에선 수익을 안겨다주는 존재인 것이다.

스포츠 선수는 실체가 있는 사람이기 때문에 '유형적 상품'이다. 경기장을 찾는 관객은 수준 높은 경기를 보고 싶은 것 외에도 자신이 좋아하거나 잘 알려진 선수를 보고 싶어 한다. 사람 자체를 보고 싶기도 하겠지만, 그 선수가 지니고 있는 경기력, 카리스마 등을 직접 경험하고자 한다. 선수의 언행과 경기 외적인 사회공헌활동 등과 같은 내용을 언론보도를 통해 알고자 한다. 스포츠 선수는 '무형적 상품'의 특징을 갖는 이유다.

| 그림 5-5 스포츠 스타

3) 경기접근권

샘 플러턴(S. Fullerton, 2009)에 따르면 스포츠 상품을 참여 스포츠 자체, 관람 스포츠 자체, 스포츠 관련 용품으로 분류했다. 그중에서 '경기접근권'에 대한 중요한 개념이 포함돼 있다.

(1) 참여 스포츠 자체

참여 스포츠 자체가 스포츠 상품이다. 대중적으로 인기가 있는 축구, 야구, 골프, 테니스 외에도 바둑, 낚시 등도 케이블 TV를 통해 팬 층을 넓히고 있다. 생활체육의 기본 철학은 '모든 사람을 위한 스포츠(sport for all)'로 시작됐다. 1960년대 노르웨이의 '트림(trim) 캠페인'에서 비롯된 것이다. 1975년 벨기에 브뤼셀에서는 '모든 사람을 위한 스포츠 유럽헌장'을 채택함에 따라 모든 사람의 권리로서 스포츠 활동 참여에 대한 인식이 자리 잡았다. 대중은 참여 스포츠 상품을 통해 오늘날 스포츠 소비를 이끄는 가치를 지니게 됐다.

(2) 관람 스포츠 자체

관람 스포츠 자체가 스포츠 상품이다. 2부에서 언급한 '스포츠의 마케팅(marketing of sports)'의 주체인 프로 스포츠 구단과 단체는 표를 많이 팔 수 있는 전략을 갖고자 한다. 실질적 수익 원천이 되기 때문이다. 올림픽, 월드컵, 아시아 경기대회, 프로 스포츠 등의 모든 경기는 '경기접근권'을 판매한다. 한정된 공간에서 뜨거운 열기를 직접 체험하기 위해선 표를 구하고 정해진 장소에 가야만이 경기를 눈앞에서 볼 수 있는 권한을 준다.

미디어의 발달로 대형 이벤트조차도 표를 판매하지 못해 주최 측에서 전전긍긍한다는 소식이 들릴 때가 있다. 그나마 경기가 있을 때는 관중을 채우기 위한 다양한 전략을 펼치겠지만, 경기가 없을 때는 입장권 수익이 나올 수가 없다. 당일 경기에 대한 경기접근권을 판매할 수 있는 상품이 없기 때문이다.

이를 극복하기 위해 이미 생산해 버린 스포츠 경기를 다시 판매하기 위한 노력을 한다. 대표적으로 9부에서 다룰 '방송중계권'이다. 또한 지자체가 관리하는 공공체육시설을 기업에게 경기장 이름을 바꿀 권한까지 거래하게 됐다. 기업은 비수기 동안 이벤트와 같은 다양한 제품과 서비스를 통해 관객유치의 지속성을 갖고자 한다. 11부에 제시할 스폰서십 확장 부분에서 다룰 '경기장 명칭사용권(stadium naming rights)'을 의미한다.

(3) 스포츠 관련 용품

스포츠 관련 용품이 스포츠 상품이다. 스포츠 활동을 하건 안하건 간에 스포츠 모자, 티셔츠, 신발 등 종목별, 계절별 다양한 상품이 있다. 스포츠 강습 프로그램, 잡지, 기념품 등도 해당된다. 또한 스포츠 활동을 한 후 찾게 되는 음료, 경기장에 가서 관람하면서 즐기는 맥주, 치킨 등의 음식도 스포츠 관련 상품에 포함된다.

2. 스포츠 제품의 영역

앞서 참여형태에 따른 스포츠 소비자 분류(3부)에서 참여 스포츠 소비자, 관람 스포츠 소비자, 매체 스포츠 소비자로 구분했다. 스포츠 제품의 영역도 기본적으로 참여 스포츠 제품과 관람 스포츠 제품으로 분류할 수 있다. 참여 스포츠 제품은 시설, 서비스, 프로그램, 분위기 등이 있다. 관람 스포츠 제품은 선수 경기력, 팀 경기력, 서비스, 선수 · 팀 · 구단의 이미지, 시설 등이 있다.

1) 참여 스포츠 제품

참여 스포츠의 대표적인 제품은 시설(facilities)이다. 경기장을 떠올려보면 주시설과 부대시설이 있다. 주요시설은 경기를 치르는 공간과 관람석 등이 해당된다. 부대시설은 편의시설, 화장실, 주차장 등이 있다. 서비스(services), 프로그램(program), 분위기(atmosphere)도 참여 스포츠 제품이라 할 수 있다. 서비스는 스포츠 소비자를 위한 주최 측의 모든 노력에 해당되는 포괄적 개념이다. 프로그램은 참여 스포츠 활동을 보다 효과적으로 수행하기 위해 만들어진 수단이다. 분위기는 소비자가 특정장소에서 느끼는 추상적 환경으로 구매(purchase)와 방문의도(visit intention)에 영향을 미치는 중요한 요인이다.

2) 관람 스포츠 제품

관람 스포츠의 대표적인 제품은 선수와 팀의 경기력이다. 앞서 언급한 스포츠 선수는 흥행 잠재력을 보유한 제품에서 가장 값비싼 상품으로 가는 최적의 모델이다. 이들의 경기력은 곧 관람 스포츠를 구성하고 있는 가장 중요한 요인이다. 선수의 집합은 팀이 된다. 팀의 경기력도 상대팀이 있어야 측정이 가능하고 가치를 올릴 수 있는 관람 스포츠의 중요한 제품으로 존재한다.

관람 스포츠에서 빼놓을 수 없는 제품은 구단이 마련해주는 팬 사인회와 같은 서비스다. 또한 선수 캐릭터, 팀과 구단의 로고 · 엠블럼 등을 활용한 파생상품이 있다. 이는 기본적으로 해당 제품이 갖고 있는 이미지를 활용한 행사와 상품이다. 즉 선수, 팀, 구단의 이미지도 관람 스포츠 분야에서 중요한 제품이 된다.

이후 11부에서 자세히 제시할 라이선싱과 머천다이징도 해당된다. 시설과 서비스도 참여 스포츠와 마찬가지로 관람 스포츠에서도 중요한 제품이다. 대중교통의 접근성, 차량이용의 편리성, 이동 동선과 주차공간의 확대, 시설내부의 청결성, 주요 공간의 배치와 구조, 건물의 아름다움을 살펴 찾는 성향이 강조된 심미성(審美性) 등은 관람 스포츠에서 매우 중요한 제품의 특성을 갖는다.

<표5-1> 스포츠 제품의 영역

구분	참여 스포츠 제품	관람 스포츠 제품
영역	시설	시설
	서비스	서비스
	프로그램	선수 경기력
	분위기	팀 경기력
	-	선수 · 팀 · 구단 이미지

출처: 김용만(2010). 스포츠 마케팅 커뮤니케이션. 학현사, p.159~166.

3. 스포츠 제품의 분류

코틀러와 켈러(P. Kotler & K. Keller, 2006)는 제품을 크게 세 가지로 분류했다. 스포츠 제품을 특성에 따라 대입해보면 다음과 같이 설명할 수 있다. 물리적 특성에 따른 분류로서 내구성 및 유형성 분류가 있고, 용도에 따른 분류로서 소비재 분류, 산업재 분류가 있다.

1) 내구성 및 유형성에 따른 분류

내구성 및 유형성에 따른 분류로서 다시 세 가지로 구분한다. 배드민턴 공, 테이핑밴드 등 몇 차례 사용하면 소모되는 '비내구재'가 있다. 골프클럽, 등산복 등 여러 차례 사용할 수 있는 '내구재'가 있다. 비내구재(非耐久財)와 내구재(耐久財)는 오래 쓸 수 없거나 혹은 오랜 기간 동안 사용이 가능한 차이다.

또한 4부에서 언급했던 '서비스'가 있다. 스포츠 서비스의 특징은 무형성, 비분리성, 이질성, 소멸성이다. 프로야구 경기는 사전에 보여줄 수 있거나 만질 수 있는 성질이 아니다. 경기가 시작되면서 관람하기 때문에 생산과 소비를 분리할 수 없다. 아무리 재미있는 경기라도 사람마다 서비스가 같다고 느낄 수 없을 것이다. 경기가 생산되면서 동시에 사라지기 때문에 소멸적인 특성이 있다.

2) 소비재에 따른 분류

소비재에 따른 분류로서 다시 네 가지로 구분한다. 스포츠 이온음료, 스포츠 타월 등 소비자가 쉽게 구매하고 자주 찾는 '편의품(convenience goods)'이 있다. 고객이 최소한의 노력으로 자주 그리고 쉽게 구매하는 상품이다. 편의품은 가격과 제품의 차별성이 낮기 때문에 판매 촉진이 자주 발생하게 된다. 이로써 높은 광고비가 지출돼 광범위한 유통이 이루어진다. 물론 이미지 광고에 주력할 수밖에 없다.

'선매품(shopping goods)'은 고객이 구매하기 전에 몇 개의 매장을 들러 타 제품과 비교한 후 구매하게 하는 특성을 갖는다. 다양한 상품들의 특성, 품질, 가격 등을 기준으로 서로 비교하고 구매하는 상품이다. 스포츠 의류, 골프장비, 스키장비 등이 해당된다. 선매품은 가격이 비싸고 제품의 차별성이 높기 때문에 제품특징을 강조하는 광고를 통해 선택적 유통에서 이루어진다. 인적판매에서 효과를 보기도 한다.

최근 온·오프라인 쇼핑구조가 강조된 옴니채널(omni channel) 현상이 가속화되고 있다. 매장을 돌아다니며 아이 쇼핑(eye shopping)을 통해 경쟁기업들이 출시한 제품과 서비스를 보는 것에 그치지 않고, 스마트폰을 통해 실시간 온라인 검색도 이뤄지고 있다. 사람들은 온라인과 오프라인에 대해 각각의 채널로 다르게 인식하지 않게 됐다. 즉, 기업에서 제공하는 단일 서비스라고 인식한다. 운영의 관점에서는 항상 연결되어 있는 소비자가 동일한 데이터베이스에 통합된 쇼핑 채널 이곳저곳을 자유로이 이동할 수 있게 했다. 그렇게 함으로써 그들의 경험치를 고스란히 중요한 정보로 분석할 수 있게 되는 것이다.

'전문품(speciality goods)'은 매우 높은 가격에 형성돼 있고 브랜드 가치에 따라 구매가 이뤄진다. 이 역시 인적판매가 중요하고 독점적인 유통구조를 통해 거래된다. 전문품의 예는 패러글라이딩의 캐노피, 양궁의 활, 스쿠버의 부력조절기 등으로 일반 소비자들이 관심을 갖는 대상과는 거리가 멀다. 하지만 사용자 입장에선 특정 브랜드의 식별과 인식을 쉽게 하게 한다.

마지막으로 '비탐색품(unsought goods)'은 장대높이뛰기의 장대와 매트리스와 같이 일반 소비자가 평소에 탐색하지 않는 제품이다. 특수한 상황에서 구매하게 되고, 주변인의 추천에 전적으로 의지하게 한다. 인적판매가 중요한 제품이다.

3) 산업재에 따른 분류

산업재에 따른 분류로서 다시 세 가지로 구분한다. '원자재와 부품(materials and part)'은 원료 자체 혹은 가공재로서 생산에 완전히 투입되는 제품을 말한다. 원자재는 다시 농업제품과 천연제품으로 나눌 수 있다. 스포츠 영양학적 관점에서의 농산물과 헬스장에서 필요한 스포츠 용품 관점에서의 철강은 원료가 된다.

'자본재(capital items)'는 기자재와 설비로서 완제품 생산에 부분적으로 투입되는 제품이다. 자본재는 다시 설비부품과 보조장비로 나눈다. 최종제품의 생산과정을 돕는 기자재는 축구장을 건설할 때 잔디구장을 전문으로 조성하는 회사의 장비가 예가 될 수 있다.

'소모품과 서비스(supplies & business service)'는 완제품 생산과 관리를 원활하게 한다. 이는 운영 소모품과 수선유지 소모품으로 구분할 수 있고, 최종제품 생산에 투입되지 않는다.

<표5-2> 스포츠 제품의 분류

물리적 특성에 따른 분류	용도에 따른 분류	
내구성 및 유형성	소비재	산업재
비내구재 • 배드민턴 공, 테이핑밴드 등	편의품 • 스포츠 이온음료, 스포츠 타월 등	원자재와 부품 • 최종제품 생산에 완전히 투입되는 제품 • 원료, 가공재
내구재 • 골프클럽, 등산복 등	선매품 • 스포츠 의류, 골프클럽, 스키장비 등	자본재 • 최종제품 생산에 부분적으로 투입되는 제품 • 기자재, 설비
서비스 • 프로스포츠 경기	전문품 • 패러글라이딩 캐노피, 양궁의 활, 스쿠버의 부력 조절기 등	소모품과 서비스 • 최종제품 생산에 투입되지 않는 제품
	비탐색품 • 장대높이뛰기의 장대와 매트리스 등	

출처: 이정학(2012, 재인용). 스포츠 마케팅. 한국학술정보, p.134~136. Retrieved from Kotler, P., & Keller, K. L. (2006). *Marketing management* (12th ed.). 윤훈현 옮김(2006). 마케팅 관리론. (주)피어슨에듀케이션코리아.

CHAPTER 02

제품의 차원

코틀러 등(Kotler et al., 2006)은 제품의 가치와 목적에 따라 다섯 가지 차원(핵심제품, 실제제품, 기대제품, 확장제품, 잠재제품)으로 분류했다. 스포츠 제품 중에서 '운동화'와 '스포츠 경기'로 예를 들어 설명하면 다음과 같다.

| 그림 5-6 운동화와 스포츠 경기

1. 핵심제품

핵심제품(core product)은 혜택, 이점(benefit)과 관련돼 있다. 코틀러 등(Kotler et al., 2006)은 가장 근본적인 차원을 핵심 이점(core benefit)이라 했다. 운동화는 소비자에게 '발의 보호'라는 개념이 판매되는 것이다.

멀린 등(Mullin et al., 2000)에 따르면 스포츠 경기의 핵심 이점은 경기에 임하는 선수, 경기를 수행하는 경기장 및 장비, 해당종목의 규칙과 기술 같은 경기 형태 등의 이벤트 경험을 소비자에게 제공한다.

2. 실제제품

실제제품(generic product)은 눈에 보이는 유형화된 제품(tangible product)을 뜻한다. 코틀러 등(Kotler et al., 2006)은 기본제품(basic product)이라고 했다. 운동화는 소비자가 인식하는 수준의 실제 운동화인 상태다. 소비자가 목적에 따라 구매하는 운동화는 나이키와 아디다스처럼 상표(brand)가 부착된 상품으로서의 운동화다.

조깅화, 농구화, 축구화 등 종목에 따라 디자인과 기능이 다르겠지만 소비자가 구매하는 것은 실제제품인 것이다. 스포츠 경기는 그 자체가 실제제품으로서 소비자는 티켓을 끊고 경기접근권을 구매한다.

3. 기대제품

기대제품(expected product)은 제품에 대한 기대심리와 관련돼 있다. 마케팅 관리자는 구매자들이 제품을 구입할 때 소비자가 기대할 수 있는 범주에서 일체의 속성과 조건을 준비해야 한다. 소비자는 실제제품을 구매하면서 기능에 따라 혹은 보편적인 시각에 따라 추가적으로 기대를 하기 때문이다.

조깅화는 깃털처럼 가벼워 기록을 단축할 수 있어야 하고, 농구화는 발목을 보호할 수 있어야 한다. 축구화에 대해선 킥을 했을 때 견딜 수 있는 견고함을 기대할 것이다. 소비자는 스포츠 경기를 보기위해 지불한 입장권에 즐거움과 편익 등의 부수적인 기대를 갖고 있다.

4. 확장제품

확장제품(augmented product)은 애프터서비스(A/S)와 같이 다양하게 부가된 서비스의 의미가 내포돼 있다. 할부판매, 품질보증, 맞춤형 서비스 등에 해당된다. 소비자는 조깅화, 농구화, 축구화가 흠집이 나거나 기능이 저하됐을 때 품질 보증 서비스를 당연하게 생각한다. 광의의 관점에서 소비자는 확장제품을 구매하는 것이다. 제품과 서비스의 조합인 상품으로서 브랜드 신뢰를 바탕으로 차별화된 서비스를 기대한다.

소비자는 스포츠 경기를 보기 위해 입장권을 구매하고 관중석에 앉게 되지만, 좌석의 관리 상태와 청결도 등 관중석 시설 서비스에도 관심을 둔다. 경기 시작 전에 펼쳐지는 다양한 이벤트 공연, 치어리더 응원전, 고객 대상 경품 행사 등 다양한 추가 서비스를 찾는다. 이 외에도 주차장, 화장실, 매점, 편의시설 등 경기장 시설 서비스, 경기 스태프의 친절도와 전문적 지식, 입장권에 대한 가격 적정선과 판매유형 등에 이르기까지 소비자는 확장제품으로서 인식한다.

5. 잠재제품

잠재적인 제품(potential product)은 다른 경쟁자와 차별화하기 위해 경험할 수 있는 미래의 확장성과 연관돼 있다. 운동화가 최초로 생산할 당시에는 관심이 없었던 로고, 심벌, 엠블럼, 디자인, 브랜드는 매우 중요하게 됐다.

리프킨(J. Rifkin, 2001)은 일찌감치 용품을 판매하는 것이 아니라 이미지를 판매하는 나이키의 예를 들었다. 세계적인 스포츠 용품 회사인 나이키는 품질을 강조하는 것 보다 나이키 상표가 부착된 스포츠 용품을 착용하면 다른 사람이 나를 어떻게 바라볼 것인가라는 심리적 측면을 부각시켰다.

❙ <표5-3> 5차원 스포츠 제품

구분		운동화	스포츠 경기
1차원	핵심제품	발의 보호	선수, 경기장, 장비, 규칙, 기술 같은 경기형태 등 이벤트 경험
2차원	실제제품	실제 운동화	스포츠 경기 자체
3차원	기대제품	기능에 따른 기대심리	즐거움, 편익 등 부수적 기대치
4차원	확장제품	• 품질보증 처리 • 할부판매, 맞춤형 서비스, 애프터서비스(A/S)	경기장 · 관중석 시설 서비스, 경기 스태프 친절도, 입장권의 가격 적정선 등
5차원	잠재제품	로고, 엠블럼 등 브랜드	스포츠 경기의 브랜드

CHAPTER 03

스포츠 제품

1. 스포츠 제품의 수명주기

제품에는 수명주기(PLC: Product Life Cycle)가 있다. 신상품을 내놓고 소비자들한테 알려지다가 결국 시장에서 사라지는 운명을 맞이한다. 수명주기가 길수도 있고 나오자마자 사라지는 경우도 흔하다. 브랜드 가치가 높은 상품은 계속해서 새로운 상품을 내놓을 수 있는 여력이 된다. 이러한 경우 소비자는 예전 상품이 시장에서 쇠퇴하는 상황에 대해 잘 인지하지 못한다. 시장변화에 대응하거나 그렇지 못하는 경우에 따라 제품의 수명주기에 큰 영향을 미친다. 통상 도입기, 성장기, 성숙기, 쇠퇴기 단계를 거친다.

물론 PLC에 대한 반론도 만만치 않다. 수명주기의 유형이 형태와 기간 면에서 단순하지 않다는 것이다. 다양성을 간과하고 지나치게 단순 도식화함에 따라 현장에서 적용하는 데 한계가 있다는 주장이다. 또한 마케터들은 해당 상품이 어느 지점에 왔는지 파악하기가 힘들고, 마케팅 전략의 성과물로서의 의미를 부여하는 정도다. 그럼에도 불구하고 새로운 시장에 등장한 제품과 서비스의 기대를 높이기 위해선 오랫동안 수명주기를 활용하고 있다.

1) 도입기

도입기(introduction stage)는 스포츠 제품이 처음 시장에 나오는 단계다. 제조원가가 높기 때문에 제작비용이 많이 들게 돼 적자상태가 지속되는 시기다. 소비자들한테 알려져 있지 않기 때문에 촉진비용도 많이 든다. 인지도와 판매율을

높이기 위해 활발한 촉진(promotion)활동을 해야 하는 시기다.

앞서 스포츠 선수는 스포츠 마케팅에서 가장 중요한 상품이라고 했다. 선수가 상품이 되기까지 선수 스스로의 꾸준한 노력도 필요하겠지만, 주변의 지속적인 지원을 받아야 한다. 고등학교를 갓 졸업한 선수는 제품이다. 다시 말해 해당 포지션에서 곧잘 운동수행을 잘 하는 상품으로서의 잠재력과 가능성이 있는 제품이다.

제품이 시장에 도입하면서 판매가 완만하게 증가하는 시기이다. 이는 아직 덜 완숙된 제품인 선수가 프로스포츠 시장에 등장해 점차 알려지는 기간인 것이다.

2) 성장기

성장기(growth stage)는 수요가 증가하고 이익이 발생하는 단계다. 제품이 잘 팔리기 때문에 경쟁사에서도 비슷한 가격의 모방제품이 등장한다. 치열한 경쟁으로 인해 시장을 잠식당할 수도 있지만 경쟁제품의 출현으로 시장의 규모가 커지기 때문에 집중적인 유통전략이 필요한 시기다.

고등학교 혹은 대학교를 졸업해 구단에 입단하게 되면 선수에게 다양한 투자를 하게 된다. 각종 서비스를 가미하게 되면서 좋은 상품으로서의 면모를 갖춘다. 시장 수요와 실질적인 이익 증가가 급속히 이뤄지는 시기로서 다른 구단도 비슷한 성장기를 겪는다. 이는 치열한 경쟁을 할 수 밖에 없는 유사한 포지션의 우수 선수가 곳곳에서 등장하게 된다.

3) 성숙기

성숙기(maturity stage)는 수요의 신장이 둔화되거나 멈추는 단계다. 새로운 소비자를 타깃으로 하기 보다는 경쟁사의 고객을 유인하기 위한 방안을 찾게 된다. 이미지 광고를 통한 제품의 차별화를 시도하고 시장의 점유율을 빼앗기지 않도록 노력하는 시기다.

구단의 각종 서비스(연봉, 코칭, 선수행사, 팬 관리 등)를 통해 기량과 대중성이 높아진 선수는 상품으로서 왕성하게 활동하지만, 어느 순간 정점을 맞이한다. 대다수의 잠재구매자들이 그 제품과 서비스를 구매하게 되어 판매 성장이 둔화된다. 즉, 구단 간의 경쟁이 증가하기 때문에 이익은 정체되거나 하락할 조짐을 보인다.

고객은 새로운 상품(선수)을 찾게 되고, 구단은 그 수요에 맞게 기량과 대중성을 겸비한 선수를 물색할 수 있다. 이 시점에서 잘 나가는 선수가 할 수 있는 것은 철저한 자기관리를 통해 선수활동 주기를 연장해야 한다.

4) 쇠퇴기

쇠퇴기(decline stage)는 매출이 눈에 띄게 감소하는 단계다. 새로운 기술의 발전, 사회적 트렌드의 변화 등 다양한 원인으로 쇠퇴기를 맞이한다. 제품을 상기시키는 최소한의 광고만 필요한 시기로서 제품의 수명주기를 계속 유지해 나갈지 혹은 과감한 퇴출을 통해 다른 신상품의 촉진활동에 보다 집중할지를 판단해야 한다.

선수가 구단 내에서 공헌하는 비중이 줄어들고, 대중의 인기도 예전만큼 못하게 된다. 구단 전체를 예를 들면 구단의 가치, 매출, 이미지 등이 떨어지는 시점이다.

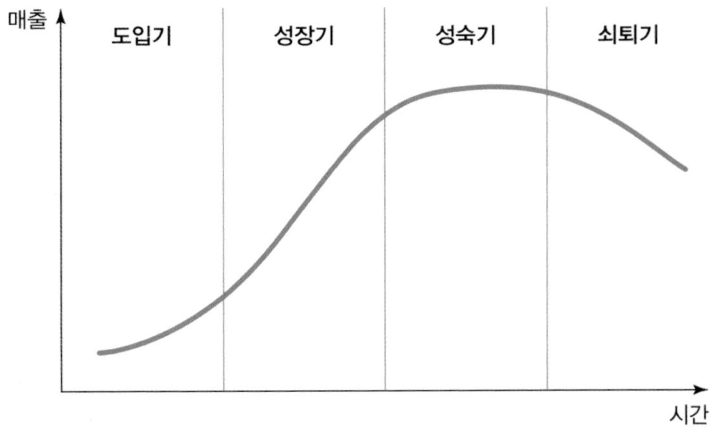

| 그림 5-7 스포츠 제품의 수명주기

판매와 이익이 급속하게 하락하는 시기이므로 새로운 상품을 공급(도입기)하고, 널리 알리면서 경쟁력을 쌓는 기간(성장기)을 맞이하기 위한 노력을 해야 한다.

<표5-4> 스포츠 제품의 수명주기

구분	내용
도입기	• 스포츠 제품이 처음 시장에 나오는 단계 • 초기비용이 많이 들게 돼 적자상태가 지속 • 인지도와 판매율을 높이기 위해 활발한 촉진활동을 해야 하는 시기
성장기	• 수요가 증가하고 이익이 발생하는 단계 • 경쟁사의 모방제품이 출현 • 시장규모가 커지면서 집중적인 유통전략이 필요한 시기
성숙기	• 수요의 신장이 둔화되거나 멈추는 단계 • 새로운 고객창출보다는 경쟁사의 고객을 유인해야 하는 시기
쇠퇴기	• 매출이 눈에 띄게 감소하는 단계 • 제품을 상기시키는 최소한의 광고만 필요한 시기

여기서 잠깐

▣ 스포츠 신상품 개발 절차

㉠ 정보수집: 소비자의 욕구와 시장 환경 변화를 파악하는 과정

㉡ 아이디어 도출: 상품화의 가치를 지닌 다양한 아이디어를 도출하는 과정

㉢ 아이디어 선별: 상품화가 가능한 아이디어를 선별하는 과정

㉣ 개발 및 테스트: 개발 후에 시장에 내놓을 만한 상품인지를 테스트하는 과정

㉤ 포괄적 사업성 분석: 전체적인 관점에서 사업성을 분석하는 과정

㉥ 상품화: 시장에 출시할 사업화 단계를 의미

▣ 스포츠 용품 개발 과정

㉠ 아이디어 창출: 소비자의 충족되지 않은 욕구를 이해하면서 시작, 기존 용품에 대한 개선점을 파악하고 새로운 제품에 대한 트렌드를 익히는 것이 중요

ⓛ 용품 선정: 개발과정 첫 단계에서 나온 아이디어로부터 용품의 개념을 정의, 생산의 적합성, 재무적 타당성, 시장의 잠재력을 충족

ⓒ 실행가능성 분석: 용품개발에 가장 적절한 아이디어를 선택하기 위한 과정으로 부적합한 아이디어를 선별하고 검토

ⓔ 용품 개발: 검토된 용품 아이디어를 생산 제품으로 구체화시키는 과정

ⓜ 시장 테스트: 시장 일부를 선택해 투자비용과 위험성으로부터 실패하지 않도록 문제점 보완, 성공가능성을 구체적으로 하고 실제적인 적합성을 테스트하는 과정

ⓑ 실행: 시장 테스트를 통해 얻은 것을 토대로 개발한 용품을 실제로 생산하는 과정

▣ 스포츠 용품 개발 계획서 종류

㉠ 개발계획서: 실제 스포츠 용품생산이 가능하도록 설계

㉡ 성능구현 계획서: 설계단계에서의 개발목표를 확인하고 구현하기 위한 절차 설계

㉢ 검증단계 계획서: 제작된 스포츠 용품을 통해 성능구현이 얼마나 이루어졌는지 검증

㉣ 이관단계 계획서: 스포츠 용품이 개발완료 후 양산 관련 부서에서 용품을 생산할 수 있도록 요청하는 계획서

▣ 스포츠 용품 개발진도 보고의 원칙

㉠ 필요성의 원칙: 불필요한 부분은 가급적 억제해야 한다는 원칙

㉡ 완전성의 원칙: 보고 사항과 관련된 자료 수집을 철저히 하여 한 번에 완전한 보고를 해야 한다는 원칙

㉢ 적시성의 원칙: 적절한 보고시기를 놓치지 말아야 한다는 원칙

㉣ 간결성의 원칙: 보고 내용은 간결하고 군더더기가 없어야 한다는 원칙

▣ 스포츠 상품 개발 후 소비자가 수용하는 단계

㉠ 인지: 신제품에 대한 정보를 처음으로 알게 되는 단계

㉡ 관심: 노출이 반복돼 관심을 유발하고 추가정보를 탐색하는 단계

㉢ 사용: 구매 후에 사용하는 단계

㉣ 평가: 신제품의 요구충족 상태를 파악하고 태도를 형성하는 단계

㉤ 수용: 사용을 하거나 평가수용 여부를 파악하는 단계

2. 스포츠 제품 및 프로그램 연장 전략

스포츠 조직은 자사에서 내놓은 제품의 수명주기를 연장하기 위한 노력을 한다. 도입기 과정을 거치면서 제작 및 촉진비용을 투자한 만큼 수익을 회수해야 하기 때문이다. 시장의 급격한 변화와 유사제품의 난립 등에 의한 과포화 현상을 냉철하게 직시하여 제품수명을 연장하게 된다. 스포츠 제품 및 프로그램을 연장하는 전략은 네 가지로 분류할 수 있다. 시장침투전략, 시장개척전략, 제품(프로그램) 개발전략, 제품(프로그램) 다각화 전략이다.

1) 시장침투전략

시장침투(market penetration) 전략은 기존의 제품 또는 프로그램을 기존 시장에서 승부를 거는 전략이다. 현재의 제품(프로그램)과 시장 영역에서 시장 점유율을 높이고자 한다. 새로운 고객을 유치하기 보다는 기존의 고객을 유지하고 사용량을 늘리게 하는 전략이라 할 수 있다.

2) 시장개척전략

시장개척(market development) 전략은 기존의 제품 또는 프로그램으로 새로운 시장을 개발(개척)하는 전략이다. 새로운 지역을 찾거나 새로운 타깃 층을 발굴하는 노력을 통해 기존 제품과 프로그램을 시장에서 사라지게 하지 않고, 수명을 연장하게 한다. 최근 정보통신기술(ICT) 발달에 따라 급부상하게 된 '시장 창조형 혁신'에 대해 이슈에서 살펴보자.

3) 제품(프로그램) 개발전략

제품(프로그램) 개발(product－program development) 전략은 기존 시장의 점유율을 높이기 위해 기존 제품 또는 프로그램을 대체할 새로운 제품(프로그램)을 개발하는 전략이다. 기존 시장에 포진돼 있는 스포츠 소비자는 혁신적 기술발달과 트렌드에 의해 새로운 제품을 갈망한다. 전통적 스포츠 마케팅 시장에서 필요했던 스포츠 제품과 서비스는 정보통신기술(ICT)의 발달로 새로운 차원의 제품과 서비스를 선보이고 있다. 스포츠와 관련이 없을 것 같은 비(非)스포츠 상품에 관한 내용을 이슈에서 다루겠다.

4) 제품(프로그램) 다각화전략

제품(프로그램) 다각화(product－program diversification) 전략은 새로운 제품 또는 프로그램으로 새로운 시장을 공략하는 전략이다. 기존 시장의 소비자 욕구가 변하거나 경쟁자의 진입으로 기존의 제품(프로그램)이 쇠퇴기에 접어들었을 때 필요하다.

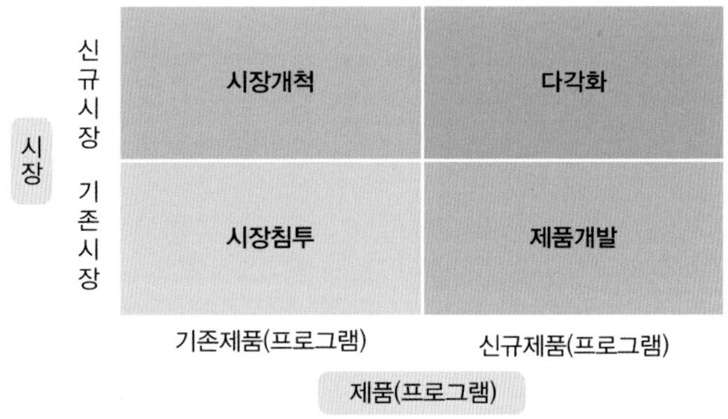

| 그림 5-8 스포츠 제품 및 프로그램 연장 전략

<표5-5> 스포츠 제품 또는 프로그램 연장 전략

구분	내용
시장침투전략	기존의 제품 또는 프로그램으로 기존 시장의 점유율을 높이기 위한 전략
시장개척전략	기존의 제품 또는 프로그램으로 새로운 시장을 개발하는 전략
제품(프로그램) 개발전략	새로운 제품 또는 프로그램으로 기존 시장의 점유율을 높이기 위한 전략
제품(프로그램) 다각화 전략	새로운 제품 또는 프로그램으로 새로운 시장을 공략하는 전략

CHAPTER 04

가치사슬과 프랜차이즈

1. 스포츠 제품의 가치사슬

1) 포터의 가치사슬

가치사슬(value chain)이란 개념은 미국의 경영학자 마이클 포터(Michael Porter, 1947~)에 의해 창시됐다. 이를 통해 기업이 좀 더 많은 고객 가치를 창출하기 위한 방법을 찾을 수 있다. 다섯 가지의 주활동(기본활동)과 네 가지의 지원활동(보조활동), 즉 아홉 가지의 전략적 활동을 통해 특정사업에서 가치와 비용을 창출하고자 했다.

스포츠 분야에 적용한다면 스포츠 조직의 활동에서 부가가치가 생성되는 과정을 의미한다. 스포츠 제품을 생산하여 과정을 여러 세부 활동으로 구분하고, 목표수준과 실제성과를 분석하면서 문제점과 개선방안을 도출할 수 있다. 스포츠 조직에서 경쟁전략을 세우기 위해 자신의 경쟁적 지위를 파악하고 이를 향상시킬 수 있는 지점을 찾기 위한 모형이다. 가치사슬 모형의 이점인 최저비용, 운영의 효율성, 이익의 마진 형성, 생산자와 소비자 간의 관계에서 경쟁우위를 확보할 수 있는 특성을 갖고 있다.

예를 들면 경기장 사업의 가치사슬에 영향을 주는 요인을 살펴보면 다음과 같다. 우선 경기장을 찾는 관중도 주요 요인이다. 두터운 팬 층의 열기가 더해져 관중 규모가 커진다면 경기장 사업에 영향을 주는 것은 당연하다. 또한 구단이 경기장에 오랜 기간 동안 입주한다면 사업 활성화에 영향을 주는 더없이 좋은 요인이다. 이 외에도 기업 광고주, 다용도 시설, 경기장 내의 사업과 관련한 단기, 장기 계약자와 이벤트도 해당된다. 무엇보다 미디어도 경기장 사업의 가치사슬에 영향을 주는 매우 중요한 요인이라 할 수 있다.

2) 가치사슬 활동

(1) 주활동

주활동(primary activities)은 다섯 가지의 기본활동으로 부가가치를 직접 창출한다. 첫째, 자원을 특정사업에 투여하는 '내부지향적 로지스틱스'가 있다. 로지스틱스(logistics)란 물적유통을 가장 효율적으로 수행하는 종합적 시스템을 말한다. 둘째, 투여한 자원을 통해 최종 제품으로 전환하는 '운영'이 있다. 이 과정은 생산과 처리를 한다. 셋째, 최종 제품을 선적하는 '외부지향적 로지스틱스'가 있다. 이는 출고, 저장, 분배의 물류 산출을 의미한다. 넷째, 최종 제품을 시장에 내놓는 '마케팅과 판매'가 있다. 마지막으로 그 모든 것들을 서비스 하는 '서비스 활동'이 있다.

(2) 지원활동

지원활동(support activities)은 네 가지의 보조활동으로 부가가치가 창출되도록 간접적인 역할을 한다. 첫째, 조달 프로세스를 통해 물자를 획득한다. 둘째, 기술개발이 있다. 셋째, 인적 자원관리(HRM, Human Resource Management)가 있다. 넷째, 회계, 재무, 경영과 관련한 기업의 하부구조(인프라스트럭처)가 있다.

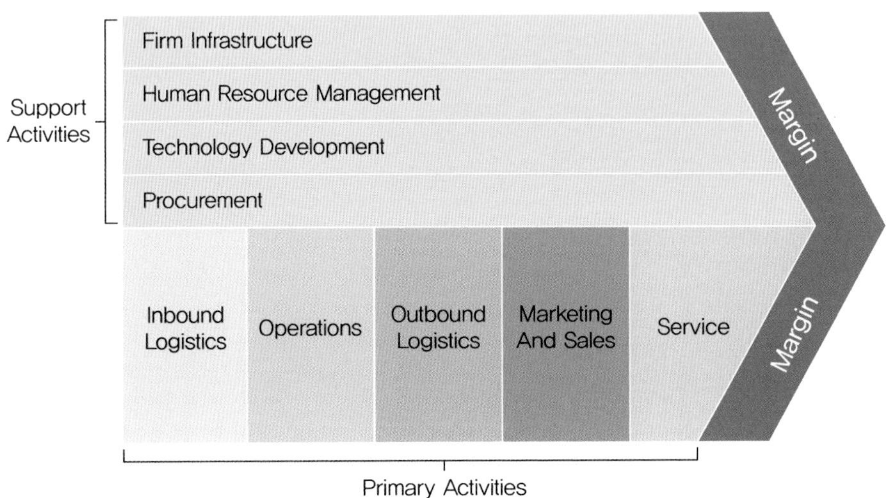

| 그림 5-9 가치사슬 모형도

스포츠 산업의 가치사슬을 이루는 주체는 리그 및 운영주체, 선수협회, 팀 및 구단, 경기장, 스폰서 및 광고주, 미디어 등으로 매우 다양하다. 선수, 코치, 에이전트의 전략을 바탕으로 팬, 관중, 시청자를 끌어올 수 있는 환경을 기대할 수 있다.

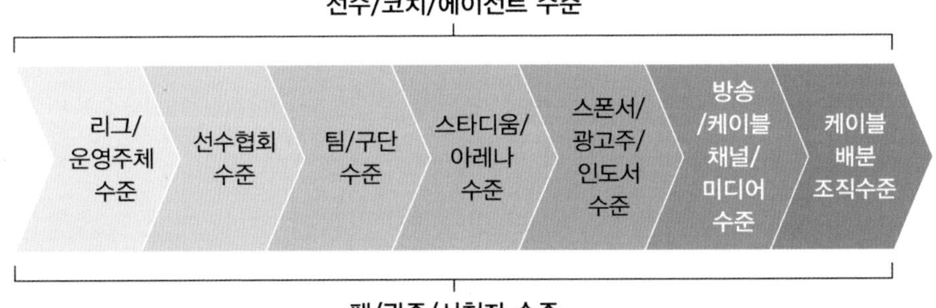

| 그림 5-10 스포츠 산업의 가치사슬

출처: Foster, G., Greyser, S. A., & Walsh, B. (2006). *The Business of Sports: Text and Cases on Strategy and Management*. 문병준, 이상규 옮김(2007). 스포츠 비즈니스. 한경사, P.19

| 그림 5-11 스포츠 콘텐츠 시장의 가치사슬

출처: 김성길(2012). 스포츠 콘텐츠의 이해. 한울 아카데미, p.244.

여기서 잠깐

▣ 스포츠 비즈니스 모델

스포츠 비즈니스의 모델은 크게 세 가지 영역이 있다. 우선 스포츠 경기자체에서 비롯되는 비즈니스 요인이 있다. 또한 티켓 수익을 뛰어넘는 점증적인 수익 원천이 있다. 마지막으로 팬과의 만남과 같은 부수적인 핵심 요소가 있다.

❙ <표5-6> 스포츠 비즈니스 모델

구분	내용
경쟁/리그	① 리그: 네트워크 방송국, 스폰서, 라이선스 상품, 웹사이트(리그) ② 팀: 지역 방송 촉진, 팀 광고, 팀 스폰서, 팀 상품, 팀 소매 유통망, 웹사이트(팀) ③ 이벤트: 올림픽, 각종 경기의 토너먼트 대회 등 ④ 선수(연맹) 및 에이전시: 상품 인도스먼트 및 광고, 유니폼 번호 및 이름 상품 ⑤ 대학 스포츠: 컨퍼런스, 대학
점증적 수익 원천	① 방송중계권한 수수료: 공중파, 케이블 등(전국, 지역, 인터넷) ② 스폰서십: 팀, 경기장, 방송 광고 ③ 경기장 자체: 명명권, 귀빈석 박스, 개인좌석 라이선스, 구내매장, 주차장 ④ 상점: 브랜드 매장, 유통 파트너 ⑤ 라이선스 상품, 시설 및 장비 ⑥ 출판 및 비디오
기타 핵심 요소	① 경기시설 ② 팬 미팅 등 각종 행사 ③ 스포츠 캠프

출처: Foster, G., Greyser, S. A., & Walsh, B. (2006). *The Business of Sports: Text and Cases on Strategy and Management.* 문병준, 이상규 옮김(2007). 스포츠 비즈니스. 한경사, p.38-57(요약)

2. 프로 스포츠의 프랜차이즈 구조

1) 프랜차이즈 개념과 특징

프랜차이즈(franchise)란 상호, 특허 상표, 기술 등을 보유한 제조업자가 소매점과 계약을 통해 상표의 사용권, 제품의 판매권, 기술 등을 제공하고 대가를 받는 시스템이다. 프로 스포츠 세계도 프랜차이저(franchiser, 본사)와 프랜차이지(franchisee, 체인점 혹은 가맹점)의 구조와 같은 프랜차이즈 시스템이라 할 수 있다.

예를 들면 한국야구위원회(KBO)는 프랜차이저(본사)이고, 구단은 프랜차이지(가맹점)의 역할을 하고 있다. 프로연맹은 스포츠 조직으로 구단 최고경영자로 구성된 기구에서 최종 의사결정을 한다. 예를 들면 프로구단의 연고지를 변경하거나 리그 소속 구단의 숫자를 제한하기도 한다. 이는 프로구단의 희소성을 유지하면서 리그의 가치를 최대한 높이기 위함이다. 또한 리그 수입 분배금을 기존구단들이 많이 배당을 받기 위한 조치이기도 하다. 이러한 효과는 선수를 쉽게 확보할 수 있는 특성을 지닌다.

가맹점인 구단은 본사인 협회 혹은 연맹에 가맹비를 지불함으로써 본사가 갖고 있는 로열티를 획득할 수 있다. 신생팀은 프로리그에 새로 가입할 경우 창단 가입금을 지불해야 한다. 기본적으로 가맹점은 마케팅 비용을 줄일 수 있는 대신 본사로부터 경영통제를 받게 된다. 선수평가업무는 구단의 고유업무이지만 연맹차원의 제도에 영향을 받을 수밖에 없는 구조이다.

2) 프랜차이즈 게임

지방자치단체는 프로구단을 유치하고, 스포츠 이벤트를 개최함으로써 지역에 미치는 파급효과를 기대한다. 반면 프로구단이 지방자치단체의 지원을 더 얻어내기 위해 연고지 변경 등을 내세우며 협상을 하는 방법을 프랜차이즈 게임이라고 한다. 경기장 수가 적을 때는 지자체가 협상에 유리하고, 리그 소속 구단숫자가 적을 때는 구단이 협상에 유리한 구조다.

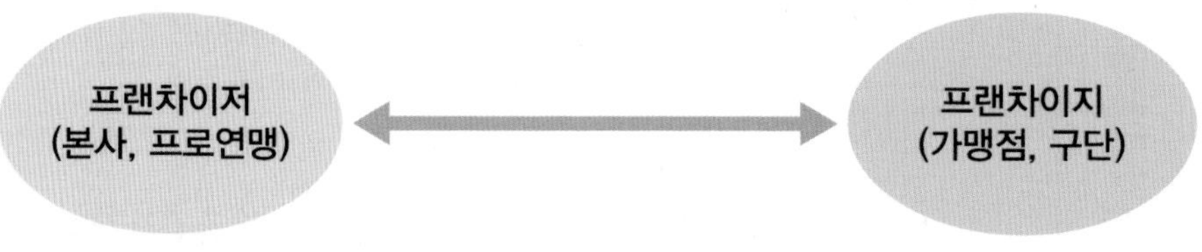

| 그림 5-12 프랜차이즈 구조

3. 스포츠 신상품 개발

1) 신상품 개발 절차

신상품 개발은 보통 여섯 가지 단계를 거친다. 구체적으로 살펴보면 다음과 같다.

(1) 정보수집
(2) 아이디어 도출
(3) 아이디어 선별
(4) 개발 및 테스트
(5) 포괄적 사업성 분석
(6) 상품화

첫째, 신상품 개발과정은 '정보수집'에서 시작된다.

둘째, 신상품 개발은 '아이디어를 탐색하고 도출'하는 과정이다. 다음과 같은 근본적인 질문을 던질 수 있을 것이다. 스포츠 비즈니스 분야에서 특별한 아이디어로 평가받을만한 아이템이 있는가? 새로운 상품을 개발할 수 있는 원천은 다양하다. 일례로 내부고객인 경영자와 구성원이 있다. 또한 외부고객인 고객으로부터 소중한 아이디어를 얻을 수도 있다.

셋째, 도출된 '아이디어를 놓고 선별'하는 과정이 필요하다. 아이디어는 문서로 정리해야 한다. 다음과 같은 기본적 질문을 던질 수 있다. 이 아이디어가 자사의 목표에 부합할 수 있는가? 아이디어를 심사하는 데 있어 두 가지 오류를 유의해야 한다. 우선 탈락오류(drop-error)이다. 좋은 아이디어임에도 불구하고 검토를 잘못하여 탈락시키는 경우이다. 또한 채택오류(go-error)가 있다. 좋지 못한 아이디어임에도 불구하고 다음 단계인 개발 및 상품화 과정으로 진행하는 경우이다.

넷째, '개발 및 테스트' 단계에선 다음과 같은 기본적인 질문을 할 수 있다. 누가 이 제품을 사용하는가? 어떤 이점을 제공하는가? 표적 소비자가 정해지면 신속하게 시제품화(rapid prototyping)하여 테스트를 해봐야 한다.

이런 과정을 통해 몇 가지 설문으로 다음 단계를 위한 준비를 할 수 있다. ① 이 제품의 이점이 분명한가? 점수가 낮게 평가되면 수정해야 한다. ② 이 제품을 통해 욕구가 충족되는가? 욕구가 강할수록 소비자의 관심도가 높을 것이다. ③ 유사한 제품을 통해 만족을 얻고 있는가? 본 제품과 유사 제품 간의 차이를 측정해야 한다. ④ 가격은 합리적인가? 지각적 가치가 높으면 높을수록 소비자의 관심도가 높을 것이다. ⑤ 이 제품을 구매할 것인가? 긍정적인 대답이 많을수록 소비자의 구매의도는 높을 것이다. ⑥ 이 제품을 누가, 언제, 얼마나 자주 구매할 것인가? 표적 소비자를 보다 더 심층적으로 파악할 수 있는 기초자료가 될 수 있다.

다섯째, '사업성 분석'의 궁극적인 목적이자 질문은 다음과 같다. 이 제품을 통해 이윤목표를 성취할 수 있는가? 앞서 제시한 신상품 개발을 위한 일련의 과정을 거쳐 사업적 매력성을 평가해야 하는 단계이다.

특히 앞서 언급한 스포츠 제품의 수명주기를 경영자는 예측해야 한다. 보통 매 기간별 신제품의 초기판매량을 예측한다. 그 제품이 실제로 사용되기 전에는 대체 판매액을 예측하기 어렵기 때문에 최초 판매량을 근거로 신제품 출시를 결정한다. 경영자는 제품의 내용연수 분포(survival-age distribution)를 인지하고 결정을 내려야 한다. 소비자가 자주 반복적으로 구매하는 신제품이면 최초판매량과 반복판매량을 예측해야 한다. 반복적으로 구매한다는 의미는 만족도가 높다는 것을 의미한다. 반면, 쇠퇴기가 빨리 도래할 제품은 브랜드(상표)도 소멸되는 것이므로 소비자의 인식을 잡기 위해선 지속적으로 신상품을 출시해야 한다.

마지막으로 '상품화' 단계는 제품을 개발하고, 본격적으로 시장에서 테스트하는 단계까지 포함될 수 있다. 다음과 같은 기본적 질문을 이어갈 수 있을 것이다. 이 제품은 기술적, 상업적으로 합당한 제품으로 개발되고 있는가? 이 제품을 시장에서 판매할 시 기대를 충족시키고 있는가?

❙ <표5-7> 스포츠 신상품 개발의 절차

구분	내용
정보수집	소비자의 욕구와 시장 환경 변화를 파악
아이디어 도출	상품화 가치가 있을 다양한 아이디어를 도출
아이디어 선별	상품화가 가능한 아이디어를 선별
개발 및 테스트	개발 후 데스트를 거침
포괄적 사업성 분석	전체적으로 사업성을 분석함
상품화	사업화 단계

2) 신상품에 대한 소비자 수용 절차

신상품에 대한 소비자의 수용 절차는 보통 다섯 가지 단계를 거친다. 구체적으로 살펴보면 다음과 같다.

(1) 인지
(2) 관심
(3) 사용
(4) 평가
(5) 수용

첫째, '인지'는 소비자가 새로운 상품을 '수용(채택, adoption)하는 단계다. 소비자는 새롭다고 지각되는 제품과 서비스에 대해 알고 있는 상태이다. 단, 신상품에 대한 정보가 부족한 단계라 할 수 있다. 둘째, '관심'은 소비자가 새로운 제품과 서비스에 대한 정보를 찾도록 자극을 받는 단계다. 셋째, '사용'은 소비자가 새로운 제품과 서비스를 이용하는 단계이다. 넷째, '평가'는 소비자가 새로운 제품과 서비스를 사용하는 것이 의미가 있는지 숙고하는 단계다. 마지막으로 '수용'은 소비자가 신상품을 구매 후 사용하는 단계를 거쳐 평가하고 수용여부를

파악하는 단계이다.

<표5-8> 스포츠 상품 개발 후 소비자 수용 단계

구분	내용
인지	신제품에 대한 정보를 처음 알게 된 단계
관심	노출이 반복돼 관심을 유발하고 추가정보를 탐색하는 단계
사용	구매 후 사용하는 단계
평가	신제품의 요구충족 상태를 파악하고 태도를 형성하는 단계
수용	사용 혹은 평가 수용 여부를 파악하는 단계

① 온라인과 오프라인 쇼핑을 통해 소비자는 어떤 선택을 내릴까?

앞서 4.0 시장은 온라인과 오프라인의 통합개념이 강조됐다. 일방적으로 기업의 홍보 마케팅에 현혹됐던 1.0과 2.0 시장을 뛰어넘는다. 즉, 소비자는 일방적(1.0)이고, 고객의 귀를 기울이는 수준인 양방향(2.0) 시장에선 감동을 받지 않는다. 최소한 고객 맞춤형(3.0) 시장에선 스토리텔링과 같이 감동을 지향하는 콘텐츠엔 마음을 돌린다. 더 나아가 소비자가 직접 콘텐츠에 대해 경험하고 행동하는 스토리두잉과 연계된 4.0 시장에서 소비자가 그 어느 때보다 과감해졌다.

스포츠 스타가 아무리 멋진 스포츠 웨어를 입고 홍보를 해도 고객 스스로가 '마음에 안 든다.'라고 하면 그만이다. 비록 유명하진 않지만 자기 실력을 쌓기 위해 묵묵히 연습하는 잠재적 스포츠 스타에 열광한다. 몇 차례 언급한 언더독(underdog) 마케팅을 펼쳤던 언더아머의 광고처럼 말이다.

이는 현실이 아닌 것처럼 느껴지는 온라인의 세계와 실제로 자신의 주변에 일어나고 있는 오프라인의 세계가 맞닿을 때 '스토리두잉'의 주체인 바로 자신에게 보다 자극을 줄 수 있다는 것이다. 소비자는 진실성과 투명성으로 인정받은 기업이 내놓은 상품을 구매하기 위한 노력을 앞으로도 게을리 하지 않을 것이다.

② 나이키는 왜 스포츠와 관련 없을 것 같은 상품을 시장에 내놓을까?

세계적인 스포츠 용품 제조업체로서 나이키를 모르는 사람은 없을 것이다. 필 나이트(Phil Knight)와 빌 바우어만(Bill Bowerman)이 1964년에 설립한 미국

스포츠 용품 브랜드다. 나이키 신발을 신어보지는 않았더라도 나이키 스우시(Nike Swoosh)를 가장 잘 떠올릴 수 있을 것이다. 분사, 분출, 휙 하는 소리를 뜻하는 스우시는 단순하면서도 날렵한 동적인 이미지를 남긴다. 그리스 로마의 신화 속 승리의 여신인 '니케의 날개'에서 영감을 받아 고안된 로고는 유명한 브랜드 마크가 됐다. 리프킨은 나이키가 상품을 파는 것이 아니라 이미지를 판매하는 것이라고 했다. 이렇듯 늘 혁신이란 이미지와 어울리는 나이키를 계속 주목할 수밖에 없는 이유다.

2012년 나이키는 스포츠와 전혀 상관이 없을 것 같은 퓨얼밴드(Fuel Band)를 출시했다. 이듬해 '패스트컴퍼니(Fast Company)'이란 미국 경제지에서 혁신 기업 1위로 선정됐다. 혁신 기업의 이미지는 구글, 애플, 페이스북(현 메타)과 같은 IT기업이 독차지할 것 같았지만 스포츠용품 업체가 선정됐다. 2014년에도 14위인 애플을 제치고 10위권을 유지했다.

손목에 착용하는 이 상품은 운동 종목에 상관없이 활동 양에 따라 연료(fuel)가 채워지는 구조다. 사용자의 활동량, 시간, 스텝, 칼로리 등을 개인별로 목표해 달성하면 녹색, 부족하면 적색으로 표시된다. 재미도 주고 건강도 관리할 수 있는 스포츠IT 상품이다. 지금은 유사 상품이 출시돼 몇 년 만에 혁신이란 말을 적용하기엔 무색할 만큼 속도가 빠른 것은 분명하다. 출시 당시엔 광고가 아닌 일반 제품으로 칸광고제 대상을 수상했을 만큼 혁신을 인정받았다. 어제의 새로움이 오늘의 구(舊)유물이 되는 시대인 것이다.

전통적인 제조사가 이렇게 몸부림치는 이유는 무엇일까? 옷과 신발만 잘 만들어도 기존에 나이키를 좋아했던 소비자가 많으니 걱정이 없을 것 같은데 왜 이토록 새로운 제품을 창안할까? 제품을 사용하며 느끼는 재미와 만족도에 대해 오늘날 소비자는 매우 민감하다. 예전처럼 품질만 좋다고 선택하지 않는다.

이런 흐름을 감지한 나이키는 이미 애플과 2006년 손잡았다. 그들은 '나이키 플러스(Nike+)'란 소프트웨어 플랫폼 생태계를 구축했다. '나이키+바스켓볼', '나이키+무브', '나이키+키넥트 트레이닝' 등과 같은 애플리케이션에 '나이키 플러스'라는 센서를 연계했던 것이다. 플랫폼 생태계라고 하면 IT 기업의 전유물로 생각하지만, 스포츠 용품 기업도 이러한 기업 간 기술융합으로 인해 매력적인 생태계를 구축했다. 이후 퓨얼밴드를 출시하면서 플랫폼과 연동되는 웨어러블 시장까지 진출했다.

융합과 복합, 비스포츠 상품의 개발을 이젠 스포츠 용품업체가 주도하고 있다. 전통적 방식으론 소비자를 만족시킬 수 없다는 사실을 제대로 인지했다. 아무리 기술이 좋아도 편리함에서 뒤처지면 외면현상이 가속화되고 있음을 이미 인

지했다. 지금 나이키는 애플과 삼성과 같은 세계적 IT 기업과의 혁신적 기술공유를 통해 '스포츠 헬스 플랫폼'의 선두주자 역할을 자임하고 있다. 또한 '운동'이라는 본질에 집중함에 따라 기존의 스포츠 소비자와 잠재적인 소비자를 포섭할 수 있게 됐다.

| 그림 5-13 퓨얼밴드와 칸광고제

③ 스포츠 시장의 혁신은 왜 중요할까?

슈밥 등(2017)에 따르면 혁신은 세 가지 형태로 분류할 수 있다. 첫째, 지속형 혁신(sustaining innovation)으로 새로운 제품을 통해 기존의 제품을 대체하는 것이 목적이다. 둘째, 효율 혁신(efficiency innovation)으로 기업이 더 적은 비용으로 더 많이 생산하도록 돕는다. 셋째, 시장 창조형 혁신(market-creating innovation)으로 모든 사람이 새로운 고객이 될 수 있도록 제품과 서비스를 값싸고 접하기 쉬운 형태로 만든다.

융합은 다른 종류의 것이 녹아서 서로 구별이 없게 하나로 합하여지는 것 또는 일을 의미한다. 화학적인 뉘앙스가 강하다. 복합은 두 가지 이상을 하나로 합친 것을 의미하는데 물리적인 느낌으로 다가온다. 융합에서 1+1은 그냥 1이 될 수도 있고, 적당히 섞여 1.5가 될 수도 있다. 복합은 1+1은 2가 되지만, 조화롭고 상호 간에 긍정적인 에너지를 전달하며 상생하는 2인 것이다.

3D 프린팅은 말 그대로 3차원으로 특정 물건을 찍어내는 기술이다. 디자이너의 디자인이 5시간 후에 실제 제품으로 시장에 나온다고 생각해보라. 혹은 아침에 문뜩 생각나서 실행했던 자신의 디자인이 점심 먹고 새로운 제품의 신발을 신고 다닐 수 있다고 하면 어떨까. 시장에 나오기까지 수많은 시행착오를 거쳤던 전통적인 제조 시스템의 변화는 불가피할 것이다. 시안이 바뀔수록 타임투마켓(시장 적시 출시)에 골머리를 앓았던 경영자들은 한 숨을 돌릴 것이다.

소비자 맞춤형 생산, 유통, 물류 서비스의 기반이 곧 4차 산업혁명의 근간이다. 과거의 제조방식과 달리 신속한 타임투마켓이 가능하고 재고도 현저히 줄일 수 있다. 앞서 언급한 아디다스의 퓨처크래프트(Futurecraft) 3D 기술을 통해 생산된 기능성 러닝화의 특성은 기본적으로 개개인의 발 모양에 맞춰 제작하게 됐다.

운동화를 만들기 위해 사람대신 로봇으로 대체되니 본사와 수천 킬로 떨어진 생산 부지를 찾아다닐 필요가 없게 됐다. 디자인, 원단확보, 상품생산, 배달까지 이르는 복잡한 과정과 시간을 일거에 줄일 수 있다. 이를 통해 몇 달씩 걸리는 시간을 5시간으로 줄이고, 100만 켤레를 생산했던 600명이 6명으로 줄어들게 될 것이라고 하니 혁신이 가속화되고 있음은 분명해 보인다. 비록 2019년 말 3D 프린팅 제작방식을 중단했지만 앞으로 기대할만한 사업 시스템이자 생산·소비 방식의 혁신을 불러일으킬 것이다.

전통적인 방식으로 오프라인 매장에서 직접 체험하고 구매하고 싶은 고객을 위한 혁신도 있다. 고객은 매장에서 걷고 달리고 러닝머신 위에서 가볍게 뛰고 나면 자신의 발과 관련한 정보가 제공된다. 예를 들면 발 모양과 압력 부위가 있다. 이를 토대로 매장에서 바로 신어보고 착용감 등을 미리 경험하게 된다. 스포츠 시장은 지속적이고 효율적이고 창조적으로 혁신하고 있다.

④ 프로태권도 리그를 만들면 안 되는 걸까?

국내 프로태권도 리그에 관한 논의는 20년도 넘었다. 여러 가지 악재가 있다. 우선 태권도 고유의 가치가 훼손될 것이라는 의견이 있다. 또한 관련 단체 간의 이견(異見)이 첨예해 원활한 구상을 위한 출발 자체가 어려운 상황이다. 지난 2004년 흥행요소(지역 연고제, 기업 스폰서십, 주관방송사와의 연결구조, 스타마케팅, 관중유인 전략 등)에 대한 치밀한 계획이 부재한 상태에서 국내 프로태권도를 시도한 결과, 흥행 참패로 인해 프로 리그는 처음이자 마지막이 됐다. 어쨌든 성공모델을 위한 지속적인 논의 끝에 프로태권도 리그가 출범하게 된다면 태권도라는 제품(product)에 새로운 상품(goods)을 시장에 선보이게 되는 것이다.

멕시코는 2011년 이미 TK-5 프로태권도 리그를 출범했다. 왜 우리 제품(태권도)를 갖다가 자기들 멋대로 상품(TK-5)을 만들었냐고 의문을 제기할 수도 있지만, 우리 역시 미국 제품인 야구, 농구 등과 유럽 제품인 축구를 갖고 리그를 만들어 운영하고 있다. 즉, 제품에 각종 서비스를 가미해 상품화를 한 것이다. 서비스라 함은 지역 연고제, 기업 스폰서십 환경, 주관방송사 선정 등 흥행을 위한 일련의 과정이다. 물론 각 구단에 소속한 선수 개개인이 상품화돼 가는 과정에서 리그운영이란 거대 상품에 동참하게 된 것이다.

2013년 기준 태권도는 국내 유단자 800만 명, 도장 개수가 1만1,000개를 넘었고, 세계 태권도 유단자는 약 900만 명, 수련 인구는 약 8,000만 명으로 추산하고 있다. 이미 시장(market)에서 잠재적으로 상품이 될 수 있는 선수와 소비자

가 될 여지가 충분한 규모를 갖추고 있다. '보는 스포츠'인 현대 스포츠에서 프로태권도 리그의 출범은 태권도 가치를 훼손하는 방향이 아니라 보다 많은 사람들의 관심을 유도하는 지름길일 것이다.

| 그림 5-14 멕시코 TK-5 태권도 리그

⑤ 헬스케어는 의사들의 전유물일까?

1967년부터 미국 네바다주의 라스베이거스에서 매년 1월 세계 최대 소비자가전전시회 CES(Consumer Electronics Show)가 개최되고 있다. 2018년도에도 150여 개국 3,700여 기업, 관람객 17만 8천명 이상이 참여할 정도로 성황을 이뤘다. 2017년엔 50돌을 맞이하여 핵심 키워드로 '접근성(Accessibility)'을 내세웠다. 앞서 언급한 것처럼 언더아머는 4차 산업혁명 시대를 맞이해 디지털 스포츠브랜드로 표방하기 위해 CEO 케빈 플랭크가 직접 기조연설자로 나섰다. 그는 언더아머의 경쟁상대는 삼성과 애플이라고 하면서 디지털 회사로 성장시키겠다고 했다. 나이키, 아디다스와 같은 스포츠 용품회사가 경쟁상대가 아니란 것이다.

2016년엔 '헬스박스'라는 맞춤형 건강 모니터링 애플리케이션을 소개했던 언더아머는 스마트 러닝화, 스마트 잠옷 등을 출시했다. 스마트 러닝화는 소비자가 달린 거리, 칼로리 소모량, 운동화 교체주기를 스마트기기를 통해 확인할 수 있다. 스마트 잠옷은 열을 흡수하는 패턴의 섬유로 만들어져 양질의 수면을 돕는다고 발표했다. 특히 사용자의 활동을 24시간 분석해 실시간 정보를 제공하고, 소비자가 목표로 한 운동 목표에 도달시키고자 설계됐다. 앞으로도 인간이 본질적으로 관심을 가질 수밖에 없는 '건강'이란 욕망에 '스마트'란 단어가 붙은 신제품이 생활 전반에 등장할 것이다. 즉, 의료 분야에서만 다루는 주제가 아닌 것이다.

웨어러블 인터넷과 헬스케어의 연결을 통해 수명연장과 건강관리 이슈가 도출됐다. 수명연장은 기술발달에 따른 외적 영향요인이지만, 건강관리는 스스로 체크할 수 있는 환경을 주도하게 됐다. 헬스케어 시장은 2013년 16억 달러(1조

9,384억 원)에서 2017년 50억 달러(6조 575억 원)로 시장규모가 무려 212%가 늘어난 것으로 추정만 할 뿐 정확한 규모는 자료마다 다르다. 그만큼 무궁한 분야일 것으로 짐작할 수 있다.

미국 질병통제예방센터(CDC, Centers for Disease Control and Prevention)에서 인증된 헬스케어 프로그램이 있다. 3천만 명에 가까운 당뇨환자 의료비 절감을 위해 기업이 이 프로그램을 사용하면 수가를 지불해 준다. 이미 글로벌 IT 대기업은 헬스케어 플랫폼 개발을 완료하고 운영하고 있다. 애플의 헬스킷(HealthKit), 케어킷(CareKit), 리서치킷(ResearchKit)이 있고, 구글의 구글핏(Google Fit), 스터디킷(StudyKit)이 있다. 이 플랫폼을 통해 개발자와 의료기관이 환자의 건강을 관리할 수 있게 됐고, 연구 데이터를 수집하는데 유용한 장치가 됐다. 빅데이터 활용으로 의학 통계 및 맞춤형 치료 개발이 가능할 수 있기에 더욱 활용가치가 높아지고 있다.

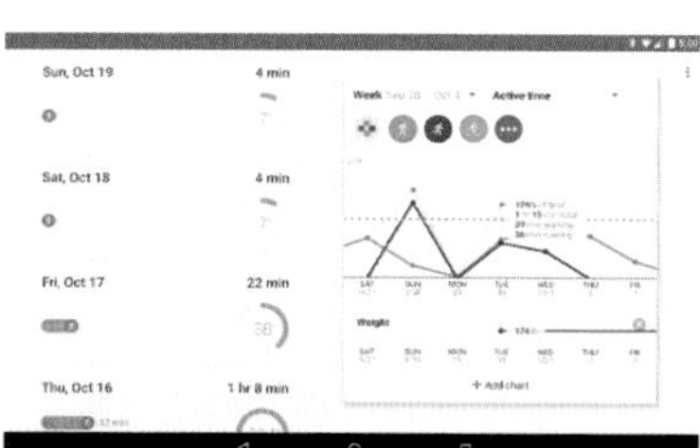

| 그림 5-15 스포츠 헬스케어

몇 가지 트렌드를 바탕으로 정리하면 이렇다. 나이키의 퓨얼밴드처럼 소비자 스스로 운동을 하며 건강을 관리한다. 역으로 건강을 관리하기 위해 운동을 한다. 기업은 스포츠 스토리두잉을 유도하면서 소비자가 직접 콘텐츠를 사용하고, 행동에 옮기게 하는 능동적 마케팅으로 연결한다. 더불어 게임(game)과 피케이션(fication)의 조합어로 게임화란 의미가 담긴 게이미피케이션(gamification)을 통해 재미를 부여한다. 즉, 억지로 하기엔 하기 싫었던 운동에 대한 인식이 바뀔 수 있다. 다시 말해 게임도 아닌 것을 게임화할 수 있다면 참여는 자발적으로 이루어질 수 있다. 의사들의 치료목적을 위해 창안됐던 헬스케어가 스포츠 시장에서 눈독을 들이고 있는 것에 주목하자.

⑥ 백 투더 퓨처, 알아서 조여 준다니 그게 뭘까?

"아마 40대 이상은 기억하고 있을 SF 영화 백 투더 퓨처(Back to the Future)가 다시 회자된 적이 있다. 1980년 후반에 등장한 영화의 두 번째 시리즈는 배경이 2015년 미래를 다뤘다. 꽤 흥미 있는 나이키 제품이 등장한다. 알아서 발 사이즈를 조여주는 신발이다. 나이키는 실제로 2015년 백 투더 퓨처 아이템을 끄집어내어 이듬해 '하이퍼 어댑트 1.0'이란 신상품을 출시했다. 가격을 다운시키고 기능을 업그레이드한 '어댑트 비비(Adapt BB)'란 상품을 2019년 출시하면서 나이키 매니아들의 열광을 이끌어냈다. 농구를 하면서 수시로 바뀌는 발의 컨디션을 기술(서비스)을 통해 잡고자 고안한 제품이다. 스마트폰 앱을 통해서도 조임 기능이 가능하고, 운동 중에도 하단에 달린 버튼을 눌러주면 순간적으로 조여준다. 나이키가 선도적 지위에 있음에도 불구하고 그들의 도전은 여전하다. 스포츠 파이낸싱에 등장하는 재무관리 기능 중 활동성 기능이 훌륭하다. 수익을 축적시키지 않고, 새로운 도전에 투자한다는 점에서 늘 예의주시해야 할 혁신 기업 중에 하나다. 콜린 캐퍼닉(Colin Kaepernick), 그는 누구인가. 미국 내 인종차별에 항의해 국가 연주 시 무릎을 꿇는 행동으로 반향을 일으켰던 미식축구 흑인 선수이다. 이 계기로 미국의 프로 미식축구협회(NFL)에서도 선수박탈이 됐다. 이런 과정이 그를 글로벌 이슈의 주인공으로 만들었다. 나이키는 이 지점을 유심히 지켜봤다. 보수층에서 분명히 논란을 일으킬 것을 예상하고도 2018년 후반에 광고모델로 전격 기용했다. 예상대로 나이키 신발을 불태우는 장면이 유튜브에 나돌 정도로 격렬한 반응이 쏟아지면서 일시적으로 주가가 떨어지기도 했다. 하지만 밀레니얼과 Z세대에 열렬한 호응을 얻으며 4천 3백만 달러의 홍보효과를 얻었다. 1980년대 후반부터 사용한 슬로건 'Just Do it' 못지않은 'Dream Crazy'를 모토로 스포츠 용품시장을 흔들었다. 여전히 나이키는 혁신 시스템이 잘 돌아가는 것을 예감할 수 있다. 상품이든 광고이든 슬로건이든, 지속적으로 새로운 것을 내놓으면서 수명을 연장하고 있다(문개성, 2019, p.96, 97)."

1972년에 설립하여 지속적인 혁신을 추구하는 나이키는 부동의 1위란 위치를 공고히 하고 있다. 나이키의 프로모션은 대체로 대중들의 상상을 뛰어넘는 방식으로 추구해 왔다. 물론 매번 프로모션을 잘하면 좋겠지만 그렇지 아니한 경우도 있었다. 2019년 7월경에 노예제 시대의 미국 초기 국기인 13개별을 형상화한 신발을 출시한 적이 있었다. 대중과 언론으로부터 엄청난 뭇매를 맞고 상품을 즉시 회수했다. 혁신이란 테마도 다른 분야처럼 '공감'을 토대로 해야 한다

| 그림 5-16 백 투더 퓨처에 등장한 신발과 어댑트 비비

는 점을 인식하게 했던 사례다. 2020년, 나이키는 'Don't Do it'이란 슬로건을 한시적으로 사용했다. 앞서 언급한 콜린 캐퍼닉으로부터 시작된 부당함에 대해 펼쳤던 무릎 꿇기란 2016년의 퍼포먼스가 재현된 것이다. 'Black Lives Matter (흑인의 생명도 중요하다)' 캠페인과 맞물리면서 인종차별 반대를 외치는 시대적 공감대에 나이키도 적극 동참한 것이다. 나이키도 여느 기업과 마찬가지로 기회와 위기를 늘 안고 있다. 또한 좌절이 있더라도 도전을 멈추지 않을 것이다.

과 제

1. 가장 최근 제품에서 상품으로 탈바꿈한 스포츠 선수에 관한 사례와 이슈를 찾아보시오.
2. 가장 최근 스포츠 분야의 다섯 가지 차원 제품에 관한 사례와 이슈를 찾아보시오.
3. 가장 최근 스포츠 분야의 제품 수명주기에 관한 사례와 이슈를 찾아보시오.
4. 가장 최근 스포츠 분야의 제품 혹은 프로그램 연장에 관한 사례와 이슈를 찾아보시오.
5. 가장 최근 프로 스포츠 분야의 프랜차이즈 구조에 관한 사례와 이슈를 찾아보시오.

PART

06

스포츠 가격과 통화

1 디지털 마케팅 시장의 가격이 어떻게 소비자를 변화시킬 수 있는지 이해하자

제4차 산업혁명시대에서 창출되는 재화와 서비스는 전통적인 시장에서처럼 품질과 기능성을 갖춘다. 다만 여태껏 유통됐던 재화와 서비스의 성격이 아니다. 수요의 추이에 따라 생산량이 결정될 수 있었던 지표를 가늠하는 일이 어려울지도 모른다. 다시 말해 어디로 튈지 모르고 어떻게 발전할지 예측이 불가능한 시장에서 새로운 재화와 서비스를 접하고 있다.

디지털 시장에서 새로운 콘텐츠를 사고판다는 개념은 정해진 가격을 책정해 제품과 서비스를 놓고 거래하는 방식과 다르다. 어떻게 보면 공짜로 줄 테니 한 번 써보라고 유인하는 흥정에 가깝다. 즉, 가격을 낮춰 경쟁사를 이기려고 했던 방식은 옛것이 됐다. 재화와 서비스를 더욱 혁신적인 방법으로 제공해야 경쟁력을 확보할 수 있는 시대다. 제4차 산업혁명시대에서 가장 혜택을 받는 집단은 소비자다. 반면 생산자는 예전만큼 행복하지 않게 됐다. 새로운 상품과 서비스 등의 재화를 거의 무료로 제공해야 하는 입장이기 때문이다.

리프킨은 '한계비용제로사회(The Zero Marginal Cost Society)'라는 저서를 통해 향후 아주 저렴하거나 공짜가 되는 소비자 상품가격에 주목했다. 한계비용제로는 재화나 서비스를 한 단위 더 생산하는데 들어가는 추가비용이 무료이거나 거의 비용이 들지 않는다는 것을 뜻한다. 이미 '3차 산업혁명(The Third Industrial Revolution)'이란 저서를 통해 재생이 가능한 에너지를 개발하고 보급하는 과정은 무한대로 확장되는 인터넷 커뮤니케이션과의 연동으로 에너지가 공짜가 되는 사회를 예측했다.

이를 위해선 인터넷 기술을 활용해 모든 대륙의 동력 그리드를 에너지 공유 인터그리드로 전환해야 한다고 주장했다. 재생 가능한 에너지는 우리가 살고 있는 도시 안에서 이루어질 수 있다. 지금 이순간도 컴퓨터를 켜고 작업하는 순간 에너지를 소모한다. 가정, 사무실, 공장 등에서 사용하는 에너지가 다시 사용할 수 있는 에너지로 전환할 수만 있다면 전 세계인이 모두 공유할 수 있는 에너지 효율성이 극대화될 수 있다. 도시의 에너지란 큰 범위 말고도 예들 들어 소장가치를 중시했던 LP판, CD음반 등의 겉표지 혹은 케이스에 담긴 그림과 메시지는 음악 못지않게 매우 중요한 서비스였다. 하지만 현재는 음원시장이 크다. 즉, 전통적 시장에서의 구매 패턴이 사라졌다. 음원만 듣게 된다면 CD 케이스와 그것을 만드는 비용은 사라진다. 이를 소비자에게 전달하기 위해 필요한 유통비용도 역시 없어진다.

오바마 미국 전 대통령이 극찬했다는 로컬 모터스란 회사는 3D 프린터로 자동차를 찍어낸다. 찰리 채플린이 1930년대에 모던타임즈란 무성영화를 통해 신랄하게 비판했던 헨리 포드의 컨베이어벨트 시스템이 언젠간 역사 속으로 사라지게 될지도 모른다. 이러한 현상은 결국 오랫동안 인식돼 왔던 가격 개념이 무너진다. 저렴해지거나 무료가 될 수 있다는 말이다. 이를 달리 말하면 다른 차원의 유료화의 탄생을 의미할 수 있다.

2 신체성이 사라진 스포츠를 이해하자

지금은 한 번도 공급자(생산자)라고 생각해본 적이 없는 사람들이 콘텐츠를 교환하고 있다. 예를 들어 메타(구 페이스북)에선 콘텐츠를 생산하지 않는다. 24억 9,800만 명(2020년 기준) 가입자가 활동하는 플랫폼으로서의 역할만 하고, 요지경의 콘텐츠 생산주체는 가입자다. 전통적인 스포츠 마케팅 시장에선 스포츠 단체와 기업이 주도한다. 반면, 일반인이 스포츠 콘텐츠를 창조할 수 있는 디지털 스포츠 마케팅 시장을 상상하면 어떤 일이 벌어질까? 콘텐츠 거래는 메타 내에서 '메타'라는 가상화폐로 이뤄진다고 상상해보자. 현실적인 가능성, 제도적 한계, 법적 규제 등 지금 시점에서 바라보는 프레임을 거둬내고 말이다. 실제 2019년에 가상화폐인 '리브라'를 구상하고, 2020년 글로벌 단일 가상화폐를 추진하고자 했다. 예를 들어 전 세계 모든 화폐단위가 무조건 1메타가 되고, 우리는 1메타가 1000원이 된다고 가정해보자. 새로운 스포츠 콘텐츠 경쟁은 가입자가 주도하고, 새로운 방식의 스포츠를 선보일 수 있다. 가격은 제품과 서비스에 따라 천차만별로 달리할 것이다. 온라인 공간에서 고객이 오고가는 플랫폼을 갖춘 기업은 그들이 주도할 가상화폐를 창출하고자 끊임없는 노력을 할 것이다.

근대 이후 스포츠의 본질은 '신체성, 경쟁성, 규칙성'을 강조한다. 스포츠의 전(前) 단계는 놀이가 발전된 형태인 게임이다. 분명한 규칙과 특화된 목적을 가지고 있는 놀이 활동이다. 놀이의 형태를 띠지만 규칙의 통제를 받지 않기 때문에 허구적이다. 이는 예측이 불가능하고 콘텐츠 경쟁이 가능한 디지털 시장에 어울리는 개념이다. 인간의 본능적인 활동인 놀이의 진화가 혁신기술에 의해 오히려 스포츠에서 게임으로 간다는 것을 의미한다.

오프라인 상에선 스포츠 소비자를 참여, 관람, 매체 소비자로 분류하고, 별도의 행위를 통해 생산과 소비가 구별된다. 온라인상에선 사람, 자산, 데이터를 한데 모을 수 있다. 특히 '메타'와 같은 단일 통화 개념이 자유롭게 거래가 된다면 '신체성'이 배제

| 그림 6-1 스포츠 선수

| 그림 6-2 스포츠 게임 캐릭터 선수

된 스포츠 콘텐츠를 활용한 게임의 생산 · 소비자의 활동무대가 될 수도 있다. 경기장 가서 실체가 있는 유형의 상품인 선수를 선망하는 스포츠 무대가 아닌, '경쟁성'과 '규칙성'에만 부합한 스포츠 게임의 캐릭터 선수에 열광할 수도 있다. '메타'를 통한 거래로 참여하고, 관람하고, 심지어 갬블링을 하는 스포츠 무대가 된다. 이슈에서 다룰 디지털 마케팅 시장에서 활발한 콘텐츠 생산과 배포에서 스포츠 콘텐츠 마케팅의 가능성을 살펴보자.

기술 혁신은 사용자에게 마찰 없는 경험(frictionless experience)을 만들어내는 역할을 한다. 소비자에게 맞는 프로세스로 고객 경로를 설계해야 한다. 온라인이나 오프라인과 동일하게 쇼핑 경험을 방해하는 장애요소를 없애는 것이다. 디지털 시대에서 진정한 혁신은 고객이 들여야 하는 시간과 노력을 줄이는 데 있다. 이를 역으로 말하자면 소비자가 들이는 노력에 비례해 혜택을 주기 위해야 한다는 것이다(Kotler & Stigliano, 2018).

CHAPTER 01

가격과 통화

1. 가격과 통화의 이해

2부에서 전통적 마케팅 믹스 4P(제품 product, 가격, price 장소 place, 촉진 promotion)에서 디지털 마케팅 시장에선 필요한 4C(공동창조 co-creation, 통화 currency, 공동체 활성화 communal activation, 대화 conversation)의 필요성을 언급했다. 특히 본장에서 제시할 가격과 통화의 차이는 전통적인 시장에서 통용됐던 표준화된 가격책정과 디지털 시장에서 진화할 역동적인 가격책정의 차이다(Kotler et al., 2017).

표준화된 가격책정으론 통상 초기고가전략(skimming pricing strategy)과 초기저가전략(penetration pricing strategy)을 적용한다. 전자는 가격민감도가 낮은 고소득 소비자층을 대상으로 제품과 서비스의 출시 초기에 높은 가격으로 책정하는 방식으로 흡수가격정책이라고도 한다. 구매감소가 시작되면 가격민감도가 높은 일반 소비자층을 대상으로 점차 가격을 인하한다. 후자는 가격민감도가 높은 고객들을 대상으로 초기에 낮은 가격으로 책정하는 시장침투가격 전략이다. 이는 신제품 가격을 낮게 책정하여 빠른 속도로 시장에 침투하는 방식이다.

반면, 통화는 역동적인 가격책정의 개념을 담고 있다. 경기장 좌석의 품질, 위치, 접근성 등에 따라 가격의 차등을 두는 것은 흔한 일이 됐다. 더불어 이용횟수, 빈도, 쿠폰적립, 결제방식 등에 따라 동일한 스포츠 경기 서비스를 다른 가격에 관람할 수 있다. 이러한 현상은 보다 더 광범위하게 나타날 것이다. 특히 디지털에 익숙한 세대는 자신이 노력한 만큼의 가격 인하 서비스에 대해 경기 품질이상으로 중요하게 여긴다.

2. 고정비용과 변동비용

'스포츠의 마케팅(marketing of sports)' 주체인 프로스포츠 구단 운영을 예로 들어보면 고정비용과 변동비용으로 분류할 수 있다. 구단의 총비용은 고정비와 변동비이기 때문에 비용 간의 균형을 유지하는 게 매우 중요하다.

1) 고정비용

고정비용(fixed cost)은 스포츠 상품의 소비량에 상관없이 주기적으로 매번 발생하는 특성이 있다. 우선 경기를 생산하는 직접적인 주체인 선수를 영입하고 운영할 비용이 필요하다. 선수와 관련하여 감독, 코치, 트레이너 등에 인건비가 발생한다. 그리고 선수가 훈련하는 데 필요한 장소의 건립 혹은 임대비용, 시설과 장비의 임대·구입비용이 필요할 것이다. 선수를 훈련지와 경기장소로 이동하는 데 필요한 운송비, 유지비도 고정비용에 해당된다.

| 그림 6-3 스포츠 고정비용 대상

2) 변동비용

변동비용(variable cost)은 소비되는 상품의 양에 따라 탄력적으로 바뀔 수밖에 없는 특성이 있다. 우선 구단이 좋은 경기력을 유지하고 가치를 높이기 위한 광고, 홍보, 판매 촉진 등에 필요한 비용이 해당된다. 선수라는 상품이 갖는 영향력은 매우 크다. 이적료(고정비)를 지불하고 기대 이상의 경기력을 발휘한다면 구단이 취할 수 있는 촉진 활동의 가용성(변동비)은 커질 수 있다. 선수가치가 높아지게 되면 타 구단과의 협상력도 커지게 되고 다른 촉진(promotion) 활동을 위한 변동비를 확보할 수 있다.

| 그림 6-4 스포츠 변동비용 대상

스포츠 가격

1. 스포츠 가격의 개념

가격(價格, price)의 개념은 교환(exchange) 개념과 맞닿아 있다. 가격은 제품을 소유하거나 사용하는 대가로 지불한다. 1부에서 스포츠 산업의 분류를 스포츠 시설업, 스포츠 용품업, 스포츠 서비스업으로 구분했다. 스포츠 관련 업종에서 내놓는 제품과 서비스는 가치평가를 위해 가격으로 수량화된다.

스포츠 가격은 교환될 제품이나 서비스를 결정하고 생산자의 원가, 유통을 통한 전달방법, 소비자에게 전달함으로써 남는 이윤 등을 총체적으로 고려해 결정된다.

2. 스포츠 제품 가격의 특성

1) 가장 강력한 도구

가격은 전통적 마케팅 믹스에서 가장 강력한 도구이다. 즉, 소비자 인식 변화에 영향을 미친다. 상품의 수요량은 가격이 오르면 감소하고 가격이 내리면 증가한다. 소비자에겐 가격이 높으면 품질이 높다고 인식하는 심리적 가격과 특정 제품을 구매할 때 참고하는 준거가격이 있다. 그들은 똑같은 제품이라 할지라도 온·오프라인 유통망을 검색해 가장 저렴한 가격을 선택하는 노력을 한다.

경쟁제품보다 가장 단시간에 우위를 차지하는 방법은 가격을 인하하는 것이다. 하지만 최근 디지털 마케팅 시장에서 가격 인하를 통해서만 경쟁력을 갖추는 방법에는 한계를 보이고 있다. 다시 말해 개인별 소비자 성향과 제품과 서비스의 제공시점 등에 따라 맞춤형 가격 정책에 큰 의미를 두고 있다.

2) 쉽게 모방이 가능한 도구

가격은 수요가 탄력적인 시장상황에서 변경하기가 쉽다. 이는 소비자들에게 민감한 가격에 대해 경쟁사를 쉽게 모방할 수 있다. 급변하는 시장 환경에서 단시간 내 대응을 할 수 있는 방법은 제품과 유통 전략의 변화보다 상대적으로 가격 변화의 전략이다.

5부에서 다룬 제품의 수명주기(PLC)에 의해 아직 성숙기에 접어들지 않은 도입기의 신상품을 바로 변경할 수는 없을 것이다. 시장에서 자리 잡은 유통에 대해 복잡한 물류 시스템과 과정을 시장상황이 변경한다고 해서 바로 바꿀 수는 없다. 반면 가격은 시장의 수요상황과 경쟁사의 전략변화 등에 따라 즉각적으로 대응을 할 수 있는 요소다.

3) 일정한 체계를 갖추기 어려운 도구

가격은 일정한 체계를 갖추기 힘든 비정형성의 특징이 있다. 스포츠 제품은 유형과 무형의 제품이 있다. 유형의 제품인 스포츠 용품은 일정한 가격대를 형성할 수 있겠지만, 무형의 제품인 선수의 가치는 개별적으로 큰 폭을 보이기 때문에 정형화된 가격 체계를 갖추기가 힘들다. 특히 스포츠 선수 가격은 변동 폭이 매우 크다.

선수의 경기력, 대중성, 가치 등에 따라 가격은 천차만별이다. 또한 가격을 결정하는 환경은 예측이 불가능하다. 선수의 부상, 선수 이적에 따른 공백, 불미스러운 사건의 연루 등 다양한 사회문화적 이슈에 의해 예기치 않은 상황에 따라 가격이 결정된다.

4) 상대적 관계에 의해 결정되는 도구

가격은 상대적 관계에 의해 결정된다. 특히 높은 가치의 스포츠 제품 가격은 상황에 따라 변화가 크다. 구단 내의 선수 포지션이 중복이 됐을 시 가치에 대해 인정을 못 받다가도 유일한 포지션에 의해 필요한 선수가 되면 몸값과 연봉협상 등에 영향을 미칠 수 있다. 즉, 구매자와 판매자의 협상에 의해 결정되는 구조이기 때문에 일률적인 가격구조를 정할 수 없다. 또한 가격은 이중 구조적인 특징이 있다. 스포츠 조직의 이윤, 소비자의 관심도, 소비자의 지불의지와 능력 등을 고려한 가격책정을 하고 있다.

<표6-1> 스포츠 제품 가격의 특징

특징	내용
전통적 마케팅 믹스 중 가장 강력한 도구	• 소비자 인식 변화에 영향 • 상품의 수요량은 가격이 오르면 감소하고, 가격이 내리면 증가
수요가 탄력적인 시장상황에서 변경용이	• 경쟁사의 가격정책을 쉽게 모방 가능 • 제품과 유통 전략에 비해 가격은 즉각적 대응
일정한 체계를 갖추기 힘든 비정형성	• 가격은 변동 폭이 큼 • 예기치 않은 상황에 의해 가격 결정
상대적 관계에 의해 가격 결정	• 구매자와 판매자의 협상에 의해 결정 • 이중 구조적인 특징

CHAPTER 03

가격 형태

1. 스포츠 마케팅 구조에 따른 가격 형태

2부에서 언급한 멀린 등(Mullin et al., 1993)에 따른 스포츠 마케팅 구조는 '스포츠의 마케팅(marketing of sports)'과 '스포츠를 통한 마케팅(marketing through sports)'이다. 스포츠 마케팅 구조에 따른 가격 형태는 다음과 같다.

1) '스포츠의 마케팅'에 관련한 가격

'스포츠의 마케팅(marketing of sports)'은 스포츠 자체를 소비자와 교환하는 활동으로 국제올림픽위원회(IOC), 국제축구연맹(FIFA), 프로 스포츠 연맹, 각종 스포츠 단체와 센터 등의 스포츠 생산자가 주체로서 활동하는 마케팅이다. 대표적인 '스포츠의 마케팅' 분야의 스포츠 제품 가격은 연봉(salary)이 있다. 구단이 감독과 선수에게 지불하는 비용이다. 1~2년의 단기계약과 5~10년의 장기계약으로 감독과 선수의 가치에 따라 매우 다르게 나타난다.

계약금(signing bonus)은 프로스포츠 팀이 선수의 성적에 따른 수익 보장을 위해 지불하는 가격이다. 상금(bonus)은 대회 주최 측에서 선수와 참가팀에게 지불하는 격려금이다. 포상금(reward)은 동기를 유발하기 위해 선수들에게 지원하는 비용이다. 올림픽 메달색깔에 따라 차등을 두어 지급하는 우리나라 제도가 해당된다.

매우 인기 있는 선수들을 위한 선지급보너스(up-front bonuses)가 있다. 선수계약이 계약기간 동안 보증되지 않을 때 중요한 요인으로 작용한다. 또한 경기

성과를 토대로 인센티브 개념의 성과보너스(performance bonuses)도 있다. 이 외에도 리그 가입금(franchise fee)은 스포츠 리그에서 하나의 팀으로 인정받기 위해 구단이 연맹에 지불하는 비용이다. 리그 참가비(league fee)는 리그나 대회에 참가하기 위해 지불하는 대회 참가비용이다.

2) '스포츠를 통한 마케팅'에 관련한 가격

'스포츠를 통한 마케팅(marketing through sports)'은 기업을 홍보하고 상품을 많이 팔기 위해 스포츠를 매개로 소비자와 커뮤니케이션을 극대화하는 기업의 마케팅 활동이다. 스포츠를 통한 마케팅 분야의 대표적인 가격은 수수료(commission)가 있다. 스포츠 이벤트 업무를 대신 수행한 대행사의 대가, 선수를 대리해 연봉 협상 및 계약을 수행한 에이전트의 대가 등을 의미한다.

입찰가(bid)는 특정 행사와 용역을 수행하기 위해 업체들이 주관단체에 제시하는 비용이다. 스폰서십 비용(sponsorship fee)은 기업이 스포츠 이벤트에 공식 스폰서 지위를 획득하기 위해 지불하는 비용이다. 라이선싱 비용(licensing fee)은 올림픽 및 월드컵 휘장 사업과 팀의 로고, 엠블럼 등을 제품에 부착해서 판매하는 대가로 지불하는 비용이다.

선수보증광고(athlete endorsement fee)는 유명 선수를 특정 상품의 홍보를 위해 활용하는 대가로 지불하는 비용이다. 이 외에도 방송중계권료(broadcasting rights fee)는 스포츠 경기를 독점적으로 중계하는 대가로 방송국이 권리를 가진 단체에 지불하는 비용이다. 9부에서 11부에 걸쳐 자세히 다룰 스포츠 마케팅의 영역이다.

<표6-2> 스포츠 마케팅 구조에 따른 가격 형태

구분	스포츠의 마케팅	스포츠를 통한 마케팅
주체	스포츠 단체 및 연맹	기업
스포츠 제품 가격 유형	연봉, 계약금, 상금, 포상금, 리그 가입금, 리그 참가비	수수료, 입찰가, 스폰서십 비용, 라이선싱 비용, 선수보증광고, 방송중계권료

2. 스포츠 소비자 유형에 따른 가격 형태

3부에서 언급한 참여형태에 따른 스포츠 소비자의 분류는 참여 스포츠 소비자, 관람 스포츠 소비자, 매체 스포츠 소비자로 구분했다. 스포츠 소비자 유형에 따른 가격 형태는 다음과 같다.

1) '참여 스포츠 소비자'에 관련한 가격

참여 스포츠 소비자는 직접 스포츠에 참여하는 1차 소비자다. 대표적인 가격은 스포츠 시설 및 장비 대여료(rental fee)다. 회원권(membership fee)은 스포츠 시설을 장기적으로 이용할 때 지불하는 비용이다. 등록비(registration fee)는 스포츠 소비자가 프로그램에 참여하기 위해 지불하는 비용이다.

참여 스포츠는 성인뿐만 아니라 학령기 시기부터 접하게 된다. "운동기구는 소비자들의 신체를 위한 상품이며, 반대로 운동경기 관전을 소비자들의 정신을 이롭게 하는 서비스라고 할 수 있다. 아마도 우리는 스포츠 캠프를 다시 한 번 살펴봄으로써 정신과 신체, 상품과 서비스라는 요소의 차이를 확실하게 설명할 수 있을 것이다. 아이들을 위한 스포츠 캠프는 기본적으로 교육적인 측면이 강하게 나타난다. 여기 판매되는 기초적인 생산품은 아이들이 신체적인 기술을 훈련할 수 있는 여건이다. 하지만 성인들을 위한 판타지 캠프는 그들의 신체보다는 정신적인 측면을 위해 생산되고 판매된다. 성인들은 육체의 단련이 아닌 프로선수들과의 교제라는 '판타지'를 구매하는 것이다(Shank, 2009, p.29)." 「국민체육진흥법」의 지속적인 개정을 통해 2014년 국가자격증을 개편했다. 건강운동관리사, 전문스포츠지도사, 생활스포츠지도사를 비롯해 장애인스포츠지도사, 유소년스포츠지도사, 노인스포츠지도사가 신설됐다. 이들이 자격을 취득하기 위해 지불하는 접수비, 연수비 등과 함께 향후 이들로부터 스포츠를 배우는 수강비도 참여 스포츠 소비자에 관련한 가격이라 할 수 있다.

2) '관람 스포츠 소비자'에 관련한 가격

관람 스포츠 소비자는 경기장에서 관람활동을 통해 간접적으로 스포츠에 참여하는 2차 소비자다. 대표적인 가격은 입장료(ticket charge)가 있다. 입장료는 특성에 따라 몇 가지로 분류할 수 있다. 입장할 때마다 구매하는 일반권, 정해진 시즌 동안 자유롭게 경기를 관람할 수 있는 시즌권, 단체가 동시에 관람할 수 있는 단체권, 판매형태가 아닌 임대형태의 특별권 등이 있다. 이 외에도 박스좌석티켓(box seat ticket), 선판매(advance sales) 등의 형태로 소비자가 지불할 수 있는 가격 환경이 있다.

특별권 형태의 입장권을 발전시킨 개인좌석인증제(PSL, personal seat license)는 특정한 기간 동안 개인좌석을 임대하는 제도다. 1969년에 텍사스 경기장 건립의 재정 확보와 연동해 댈러스 카우보이스(Dallas Cowboys)에서 처음 도입됐다. 이를 발전시켜 최근 클럽좌석, 프리미엄 좌석제 등 다양한 임대형태의 특별권으로 발전돼 주요한 수입원이 되고 있다.

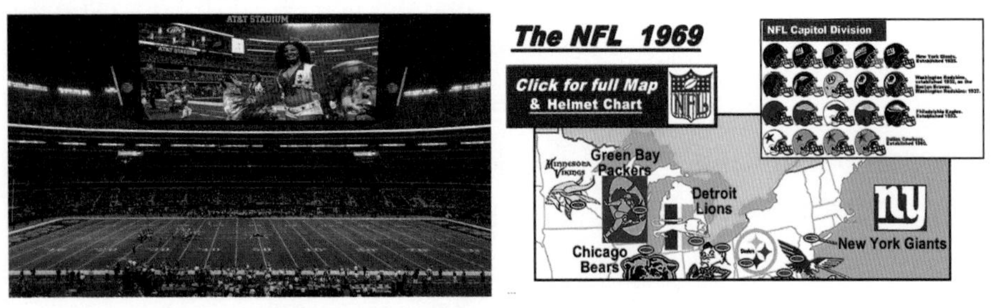

| 그림 6-5 댈러스 카우보이스와 PSL

티켓수익에도 경기장 수용 규모, 시즌티켓 패키징, 티켓가격 등급화, 가변적인 가격설정, 2차적 시장 티켓 가격설정 등에 따라 차이를 불러올 수 있다. 이 다양한 복수 의사결정을 통해 가장 큰 성과를 낼 수 있는 티켓판매 전략을 구축한다. 특히 2차적 시장 티켓의 가격을 설정함으로써 고객에게 혜택을 끝까지 유지하게 하기 위한 전략을 구사하게 된다. 구단에서 시즌티켓 보유자에게 '더블 플레이 티켓 기회(double play ticket window)'를 제공하는 것이다.

이를 위해 자신이 구매한 티켓을 다시 판매할 의사가 있으면 특정한 사이트에 등록할 수 있게 길을 열어주는 것이다. 물론 무한정 비싸게 팔 수 없도록 한도를 정해놓으면서 첫 구매자에게 일정부분의 혜택이 돌아가게 하고, 초반에 구매하지 못했던 잠재적 소비자에게 합리적 가격에 구매할 수 있는 기회를 제공하게 된다. 이러한 노력으로 오랜 기간 동안 스포츠 시장에 만연했던 티켓 암거래(scalping)를 방지하면서 불법을 막는 효과를 기대하게 했다. 또한 액면가격에 붙은 프리미엄을 나누게 되면서 부수적인 수익을 획득할 수 있게 된다. 이를 통해 구매 경신율을 매해 높일 수 있는 새로운 시장을 형성할 수 있게 된 것이다.

3) '매체 스포츠 소비자'에 관련한 가격

매체 스포츠 소비자는 스포츠 콘텐츠를 매체(media)를 통해 소비하는 3차 소비자다. '스포츠의 마케팅' 주체와 '스포츠를 통한 마케팅'의 주체 입장이건 간에 전략적으로 유인해야 할 잠재적인 스포츠 소비자다. 이들이 지불하는 스포츠 제품 가격은 유통비용으로 확장해서 생각해 볼 수 있다. 스포츠에 직접 참가하거나 경기장에 찾아가서 관람하지 않더라도 스포츠 콘텐츠에 관심을 갖고 소비할 수 있는 주체다. 일례로 스포츠 명장면과 하이라이트 등을 이용료를 내고 미디어 통해 접하기도 하고, 스포츠 용품을 전자상거래를 통해 구매한다. 스포츠와 관련된 콘텐츠의 모바일 게임을 선호하기도 한다.

소비자는 거의 무료에 가까운 콘텐츠를 이용한다고 해도 각종 광고에 노출됨

<표6-3> 스포츠 소비자 유형에 따른 가격 형태

구분	1차 스포츠 소비자	2차 스포츠 소비자	3차 스포츠 소비자
	참여 스포츠 소비자	관람 스포츠 소비자	매체 스포츠 소비자
스포츠 제품 가격 유형	스포츠 시설 및 장비 대여료, 회원권, 등록비	입장료, 개인좌석인증제	유통비용

으로써 부수적인 소비를 할 수 있는 환경에 접해 있다. 앞으로 혁신적 기술을 통해 콘텐츠별, 체험 수준별로 이용료에 차등을 두는 잠재적 소비자를 대상으로 기업의 소비자 유인 전략은 더욱 치밀해질 것이다.

가격전략

1. 스포츠 제품의 가격결정요인

스포츠 제품의 가격은 급변하는 시장 상황에 따라 빠르게 대응해야 한다. 마케팅 믹스 중에서 가장 강력한 수단인 가격은 아무리 합리적인 가격이 책정됐다 하더라도 소비자의 선택으로 이어진다는 보장이 없다. 설령 호응이 좋더라도 경쟁사들은 곧바로 따라할 수 있다. 선수, 구단, 제품 등의 가치에 따라 변동 폭이 매우 큰 가격은 예측하기 힘들기 때문에 가격을 결정하는 요인을 정확히 파악해야 한다. 가격 결정 요인은 내적 요인과 외적 요인이 있다.

1) 내적 요인

내적요인은 기업이 스스로 통제할 수 있다. 몇 가지로 구분하여 설명할 수 있다.

(1) 기업의 경영 전략
(2) 마케팅 전략
(3) 조직의 특성
(4) 원가 구조

첫째, 기업의 경영 전략은 기업마다 다르다. 경영자에 따라 바뀌기도 하고, 외적

요인의 분석에 따라 수정을 할 수 있다. 둘째, 마케팅 전략도 정해져 있지 않다. 전통적 마케팅 시장과 디지털 마케팅 시장의 전략이 차이가 있다. 셋째, 조직의 특성은 각 기업이 갖는 전통, 가치, 분위기 등에 따라 다르다. 넷째, 원가 구조에 따라 최종 소비자 가격이 달라지기 때문에 통제를 할 수 있는 범위에 해당된다.

2) 외적 요인

외적요인은 기업이 통제하기 어려운 요인으로 아래와 같다.

(1) 경제 환경
(2) 정부 규제
(3) 경쟁자
(4) 소비자

첫째, 경제 환경은 전 세계가 하나의 경제권에 속할 만큼 다양하고 복잡하게 얽혀 있다. 둘째, 정부 규제는 아무리 혁신적인 기술을 선보이려고 해도 규제에 가로막혀 무산될 수 있는 환경요인이다. 셋째, 경쟁자는 자사의 제품과 서비스보다 더 좋은 조건으로 시장에 내놓게 되면 기업 환경을 어렵게 만들 수 있는 요인이다. 넷째, 소비자는 경쟁사의 상품을 언제든지 선택할 수 있는 통제하기 어려운 외적요인이다.

<표6-4> 스포츠 제품의 가격 결정 요인

구분	내적요인	외적요인
개념	기업이 스스로 통제할 수 있음	기업이 통제하기 어려운 요인임
요인	• 기업의 경영전략 • 마케팅 전략 • 조직의 특성 • 원가 구조	• 경제 환경 • 정부 규제 • 경쟁자 • 소비자

2. 스포츠 제품의 가격결정단계

스포츠 제품의 가격결정단계를 살펴보면 다음과 같다.

1) 가격결정 목표설정
2) 수요결정
3) 원가추정 및 경쟁사 원가분석
4) 가격결정 방법 선정
5) 최종가격결정

첫째, '가격결정 목표설정'이다. 스포츠 조직의 목표가 정확할수록 가격결정을 하는데 어려움이 없을 것이다. 예를 들면 스포츠 용품을 생산하는 기업이 새로운 상품을 어느 시장에 위치화시킬 것인가를 고민하게 된다. 유사한 상품이 포진돼 있는 시장에 최대한 가격을 낮게 책정해 높은 시장 점유율을 달성하기 위한 노력을 할 수 있다.

이는 시장침투가격(market penetration pricing)으로 초기저가정책을 구사하게 된다. 또한 초기고가가격(market skimming pricing)을 내세울 수도 있다. 이를 위해선 비싼 가격임에도 불구하고 타사의 상품에 비해 우월한 이미지가 제시돼야 한다.

둘째, '수요결정'이다. 기업이 결정한 가격에 따라 수요의 규모가 변하게 된다. 가격을 높게 책정하면 수요가 줄어들 듯이 수요와 가격은 역방향 관계이다. 마케팅 관리자는 수요가 가격변화에 어떻게 반응하는가를 예의주시해야 한다. 즉, 수요의 가격 탄력성을 파악해야 한다.

상품에 대한 수요량은 가격이 하락하면 증가하고 상승하면 감소한다. 가격 탄력성(價格彈力性, price elasticity)은 가격이 1% 변화했을 때 수요량은 몇 퍼센트 변화하는가를 나타낸 절대값이다.

공식

$$E = \frac{\text{수요량의 변화율}}{\text{가격의 변화율}} = \frac{\text{수요변동분/원래수요}}{\text{가격변동분/원래가격}}$$

완전 탄력적	$E = \infty$
탄력적	$E > 1$
단위 탄력적	$E = 1$
완전 비탄력적	$E = 0$
비탄력적	$0 < E < 1$

예제

프로축구장 입장료가 10,000원에서 12,000원으로 인상됐다. 이 경우 관람객 숫자가 8,000명에서 6,000명으로 줄어들었다면 수요의 가격 탄력성은?

정답

$$E = \frac{\text{수요량의 변화율}}{\text{가격의 변화율}} = \frac{\text{수요변동분/원래수요}}{\text{가격변동분/원래가격}}$$

$$= \frac{(8000-6000)/8000}{(12000-10000)/10000} = \frac{0.25}{0.2} = 1.25$$

$E > 1$이므로 탄력적이다.

셋째, '원가 추정 및 경쟁사 원가 분석'이다. 수요는 스포츠 조직이 제품과 서비스에 부여한 가격 상한선과 관련이 있다. 반면 원가는 가격 하한선을 정하는 것이다. 소비자는 품질이 좋고, 가격이 저렴한 상품을 원하지만 무한대로 낮출 수는 없다. 프로 야구장 입장료를 책정하는 기준은 스포츠 경기란 상품을 생산, 유통, 판매 등에 소요되는 비용을 감안하게 된다.

넷째, '가격결정 방법 선정'이다. 가격결정을 위한 기준은 3C를 적용한다. 즉, Customer(고객), Cost(비용), Competition(경쟁)을 뜻한다. 고객의 수요, 비용함수, 경쟁사의 가격 등을 분석해 최종적으로 가격결정의 방법을 선정한다.

마지막으로 '최종가격결정'이다. 가격을 산정하는 범위는 방대할 것이다. 예를 들면 제품 생산, 유통, 판매 등의 비용 외에도 마케팅 활동, 추가 소요비용 등이 있다. 이러한 가격 범위를 줄이기 위한 과정을 거쳐 최종가격을 결정하게 된다.

3. 스포츠 제품의 가격전략

스포츠 제품의 최초 가격은 내적 요인과 외적 요인에 의해 결정된다. 끊임없는 환경 변화로 전략적인 가격 조정은 불가피하다. 시장에서 변하지 않는 가격은 없기 때문에 적정한 가격을 결정하는 것은 매우 중요하다.

가격 결정(pricing)은 스포츠 조직들이 제품과 서비스를 제공하는 대가를 결정하는 과정이다. 가격책정 전략으로 몇 가지로 분류 설명하면 다음과 같다.

1) 원가기준(cost basis) 책정전략
2) 가격 차별화(price discrimination) 책정전략
3) 심리적 가격(psychological pricing) 책정전략
4) 패키지 가격(price bundling) 책정전략
5) 신상품 가격(new product pricing) 책정전략

첫째, '원가기준 책정 전략'이다. 가격을 정하는 가장 객관적인 방법으로 생산원가에 일정비율의 이윤을 더해서 원가를 결정하는 방식이다. 둘째, '가격 차별화 책정 전략'이다. 똑같은 제품과 서비스에 대하여 지리적·시간적으로 다른 시장에서 각기 다른 가격을 매기는 방식이다. 셋째, '심리적 가격 책정 전략'이다. 소비자가 제품과 서비스를 구매할 때 심리적으로 만족을 느낄 수 있도록 가격을 책정하는 방식이다. 현금할인, 수량할인, 기능할인, 계절적 할인, 공제 등이 있다. 넷째, '패키지 가격 책정'이다. 둘 이상의 제품과 서비스를 묶어 특별가격으로 소비자에게 제공하는 방식이다. 마지막으로 '신상품 가격 책정'이다. 새로운 상품이 처

음으로 시장에 출시될 때 가격을 책정하는 방식이다. 신상품을 초기고가전략과 초기저가전략으로 책정할 수 있다. 전자는 (상층)흡수가격정책(skimming price policy)으로 신제품의 가격을 출시 초기에 높게 설정하는 전략이다. 후자는 침투가격정책으로 신제품의 가격을 출시 초기에 낮게 설정하는 전략이다.

<표6-5> 신상품의 가격정책

구분	개념
초기고가전략 (skimming pricing strategy)	• 스키밍 전략, 흡수가격정책 • 가격민감도가 낮은 고소득 소비자층 대상으로 출시 초기에 고가격 책정 • 구매감소가 시작되면 가격민감도가 높은 일반소비자층 대상으로 가격인하
초기저가전략 (penetration pricing strategy)	• 페네트레이션 전략, 시장침투가격전략 • 가격민감도가 높은 고객들 대상으로 초기에 낮은 가격책정 • 신제품 가격을 낮게 책정하여 빠른 속도 시장 침투

<표6-6> 가격 책정 전략

구분	내용
원가기준 책정 전략	가격을 정하는 가장 객관적인 방법으로 생산원가에 일정비율의 이윤을 더해서 원가를 결정하는 방식
가격 차별화 책정 전략	똑같은 제품과 서비스에 대하여 지리적 · 시간적으로 다른 시장에서 각기 다른 가격을 매기는 방식
심리적 가격 책정 전략	소비자가 제품과 서비스를 구매할 때 심리적으로 만족을 느낄 수 있도록 가격을 책정하는 방식
패키지 전략	둘 이상의 제품과 서비스를 묶어 특별가격으로 소비자에게 제공하는 방식
신상품 가격 전략	새로운 상품이 처음으로 시장에 출시될 때 가격을 책정하는 방식

① 스포츠 콘텐츠 마케팅을 생각해볼 수 있을까?

콘텐츠란 의미는 한국디지털콘텐츠전문가협회(KDCPA)에서 "다양한 미디어를 통해서 가치와 효용을 제공하는 핵심의 지식과 정보라고 정의하고 있으며, 산업계에서는 영화 · 방송 · 인터넷 · 휴대전화 등 미디어의 내용에 게임 · 어플리케이션 등 컴퓨터 관련 저작물의 내용을 포함시켜 포괄적 의미로 개념화(김성길, 2012, p.15)"한 것이라고 했다.

스포츠 콘텐츠가 어떻게 만들어지고 유통되는지를 살펴보면 다음과 같다. 우선 스포츠 시장에서 존재하는 선수와 경기라고 하는 콘텐츠 원형에서부터 시작된다. 이는 스포츠 단체(스포츠의 마케팅 주체)와 콘텐츠 제작사로부터 다양한 상품을 생산하고 가공하게 된다. 이런 과정을 거쳐 매력적인 스포츠 콘텐츠가 되면 마케팅 회사를 통해 경기 스폰서의 관심을 유도할 수 있다. 또한 미디어 상품과 방송 중계권의 활용으로 광고 · 협찬 환경을 주도하는 미디어가 위상을 갖게 된다. 이는 궁극적으로 콘텐츠 이용자로 하여금 소비를 유도할 수 있게 되는 것이다.

콘텐츠 마케팅의 출현은 인터넷의 발달에 기인한다. 21세기 부의 집중을 유도하는 주체의 성격이 달라졌다. 값싼 노동을 제공하거나 자본을 소유한 사람과 조직이 아니라 혁신적 아이디어를 소유한 사람과 조직이다. 그들은 디지털 마케팅 시장에서 새로운 제품과 서비스, 비즈니스 모델을 만들어낸다.

새로운 부를 창출하는 원천인 아이디어는 보다 더 투명해진 인터넷 연결성으로 주목받는다. 글로벌 기업의 대형 브랜드 마케팅 광고를 다양한 매체를 통해 고객과 손을 잡고 싶어 해도 쉽지가 않게 됐다. 고객은 글로벌 기업의 강력한 광고시장을 두려워하지 않는다. 다양한 매체는 기업만의 전유물이 아니라 오히려 고객이 주도하는 커뮤니티 공간으로 부상했다. 광고 메시지에 매력을 느끼지 못하는 현상이 가중되면서 마케터는 전통적 마케팅 방법으론 소비자를 유혹할 수 없음을 깨닫고, 매력적인 콘텐츠를 창조 혹은 사용하는 고객의 감성을 알기 위한 노력을 한다. 대중은 전통적 미디어 콘텐츠보다 일반 사용자가 만든 콘텐츠에 더 매력을 느끼기 때문이다. 다시 말해 고객이 원하는 것은 기업 브랜드가 만든 콘텐츠가 아니라 사용자가 직접 만든 콘텐츠다.

코틀러 등(2017)은 콘텐츠 생산과 배포와 관련한 마케팅 부문에서 여덟 가지 단계를 구상했다. 스포츠 분야의 콘텐츠를 대입해 살펴보겠다. ① 목표 설정, ② 고객 지도 작성, ③ 콘텐츠 구상과 계획 수립, ④ 콘텐츠 창조, ⑤ 콘텐츠

배포, ⑥ 콘텐츠 증폭, ⑦ 콘텐츠 마케팅 평가, ⑧ 콘텐츠 마케팅 개선으로 분류했다.

첫째, 목표 설정 단계에선 콘텐츠 마케팅 활동을 통해서 이루고자 하는 목표를 설정해야 한다. 프로 스포츠 연맹과 구단은 판매 목표와 브랜드 목표가 있다. 오프라인 상의 티켓 판매, 라이선싱(licensing)과 머천다이징(merchandising)을 통한 판매, 선수보증광고 판매 목표가 있다. 프로 스포츠 연맹과 구단이 이미 구축해 놓은 경기 서비스 시스템을 통해서다. 선수, 코치, 이벤트, 로고, 상징물, 특허권 등 다양한 스포츠 자산을 디지털 시장에 부흥해 콘텐츠 상품의 판매목표와 별도의 브랜드 목표를 가질 수 있다.

둘째, 고객 지도 작성 단계에선 목표 설정이 완료되면 누구를 표적 고객으로 삼을지 결정해야 한다. 전통적인 마케팅 믹스 중에서 선행돼야 할 고객 세분화(segmentation)가 디지털 마케팅 시장에서도 여전히 중요한 과제다. 새로운 제품을 갖고 전 세계의 모든 고객을 대상으로 하는 자체가 무모하기 때문이다.

더불어 콘텐츠 마케팅에 관심을 보이는 소비자가 진정으로 바라는 바는 무엇인지를 최대한 신속하게 파악해야 한다. 이동성과 확장성이 보장된 온라인 커뮤니티는 언제든지 마음이 바뀔 수도 있고, 부정적인 여론에 불씨를 남길 가능성도 크기 때문이다. 스포츠 소비자의 참여형태에 따른 분류로 참여, 관람, 매체 스포츠 소비자로 앞서 분류했다. 콘텐츠 마케팅의 수요는 다양하겠지만, 그동안 매체를 통해 스포츠 콘텐츠, 용품, 경기결과 등을 챙겨봐 왔던 잠재적인 매체 스포츠 소비자가 소비주체로서 큰 역할을 할 수 있다.

셋째, 콘텐츠 구상과 계획 수립 단계에선 표적 고객이 어느 정도 설정이 되면 콘텐츠의 종류, 주제, 형식 등에 관한 계획이 만들어져야 한다. 스포츠 스타의 일과를 담은 짧은 미디어 영상은 구단 혹은 에이전시가 보유한 퍼블리시티권(right of publicity)을 활용한 파생상품이 될 수 있다. 경기장과 팬 사인회 장소 등에서 접했던 선수를 스마트폰안에서 언제든지 끄집어 낼 수 있는 상품이 된다.

넷째, 콘텐츠 창조 단계는 별도의 사업이 될 수 있을 만큼의 혁신적이어야 한다. 코틀러 등은 이 단계가 가장 중요하다고 설파했다. 콘텐츠를 창조하는 데에는 정해진 시간과 규칙이 없다. 하나의 콘텐츠 마케팅을 끌어가는 원동력으로 작용할 수도 있고, 아예 따로 독립돼 별도의 사업모델을 구축하여 새로운 프로세스를 거칠 수도 있다.

하루에도 수천 건씩 온라인상에서 콘텐츠가 생산, 소멸된다. 아무리 매력적인 스포츠 요인을 매칭을 시킨다고 해도 흥행을 한다는 보장이 없다. 다시 말해

4.0 시장에 맞는 온·오프라인을 병합한 홍보 마케팅 전략이 필요하다. 오프라인 상에서 확보한 국내 프로야구의 연간 누적 800여만 명의 티켓팅 관람객을 유도하는 전략은 당연한 것이다. 그들에게서 좋은 아이디어를 수집, 수정, 융합, 새로운 창조 등의 과정을 병행 전개할 필요가 있다.

다섯째, 콘텐츠 배포 단계에선 마케터가 적절한 시점에 배포해야 한다. 힘들게 만든 콘텐츠가 디지털 마케팅 시장에서 넘쳐나는 엄청난 양의 콘텐츠로 인해 위력을 발휘하지도 못하고 사라지는 경우가 비일비재하다. 적절한 타이밍과 효과적 방법을 통해 배포하는 마케터의 전략적 판단이 매우 중요하다.

배포방법은 소유한 미디어, 구매한 미디어, 무료 미디어가 있다. 소유한 미디어는 대기업의 경우 자체 미디어 채널을 통해 신규 브랜드를 유통시킬 수 있지만 관리 비용이 비싸다. 구매한 미디어의 경우 전통적인 광고시장의 방식 외에도 최근 디지털 미디어에서 매우 흔한 방식이 됐다. 대표적으로 페이스북 가입은 고객은 무료지만, 기업의 광고는 유료다. 전형적인 방식이지만 차이점은 고객이 좋아하는 콘텐츠와 성향 등을 빅데이터로 분석해 맞춤형 광고를 효과적으로 전달하게 된다.

무료 미디어는 전형적인 '스토리두잉(storydoing)' 시대에 맞는 홍보 방식이다. 다시 말해 앞서 언급한 티켓팅 관객수요를 적극 활용해 그들이 운영하는 블로그, 메타(구 페이스북), 카페 등의 다양한 플랫폼을 활용한다. 물론 그들이 원해서 활동하는 것이므로 구단이 추가로 지불해야 하는 비용은 없다. 다만, 능동적인 마케팅 환경을 조성하기 위해선 매력적인 콘텐츠 상품을 생산, 유통, 소비가 이루어지게 해야 한다.

여섯째, 콘텐츠 증폭 단계는 콘텐츠 배포의 확장성을 의미한다. 온라인상에서 영향력이 있는 주체들을 파악하고, 그들의 평판을 어떻게 관리하느냐의 문제는 디지털 마케팅 시장에서의 핵심이다. 마케터는 그들처럼 커뮤니티 내의 전문가들을 어떤 방식으로 접근하고 상생관계를 구축하는 문제도 진지하게 고려해야 한다. 앞서 언급한 '스토리두잉'의 활용이다.

일곱째, 콘텐츠 마케팅 평가 단계는 피드백 활동이다. 가장 먼저 시작했던 목표 설정에 관한 실제 결과가 어떻게 도출됐는지 객관적으로 파악해야 한다. 이 부분에서 온라인 커뮤니티 상에서 브랜드에 대한 얘기를 귀담아 듣는 소셜 리스닝을 활용할 수 있다. 또한 디지털 마케팅 시장에서 가장 효과적인 소비자구매단계를 제시한 코틀러 등(2017)의 인지(aware), 호감(appeal), 질문(ask), 행동(act), 옹호(advocate)의 5A 다섯 단계 과정을 거쳐 평가할 수 있다. 이래저래 마케터의 경청(傾聽)이 가장 중요한 시기다.

마지막으로 콘텐츠 마케팅 개선 단계는 평가 단계를 거쳐 수정·보완해야 할 부분을 찾아 개선하는 과정이다.

| 그림 6-6 스포츠 콘텐츠 마케팅

② 디지털 입장권은 어떻게 발전할까?

디지털 금융시스템은 프로 스포츠 구단과 고객과의 입장권 구매환경을 바꾸게 될 것이다. 첫째, 디지털 거래의 비용이 원칙적으로 무료다. 둘째, 풍부한 정보를 제공하게 된다. 셋째, 모바일 플랫폼이 실시간으로 은행과 고객을 연결하게 한다. 모바일 플랫폼의 첫 번째 목표는 많은 고객을 유치한다. 고객 습성을 실시간으로 추적하여 많은 양의 유용한 데이터를 생성한다.

2002년 스티븐 스필버그 감독의 SF 영화 '마이너리티 리포트(minority report, 소수의견)'에 주인공(톰 크루즈 분)이 쇼핑센터에 걸어갈 때 증강현실(AR) 광고에 눈앞에서 펼쳐지는 것처럼 개인적인 구매패턴과 선호도를 파악해 맞춤형 광고가 이어질 것이다. 지금 시각으론 걷기에 방해될 만큼 현란한 것처럼 보이지만 그 환경에 맞춰 생활하게 된다. 불과 얼마 전까지만 해도 상상하지 못했던 소셜 미디어 내의 새로운 광고 환경에 익숙해지듯이 말이다.

소비자 정보는 막무가내로 최첨단 기술로 인해 빼앗길 수도 있다. 안면인식 기술을 통해 손님들의 사진을 찍고 온라인 소셜 네트워크를 통해 정보를 교환하게 된다. 고객의 이름은 물론 소비성향까지 파악해 할인방법, 친구에게 줄 선물까지 알아서 골라주게 된다. 구글이 최초로 나왔을 때 굉장히 낯설었다. 동물원을 둘러보듯 쉽게 선택할 수 있었던 야후, 네이버 같은 카테고리 방식 대신 검색창 하나만 있었다. 더욱이 과거에 검색했던 데이터 분석을 통해 새롭게 검색할 때 맞춤형 검색 사이트와 광고가 하나둘씩 나타날 때부터 심상치 않았다. 돌이켜 보면 우린 맞춤형 광고를 수신하기로 동의함으로써 무료로 소셜 미디어에 가입하게 된 것이다.

앞으로 '스포츠의 마케팅(marketing of sports)'의 주체인 스포츠 단체는 고객의 선호도를 미리 파악해 풍부한 경기 정보를 무료로 제공하게 된다. 경기 정보엔 고객이 선망하는 선수 정보를 보다 더 추가한다. 일상의 에피소드, 근황, 가십 등도 편집해 보여줄 수도 있다. 고객에겐 클릭 혹은 다른 형태의 동의 패턴이 적용돼 자동 결제 서비스가 이루어진다. 경기장 발매 창구 앞에 길게 줄을 서는 행위는 낯선 광경이 된다. 이미 꽤 많은 경기장에서 시행되고 있는 비컨(Beacon)을 통해 예약 좌석을 찾아가게 된다. 물론 부대시설 내의 부가적으로 구매하는 맥주, 음료 등의 편의품이 진열된 위치를 쉽게 파악하고, 집어 들고 매장을 나오면 자동 결제될 것이다. 4차 산업혁명 시대에 펼쳐질 전통적인 관람 스포츠 문화에서 보다 더 진화된 모습으로 나타날 것이다.

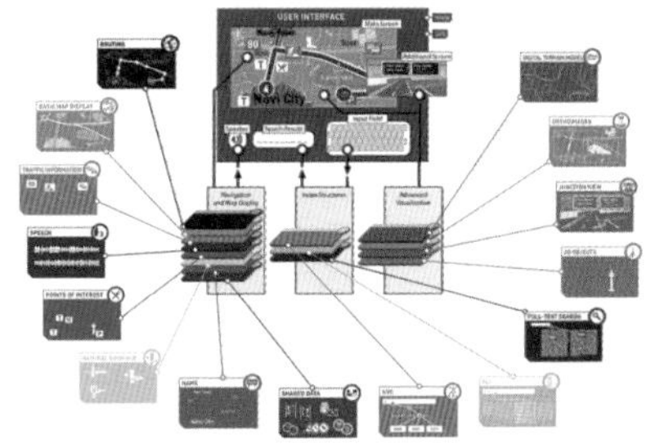

| 그림 6-7 디지털 입장권

입장권뿐만이 아니다. 용품을 구매하고 결제하는 방식의 변화도 자리를 잡고 있다. 스포츠 용품 전문 체인점인 데카트론(Decathlon)의 결제 시스템은 무선주파수 인식(RFID)을 통해 자동적으로 계산할 수 있게 했다. 고객이 구매한 용품의 개수와 가격을 동시에 인식할 수 있다. 이는 오프라인 매장에서 계산하고 밖으로 나가는 체크아웃 과정의 혁신을 보여준 것이다. 대기줄을 길게 하거나 일일이 바코드를 스캔할 필요가 없게 됐다. 이와 더불어 소비자의 호감을 지속적으로 유지시키기 위해 자리가 잡힌 모바일 결제 시스템이다. 거추장스럽게 현금이나 카드를 들고 다닐 필요가 없는 것이다(Kotler & Stigliano, 2018). 이는 온라인 전자상거래에서만 필요한 방법이 아니라 오프라인 매장에서도 선호하는 고객을 겨냥해야 한다. 데카트론은 고객 카드를 보유한 소비자를 위해 스포츠 데이(sportdays)라고 하는 무료 이벤트를 연중 내내 개최하고 있다. 등산, 피트니스, 테니스, 사이클링, 승마 등의 다양한 종목에 대해 특정한 날로 정해 사람들을 참여하게 한다. 충성도 높은 고객에게 가치를 창출하고, 비즈니스의 일관성을 보여준다.

③ 차세대 나이키는 없는가?

한 때 북미시장에서 2위를 달성하며 아디다스를 제쳤던 언더아머(Under Armour)가 주춤해진 모양새다. 신생 기업으로 혁신의 아이콘이었던 그들이 왜 변했을까. 혁신 기술의 도입을 철회했던 사례, 트럼프에 대해 극찬을 했던 CEO는 이 외에도 부적절한 파티, 분식회계 혐의의 오너 리스크의 행보 등이 있었지만, 그러한 요인들로 모든 것을 설명하기엔 부족할 것이다. 나이키와 재계약을 못한 농구선수 스테판 커리, 무명이었던 골프 신예 조던 스피스, 흑인 발레리나 미스티 코플랜드, 화려한 스타는 아니지만 실력을 입증 받을 기회를 갈망한 선수들을 후원하며 언더도그(underdog) 마케팅으로 성공을 이어갔다. 또한 스마트 러닝화, 스마트 잠옷과 같은 디지털 트랜스포메이션의 성공을 선도적으로 이어가는 듯이 보였다. 트렌드로서 그치는 것이 아니라, 스포츠를 더 잘할 수 있도록 한다는 본질(스포츠 웨어)에 집중한 이유로 매출도 급증했다(1996년 1만 7000달러→2016년 48억 3300만 달러). 하지만 2016년 하반기부터 주가는 하락을 거듭하며 꽤 어려운 부침을 겪고 있다.

언더아머를 유명하게 만들었던 MLB(2018년 중단, MLB는 나이키와 계약), UCLA(2020년 중단)와 계약기간을 채우지 못한 채 후원을 철회하게 됐다. 미식축구 선수 출신이었던 케빈 플랭크는 1996년에 언더아머를 설립하고, 2019년 하반기에 CEO 자리를 내려놓았다. 차세대 나이키를 꿈꾸었으나 그들의 성공비결이 실패의 원인이란 분석을 낳았다.

몇 가지 원인을 살펴보면 다음과 같다. 결론적으로 두 가지의 트렌드를 거슬렀다는 평가를 받았다. 첫째, 애슬레저(athleisure, 운동과 레저를 합친 단어)라고 하는 일반인들도 스포츠를 일상으로 즐기는 트렌드이다. 둘째, D2C(direct to consumer)라고 하는 기업이 유통회사를 거치지 않고 온라인으로 직접 소비자에게 판매하는 트렌드이다. 하지만 언더아머는 스포츠의 패션 대신 성능만 추구하면서 최악의 디자인으로 조롱을 받기도 했다. 또한 성능만 추구하면서 프리미엄 이미지만을 고수하게 됐고, 스포츠 오소리티, 스포츠 샬렛 등 스포츠 전문용품점에서만 판매하는 고집을 부렸다. 세련된 상품을 중저가로 판매가 가능한 온라인을 통한 소비자 직접 판매의 위력을 간과했던 것이다. 물론 부동의 1위인 나이키, 2위의 아성을 손쉽게 탈환한 아디다스는 위의 트렌드에 충실했다.

이 외에 정보통신기술(IT)과의 융·복합이란 화두를 명확하게 이해하지 못했다. 언더아머가 애초에 내놓았던 디지털 전략인 **커넥티드 피트니스**(connected fitness)는 조용히 사라졌다. 피트니스 커뮤니티 플랫폼을 통해 고객들 자신의 데이터를 연동하여 제품에 활용한다는 야심찬 프로젝트였다. 기존의 피트니스 앱(2천만 명 사용자의 맵마이피트니스, 2천만 명 사용자의 엔도몬도, 8천만 명 사용자의 마이피트니스팔)을 무작정 사들였고, 언더아머 헬스박스라는 웨어러블 기기를 출시했다. 하지만 이 역시 IT 트렌드를 읽지 못했던 것이다. 고객은 별도 기기를 사용하는 것보다 애플워치, 삼성워치와 같이 실생활에 필요한 스마트폰 기능과 합체된 기기의 편리성을 선택한 것이다. 시장에서 영원히 사라질지, 다시 재개해 새로운 가능성을 보여줄지 앞으로 지켜볼 일이다.

진정한 혁신이란 무엇인지, 기술 간의 융·복합은 진정으로 어떤 개념인지를 이해할 필요가 있다. 이 지점에서 나이키를 언급하지 않을 수 없다. 그들 역시 종종 실수도 반복하지만, 시대 트렌드를 읽는 방식과 실무적 응용 속도가 빠르다. 2017년부터 경영에 접목한 트리플 더블(tripple double)이 있다. 득점, 어시스트, 리바운드, 블로킹, 가로채기 등 3개 부문에서 두 자리 이상의 기록을 올리는 것을 의미하는 농구 용어이다. 이 세 가지는 혁신 속도와 강도를 2배로 하기, 제품 출시 속도를 2배 빠르게 하기, 소비자와 직접 연결되는 비중을 2배로 확장하기이다. 이 중에서 마지막 테마인 고객과 접점을 찾는 것을 가장 중요시한다.

2020년 상반기, 쇼트트랙 국가대표 출신 심석희 선수가 활짝 웃었다. 나이키 광고를 통해서다. 국내에서 시작한 캠페인 '우리의 힘을 믿어'를 통해 그녀가 코치로부터 받았던 상처를 치유하는 용기와 과정을 많은 사람들과 공유했다. 이와 같은 메시지를 내는 데 주저하지 않는 기업의 철학을 담은 것이다. 고객과의 관계라는 본질에 집중해야 한다는 마케팅 원칙과 브랜드 가치를 높이는 전략이다. 하지만 2018년 평창 동계올림픽 때 심석희 선수가 동료선수와의 고의충돌 의혹과 선수비방을 했던 일이 2021년 중반, 언론에 보도되면서 광고의 취지와 가치를 훼손하게 됐다. 이처럼 성공적인 스포츠 마케팅을 위해선 혁신을 선도하는 스포츠 기업, '스포츠의 마케팅' 주체인 스포츠 연맹, 스포츠 마케팅의 최고의 상품으로 존경받았던 선수, 이들 모두 한 치 앞을 내다보기 힘들 듯 각별한 자기관리와 수준이 높아진 소비자(팬)를 의식해야 가능한 일이다.

나이키는 실무적 접근으로는 제품 라인업과 판매 매장을 줄이면서 세계 최대의 온라인 매장인 아마존과도 결별을 했다. 이는 신생업체들이 하는 것과 같이 온·오프라인을 가리지 않고 고객과 직접 관계를 맺는 D2C(direct to consumer)의 비중을 확대했다. 온라인 멤버십 '나이키 플러스'는 이미 전 세계 1억 명을 확보했고, 2023년까지 3억 명의 목표를 두었다. 기술 혁신이란 화두도 최첨단 기술의 향연장을 선보이는 것이 아니라, 결국 소비자와 직접 연결시켜 일관된 쇼핑 경험을 유지하게 하고, 원하는 제품을 매우 빠르게 설계해서 제공해야 하는 것이다.

과 제

1. 스포츠 제품 가격에 관한 가장 최근의 사례와 이슈를 찾아보시오.
2. 프로 스포츠 구단의 고정비용과 변동비용에 관한 가장 최근의 사례와 이슈를 찾아보시오.
3. 내적요인과 외적요인에 따라 영향을 받은 스포츠 제품가격에 관한 가장 최근의 사례와 이슈를 찾아보시오.
4. 새로운 스포츠 상품 가격의 책정 전략에 관한 가장 최근의 사례와 이슈를 찾아보시오.

PART

07

스포츠 장소와 유통

1 스포츠 장소와 유통의 변화를 이해하자

5부 스포츠 제품과 상품에서 이미 노동력 시장의 변화에 대해 살펴봤다. 나이키(Nike)는 지금까진 마이크로 다국적 기업의 형태를 띤다. 핵심 역량을 유지하기 위한 최소한의 인력만 두고, 나머지 업무는 아웃소싱을 통해 해결하는 다국적 기업이다. 즉, 미국 오레곤주의 위치한 본사는 디자인을 연구하고, 저가노동 시장인 동남아시아에선 생산한다. 즉, 국내 기업이 경비를 절감하기 위해 생산, 용역, 일자리 등을 해외로 이전하는 오프쇼어링(Off-shoring) 현상이다.

영원할 것만 같았던 이 시스템이 변화의 조짐이 있다. 바로 리쇼어링(Re-shoring)으로 전 세계 제조업이 선진국으로 회귀하는 현상이다. 2000년 초반에 흥행했던 서비스를 통한 성장 동력의 한계를 보여주는 것으로 자국 내 일자리 확충, 정치적 지지기반 확보, 보호무역주의 등의 복합적 원인으로 작용하고 있다.

더불어 혁신기술도 한 몫을 한다. 이슈에도 설명할 아디다스의 3D 프린팅을 통한 신발 생산 시스템이다. 비록 완전한 사업체계의 구축에는 시간이 더 필요하겠지만 본격적으로 확충되면 비싼 땅값에서 공장을 설립해도 무방하다는 것이다. 공장 규모를 축소, 인력을 감소시킬 수 있기 때문이다. 더군다나 그곳이 바로 소비시장이 될 수 있다. 즉, 생산시장이 곧 소비시장이므로 유통 등에 들어갔던 비용이 절감된다. 어쨌든 로봇이 대체할 시스템으로 관리자 몇 명이면 충분하다는 개념이 성립된다. 전통적 개념으로 바라봤을 때 일자리 확충으로 연결된다는 리쇼어링 현상과는 상반되는 개념을 내포할 수 있다.

2 스포츠 경기장의 앞으로의 변화를 이해하자

사물인터넷(IoT, Internet of Things)이란 용어는 1999년 캐빈 애쉬튼이란 P&G 직원이 처음 사용했다고 알려진다. 사물비트넷(Bitnet of Things)이란 모델도 있다. 이는 고유 IP 주소가 스마트 기기에 저장되는 개념이다. 반면 사물인터넷은 일반사물에 저장되는 개념으로 차이가 있다. 이런 관점에서 사물인터넷을 만물인터넷(IoE: Internet of Everything)으로 불려야 한다는 주장도 있다.

우린 스마트폰 환경으로 집안의 개인용 컴퓨터와 특정한 데이터 센터에 갇히지 않고, 이동성과 확장성을 경험하고 있다. 앞으로 모든 사물을 통해 세상의 모든 정보가 시간, 공간에 상관없이 통용된다면 어떤 일이 벌어질까?

인터넷 환경은 우리 일상에 불편을 유발하지 않는다. 즉, 특별하게 방해 받지 않고, 그저 편리하고 재미를 얻었다. 모든 사물 간의 인터넷 확장성도 우리 일상에서 자연스럽게 녹아들어 사용하게 될 것이다. 슈밥(2016)은 사물인터넷의 개념이 많은 기기와 연결됐다는 자체가 중요한 것이 아니고, 모든 사물과 연결해서 어떤 서비스를 제공하느냐가 중요하다고 했다.

스포츠 장소와 유통이란 영역에 대입해보자. 우선 장소영역의 변화는 스마트 경기장 시설의 예를 들 수 있다. 1부에서도 제시했지만 메가 스포츠 이벤트를 개최한 후의 진통은 대회를 치른 후 막대한 예산으로 관리해야 하는 스포츠 시설 운영에 있다. 엄청난 돈을 투자하고 이벤트가 끝난 후 회수하기 위한 과정이 만만치 않은 것이다. 누적 적자는 결국 국민 세금이기 때문이다.

이런 맥락에서 지어놓은 스포츠 경기장에 혁신 기술을 도입하고, 새롭게 짓는 경기장엔 기획 단계부터 스마트 개념이 융합될 필요가 있다. 복잡한 경기장 시설에 설치된 네트워크 센서로 운전자들은 주차 가능한 장소를 보다 쉽게 찾게 된다. 좌석을 비롯해 화장실 등의 공용시설을 찾기가 수월해진다. 서비스 품질이 높아지면 당연히 고객은 찾아 오게 마련이다. 에너지 절약이 가능하고, 안전장치와 연계할 수 있다. 이는 공공체육시설을 관리하는 지자체와 스포츠 서비스의 유통 장소로 프로 스포츠 구단의 전략적인 협업이 필요한 분야가 될 것이다.

스포츠 유통분야를 살펴보면 각종 컨테이너에 센서, 송신기, 전자태그(RFID, radio frequency identification)를 부착한 용품 산업의 변화가 있을 것이다. 슈밥 등(2017)은 사물인터넷이 가장 유용하게 쓰일 분야는 유통이라고 했다. 생산자, 유통자뿐만 아니라 소비자도 실시간 배송 상황을 알게 된다. 물론 별도의 소비자 요청에 의해서가 아니라 사물인터넷 환경이 알아서 전송한다. 스포츠 용품의 공급측면도 예외가 아니다. 조사, 개발, 마케팅, 판매, 유통 등의 단계별 과정이 순차적이 아니고, 동시다발적으로 진행이 되는 디지털 플랫폼 환경에선 품질, 속도, 가격의 차별은 소비자가 가장 먼저 인식하게 된다.

| 그림 7-1 스타디움

| 그림 7-2 체육관

| 그림 7-3 도로 사이클

3 장소가 사라진 스포츠를 이해하자

우린 워낙 유명한 호모 루덴스(Homo Ludens, 놀이하는 인간)를 알고 있다. 인간이 만들어온 역사 속의 존재가 됐다. 즉, 요한 하위징아(Johan Huizinga, 1938)가 제시한 문화 이전에 존재했던 놀이('놀이는 문화보다 더 오래된 것이다.')로부터 끄집어 낸 화두다. 그는 놀이는 오로지 재미를 추구하지만 완벽할 정도로 진지함을 잃지 않는다고 했다. 동시대 문화 인류학자인 로제 카유아(Roger Caillois, 1958)는 이 개념을 확장시켜 하위징아처럼 그리스어인 파이디아(paidia)와 라틴어인 루두스(ludus)를 재정립했다. 전자는 유희와 어린아이 같다는 의미를 내포하고, 후자는 일반적인 놀이, 투기, 시합, 경기 등을 의미한다. 또한 그리스어로 시합과 경기를 뜻하는 아곤(agôn), 라틴어로 요행과 우연을 의미하는 알레아(alea), 영어로 모방과 흉내를 뜻하는 미미크리(mimicry), 그리스어로 소용돌이와 현기증을 의미하는 일링크스(ilinx)라는 독창적인 개념도 제시했다. 카유아는 놀이에 대해 놀이하는 자가 강요당하지 않는 자유로움을 중시했고, 이 활동을 위해서는 명확하게 정해진 공간과 시간의 범위 내로 분리돼 있다고 했다. 어떻게 전개되거나 결과를 모른다는 것이다. '재미'와 연관돼 있는 이 명제는 오늘날 장소에 구애받지 않는 가상공간으로도 옮겨져 왔다. 최근 e-스포츠의 흥행과도 무관치 않다.

"호모 스포르티부스(Homo Sportivus)를 들어본 적 있는가. 20세기 자본주의 사회에서 탄생한 우리의 모습으로 '스포츠를 하는 인간'이다. 사람의 몸을 놓고 이토록 상품화에 성공한 적이 없다. 바로 오늘날 최대의 상품시장으로 각광받고 있는 세계, 사피엔스들이 펼치는 스포츠 마케팅으로 들어가 보자. 최초의 스포츠 기사는 1733년 미국의 '보스턴 가제트(Boston Gazette)'란 신문에 실렸다. 스포츠란 콘텐츠에 대해 인쇄매체를 통해 읽게 한다는 것 자체가 매우 낯설었던 때다. 스포츠 기사가 사람들의 관심을 조금 끌게 됐던 건 1822년 설립된 '벨즈 라이프 인 런던(Bell's Life in London)'에 나름의 기획 기사가 올라가면서 가능해졌다. 1852년 최초의 스포츠 마케팅 사례가 생겼다. 뉴잉글랜드라는 철도회사가 고안했다. 회사 홍보를 위해 미국 하버드와 예일대학교 운동선수에게 교통편을 무료로 제공했던 것이다. 지구상에서 가장 유명한 브랜드는 '코카콜라'다. 1928년 암스테르담 올림픽 때부터 여태껏 공식 공급업체로 활약하고 있다. 1896년 새로운 생명력을 얻은 올림픽과 호흡을 거의 함께 했다고 해도 무방하다. '코카-식민화(Coca-colonization)'란 말이 있을 만큼 스포츠를 통해 이들은 전 세계를 잠식했다. 제국주의 식민은 종식됐지만 새로운 개념의 브랜드 지배 현상을 낳았다. 미국의 이념과 정반대되는 그 어떤 나라에서도 판매가 되고 있으니 말이다. 코카콜라의 브랜드 인식을 높이는 데 가속도를 붙여준 플랫폼이 올림픽이다. 올림픽 오륜 마크와 코카콜라 글자는 묘하게 조합돼 한 몸이 된 듯하다. 올림픽과 궤를 같이 했으니 그럴 만도 할 것이다. 최근 새로운 시각으로 소비자 마음을 사로잡을 이슈가 터졌다. 바로 코로나-19 팬데믹에 따른 오프라인 스포츠의 실종인 것이다.

도쿄 올림픽이 1년 연기될 만큼 급박하게 돌아가고 있다. 선수만큼 애가 타는 주체들이 있다. 스탠바이 했던 IOC, 주관방송사, 스폰서십 기업들이다. 경제적 이윤을 생각하면 쉽지 않은 상황일 것이다. 미국 자동차 경주대회로 유명한 나스카(NASCAR)가 있다. 현장의 굉음은 말할 것도 없지만 자동차에 덕지덕지 붙여진 기업 로고들을 보면 마케팅의 치열한 각축장이 따로 없다. 팬데믹으로 인해 사라진 오프라인 상의 굉음을 온라인으로 옮겨왔다. 바로 나스카의 e-스포츠 대회인 'e나스카아이레이싱'을 통해서다. 코카콜라는 재빠르게 메인 스폰서로 참여했다. IT 강국인 우리도 게임사 넥슨과 한국프로축구연맹이 합작해 지난 4월 중순 'K리그 랜선 토너먼트 TKL(Team K-LEAGUE)'를 개최했다. PC를 기반으로 한 축구경기다. 이틀 동안 누적 79만 명이 시청했다. 경기장 티켓을 끊었던 수요가 안방에서 접속을 늘리는 주체가 됐다. 넥슨은 '스포츠를 통한 마케팅(marketing through sports)'으로 이름을 날렸고, 연맹은 '스포츠의 마케팅(marketing of sports)' 주체로서 스포츠 콘텐츠를 살아 숨 쉬게 했다. 팬데믹으로 아곤(agôn)이 멈춰 섰지만 e스포츠로 숨통을 열어줬다. 또한 무관중 야구와 축구로 가능성을 연장했다. 미국 ESPN의 국내 프로야구 중계권 구매는 꽤 큰 반향을 일으켰다. 북미 외에도 유럽, 아시아, 중동, 아프리카의 130개가 넘는 국가에서 생중계되고 있다. 북미권에선 소파에 널브러지거나 초대형 경기장에서 팝콘과 함께 즐겨야 할 상품이 공중으로 증발된 현실을 어떻게 받아들였을까. 그들의 삶의 일부분이 통째로 사라져 아마 꽤 못 견뎌했을 것이다. 그 빈 공간을 K-스포츠가 메운 셈이다. 이렇듯 스포츠는 생산과 동시에 소멸하는 강력한 경험재이다. 유튜브 통해 과거의 명장면을 보는 느낌과는 다른 것이다(문개성, 2020.7.)."

왕관(라틴어에서 유래, 표면 돌기의 모습을 형용)이란 뜻을 가진 코로나 바이러스는 매년 일시적으로 유행하는 인플루엔자 바이러스(독감)와 달리 우리 삶에 엄청난 변화를 가져왔다. 또한 그 변화는 비교적 예측이 가능한 영역과 어디로 튈지 모르는 영역으로 이루어질 것이다.

세계적인 도로 사이클 대회인 투르드프랑스(1903년 시작)와 비견될 만큼 오랜 역사를 지닌 '투어 오프 플란더스(1913년 시작)'대회가 2020년 4월에 가상현실 레이스로 개최됐다. 벨기에를 누비는 대신 선수 각자 집에서 실내 자전거로 화상회의 방식과 같이 화면에 표출된 가상의 도로를 달렸다. 생중계로 진행된 경주는 화면에 실내 자전거를 타는 모습과 지역의 실제 풍경을 번갈아 보여주면서 꽤 그럴싸한 레이스 장면을 연출했다. 한 선수는 자신의 현관문에 '대회참가 중이니 방해하지 말라'란 문구를 붙이기도 했다.

마드리드 오픈 테니스 조직위원회도 라켓 대신 조이스틱을 잡고 온라인 마드리드 오픈을 열었다. 모든 중계를 여느 때와 마찬가지로 진지하게 생중계했다. 경기 해설과 분석까지 더해 관람 스포츠 소비자의 뜨거운 반응을 불러 일으켰다. 이 지점에서 매체 스포츠 소비자였던 잠재적인 수요층을 흡수할 수 있는 새로운 마케팅 시장이 형성될

| 그림 7-4 비대면 스포츠

수 있는 것이다.

생활 스포츠 분야에서도 변화가 일어났다. 덴마크 태권도 연맹에서 주최한 태권도 품새 챔피언십에서 선수들이 집에서 녹화한 동영상을 출품하는 방식으로 바꾸었다. 이 대목에서 2020년 국내 국가자격증 스포츠 지도사 연수 프로그램을 이듬해로 연기한 것이 아쉽다는 의견이 많았다는 사실에 비대면 스포츠의 생산과 소비방식을 다시금 생각해 보게 한다. 불확실한 미래로 연기하는 것보다 과감한 정책결정으로 비대면 연수를 얼마든지 치를 수도 있는 것이다(2021년에는 ZOOM을 통해 연수를 시행함). 피하지 못할 환경에 맞닥뜨리게 되면 현실적 대안을 회피하기보다 실행해야 한다. 장소가 사라진 스포츠 세계를 맞이할 준비가 돼야 한다.

CHAPTER 01

장소와 유통

1. 장소와 유통의 이해

일반적으로 장소(place)라고 하면 마케팅에서 유통(distribution)을 의미한다. 멀린 등(Mullin et al., 2000)에 따르면 스포츠 마케팅에선 장소와 유통은 별도의 개념으로 이해해야 한다고 했다. 참여 스포츠와 관람 스포츠의 제품과 서비스는 생산하는 장소와 소비되는 장소를 분리할 수 없는 유통구조이기 때문이다. 올림픽과 월드컵 같은 대륙별 순회형 이벤트 개최장소는 도시 혹은 국가로 옮기는 것이지 한 번 지어진 경기장을 이동시키는 것은 아니다.

스포츠 마케팅 개념에서 장소는 고정된 위치를 의미한다. 우리가 인식하는 스포츠 이벤트는 규격화된 공간에서 이뤄진다. 올림픽과 월드컵 같은 메가 스포츠 이벤트는 특정 스포츠 시설이 필요하다. 올림픽 개최지 선정은 대회 7년 전 국제올림픽위원회(IOC) 총회에서 독자적으로 심사 후 결정된다. 경기장과 인프라 건설 계획, 재원조달 방법, 수송과 안전 관리 능력 등을 살펴본다. 막대한 예산이 들어가는 메가 스포츠 이벤트의 성공 여부는 사람들의 관심 유도를 어떻게 끌어올릴 것인가이다.

여기서 잠깐

▣ 올림픽 개최지 선정 조항 폐지

IOC는 올림픽 개최지 선정을 대회 개최 7년 전에 확정지어야 한다는 규정(IOC 헌장 33조 2항)을 2019년 6월 말에 폐지했다. 또한 유치 도시를 한 곳으로 명시했던 규정을 여러 곳(도시, 지

역, 나라 등)으로 가능하게 하면서 개최지의 범위도 광의의 개념으로 확대했다. 이는 올림픽 개최를 꺼려하는 국가, 도시가 늘어나면서 올림픽 상품의 유통지역을 선정하는 새로운 전략의 일환이라 할 수 있다.

'스포츠의 마케팅(marketing of sports)' 주체인 구단, 체육단체 등은 스포츠 시설에 최다 관중의 집객을 목표로 한다. 잘 만들어진 공간에 유인하고, 품질 높은 스포츠 상품(goods)을 선보임으로써 지속적인 스포츠 이벤트 개최를 위한 발판을 마련한다. 스포츠 시설의 접근성, 대중교통과 차량 이동 시의 편리성, 주차공간과 편의시설 여부 등은 고정된 공간으로서의 스포츠 장소의 중요한 요인이다.

기존의 인프라를 이용한 스포츠 이벤트로서 사이클, 마라톤 등이 있다. 올림픽, 월드컵과 같은 규격화된 장소는 아니지만 경기규정상 조건에 부합하는 도로의 폭, 고도, 커브 등을 의미하는 이동 가능한 공간의 특성을 갖는다. 흥행 여부에 따라 매번 출발지와 도착지를 달리 할 수도 있다.

세계 최대 사이클 축전인 투르드프랑스(Tour de France)는 3주 동안 매년 7월에 개최된다. 마지막 경주는 프랑스 개선문 앞 상젤리제 도로 일대를 도는 크리테리움(criterium) 경기로 치러지지만, 출발은 도시 혹은 국가 간의 치열한 선정 과정을 거쳐 미디어의 노출을 극대화시키고자 하는 지역을 유인한다.

| 그림 7-5 올림픽 경기장

| 그림 7-6 월드컵 경기장

| 그림 7-7 투르드프랑스 출발

| 그림 7-8 보스턴마라톤 도착

2. 스포츠 장소의 구성요인

스포츠 장소와 관련된 구성요인은 크게 스포츠 시설, 지리적 관점, 경기 일정으로 분류해서 설명할 수 있다.

1) 스포츠 시설 자체

스포츠 시설 자체란 물리적 장소를 의미한다. 스포츠 시설의 외관, 시설 디자인, 주차공간, 부대시설에 이르기까지 소비자가 유형적 특성으로 인식하는 부분이다. 4부에서 언급했던 파라슈라만 등(Parasuraman et al., 1988)이 제시한 서비스 품질의 특성을 다시 살펴보면 유형성, 신뢰성, 확신성, 응답성, 공감성의 다섯 가지 척도가 있다. 대표적으로 유형성(tangibles)은 스포츠 센터의 외형과 시설의 우수함으로 소비자의 심미적 관점을 자극할 수 있는 요인이다.

여기서 잠깐

▣ 스포츠 시설의 개념

1부에서 언급한 스포츠 산업의 특징은 공간 · 입지 중시형 산업, 복합적인 산업분류 구조를 가진 산업, 시간소비형 산업, 오락성이 중심개념인 산업, 감동과 건강을 가져다주는 산업이다.

스포츠 산업 특수분류(3.0)에 따르면 스포츠 시설업, 스포츠 용품업, 스포츠 서비스업으로 분류하고 있다. 스포츠 시설업은 스포츠 시설 건설업, 스포츠 시설 운영업으로 구분한다. 스포츠 시설 운영업은 경기장 운영업, 참여스포츠 시설 운영업, 골프장 및 스키장 운영업, 수상스포츠 시설운영업 등으로 하위분류한다.

3부에서 언급한 스포츠 소비자 분류는 참여 스포츠 소비자, 관람 스포츠 소비자, 매체 스포츠 소비자로 나뉜다. 스포츠 소비자는 선택하기 가장 좋은 조건을 찾아 스포츠 관련 상품을 구매한다. 공간과 입지를 중시한다는 개념은 접근성이 매우 중요한 요인이란 것이다. 참여 또는 관람 스포츠 소비자가 시간을 소비해 상품을 구매하기 위해선 접근성과 관련한 입지, 규모 및 배치요인 등도 고려대상이 될 것이다. 즉, 스포츠 시설 건설업과 운영업의 품질관리는 사용자 입장을 반영하여 설계해야 한다. 이러한 맥락에서 스포츠 시설에 대한 개괄적인 사항과 경영 · 마케팅과 관련한 내용을 이해할 필요가 있다.

스포츠 시설의 제3섹터 개발은 민(民), 관(官)의 공동출자 개발 방식이다. 즉, 기업으로 대표되는 민간부문의 우수한 정보 · 기술을 정부, 지방자치단체, 체육단체 등으로 대표되는 공공부문에서 도입하는 개발사업이다. 제3섹터의 장점은 공공부문의 예산을 절감할 수 있다. 민간부문의 자본, 기술, 정보를 통해 효과적인 개발이 가능하다. 반면 단점은 수익성을 우선적으로 추구하므로 공공성이 낮아질 가능성이 있다. 아무리 지역사회와 시민을 위하는 사업이라 할지라도 수익성이 보장이 안 되면 기업참여가 어려워지게 된다. 이러한 스포츠 시설의 제3섹터 개발의 성공적인 추진을 위해 몇 가지 전제조건이 필요하다. 첫째, 관련 법령과 제도를 확립돼야 한다. 둘째, 개발 대상사업의 엄격한 심사와 명확한 선별을 해야 한다. 셋째, 사업타당성에 대한 철저한 분석과 검증을 해야 한다.

이와 같이 스포츠 장소는 일반적인 마케팅 현장과 같이 유통과 구별해야 할 만큼 유형적인 시설을 필요로 한다. 갈수록 최첨단화해 가는 시설의 투자 범위가 확대됨에 따라 시설 건립과 활용에 대한 비즈니스 구조를 확립해야 한다.

▣ 체육시설의 설치 · 이용에 관한 법률

「체육시설의 설치 · 이용에 관한 법률」은 1989년에 제정됐고, 2007년에 전부 개정됐다. 체육시설의 설치 · 이용을 장려하고 체육시설업을 건전하게 발전시켜 국민의 건강증진과 여가선용에 이바지하는 것을 목적으로 한다. 공공체육시설의 설치, 민간체육시설의 권리 · 의무를 정하고 있다.

본 법률에 따르면 '공공체육시설'과 '영리목적의 체육시설업'으로 구분한다. '영리목적의 체육시설업'은 영리를 추구하는 민간체육시설을 의미한다. 공공체육시설은 '전문체육시설', '생활체육시설', '직장체육시설'의 3가지로 나뉜다. 영리체육시설은 '등록체육시설', '신고체육시설'의 2가지로 구분한다. 공공체육시설에서 '전문체육시설'은 국내 · 외 경기대회의 개최와 선수 훈련 등에 필요한 운동장, 체육관 등의 체육시설을 국가와 지방자치단체가 설치하고 운영하는 공공체육시설이다. '생활체육시설'은 국민이 거주지와 가까운 곳에서 쉽게 이용할 수 있는 체육시설을 국가와 지방자치단체가 설치하고 운영하는 공공체육시설이다. '직장체육시설'이란 직장의 장(대표)이 직장인의 체육 활동에 필요한 체육시설을 설치 · 운영하는 공공체육시설이다. 민간체육시설은 '영리를 목적으로 체육시설을 설치 · 경영하는 업(業)'이라고 명시돼 있다. 체육시설업의 세부종류는 회원제체육시설업과 대중체육시설업이 있다. 영리를 추구하는 민간체육시설의 업종에서 '등록체육시설업'은 골프장업, 스키장업, 자동차 경주장업으로 3종으로 분류한다. '신고체육시설업'은 요트장업, 조정장업, 카누장업, 빙상장업, 승마장업, 종합 체육시설업, 수영장업, 체육도장업, 골프연습장업, 체력단련장업, 당구장업, 썰매장업, 무도학원업, 무도장업, 야구장업, 가상체험 체육시설업, 체육교습업, 인고암벽장으로 18종(2021.12. 기준)으로 분류한다. 특히 신고체육시설업은 시대적 트렌드와 수요에 따라 지속적으로 추가될 수 있다.

2020년 일부개정을 통해 삽입된 가상체험 체육시설업을 통해 시대적 트렌드를 이해할 수 있다. 기존의 규격화된 일정한 규모의 스포츠 시설이란 개념을 벗어난 것이다. 가상체험이 가능하다면 어떠한 스포츠 종목도 가능하고, 비정형화된 스포츠 시설이란 개념이 포함된 것이라 할 수 있다. IT 기술과 스포츠 간의 융 · 복합 흐름을 주도하기 위해 법적 환경을 구축했다.

2) 지리적 관점

스포츠 장소의 구성요인으로 지리적 관점이 있다. 1부에서 다뤘던 스포츠 산업의 특성을 다시 살펴보면 공간 · 입지형, 복합적, 시간소비형, 오락성, 감동 · 건강지향성 산업이다. 우선적으로 접근성에 대한 개념을 중시한다. 교통의 편리성, 주차장 시설의 우수성, 공간의 쾌적성 등의 개념처럼 지리적 · 심리적 접근과도 관련된 요인이다.

3) 경기 일정

경기일정에 따라 스포츠 소비자의 관심과 실질적 관객이동에 영향을 준다. 3부에서 스포츠 소비자를 참여형태에 따라 참여 스포츠 소비자, 관람 스포츠 소비자, 매체 스포츠 소비자로 분류했다. 직관적으로 경기일정에 관심을 갖는 소비자는 관람 스포츠 소비자와 매체 스포츠 소비자이다. 면밀히 살펴보면 경기일정을 선호하는 시간대가 다를 수 있다. 관람 스포츠 소비자는 주중의 일상을 끝내고 주말 오후를 이용해 경기장을 찾아가 소비하길 원할 수 있다.

하지만 매체 스포츠 소비자는 직접 경기장에 찾아가지 않기 때문에 특정한 시간대보다는 손쉽게 매체를 통해 경기를 보며 소비하길 선호할 수 있다. 2016년 리우올림픽에선 현지 시각으로 밤 10시 이후에 세계적 스타 우사인 볼트(Usain Bolt)의 육상 결승전이 치러졌다. 상식적으로도 경기를 뛰는 선수나 현지에서 경기를 관람하는 소비자 입장에선 최상의 컨디션으로 품질 높은 경기가 치러질 수 있는 시간대는 아니다.

이는 기업으로 대표되는 광고주와 북미 스포츠 소비자의 TV 시청 관람시간을 고려한 조치다. 물론 독점 방송중계권을 확보한 대형 미디어의 입김이 작용했다. 미디어는 광고주를 의식하고, 광고주는 소비자를 의식할 수밖에 없기 때문이다. COVID-19로 1년 미뤄져 치러진 2020년 도쿄 올림픽 때는 무더운 날씨로 인해 경기장소와 일정을 바꿨다. 폭염을 염두에 두어 도쿄에서 치러지기로 했던 마라톤 대회를 삿포로로 옮겼으나 오히려 도쿄보다 더 더웠다. 이에 여자 마라톤 경기는 새벽 6시에 시작했다.

스포츠 미디어와 관련한 자세한 내용은 9부에서 구체적으로 다룰 것이다.

❙ <표7-1> 스포츠 장소의 구성요인

구분	내용
스포츠 시설	시설의 유형적 특성에 관한 중요한 요인
지리적 관점	스포츠 장소의 접근성과 관련한 중요한 요인
경기일정	경기일정은 스포츠 소비자의 시선을 집중하게 하는 요인

출처: 김용만(2010). 스포츠 마케팅 커뮤니케이션. 학현사, p.222~227(요약).

스포츠 유통

1. 스포츠 유통의 이해

1) 스포츠 유통의 개념

위치가 고정돼 있는 스타디움을 입장할 때 필요한 티켓 구매 방법은 다양하다. 좌석위치에 따라 가격대도 천차만별이다. VIP 프리미엄 좌석 공간을 개인전용 사무실처럼 사용할 수 있도록 최고가 정책을 구사할 수도 있다. 일반 고객 입장에선 가장 저렴한 가격으로 경기 상품을 소비하고 싶어 한다. 이는 동일한 존(zone) 안에서도 어떤 방식으로 티켓을 구매하느냐에 따라 가격을 달리할 수 있다. 즉, 유통 방식이 다양화해진 것이다.

결제 시스템은 앞으로 어떻게 혁신을 이룰까? '세상의 모든 것을 판다'라는 아마존은 허브 앤 스포크(hub and spoke)방식으로 출발지에서 발생하는 물량을 중심 거점으로 모으고 중심 거점에서 물류를 분류하여 다시 각자의 도착지로 배송하는 시스템을 갖추었다. 고객은 아마존 프라임(Amazon Prime) 구독 서비스를 통해 정기적으로 물건을 자동 구입할 수 있다. 온라인 소비 통계 분석의 저장소이자 물류 관리자로서 매우 광범위한 지역에 퍼져 있는 물리적 공간의 소유자이기도 하다. 즉, 세상의 모든 것을 신속하게 고객에게 전달할 수 있도록 한 것이다.

기술은 명확한 목표를 달성하기 위한 수단이다. 기술은 그 자체가 목적이 아니라 여러 형태의 마찰을 없앰으로써 고객의 쇼핑 여정과 경험을 단순화시킨다. 그렇게 함으로써 고객의 편의성을 극대화시키는 수단으로 작용한다. 여러 형태의 마찰이라고 하면 결제 단계가 많다거나, 결제 과정에서 새로운 인증 수단을

요구하거나, 매번 똑같은 과정을 거쳐야 결제가 이루어지게 하는 등 일반적으로 생각할 수 있는 돈을 지불하는 여정이라 할 수 있다. 이를 안전한 방식으로 최소화해야 영원한 고객으로 붙잡을 수 있는 것이다.

스포츠 유통의 개념은 스포츠 생산품을 최종 소비자에게 전달하는 활동이다. 유통경로의 기본 흐름은 '생산자→도매상→소매상→최종소비자' 형태다. 중간상의 역할은 도매상과 소매상에 의해 이뤄진다. 도매상(wholesaler)은 최종소비자에게 판매하지 않고 소매상 혹은 2차 도매상을 통해 소비자에게 전달하는 중간상이다. 소매상(retailer)은 주로 최종소비자에게 상품을 판매하는 중간상이다.

<표7-2> 중간상의 유형

구분	내용
도매상	다른 형태의 중간상인 소매상에게 재판매를 하는 전문적인 중간상
소매상	최종 소비자를 대상으로 판매활동 하는 중간상
대리상	상품의 소유권은 취득하지 않고, 중간에서 상담만 하는 중간상
판매 대리업	상품의 소유권은 취득하지 않고, 제조업자의 계약을 통해 판매액의 일정률을 수수료로 취득하는 중간상
유통업자	도매상과 같은 의미로 판매, 재고관리, 신용대여 등 유통기능 수행
중매상	산업용품 시장에서의 도매상 또는 유통업자를 지칭
거간	구매자와 판매자 중 어느 한쪽을 대표하여 사업활동을 하는 대리상

출처: 권기대, 김신애(2016). 마케팅 전략: 브랜드의 응용. 박영사, p.450.

중간상(middleman)의 유형은 다양하다. 앞서 언급한 도매상, 소매상 외에도 대리상(agent), 판매 대리업(sales agent), 유통업자(distributor), 중매상(jobber), 거간(broker) 등이 있다. 중간상이란 생산자와 소비자 사이에 이뤄지는 판매와 구매의 상품 유통과정에서 역할을 하는 전문적인 사업체를 의미한다.

최종 스포츠 생산자는 스포츠 소비자가 필요로 하는 수량을 파악하고 적정한 시간, 장소, 가격을 배치하는 활동을 스포츠 생산자는 전략적으로 수행해야 한다. 소규모 거래시장이라면 생산자가 직접 소비자에게 전달할 수도 있지만, 통상적으로 복잡한 마케팅 시장에서 가장 효과적이고 효율적인 유통경로를 구축하기 위해선 중간상의 역할이 필요하다.

스포츠 이벤트를 특정 경기장에서 생산만 한다고 해서 소비자가 알아서 찾아가지는 않을 것이다. 관객을 유도하기 위한 다양한 촉진전략이 필요하고, 미디어를 통해서라도 상품을 소비하게 하는 조치를 취해야 한다. 이처럼 생산자는 스포츠 용품, 시설이용, 관람 상품 등을 최종 소비자에게 전달하는 최상의 스포츠 유통 설계를 해야 한다. 다만 전통적 마케팅 시장에서 당연시 됐던 유통관련 물류시장이 혁신적 기술에 의한 장비 개발, 디지털 시장으로의 확장 등에 따라 최근 변하고 있다.

2) 스포츠 유통경로와 거래의 경제성

유통경로의 대표적인 중요성은 거래횟수를 최소화할 수 있다. 생산자와 소비자의 조정을 통해 복잡한 과정에 대해 거래의 표준화를 이룰 수 있다. 또한 구매자와 판매자들에게 정보를 제공함으로써 상호 만족할 수 있는 마케팅 환경을 만들 수 있다. 스포츠의 생산자와 소비자 간의 유통 경로는 직접 거래, 중간상 거래로 나눌 수 있다.

(1) 직접 거래

직접 거래는 생산자와 소비자가 직접 거래하는 경우다. 주로 참여형 스포츠 상품의 유통경로는 생산과 소비가 동시에 일어난다. 스포츠 센터의 시설과 장비를 이용하기 위해 소비자가 직접 방문하거나 예약 시스템(전화, 인터넷 등)을 통해 구매한다.

중간상 역할을 하는 예약시스템이 있지만 복잡한 거래구조를 확립하기 위한 체계가 아니기 때문에 생산자와 소비자가 직접 거래를 하는 경우에 해당된다. 또한 작은 규모 대회처럼 주최자(생산자)가 무상 혹은 소정의 참가비를 직접 받아 치를 수 있는 경우다. 지자체 혹은 체육단체 등에서 동호인 육성을 위한 체육대회는 생산자와 소비자 간의 직접 거래가 가능한 규모라 할 수 있다.

(2) 중간상 거래

중간상 거래는 생산자와 소비자 사이에 중간상이 있을 경우다. 스포츠 마케팅 시장에선 대체로 생산자와 소비자가 직접 거래를 하기 보다는 중간상 역할이 부여된다. 복잡한 이해 당사자 간의 역학관계가 있어 원활한 스포츠 마케팅 시장의 거래를 위해 필요하다. 중간상은 도매상(wholesalers)과 소매상(retailers)이 수행하는데, 통상 도매상은 최종 소비자에게 생산품을 판매하지 않고 소매상을 거치게 한다.

이런 경우 어떤 이점이 있을까? 스포츠 생산자는 중간상을 통해 '거래의 경제성'을 확보할 수 있다. 국제올림픽위원회(IOC)가 주최하는 올림픽의 마케팅 시장엔 TOP(The Olympics Partners) 프로그램이 있다. 자세한 내용은 스포츠 스폰서십(10부)에서 다루겠지만, 올림픽 공식 스폰서를 10여개 남짓 선정하여 올림픽 기간 내에 최대한 소수 기업에게 혜택을 주기 위한 프로그램이다. IOC는 '스포츠의 마케팅(marketing of sports)' 주체로서 수익을 확보하기 위해 스폰서십에 관심 있는 기업을 직접 물색하기 보다는 세계적인 스포츠 마케팅 대행사를 통해 확보한다. 전문 대행사는 바로 생산자(IOC)와 소비자(기업) 사이를 중재하는 중간자로서 역할을 한다. 기업은 IOC의 생산품에 대해 돈을 지불하는 소비자이면서 전 세계 일반 소비자들에게 올림픽의 가치와 기업·상품 이미지를 전달하는 유통자(중간자)이기도 하다.

기업은 상품 이미지를 높이고 궁극적으로 상품 판매를 늘리기 위해 IOC의 생산품에 관심을 둔다. IOC는 이 잠재적 소비자를 찾기 위해 수많은 기업과 직접 거래하려면 기업 숫자만큼 접촉 횟수와 더불어 스폰서십 계약을 성사시키기 위한 업무협의 횟수는 급증할 것이다. 하지만 유통자 역할을 하는 중간상(전문대행사)을 통한다면 IOC는 전문 대행사와의 협약 건을 통해서 많은 기업을 상대할 수 있다. 이는 곧 '거래의 경제성'이 성립된다.

여기서 잠깐

▣ 유통경로의 유형

㉠ 생산자 → 소비자

- 생산자가 소비자에게 직접 판매
- 보험 상품, 우편주문

㉡ 생산자 → 소매상 → 소비자

- 소매상이 제품생산기업으로부터 직접 제품을 구매하여 소비자에게 판매
- 대형할인점, 백화점, 의류, 자동차, 정유제품, 전자제품

㉢ 생산자 → 도매상 → 소매상 → 소비자

- 재정적 능력이 풍부한 도매상이 생산자로부터 구매하고 소매상이 재구매하여 판매
- 농수산물, 자동차 부품, 의약품, 잡화

㉣ 생산자 → 도매상 → 2차 도매상 → 소매상 → 소비자

- 생산자가 도매상에게 제품을 판매하는 대리상을 이용해 제품을 유통
- 정육점의 육류, 통조림

3) 유통경로의 기능

위 단락에서 언급한 중간상은 주최 측(생산자)과 스포츠 생산품을 활용해 목적을 달성하기 위한 기업(소비자) 사이에서 역할을 하는 전문 대행사다. 중간상이란 의미는 생산자의 제품과 서비스를 전달하는 다양한 주체를 뜻한다. 사람이 될 수도 있고, 조직이 될 수도 있다.

스포츠 에이전트와 같이 선수를 대리해 소비자에게 선수의 가치를 전달하고, 스포츠 마케팅 대행사처럼 중간상의 역할을 한다. 또한 미디어처럼 생산자의 제품과 서비스를 신속하게 소비자에게 전달한다. 이처럼 유통경로는 제품과 서비스를 생산자로부터 소비자에게 전달하는 과정에서 시간, 장소, 소유, 형태, 비용의 다섯 가지 효용을 창출하는 효과가 있다.

(1) 시간 효용

시간 효용(time utility)은 소비자가 원하는 제품과 서비스를 구매할 수 있도록 편의를 제공함으로써 발생한다. 정보통신기술(ICT) 발달에 힘입어 지구 반대편에서 개최되는 스포츠 이벤트를 미디어 통해 실시간으로 대회정보를 알 수 있게 됐다. 미디어가 곧 중간상의 역할을 한다.

1733년 미국의 '보스턴 가제트(Boston Gazette)'라고 하는 인쇄 매체에 처음으로 스포츠 기사가 실리면서 시작된 스포츠 미디어의 역사는 매우 급진적으로 발전하고 있다. 스포츠 소비자의 구분이 모호해질 수 있는 미디어의 발달에 따라 자신만의 공간에서 스포츠 콘텐츠를 즐길 수 있게 됐다. 이를 통해 개최장소에 직접 가야 하는 시간적 소비를 하지 않게 됐다.

(2) 장소 효용

장소 효용(place utility)은 소비자가 원하는 장소에서 제품과 서비스를 구매할 수 있도록 편의를 제공함으로써 발생한다. 스포츠 산업은 공간·입지형 산업으로서 스포츠 소비자의 접근성을 중시할 수밖에 없다. 생활근거지에 가깝고 대중교통 이용 시 편리해야 한다. 제도적으로는 홈앤드어웨이(home and away) 방식을 적용해 연고 지역에서 경기를 관람할 수 있는 환경을 제공한다. 즉, 매개 공간을 통해 선수들의 경기(상품)를 쉽게 구매할 수 있게 됐다.

(3) 소유 효용

소유 효용(possession utility)은 소비자가 제품과 서비스를 구매하여 소유할 수 있도록 편의를 제공함으로써 발생한다. 생산자가 만든 스포츠의 각종 상품(용품, 경기 등)을 구매할 수 있도록 중간상(온·오프라인)을 통해 소비자에게 전달된다. 소비자는 상품이 갖는 가치를 소유하게 된다.

(4) 형태 효용

형태 효용(form utility)은 소비자에게 제품과 서비스를 매력적으로 보이기 위하여 형태와 모양을 변형시켜 제공함으로써 발생한다. 일례로 프로 스포츠 경기를 변형시키지 않고 소비자에게 전달하는 것은 경기장을 찾아가서 관람한 관객에게만 가치를 전달하게 된다. 방송중계권을 소유한 방송사는 독점적인 중계, 편집, 전송을 할 수 있기 때문에 다양한 소비자층을 고려하여 다양한 버전으로 송출한다. 이로써 많은 사람들에게 가치를 공유하는 기능을 수행하고 있다.

(5) 비용 효용

비용 효용(cost utility)은 소비자가 지불하는 비용을 절감시켜 제품과 서비스를 제공함으로써 발생한다. 경기장에 직접 찾아가는 관람행위와 TV를 통한 경기관람에는 비용차이가 크다. 프로 스포츠 리그 내의 팀 간의 경기, 국가 간의 경기처럼 많은 대중들이 선호하는 제품과 서비스를 한 장소에서만 치르지 않고, 지역과 국가를 순회하면서 경기한다. 스포츠 이벤트 개최비용을 분담하게 하고, 보다 많은 사람들이 관람할 수 있는 환경을 조성함으로써 입장권 수입을 증대시키는 효과를 기대하게 한다.

❙ <표7-3> 유통경로 기능에 따른 효용

구분	내용
시간 효용	소비자가 원하는 제품과 서비스를 구매할 수 있도록 편의를 제공함으로써 발생
장소 효용	소비자가 원하는 장소에서 제품과 서비스를 구매할 수 있도록 편의를 제공함으로써 발생
소유 효용	소비자가 제품과 서비스를 구매하여 소유할 수 있도록 편의를 제공함으로써 발생
형태 효용	소비자에게 제품과 서비스를 매력적으로 보이기 위해 형태와 모양을 변형시켜 제공함으로써 발생
비용 효용	소비자가 지불하는 비용을 절감시켜 제품과 서비스를 제공함으로써 발생

출처: 김용만(2010). 스포츠 마케팅 커뮤니케이션. 학현사, p.229~231(요약).

2. 스포츠 유통의 분류

1) 스포츠 콘텐츠 및 정보 유통

스포츠와 관련한 대표적인 콘텐츠는 스포츠 중계방송, 스포츠 제작물, 스포츠 정보 등에 이르기까지 다양하다. 스포츠 콘텐츠의 특징은 구매를 해서 경험하기 전까지는 품질을 알 수 없는 경험재(experiential goods)의 속성을 갖는다. 마치 영화, TV 드라마처럼 말이다. 또한 예를 들면 스포츠 경기에 대해 재방송이나 하이라이트처럼 다시 보기를 통해 결과를 알 수 있으나 생생한 현장감과 긴장감을 부여하는 느낌은 그대로 전달받을 수는 없다. 콘텐츠는 생산되자마자 소비되고, 사라지는 것이다.

스포츠 콘텐츠는 인쇄매체, 라디오 및 TV와 같은 전통적인 미디어뿐만 아니라 인터넷을 통해 소비자에게 전달되고 있다. 오늘날 디지털 마케팅 시대가 도래를 하면서 콘텐츠 마케팅이 등장했다. 스포츠 콘텐츠를 유통하는 채널은 전통적 미디어, 다채널 미디어, 뉴미디어, 소셜 미디어로 구분할 수 있다.

첫째, 전통적 미디어는 앞서 언급한 매스 미디어를 뜻한다. 이는 인쇄매체(신문, 잡지, 출판)와 영상매체(라디오, TV)를 통해서 유통이 되고 있다.

둘째, 다채널 미디어는 전통 미디어에 속하는 지상파 외에도 케이블 방송사, 지역 방송사 등이다. 이곳에서 스포츠만 다루는 전문 채널이 등장했다. 특히 종목별로 특화시켜 고정팬을 확보하기 위한 노력을 하고 있다.

셋째, 뉴미디어는 인터넷 포털 사이트를 통해 확장된다. 이곳에서 다양한 스포츠 콘텐츠가 유통되고 있다. 인터넷의 발달로 생겨난 새로운 용어지만, 소셜 미디어 등 혁신적 기술에 따른 영상혁명의 등장으로 새로운(new) 미디어란 용어를 현재는 잘 사용하지 않는다.

넷째, 소셜 미디어로서 소셜네트워크서비스(SNS, social network service)의 발달과 가속화되는 영상 혁명을 통해 실시간으로 콘텐츠가 유통된다. 특히 개인 업로드 환경과 오픈소스 플랫폼 등의 탄생은 컨텐츠의 다변화에 크게 기여하고 있다.

스포츠 정보 유통은 스포츠 활동과 관련한 정보를 제작하여 소비자에게 전달하는 활동이다. 최근 스포츠 빅데이터가 스포츠의 모든 분야에서 각광을 받고 있다. 선수기록에 관한 경기력 분야, 팬을 관리하는 마케팅 분야뿐만 아니라 스포츠 베팅 분야까지 다양하게 접목돼 발전을 거듭하고 있다.

2) 참여 및 관람 스포츠 유통

스포츠 유통에서 참여 스포츠와 관람 스포츠 유통을 빼놓을 수 없다. 스포츠 소비자는 3부에서 언급한 것처럼 참여, 관람, 매체 스포츠 소비자로 구분한다. 이 중에서 참여 스포츠 유통과 관람 스포츠 유통을 살펴보면 다음과 같다.

첫째, 참여 스포츠 소비자는 소비자가 직접 종목을 선택해서 참여하는 1차 소비자다. 즉, 참여 스포츠 유통의 유형은 소비가 이루어지는 장소를 뜻한다. 종합스포츠 시설, 체력단련시설, 골프장, 스키장, 수상스포츠 시설 등 공공 및 민간체육시설이 해당된다. 소비자가 직접 참여하기 때문에 대부분 중간상을 거치지 않고 고객에게 직접 판매하는 형식이 주를 이룬다.

둘째, 관람 스포츠 소비자는 경기장에 찾아가서 현장에서 스포츠 이벤트나 경기를 소비한다. 관람 스포츠 유통의 유형은 올림픽, 월드컵, 세계선수권대회 등과 같은 국제스포츠이벤트, 프로 스포츠 리그경기를 통해 이루어진다.

관람 스포츠 유통의 판매방식은 직접 판매와 간접 판매로 구분할 수 있다. 직접 판매는 우편을 통해 시즌 입장권을 판매하는 방식, 구단 홈페이지를 통해 온라인 입장권을 판매하는 방식, 경기장 매표소를 통해 입장권을 판매하는 방식 등이 있다. 또한 판매 대행사를 통해 온라인 입장권을 거래하는 간접 판매가 있다. 관람 스포츠 유통의 경로는 입장권, 방송중계권, 스포츠 스폰서십, 선수보증광고, 선수계약 등의 유통 경로가 있다.

| 그림 7-9 온라인 티켓

| 그림 7-10 모바일 티켓

3) 스포츠 용품 유통

전통적인 마케팅 시장에서 통용됐던 오프라인 매장의 집중적 관리 시스템이 변하고 있다. 실제 매장에서 시작하여 온라인에서 구매행위가 끝나는 프로세스인 쇼루밍(showrooming)과 온라인에서 시작해 실제 매장에서 구매하는 웹루밍(webrooming)이 혼재돼 있는 것이다. 소비자가 어떤 방식으로 선호하는 제품과 서비스를 찾고자 하는지 파악하기가 더욱 힘들게 됐다. 물리적 제품과 디지털 서비스가 결합된 형태인 피지털 마케팅(phygital marketing = physical 물리적인 + digital 디지털의 합성어) 트렌드를 이해해야 한다(Kotler & Stigliano, 2018). 기존의 오프라인 매장은 물건은 사는 장소에서 경험하는 장소가 돼 가는 흐름과 무관하지 않다. 온·오프라인을 가리지 않고 구매하는 고객이 가고 싶은 곳으로 만들어 가는 장소가 된 것이다.

스포츠 용품 유통이란 스포츠 용품업 중 운동 및 경기용품 유통·임대업에서 스포츠 용품을 최종 소비자에게 전달하는 활동을 의미한다. 스포츠 산업 특수분류 3.0에 따르면 운동 및 경기용품 유통·임대업은 운동 및 경기용품 도매업, 운동 및 경기용품 소매업, 운동 및 경기용품 임대업으로 하위분류가 돼 있다.

유통경로가 구축되면 거래횟수가 최소화되고, 거래가 표준화된다. 또한 생산자와 소비자의 조정이 이뤄지고 구매자와 판매자들에게 정보를 제공하는 효과가 있다. 유통경로의 구조는 전통적 유통경로, 수직적 유통경로, 수평적 유통경로로 구분할 수 있다.

(1) 전통적 유통경로

(2) 수직적 유통경로

(3) 수평적 유통경로

첫째, '전통적 유통경로'는 기업의 목표를 달성하기 위해 독립적으로 활동하는 조직 간의 전통적 구조를 말한다.

둘째, '수직적 유통경로'는 경로구성원에게 최대한의 영향력을 행사하기 위한 중앙집권적 관리 구조를 뜻한다.

셋째, '수평적 유통경로'는 자사의 경쟁적 우위와 타사의 경쟁적 우위분야를 결합하여 새로운 마케팅 기회를 공동으로 이용하면서 시너지를 창출하고자 하는 구조다.

3. 스포츠 유통 전략

전통적인 시장에서 소매업의 강점은 무엇보다 입지를 중요하게 여겼다. 표준화(standardization)에 의해 대량생산된 상품을 소비자에게 일방적인 방식으로 광고를 했던 푸시(push) 관점이 중요했던 것이다(Kotler & Stigliano, 2018). 하지만 이러한 마케팅 방식은 디지털이란 새로운 기술이 도래하면서 시장 환경이 변화했다.

1) 개방적 유통 전략

2) 선택적 유통 전략

3) 배타적 유통 전략

첫째, 개방적 유통 전략은 자사제품을 취급할 수 있도록 가능한 많은 점포들로 하여금 시장 노출도를 높이는 집약적 유통(intensive distribution)을 통한 전략이다. 장점은 충동구매를 증가시킬 수 있고, 소비자의 인지도를 확대시킬 수 있다. 단점은 마진이 낮거나 소량주문, 재고관리에 어려움을 겪을 수 있다. 이는 스포츠 이온음료, 스포츠 타월 등 소비자가 쉽게 구매하고 자주 찾는 편의품(convenience goods)의 제품유형에 적합한 유통 전략이다.

둘째, 선택적 유통(selective distribution) 전략은 개방적 유통과 배타적 유통의 중간정도에 위치한 전략이다. 일정시장을 몇 개의 선택된 유통업체에 제한하여 판매시키는 것이다. 이는 소비자들이 구매하기 전에 브랜드 대안을 파악하기 위한 비교와 평가를 할 수 있는 선매품(shopping goods)에 적합한 전략이다. 이는 스포츠 의류, 골프장비, 스키장비 등이 해당된다.

마지막으로 배타적 유통 전략은 한 지역에 하나의 점포에게만 판매권을 부여하는 전속적 유통(exclusive distribution)을 통한 전략이다. 이는 패러글라이딩의 캐노피, 양궁의 활, 스쿠버의 부력조절기 등 전문품(speciality goods)에 적합한 전략이라 할 수 있다.

여기서 잠깐

▣ 판매과정

마케터는 궁극적으로 소비자에게 제품과 서비스를 판매할 목적을 갖고 있다. 한차례 판매에 그치지 않고 지속적인 관계를 유지하기 위해서 마케팅적 접근을 해야 한다. 이를 위해선 판매 과정을 세분화해서 살펴볼 필요가 있다.

<표7-4> 판매 과정

구분	내용
접근 전 (preapproach)	판매 직원은 자신이 팔고자 하는 상품에 풍부한 지식을 갖추고, 목표 소비자의 욕구와 필요를 이해해야 함
접근 (approach)	판매 직원은 소비자의 필요와 욕구를 판단하기 위해 소비자의 말을 신중하게 듣고, 호의적인 인상을 남겨야 함
시연 (demonstration)	판매 직원은 소비자에게 열정적으로 상품의 특성과 장점을 강조하고, 소비자에게 구매의사를 물어볼 수 있음
질문 대답 (answering questions)	소비자의 반대의견조차도 관심을 표명하는 것이므로 소비자의 우려를 불식시킬 수 있는 충분한 정보를 제공함
판매 성사 (closing the sale)	소비자가 구매결정에 도달하기까지 도와주는 행동과 이를 돕기 위한 방법(할인, 인센티브 제공 등)을 제시함
후속조치 (follow-up)	판매 직원(기업)과 소비자 간의 지속적인 관계를 유지하기 위해 가치 있는 피드백을 수렴하고 제공함

출처: Kaser, K., & Oelkers, D. B. (2015). *Sports and Entertainment Marketing* (4th ed.). 오세이, 전태준 옮김(2016). 스포츠 엔터테인먼트 마케팅. 카오스북, p.239-240(요약).

CHAPTER 03

스포츠 시설 수익

1. 스포츠 시설의 구분 및 특징

「체육시설의 설치 · 이용에 관한 법률」에 따르면 체육시설의 종류를 운동장, 체육관, 종합 체육시설, 가상체험 체육시설인 네 가지 종류로 구분하고 있다. 특히 종합체육시설은 2020년 일부 개정을 통해 포함된 가상체험 체육시설과 함께 민간 영역에서 다루어질 수 있는 스포츠 시설이다. 지역적 특성으로 수익을 창출해야 하는 스포츠 시설을 크게 도심형과 농·어촌형 스포츠 시설로 분류해서 살펴볼 수 있다.

첫째, 도심형 스포츠 시설은 다양한 계층과 소비 시장의 규모가 큰 특성이 있다. 고객 확보가 상대적으로 유리하기 때문에 그만큼 경쟁자가 많이 있을 수밖에 없다. "마이클 포터(Michael E. Porter, 1980)에 따르면 기업은 경쟁자에 비해 강점과 약점을 갖추고 있지만, '원가우위'와 '차별화우의'의 기본적인 유형이 포함돼 있다고 했다. 즉, 다섯 가지의 경쟁요인에 대해 성공적인 대처를 위한 경쟁전략의 필요성을 주장했다. 이러한 두 가지 유형의 경쟁우위는 기업(조직)이 처해 있는 산업적 환경에서 성과를 얻기 위해 세 가지의 본원적 전략(generic strategies)을 제시했다. 첫째, 차별화 전략은 경쟁상품과 차별화되는 특징을 갖는 전략이다. 제품외관, 입지조건, 직원의 경험 및 마케팅 요소 등 다양하다. 둘째, 비용우위 전략은 경쟁사보다 저렴한 비용으로 상품을 제공하기 위한 비용 혹은 원가우위전략이다. 제품설계, 투입비용, 공정기술, 입지, 서비스, 광고 등에 따라 비용을 줄일 수 있는 전략을 찾아야 한다. 셋째, 집중화 전략은 산업의 규모(전체 산업 혹은 특정산업)에 따라 사업성과가 달라질 수 있는 환경에서 중요한 전략적 과제이다. 흔히 틈새시장(niche market)이라 불리는 고객집단의 특수한 욕구를 반영하는 전략도 해당된다(문개성, 2019c, p.91, 92).”

도심형 스포츠 시설은 다양한 계층의 고객을 확보할 수 있고 시간대별 고객 쏠림 현상이 있다. 접근성, 가격 경쟁력, 프로그램 차별화, 시설의 우수성 등을 고려해야 한다. 지역 특성, 시간대별 이용자 및 사회적 소외계층에 따라 맞춤형 프로그램을 적용하고 부대시설을 확충할 필요가 있다.

농어촌형 스포츠 시설은 소득이 높지 않아 소비시장이 작기 때문에 고객을 확보하기가 어렵다. 육체노동이 많아 스포츠 활동의 호응도가 낮다. 노인건강 운동 프로그램과 같이 지역특성에 맞는 특화 프로그램을 개발해야 하고, 지역행사와 접목한 체육활동을 유도해야 한다. 생활주변에 다양한 생활체육시설을 설치하고 운동에 따른 건강증진 필요성을 인식시켜야 한다.

<표7-5> 도심형 및 농·어촌형 스포츠 시설

구분		내용
도심형 스포츠 시설	특성	• 다양한 계층의 고객확보 용이(30~40대 전업주부 주고객층) • 시간대별 고객 쏠림 현상(오전9시~12시대가 가장 많음) - 오전, 오후, 직장인 퇴근 후 저녁시간대 등 • 운동복 등 용품 지급 선호
	관리방안	• 접근성(장소) 고려, 가격 경쟁력, 프로그램(제품) 차별화, 다양한 촉진 방법, 시설의 우수성 등 • 지역 특성에 맞는 프로그램 개발 및 부대시설 등 확충필요 • 사회적 소외계층(아동, 여성, 장애인, 노인 등)에 맞는 맞춤형 프로그램 적용 • 시간대별 차별 프로그램 예 오전(전업주부), 오후(일반인), 저녁(직장인) 등
농어촌형 스포츠 시설	특성	• 스포츠 소비시장 규모가 작기 때문에 고객확보 어려움 • 육체노동이 많아 스포츠 활동 호응도가 낮음 • 소득이 높지 않아 스포츠 소비로 이어지기 어려움
	관리방안	• 지역특성에 맞는 특화 프로그램 개발 예 노인건강 운동 프로그램 등 • 지역행사와 접목한 체육활동 유도 • 생활주변에 다양한 생활체육시설 설치 • 운동에 따른 건강증진 필요성 인식증진

여기서 잠깐

▣ 스포츠 시설의 경영

스포츠 시설 경영은 직접경영과 간접경영으로 분류할 수 있다. 간접경영은 위탁경영과 임대경영으로 구분할 수 있다. 첫째, 직접경영은 스포츠 시설의 소유자가 직접 시설을 관리하는 경우다. 둘째, 간접경영은 스포츠 시설 소유자 대신 타인이 시설을 관리하는 경우다. 간접경영은 위탁경영과 임대경영으로 구분할 수 있다. 위탁경영에 대해선 「체육시설의 설치 · 이용에 관한 법률」 제9조에 명시돼 있다. 국가나 지방자치단체는 공공체육시설(전문체육시설, 생활체육시설, 직장체육시설)을 개인이나 단체에 위탁하여 운영할 수 있다.

위탁경영의 장점은 전문가를 활용하여 행정을 간소화하고 시설활용도를 높일 수 있다. 이는 유지관리비용을 절감하게 되면서 경영전반의 효율성을 높일 수 있다. 또한 공휴일 등 개장시간의 탄력적인 운영이 가능하고 서비스 품질을 제고할 수 있다. 지역주민과의 소통 강화를 통해 지속적인 연대 분위기를 조성하여 스포츠 시설의 효율성을 높일 수 있다.

반면 위탁경영의 약점은 스포츠 시설 내에서 발생한 사고가 발생할 시 책임소재가 불명확할 수 있다. 소유자와 관리자가 다르기 때문이다. 또한 서비스 차별화에 따른 회원제 강화 프로그램을 통해 특정 주민에게 서비스가 편중될 우려가 있다. 따라서 위탁경영의 보완을 위해 책임과 권한의 범위를 명확하게 할 필요가 있다. 법에 근거한 공공체육시설의 설립 취지에 어긋나지 않게 관리하고, 서비스 이용의 차별화 현상을 방지하기 위해 인력확충과 서비스 품질 제고에 노력해야 한다.

임대경영은 위탁경영에 비해 비교적 단기간에 간접운영을 하는 방식이다. 보통 공공체육시설은 3~5년 정도, 민간체육시설은 1년 정도 기간을 임대경영을 한다. 소유권을 타인에게 넘기는 경우를 매각이라고 하는데 이를 민영화라고 한다.

▣ 체육지도자 육성과 배치

㉠ 체육지도자 육성

체육시설업자는 문화체육관광부령으로 정하는 일정규모 이상의 체육시설에 체육지도자를 배치해야 할 조항(제23조)이 있다. 「국민체육진흥법」(1962년 제정)은 국가자격증(스포츠지도사) 발급 등 '체육지도자 육성'에 대한 내용이 있다. 이 법에 따라 배출된 '체육지도자 배치'에 관한 조항은 「체육시설의 설치 · 이용에 관한 법률」에 명시돼 있다.

㉡ 체육지도자 배치

「체육시설의 설치 · 이용에 관한 법률」시행규칙에 따르면 체육지도자 배치기준은 13개 업종과 규모에 따라 〈표7-6〉과 같이 명시됐다. 체육시설업자가 해당 종목의 체육지도자 자격을 가지고 직접 지도하는 경우에는 그 체육시설업자에 해당하는 인원의 체육지도자를 배치하지 아니할 수 있다. 종합 체육시설업의 경우에는 구성하는 각각 체육시설업의 해당기준에 따라 체육지도자를 배치해야 한다.

❙ <표7-6> 체육지도자 배치기준

체육시설업의 종류	규모	배치인원
골프장업	• 골프코스 18홀 이상 36홀 이하 • 골프코스 36홀 초과	1명 이상 2명 이상
스키장업	• 슬로프 10면 이하 • 슬로프 10면 초과	1명 이상 2명 이상
요트장업	• 요트 20척 이하 • 요트 20척 초과	1명 이상 2명 이상
조정장업	• 조정 20척 이하 • 조정 20척 초과	1명 이상 2명 이상
카누장업	• 카누 20척 이하 • 카누 20척 초과	1명 이상 2명 이상
빙상장업	• 빙판면적 1,500제곱미터 이상 3,000제곱미터 이하 • 빙판면적 3,000제곱미터 초과	1명 이상 2명 이상
승마장업	• 말 20마리 이하 • 말 20마리 초과	1명 이상 2명 이상
수영장업	• 수영조 바닥면적이 400제곱미터 이하인 실내 수영장 • 수영조 바닥면적이 400제곱미터를 초과하는 실내 수영장	1명 이상 2명 이상
체육도장업	• 운동전용면적 300제곱미터 이하 • 운동전용면적 300제곱미터 초과	1명 이상 2명 이상
골프연습장업	• 20타석 이상 50타석 이하 • 50타석 초과	1명 이상 2명 이상
체력단련장업	• 운동전용면적 300제곱미터 이하 • 운동전용면적 300제곱미터 초과	1명 이상 2명 이상
체육교습업	• 동시 최대 교습인원 30명 이하 • 동시 최대 교습인원 30명 초과	1명 이상 2명 이상
인공암벽장업	• 실내 안공암벽장 • 실외 인공암벽장 운동전용면적 600제곱미터 이하 • 실외 인공암벽장 운동전용면적 600제곱미터 초과	1명 이상 1명 이상 2명 이상

출처: 법제처, 체육시설의 설치 · 이용에 관한 법률 시행규칙, 체육지도자 배치기준

2. 경기장 수익창출 광고유형

경기장 광고 유형은 사람을 활용한 광고, 시설을 활용한 광고, 매체를 활용한 광고가 있다.

첫째, 사람을 활용한 광고에는 선수 유니폼 및 진행자의 의복을 활용한 광고가 있다.

둘째, 시설을 활용한 광고에는 펜스 광고, 전광판 광고, 경기장 바닥면 광고, 팸플릿 및 입장권 광고, 배경막 광고, 애드벌룬 및 비행선 광고 등이 있다.

셋째, 매체를 활용한 광고에는 자막광고, 중계방송의 휴식시간을 활용한 중간광고, 컴퓨터 그래픽을 활용한 가상광고, PPL과 같은 간접광고 등이 있다.

<표7-7> 경기장 광고유형

구분	내용
사람을 활용한 광고	• 선수 유니폼 광고: 선수 유니폼 전면을 활용한 광고 • 진행자 의복 광고: 경기 진행자 유니폼을 활용한 광고
시설을 활용한 광고	• 펜스(A보드) 광고: 경기장과 관중석 간의 경계벽을 활용한 광고 • 전광판 광고: 전광판, 스크린 등을 활용한 광고 • 경기장 바닥면 광고: 경기 중 방송노출이 잘 되는 바닥면 광고 • 팸플릿, 입장권 광고: 지면 여백, 뒷면 등을 활용한 광고 • 배경막(Backdrop) 광고: 선수 인터뷰 장소 뒷면 배경막 광고 • 기타 광고: 애드벌룬 및 비행선을 활용한 광고
매체를 활용한 광고	• 자막광고: 방송 도중에 자막을 삽입하는 광고 • 중간광고: 중계방송 휴식시간(전 · 후반 사이)을 활용한 광고 • 가상광고: 컴퓨터 그래픽을 활용한 광고로서 현장에 있는 관객에겐 보이지 않고, 매체를 통한 시청자만 보임 - 국내도 '방송법 시행령(제59조2-가상광고)'에 의거 2012년 시작 ※ 간접광고: PPL(product placement)처럼 영화, 드라마의 소품으로 등장하는 상품 마케팅 일환으로 선수, 관객 등 경기장 내에서 사용되는 상품이 우연히 방송을 타면서 간접광고 효과를 냄

① 올림픽은 유통혁명일까?

'올림픽 유통혁명'과 '올림픽 저주'란 말을 들어본 적이 있는가? 하나는 긍정적인 평가이고 다른 하나는 부정적인 평가에서 비롯됐다. 1896년 쿠베르탱 남작은 고대 올림픽 경기를 그리스에서 부활시켰다. 100년이 지난 2004년에 상징적인 의미를 부여하기 위해 다시 그리스 아테네에서 개최됐다. 그동안 대륙, 국가, 도시 간을 연결하는 다양한 장소에서 개최돼 왔다.

| 그림 7-11 올림픽 개최지 발표장면

여태껏 개최지 독점이 아니라 치열한 선정과정을 거쳐 전 세계를 하나로 묶었다. 국제올림픽위원회(IOC)는 다종목을 엮어 올림픽이란 근사한 상품을 만든 생산자이고, 전 세계인은 좋든 싫든 올림픽을 소비하는 대상이 된 것이다. IOC는 4년마다 다른 도시에서 개최되면서 단일시장 내에서 아무런 제약 조건 없이 상품을 유통시켰다. 관세가 붙거나 기업이 스폰서 참여에 따라 상품을 판매한 대가로 세금을 내지 않는다.

② 올림픽을 왜 저주라고 부를까?

| 그림 7-12 올림픽 개최지 폐허

유통현장의 승리자였던 올림픽이 점차 인기가 시들해지고 있다. 몇 년 전 영국 BBC에서 이런 논평을 내놨다. '올림픽의 하이라이트는 육상 100m나 마라톤이 아니라 손익계산서다.' 올림픽을 치를 때마다 IOC는 천문학적 수입을 얻지만, 개최도시는 빚더미에 오르게 된 것이다. 이 사실은 최근의 일이 아니다.

포브스(Forbes)를 인용해서 BBC와 파이낸셜 타임즈에서 발표한 하계 올림픽 손익계산서를 살펴보면 이렇다. 우리가 인식하기에 편한 원화(1달러=1,200원)로 환산하면 다음과 같다. 1976년 몬트리올 올림픽 때 이미 1조 4,736억 원이

적자였다. 1984년 LA 올림픽은 2,400억 원의 소폭 흑자 기록으로 체면을 유지했다. 구소련을 위시한 동유럽이 빠지고 미국과 서방세계만 참여했던 반쪽 자리였던 그 대회다. 물론 1980년 모스크바 올림픽 때 미국이 불참하여 우리나라를 포함해 세계 절반의 나라가 불참하기도 했다.

1988년 서울 올림픽 때는 9,000억 원의 적자를 기록했다. 이 대회는 두 차례나 반쪽 대회로 치르다가 다시 동서 화합을 이룬 의미 있는 올림픽으로 기록돼 있고, TOP(The Olympic Partners)이란 기업 스폰서십 참여 프로그램이 첫 번째로 운영된 비즈니스의 올림픽을 표방했었다. 1992년 바르셀로나 올림픽은 무려 7조 3,200억 원의 적자를 기록했다. 우리나라 황영조 마라톤 선수가 몬주익의 영웅으로 등극한 대회다. 1996년 애틀랜타 올림픽은 소폭 흑자, 2000년 시드니 올림픽은 소폭 적자로만 알려져 있다.

앞서 언급한 2004년 아테네 대회는 근대 올림픽 부활의 100년 역사의 상징 속에서 치러졌지만 역시 10조 8,000억 원이란 적자를 기록했다. 2008년 베이징 올림픽도 4,800억 원의 적자가 났다. 2012년 런던 올림픽은 무려 14조 1,600억 원의 적자를 기록했다. 이 대회의 개막식은 제임스 본드(가상인물)와 엘리자베스 여왕(실존인물)의 등장과 영화적 편집기법으로 아직도 회자되지만 예외 없이 적자를 벗어나진 못했다.

또한 레고 스타디움이란 말을 하듯 4만 5,000석 규모의 주경기장을 대회가 종료된 후 6,000석 규모로 축소했던 대회로 효율적인 대회로 치르기 위한 노력을 했음에도 불구하고 엄청난 빚을 떠안게 된 것이다. 2016년 리우 올림픽은 친환경 올림픽이란 긍정적 평가가 있었지만, 18조 원의 천문학적 규모의 적자를 떠안게 됐다.

이러한 저주가 현실화되면서 2000년 이후 올림픽 개최를 위해 중간상 역할을 자임하는 국가가 현저히 줄어들었다. 2004년 대회를 유치하고자 신청했던 국가가 11개국에서 2008년 대회에는 10개국, 2012년 대회에는 9개국, 2016년 대회에는 7개국이 신청했다. COVID-19로 엉망이 된 2020년 대회 유치에 뛰어든 국가는 5개국으로 줄어들었다. 급기야 2024년에는 2개국만 남았다.

2024년 유치 경쟁은 독일 함부르크에선 주민 투표를 통해 과반이 넘는 반대표가 나와 유치자체를 포기 선언했고, 헝가리 부다페스트도 20만 명 이상의 시민이 유치반대를 위해 거리시위를 펼쳐 참여를 하지 않았다. 로마는 시장이 나서 IOC의 빚잔치에 동참할 수 없다고 선포하며 유치참가 철회를 했다.

우여곡절 끝에 프랑스 파리와 미국 LA가 남게 됐고, IOC는 위기의식을 느끼게 됐다. 100여 년 동안 괜찮은 수익모델이었던 올림픽이란 근사한 상품을 계속

팔아야 하는데 마땅한 유통 장소가 없어 상품가치가 떨어지게 된 것이다. 궁여지책으로 2024년엔 프랑스 올림픽 개최 100주년 기념연도에 맞춘다는 명분으로 프랑스 파리에서 개최하기로 했고, 2028년엔 미국 LA 개최지 보장을 하게 이른다. 개최 7년 전에 개최지역 발표라는 IOC 규정을 뛰어넘어 2개 도시를 동시 발표하는 묘안을 발휘한다.

이 묘안은 사실 평창 동계올림픽이 개최되기 전에도 나온 적이 있다. 준비과정에서 말이 많았던 과도한 예산투입, 환경파괴 우려 등의 부정적 여론으로 인해 IOC에선 사상 최초로 공동개최를 제안했다. '일본과 같이 치르면 2020년 하계올림픽도 나눠서 치르게 하도록 하겠다.'라는 것이었다. 물론 우리나라에서 해당 조직위, 정치적, 사회적 이익단체 등의 부정적 의견으로 무산됐다. 심지어는 국내에서의 분산 개최 권유도 거부했다. 당시에는 IOC의 파격적인 제안을 거부한 소수 의견에 대해 명분 없이 실효성을 거두지 못했다는 비판도 있었다. 현실적으로 후쿠시마 방사능 오염과 COVID-19 팬데믹으로 보이콧 움직임까지 있었던 역대 가장 이상한 올림픽에 발을 담구지 않은 것에 대해 다행일지도 모른다. 또는 하계 올림픽의 공동 개최를 통해 일본과 대비되는 K-방역의 성과와 2018 평창 동계올림픽 때 전 세계인에게 보여주었던 개·폐막식의 화려한 쇼를 통해 우리나라 위상이 더욱 커졌을 수도 있다. 한 치 앞을 볼 수 없는 일이다.

<표7-8> 올림픽의 비즈니스 모델

<table>
<tr><th>구분</th><th>국제올림픽위원회
(IOC)</th><th>각국올림픽위원회
(NOC's)/
국제 경기단체(IF's)</th><th>개최국조직위원회
(OCOG)</th></tr>
<tr><td>스폰서료</td><td>10%
(TOP
기업으로부터 수입)</td><td>40%
(IOC로부터 배분)</td><td>50%
(IOC로부터 배분)</td></tr>
<tr><td>중계권료</td><td>10%(TV
방송사로부터 수입)</td><td>30%
(IOC로부터 배분)</td><td>60%
(IOC로부터 배분)</td></tr>
<tr><td>상품화권료</td><td rowspan="3">5%
(OCOG로부터
배분)</td><td rowspan="3">-</td><td rowspan="3">상품화권 기업/
지역 스폰서/
고객으로부터 수입</td></tr>
<tr><td>지역 스폰서료</td></tr>
<tr><td>입장료</td></tr>
</table>

출처: 한국산업인력공단(2016). 국가직무능력표준 NCS. 스포츠 마케팅-스포츠이벤트-스포츠이벤트경기운영지원, p.89(재정리).

공동개최, 분산개최 등 새롭게 등장한 제안은 곧 IOC의 위기의식을 반영한다. 앞으로 단 한 번도 개최한 적이 없는 국가들을 대상으로 이러한 제안, 즉 권역별로 묶어 개최할 수 있도록 할 가능성이 있다. 2018년 평창 동계올림픽은 결과적으로 평화, ICT 강국의 메시지를 통해 대단한 성공을 거두었다. 하지만 국민이 낸 세금으로 조성된 국비·지방비를 수입으로 잡아 흑자라고 발표한 것에 대한 여전한 의구심이 있다. IOC는 여전히 유통혁명을 유지하고 싶고, 기업과 단체장은 그것을 활용해 가치를 높이고 싶어 하겠지만, 빚더미 보다는 실속을 찾는 방안을 더 선호하는 여론과 정서가 팽배한 사실도 분명하다.

<표7-8>을 살펴보면 국제올림픽위원회(IOC, International Olympic Committee)의 주 수입원은 TOP 기업 스폰서와 방송 중계권료이다. 이 수입에 대해 IOC는 각각 10%만 남기고, 나머지 90%는 각국 올림픽위원회(NOC's, National Olympic Committee), 국제 경기단체(IF's, International Sports Federation), 개최국 조직위원회(OCOG, Organizing Committe for the Olympic Games)에 배분된다. 또한 개최국 조직위원회(OCOG)는 상품화권료, 지역 스폰서료, 입장료 등에서 수입을 얻고 5% 정도를 국제올림픽위원회(IOC)에 지불하고 있다.

이러한 수익구조에도 불구하고 개최국은 경기장과 기반시설의 설치 몫을 떠안아야 하기 때문에 많은 적자가 불가피한 것이다. 날이 갈수록 스타디움 건립의 최첨단화 경쟁을 다시금 생각해야 할 지점이다. 다시 말해 올림픽의 상징적 퍼포먼스(성화봉송 등)와 경기규정에 맞는 경기장 정도의 최소 요건만 갖출 수 있어도 올림픽을 치를 수 있는 환경을 마련하는 지혜가 필요하다. 물론 경기장까지의 접근성, 선수단 숙소, 방송 센터 등 메가스포츠 이벤트 개최 여건을 만드는 데 필요한 부담감도 매우 크다고 할 수 있다.

③ IOC는 왜 전략을 재편했을까?

"우여곡절 끝에 따낸 평창 동계올림픽. 문제인식의 핵심은 돈 많이 들어가는데 과연 잘 치를 수 있을까? 문제는 돈이다. 대형이벤트 개최하고 돈을 많이 남긴다면 무슨 문제가 있겠는가? 1990년대 까지 줄기차게 학계를 통해 쏟아졌던 경제적 효과가 진짜 맞는 것일까? 이후 꽤 많은 학자를 비롯해 각계각층에서 허상이라고 비판한다. (중략) IOC는 전략을 재편하고 있다. 100년 동안 숱하게 역경을 겪으며 올라선 세계적 흥행 상품에 빨간불이 들어온 것이다. IOC는 생산자로 꽤 영민한 전략을 구사했다. 개최지를 독점하지 않고 대륙별로 옮겨 다녔다. 독점적 단일 상품으로 전 세계 어디를 수출해도 관세를 물지 않는다. 유럽연합(EU) 내 국가들처럼 단일 시장, 단일 통화로서 지위를 누렸다. 올림픽을 통해 IOC는 엄청난 수익을 창출한다. 돈을 빨아들이는 핵심구조는 방송중계권과 기업 스폰서 비용이다. 오롯이 IOC의 몫이다. 비록 우리가 거절했지만 IOC는 매력적인 분산 개최를 권고한 이후, 2024년 개최 희망지가 2곳으로 줄어들면서 재빨리 움직였다. 2곳을 동시 발표했다. 2024년 프랑스 파리, 2028년 미국 LA로 말이다. 눈치 챘겠지만 개최지 7년 전 심사 · 발표와는 다른 행보를 보였다. 스스로 IOC 헌장에 명시된 조항을 어겼다. IOC는 2019년 6월, 총회를 거쳐 이 조항을 폐지했다. 선시행 후조치를 전광석화처럼 처리했다. IOC 헌장 33조 2항이다. 괄호 안의 내용이 통째로 사라졌다. 'The IOC Executive Board determines the procedure to be followed until the election by the Session takes place. (Save in exceptional circumstances, such election takes place seven years before the celebration of the Olympic Games.) IOC 집행위원회는 총회가 개최도시를 선정할 때까지 준수할 모든 절차를 결정한다. (예외적인 경우를 제외하고, 개최도시 선정은 올림픽대회 개최 7년 전에 이루어진다.)' 7년 전 확정지어야 한다는 규정 외에도 도시 한 곳으로 명시했던 내용을 여러 곳에 적시할 수 있게 했다. 즉 도시, 지역, 나라 등 광의의 개념으로 확대했다. 분산개최 권고를 무시한 우리의 배짱(?)도 한 몫 했을까? 2018년 평창동계올림픽의 일본 혹은 국내 분산 개최를 거부했다. 경색됐던 남북미 대화의 물꼬를 트는 계기를 마련하면서 세계의 주목을 받게 됐다. 2018년 9월 19일, 남북 정상 간의 평양 공동선언을 통해 공동으로 하계올림픽 유치의사를 밝혔다. 2019년 2월 12일, 평양과 공동 유치신청서를 제출할 도시가 서울로 확정되면서 정식적으로 IOC에 절차를 밟았다. 이후 IOC는 재빨리 7년 전 개최지 조항과 한 도시에 국한된 개최지 내용을 변경했다. 미루어 짐작하건대 2032년 서울 평양 공동하계올림픽 확정소식이 생각보다 일찍 들리지 않을까(문개성, 2019, p.12~15)."

위와 같이 IOC의 전략 재편과 맞물려 지구 차원의 새로운 이슈(평화, 환경, 공존, 공생 등)가 필요한 IOC의 기획 요소를 토대로 서울 평양 공동하계올림픽의 불씨를 살릴 수 있을까. 마지막 남은 분단국의 평화 이슈야말로 모든 뉴스를 잠식할 만한 파급력을 갖고 있다. 두 가지 차원에서 바라보면 전망은 다소 어둡다. 첫째, 2021년 현재 한반도를 둘러싼 국제 정세가 녹록치 않다. 극적인 반전이 있지 않는 한 복잡하게 얽힌 국제 정치의 퍼즐을 풀기가 만만치가 않다. 이러한 시간적 흐름은 2028년 확정된 LA에 이어 다른 대륙으로 이동할 시점에서 아시아로 회귀하기가 쉽지 않다. 둘째, IOC의 위상에 관한 문제다. IOC는 이미 보편적으로 공감할 만한 새로운 장을 그리지 못하고 있다. 2021년 치러진 2020년 도쿄 올림픽에서 보여준 그들의 모습은 돈을 좇는 이익 집단으로 비춰졌다. 그들 입장에서의 소중한 고객(방송중계권을 지닌 매체, 기업 스폰서)만을 위한 행보를 한 것이다. 19세기에 IOC에 의해 기획된 올림픽이란 상품을 20세기 동안 온 인류가 함께 성장시켰다고 해도 과언이 아니다. 즉, 소수의 상품이 아니

라 다수가 누려야 할 공공재 같은 상품으로 발전해 왔다. 그 권위를 전 세계인이 IOC에 부여한 것이다. 하지만 개인과 사회의 위험 속에서도 올림픽을 강행한 모습을 통해 많은 사람들을 실망시켰다. 과연 한반도의 평화 이슈를 그들이 선도적으로 이끌어갈 수 있을까. 아니면 그저 안전한 유통지에서 상품(올림픽)을 팔고 이윤만을 챙기는 모습을 보일지 지켜볼 일이다. 이러한 과정이 축적된다면 올림픽이란 상품이 21세기 내내 지속 가능할 지도 의문이다.

④ 매장은 왜 변신을 이어갈까?

시장 4.0은 온라인과 오프라인의 통합 시장이다. 어느 한 쪽이 기울어진 시장이 아니라 동일한 조건과 기준을 두고 고객을 상대해야 할 시장이다. 디지털 소통에 익숙한 세대가 소비 주체로 성장하면서 이러한 현상이 더욱 두드러지고 있다. 이들이 생각하는 오프라인 매장은 용품을 고르고 구매하는 것으로 한정된 공간이 아니다.

미국 스포츠웨어 소매업체인 룰루레몬(Lululemon)은 신발을 진열할 때 전통적인 방식을 탈피했다. 즉, 특정 범주의 사람에게 가져다줄 수 있는 혜택에 따라 매장 제품을 재구성했다. 매장의 변신을 주도하게 하는 소비 주체는 디지털 창구를 통해 제품군의 다양성을 가상으로 제공받는 것에 익숙해 있다. 이러한 선호방식은 오프라인 매장으로서는 넓은 면적으로 유지하는 데 들어가는 경제적 부담이 늘어나는 만큼 규모가 점점 더 작아질 수 있다. 오히려 자신과 용품을 매치할 조합을 알려주는 기기인 스마트 거울을 통해 제품을 자유롭게 고르고 신속하게 결제를 해주는 시스템을 갖춘다면 체험을 위한 매력적 공간으로 인식할 것이다.

아디다스 런베이스(Adida Runbase)는 브랜드 전용 공간을 확장시킨 사례다. 1897년부터 지금까지 이어온 역사 깊은 마라톤 대회를 이어간 보스톤에 위치한 복합문화 공간이자 박물관이다. 메타포가 강한 지역을 선택해 아디다스 브랜드의 본질을 느끼게 하는 것이다. 올림픽의 공식 스폰서로 활동하는 삼성전자와 같은 세계적인 회사도 뉴욕에서 이러한 브랜드의 본질을 느끼게 하는 장소가 있다. 경험해보기 전에 모든 제품을 보고 만지고 시연할 수 있다. 즉, 구매를 목적으로 하기 보다는 브랜드 가치를 고객 스스로 느끼게 하기 위함이다. 이를 통해 연결성이 강한 잠재적인 소비자와의 자연스런 연결을 이어갈 수 있는 것이다.

시장은 대량 소비에서 상대적으로 소량으로 생산, 유통되는 틈새 브랜드와 제품을 선호하는 방향으로 가고 있다. 즉, 고객이 필요로 하는 특정 요구를 만족시켜주는 것이 매우 중요한 것이다. 이는 오프라인 매장의 성격을 달리할수록 온라인 시장과의 유기적 연계가 시너지를 발휘할 수 있는 것이다. 전통적 방식의 대규모 매장의 획일성보다 다른 매장보다 차별화된 특화된 서비스 공간이 요구된다. 코틀러와 스티글리아노(Kotler & Stigliano, 2018)는 판매자를 큐레이터 역할로 승격돼야 한다고 했다. 즉, 판매자는 고객에게 제품 및 서비스에 걸쳐 독특한 경험을 제공하기 위한 모든 기술을 다룰 줄 알아야 한다.

과 제

1. 역사적인 스포츠 시설의 사례와 이슈가 있는지 조사하시오.
2. 최근 혁신적인 기술에 의한 스포츠 유통 경로의 변화사례를 찾고, 어떤 이슈가 있는지 조사하시오.
3. 가장 최근 스포츠 시설 경영 · 마케팅의 국내외 성공사례를 찾고, 어떤 이슈가 있는지 조사하시오.

PART

08

스포츠 촉진과 커뮤니케이션

미션 _ Mission

1 4차 산업혁명시대에서 스포츠 소비자를 어떻게 유인할 수 있는지 이해하자

슈밥은 세 가지 근거를 놓고 4차 산업혁명시대를 바라보고 있다. 첫째, 속도(velocity)이다. 토플러의 '변화의 속도'를 주도하는 기업이 내놓는 신상품은 하루가 다르게 빠른 진화를 거듭한다. 4부에 언급한 마케팅 기법으로 브랜드의 수평적 확장이 있다. 삼성(Samsung)의 갤럭시 시리즈처럼 동일하거나 유사한 제품 범주에서 완전히 새로운 제품에 계속 상표명을 사용하는 경우다. 한 시리즈가 배터리 문제로 실패를 했더라도 바로 다음 시리즈로 곧 만회했다. 속도로 부정적인 기억을 잊게 만들었다.

기술발전과 마케팅 확장의 속도전은 사람들의 인식을 주도했다. 가상현실(VR), 증강현실(AR), 360도 카메라 등이 구현할 관람 스포츠 문화는 어느새 안방에서 홀로 즐길 수 있는 여가로 인식하게 될지도 모른다.

둘째, 범위와 깊이(breadth and depth)이다. 디지털 혁명은 별도의 산업들을 한군데로 뭉쳐놓고 있다. 산업 간의 범위와 확장의 한계를 짓지 않고, 끊임없는 융합을 통해 한 번도 경험하지 못하는 새로운 상품을 알게 되고 시장을 잠식한다. 애플(Apple)의 공동 창립자 스티브 잡스는 고객은 무얼 원하는지 모르며 시장에 출시가 돼야 상품을 이해하고 이용한다고 했다. 즉, 고객은 기업이 주도하는 생활양식의 변화를 따라가는 것이다.

고객이 소비문화를 주도하게 만드는 주체는 기업이다. 신기술과 제품을 보유하고 있더라도 언제 서비스를 가미해 매혹적인 상품으로 시장에 내놓을지 예의주시한다. 가장 효과적으로 스포츠 소비자의 구매행동을 유도하기 위해 품질 높은 경기 서비스를 어떤 유통망을 거쳐 전달할지를 고민하고 있을 것이다.

셋째, 시스템 충격(systems impact)이다. 제4차 산업혁명은 한 나라의 사회 전체 시스템에 변화를 줄 수 있다. 산업 간 융합, 기업 간 융합으로 이어질 수 있다. 이는 곧 국가 간의 전통적 교역 시스템을 벗어나 다양한 방식의 거래가 가능하다. 메타(구 페이스북)의 유저(약 28억, 2020년 기준)는 13억 중국 인구를 훨씬 넘어섰다. 국경이 없기 때문에 들어오고 나가는 것도 자유로운 거대 플랫폼이 됐다.

국내 프로축구 누적 관람객 규모가 한 때 300만 명을 넘어섰다가 150만 명(2018년) 수준으로 급감했다. 잘 나가는 프로축구의 구성원은 해외에 진출한 소수의 선수뿐이다. 전 세계에서 펼쳐지는 재미있는 경기를 보는 행위가 클릭 몇 번으로 이뤄질 정도로 쉬워졌다. 이용자 주도의 콘텐츠 업로드 영상 플랫폼인 유튜브는 산업 전반에 영향을 미치는 거대 시스템이 됐다.

몇 가지 사실을 통해 이해해보자. 기업은 혁신기술을 속도전으로 내놓는다. 기업은 소비시장을 주도하는 준비가 돼 있다. 소비자는 전 세계인이 대상이다. '스포츠의 마케팅(marketing of sports)'의 주체(스포츠 단체 등)는 관람석 시설을 업그레이드하고, 편리한 티켓팅 시스템을 갖추는 노력정도에서 그치면 안 된다. 스포츠 경기 서비스란 콘텐츠는 어떤 기술과의 융합을 통해 소비자를 가까이 오게 하느냐의 문제가 됐다.

즉, '스포츠를 통한 마케팅(marketing of sports)'의 주체(기업)는 잘 만들어진 스포츠 콘텐츠를 이용하는 것에 그치면 안 된다. 다시 말해 두 주체의 기술적 융합이 필요한 때이다.

2 스마트폰을 통한 커뮤니케이션의 의미를 이해하자

최근 포노 사피엔스(Phono Sapiens)란 신조어가 있다. 호모 사피엔스에 빗대어 휴대폰 없이 살아가기 어려운 인류를 뜻한다. 반면, 노모포비아(Nomophobia)란 모바일폰 포비아의 준말로서 휴대폰 금단현상이란 의미의 신조어다. 그만큼 스마트폰이 우리 생활양식의 큰 축을 담당한다.

사회 심리학 분야의 저자로 유명한 맬컴 글래드웰(Malcolm Gladwell, 1963~)에 의해 잘 알려진 티핑 포인트(tipping point)란 용어가 있다. 작은 변화들이 어느 정도 기간을 두고 쌓여 작은 변화가 하나만 더 일어나도 갑자기 큰 영향을 초래할 수 있는 상태가 된 단계를 뜻한다.

2010년에 촉발된 튀니지의 재스민 혁명이나 2016년 가을에 시작된 우리나라의 촛불혁명의 확산은 소셜 미디어를 통해서였다. 특히 우린 자발적 참여와 열망의 끈을 평화적으로 이어 나갔다. 헌정사상 최초의 기록들을 남기며 정치적, 사회적, 문화적으로 대단히 많은 이슈를 남겼다. 세계사적으로도 유명하고 자랑스러운 역사가 됐다. 이보다 전에 문자 메시지 발송으로 국가 지도자를 그만두게 한 사건은 2001년 필리핀에서였다. 당시 조지프 에스트라다 대통령의 탄핵 재판의 공정성에 불을 지핀 것이 바로 수백만 대중들 간의 문자를 통한 커뮤니케이션의 역할이다.

문자와 소셜 미디어 메시지는 모바일폰에서 비롯됐다. 특히 실시간의 전달력은 스마트폰이 등장하면서 시작됐다. 컴퓨터 마이크로 칩의 용량이 18개월마다 끊임없이 두 배로 증가할 것이라고 예측하여 일반적인 프로세서 속도 또는 중앙처리장치 내 트랜지스터의 전체 수가 2년 마다 두 배로 늘어난다는 것을 의미하는 무어의 법칙(Moore's Law)을 실감하고 있다. 시간, 공간을 뛰어넘는 메시지 전달력은 보다 우수해지고, 용량에 상관없이 '날(raw) 것 그대로'의 생생한 정보는 도처에 있게 된 것이다.

행동경제학자 리처드 탈러(Richard H. Thaler) 교수와 캐스 선스타인(Cass R. Sunstein) 교수의 공동저서로 잘 알려진 너지(nudge) 이론이 있다. 이는 부드러운 개입을 통해 타인의 선택을 유도한다는 의미이다. 정치적 이해단체뿐만 아니라 경제 권력을 쥐고 있는 기업은 교묘한 마케팅을 구사할수록 소비자는 모르고 그 시장에 빠져든다. 기업이 내놓는 기술은 진화하고 마케팅에 적극 활용되면서 고객은 생활필수품목의 지위로 올려놓는 역할을 한다.

이와 같이 스마트폰은 개인 미디어이다. 이는 마케팅 측면에서 살펴보면 개인이 사람뿐만 아니라 직접 기업과 연결할 수 있게 했다. 기업과 개인 간에 쌍방향 커뮤니케이션이 됐다는 사실 자체가 시장 변화의 가장 큰 지점인 것이다. 기업 입장에선 소비자의 가방 속에 제품을 넣는 것보다 시간이 흘러도 소비자와 연결을 이어갈 수 있는 '크로스 미디어 관계'를 구축하는 것이 보다 중요해졌다. 이러한 개념을 이해하지 못하면 일회성 판매를 부추기는 것이고, 반대면 그 어느 때보다 충성도(loyalty) 높은 고객을 확보할 수 있다.

| 그림 8-1 포노 사피엔스

| 그림 8-2 노모포비아

3 비대면(non-face-to-face)도 결국 연결성이란 사실을 이해하자

뜻하지 않은 바이러스 팬데믹은 일부 바이러스 학자나 시장을 예측하는 소수를 제외하고는 누구도 예측하지 못했다. 비대면(非對面)이란 단어도 일상용어가 됐다. 우린 사실 기술로 인해 비대면 서비스에 익숙해 있었다. 언제 어디서나 개인 컴퓨터(스마트폰)를 들고 세상과 소통하고 있었다.

무수한 상품(선수, 경기 등)이 즐비한 스포츠 영역도 타격이 불가피했다. 그 상품을 고객에게 전달하는 기업 스폰서와 중계권의 위축으로 '스포츠의 마케팅' 주체는 적자를 감수해야 했다. 고육지책으로 무관중 스포츠를 동원했다. 현장의 함성이 없어진 탓에 경기를 하는 선수이든, 관람석에 관중 사진이나 인형이 앉아있는 현장을 TV를 통해 바라보는 팬들도 낯설어 했다. 하지만 금세 익숙한 경기관람 형태로 인식했다.

팬데믹이 장기화되거나 수시로 출몰하게 된다면 어떻게 될까? 새로운 수익 창출 구조를 떠올리지 않을 수 없을 것이다. 상상할 수 있는 새로운 장르는 게임과의 연동이다. 게임 캐릭터라고 하면 만화 혹은 실사와 유사한 잘 그려진 그림을 연상한다. 이 캐릭터가 실사인 선수로 대체할 수 있다면 어떨까. 선수들은 무관중 스타디움에서 경기를 치르지만, 미디어를 통해 경기를 즐기는 팬들의 눈에는 새로운 플랫폼의 게임으로 바라볼 수 있다. 실제 경기장보다 훨씬 세련된 공간 연출이 가능한 것이다.

여기에 더해 특정한 선수에게 실시간 베팅을 하고, 그 선수가 승점을 올리면 배당을 주는 제도는 어떨까. 도박을 부추긴다고 곱지 않은 시선도 상존하겠지만, 비대면의 연장이란 측면에서 새로운 형태의 비즈니스를 꺼내들지 않을 이유가 없을 것이다.

우리나라에서 합법적으로 운영되는 사행산업은 7종이다. 즉, 1922년에 필두로 경마, 복권(1947), 경륜(1994), 카지노(2000, 강원랜드), 체육진흥투표권(2001, 스포츠토토), 경정(2002), 소싸움(2011)이 있다. "7종의 사행산업 총 매출액이 2017년 기준, 21조 7,263억 원(순 매출액 9조 2,360억 원)이다. 이를 통해 국가가 거둬들이는 조세의 규모가 같은 해, 6조 1,073억 원(조세 2조 4,107억 원, 기금 3조 6,966억 원)이다. 국가 입장에선 포기할 수 없는 매력적인 사업이다. 사행산업과 불법사행산업을 어떻게 규정할까. 불법 사행산업은 위의 7종과 관련하여 금지 또는 제한하는 행위를 말한다. 특히 정보통신망을 통해 사행성게임물을 이용하여 서비스를 제공하는 행위이다. 즉, 사설 카지노, 사설 경마 · 경륜 · 경정, 사설 소싸움, 불법 사행성게임장, 불법 온라인도박, 불법 하우스도박, 불법 경견 · 투견 · 투계 등에 해당된다. 불법도박 매출액 추정규모는 2015년 운영자 조사 기준으로 83조 7,822억 원이다. 동년도 합법 사행산업 총 매출액인 20조 5,042억 원(순 매출액 8조 8,121억 원)을 비교했을 때 불법이 얼마나 크게 자행되고 있는지 가늠해볼 수 있다. 국가 입장에선 정책적 양성화를 해야 하는 명분 사업이다(문개성, 2019.8)."

신체성, 경쟁성, 규칙성의 특성을 지닌 스포츠 갬블링인 경마, 경륜, 경정도 예외 없이 멈춰 섰다. 출전, 우승 수당 등으로 생계를 꾸려가는 개인 사업자 선수에겐 치명적인 환경이 도래한 것이다. 매력사업과 명분사업이란 두 가지 측면을 균형감 있게 꾸려갈 사업 동력을 잃어버린 것이다. 무관중 프로 스포츠가 나름 성공적으로 안착이 될 때 스포츠 갬블링 사업도 늦게나마 시도했다. 즉, 체육진흥투표권(스포츠토토)과 같이 온라인 베팅이 가능하게 됐다. 「경륜 · 경정법」 일부 개정을 통해 온라인 발매(상품명 'Speed-On')가 2021년 8월부터 시행됐다. 토플러(A. Tofler)가 언급한 '변화의 속도'의 차이를 인식하고 극복해야 한다. 즉, 민간과 관료의 인식 차이를 늦지 않게 좁혀야 한다.

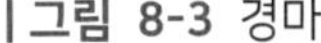

| 그림 8-3 경마

| 그림 8-4 경륜

| 그림 8-5 경정

촉진과 커뮤니케이션

1. 촉진과 커뮤니케이션의 이해

1) 촉진과 커뮤니케이션의 개념

촉진(promotion)이란 전통적 마케팅 믹스의 하나로 조직의 목표를 달성하기 위한 방법이다. 스포츠 촉진이란 기업이나 제품과 관련된 다양한 정보를 소비자에게 전달하기 위한 스포츠 조직의 전사적 노력을 말한다.

멀린 등(Mullin et al., 1993)은 스포츠 촉진을 제품에 대한 소비자의 관심, 지각, 구매를 자극하는 마케팅 활동이라 했다. 촉진의 대상은 주요 고객이 될 가능성이 높은 잠재적 소비자로서 제품에 대한 메시지를 전달하는 목적을 갖게 한다.

촉진과 커뮤니케이션(communication)은 혼용돼 사용한다. 기업은 효과적인 방법으로 고객에게 긍정적인 이미지를 전달하여 경쟁기업보다 유리한 위치에 있기를 원한다. 즉, 촉진과 커뮤니케이션의 용어를 동일한 개념으로 받아들이고 있다.

2) 커뮤니케이션의 과정

1940년대 말에 커뮤니케이션에 관한 대표적 이론이 있다. 해럴드 라스웰(Harold D. Laswell, 1948)은 5가지 과정(송신자–메시지–매체–수신자–수신자 반응)을 제시했다. 클로드 섀넌과 웨런 위버(Claude Shannon & Warren Weaver, 1949)는 송신자의 메시지가 수신자에게 가는 과정을 메시지의 전환을 뜻하는 부호화(encoding) 이후, 매체(channel)를 통해 해독(decoding)을 거쳐야 한다고 제시했다. 노버트 위너(Norbert Wiener, 1948)는 정보 전달의 순환이 지속돼야 하는 의미로 피드백(feedback) 과정을 추가해 오늘날 보편적인 커뮤니케이션 과정으로 활용되고 있다.

'스포츠의 마케팅(marketing of sports)' 주체인 야구위원회(KBO)와 같은 스포츠 단체와 연관을 지어 마케팅 커뮤니케이션(촉진) 과정을 접목하면 다음과 같다.

첫째, 송신인은 관객이나 조직에게 메시지를 보내는 KBO가 된다.

둘째, 부호화는 KBO가 전달하고자 하는 내용을 말, 그림, 문자 등의 상징적 표시를 사용하여 광고를 제작하는 과정이다. 전문 광고대행사를 통해 이를 수행한다.

셋째, 매체는 KBO가 전달하고자 하는 내용의 조합(메시지)을 전달하는 경로다. 예를 들면 연간 KBO가 추진하는 프로야구 리그 프로그램과 타이틀 스폰서를 알리기 위해 TV 등의 매체를 선택하게 된다.

넷째, 해독화는 KBO가 TV를 통해 전달한 광고에서 사용된 말, 그림, 사진 등을 해석하는 과정이다. 물론 참여(직접, 1차), 관람(간접, 2차), 매체(3차) 스포츠 소비자뿐만 아니라 프로야구에 대해 평소 관심이 없었던 시청자까지도 해석을 하게 된다.

다섯째, 수신자는 KBO의 광고를 보는 사람들을 일컫는다.

마지막으로 피드백은 메시지에 노출된 후 일어나는 수신자의 반응을 통해 나타나는 특성이다. 호의적인 반응과 비판적인 반응 등 다양하게 나타난다.

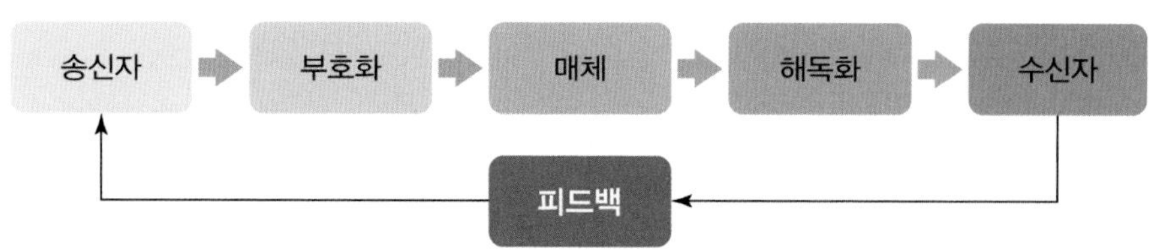

| 그림 8-6 마케팅 커뮤니케이션 과정

3) 커뮤니케이션의 유형

커뮤니케이션은 개인, 조직, 공중, 매스 커뮤니케이션의 네 가지 유형으로 분류한다. 구체적으로 살펴보면 다음과 같다.

(1) 개인 커뮤니케이션

(2) 조직 커뮤니케이션

(3) 공중 커뮤니케이션

(4) 매스 커뮤니케이션

첫째, '개인 커뮤니케이션'은 소규모 집단에서 대면적으로 상호 작용하는 체계다. 전통적인 방식으로 전화, 편지, 팩스, 전자우편, 직접 방문 등의 방법이 있다. 최근 소셜 미디어의 발달로 개인 커뮤니케이션의 방법과 영향력은 매우 커지고 있다.

둘째, '조직 커뮤니케이션'은 조직 내부 간에 체계적으로 상호 작용하는 체계다. 조직구조(organization structure)란 조직 내 직무의 공식적인 배열을 의미한다. 조직은 유사한 업무가 묶이기도 하고 전체 과업을 몇 가지로 나누는 과정을 통해 끊임없는 커뮤니케이션 과정을 겪는다.

셋째, '공중 커뮤니케이션'은 특정인이 목적을 갖고 대규모 대중 앞에서 상호 작용하는 체계다. 경기장의 장내 아나운서가 경기와 관련한 공지 사항을 전달하는 행위, 이벤트 행사를 할 때 참관객을 대상으로 경품 당첨자 발표 등의 경우처럼 각종 스포츠 관련 행사에서 이루어진다.

마지막으로 '매스 커뮤니케이션'은 어떤 매개를 통해 정보를 수용하는 대중과 상호 작용하는 체계다. 대인적 채널은 개인의 입에서 입으로 전달되는 유형이고, 미디어 채널은 매스 미디어(TV, 신문, 잡지 등)를 통해 전달되는 유형이다. 최근 정보통신기술(ICT)의 발달에 따른 소셜 미디어의 확산은 새로운 미디어를 통해 대중에게 전달되는 유형의 변화를 가져왔다.

여기서 잠깐

▣ 조직 내 커뮤니케이션 장애가 발생하는 원인과 대응방안

조직 내에서 커뮤니케이션 장애원인은 개인적 차원, 조직적 차원, 메시지 차원으로 구분할 수 있다. 첫째, 개인적 차원은 송신자와 수신자 간의 커뮤니케이션 기술의 차이로 인해 발생한다. 커뮤니케이션 기술 교육을 통해 피드백을 강화함으로써 개인적 차원의 장애원인을 방지할 수 있다. 둘째, 조직적 차원은 조직 내의 경직적인 분위기로 인해 발생한다. 조직구조를 개편, 비공식 채널을 육성, 참여문화를 확산하는 노력으로 조직적 차원의 장애원인을 방지할 수 있다. 마지막으로 메시지 차원은 커뮤니케이션의 내용이 너무 많거나 복잡할 때 발생한다. 메시지 양을 조정하고 적합한 경로 개발과 조정을 통해 메시지 차원의 장애원인을 방지할 수 있다.

❙ <표8-1> 커뮤니케이션 장애 발생원인 및 대응방안

개인적 차원	송신자(발신자)와 수신자 간의 커뮤니케이션 기술 차이에서 발생 • 대응: 커뮤니케이션 기술 교육을 통해 피드백 강화
조직적 차원	• 커뮤니케이션의 내용을 즉시 전달되지 않게 하는 관료적 조직문화에서 발생 • 위계적 질서에 의한 경직적인 조직 분위기에서 발생 • 지리적으로 떨어져 있는 구성원 사이에서 발생 - 대응: 조직구조 재편, 비공식 채널 육성, 참여문화 확산
메시지 차원	• 커뮤니케이션의 내용이 너무 많거나 복잡할 때 발생 • 정보를 전달하기 위해 필요한 시간이 제약을 받을 때 발생 - 대응: 메시지 양의 조정, 적합한 경로의 개발 또는 조정

2. 촉진목표

1) 판매 증진 촉진

판매를 증진시키기 위한 촉진대상은 소비자 중에서도 특히 잠재적 소비자다. 그들의 소비를 유도하기 위한 전략이 필요하다. 판매를 높이기 위해 목표를 설정했다는 것은 계량적으로 측정이 가능한 목표치를 갖는다는 것을 의미한다.

2) 커뮤니케이션 확대 촉진

스포츠 마케팅 구조(2부)에서 분류한 '스포츠를 통한 마케팅(marketing through sports)'의 주체인 기업은 촉진방법 중에서 최근 각광을 받고 있는 스폰서십을 통해 고객과 커뮤니케이션을 하고자 한다. 올림픽과 월드컵과 같은 대형스포츠 이벤트에서 공식 스폰서 자격을 획득하기 위한 글로벌 기업들 간의 경쟁은 매우 치열하다.

전 세계의 잠재적인 소비자들의 이목을 짧은 시간 내에 미디어의 노출 등을 통해 가장 효과적인 방법으로 기업과 상품 이미지를 전달할 수 있다고 판단하기 때문이다. 연중 시즌별로 운영되는 프로 스포츠 리그에서도 어김없이 기업의 참여가 두드러진다.

촉진 방법

대표적인 촉진(혹은 커뮤니케이션) 수단으로 광고, 홍보, 공중관계, 인적판매, 판매촉진 등이 있다. 스폰서십은 기업이 추진하는 공중관계(PR)의 한 부분으로 인식돼 전통적인 촉진방식으로 분류하진 않았지만 최근 기업에서 소비자와의 커뮤니케이션 극대화를 위한 매우 효과적인 방식이 되면서 주목받고 있다. 10부에서 스폰서십을 자세히 다룰 것이다.

1. 광고

1) 광고의 개념

광고(advertising)는 가장 흔한 유료 촉진방식이다. 광고 매체로는 인쇄매체(신문, 잡지), 방송매체(TV, 라디오), 인터넷 매체 등의 유형이 있다. 신문은 독자 수가 적지만 높은 신뢰성을 유지하고 신축성이 있다. 잡지는 광고게재에 소요되는 시간이 다소 길지만 지리적, 인구 통계적 선별성을 통해 장기적 광고환경을 조성할 수 있다.

TV는 비용이 비싸고 과다광고에 따른 혼잡성을 띄지만 주의도가 높고 도달범위가 광범위하다. 라디오는 청각에만 의존해 주의력이 TV에 비해서 떨어지지만 값이 싸고 대량으로 이용할 수 있다.

인터넷 매체는 선별성이 높고 상호 작용에 따른 부수적 효과가 매우 크다. 예를 들면 자신이 좋아하는 제품 광고를 수용하고 확장시킨다. 즉, 금액이 들지 않는 홍보효과를 볼 수 있다. 다만 스팸광고 문제, 인터넷 광고에 대한 부정적 인식을 해소하는 과제가 남아있다.

이 외에도 옥외광고는 청중을 선별할 수 없지만 비교적 비용과 경쟁이 낮다. 또한 반복적으로 메시지가 노출되기 때문에 도로변에서도 눈에 잘 띄는 공간을 선호한다.

최근 스포츠 중계와 TV 광고 중에 경기 내용과 무관하게 기업 광고를 전자자막으로 삽입하는 가상 광고가 성행하고 있다. 시청자만 볼 수 있는 형태의 광고로서 흥미를 유발할 수 있어 전통적인 TV 광고의 문제점을 보완하고 있다. 예를 들면 지핑(zipping), 재핑(zapping), 클리킹(clicking)에 따른 피해를 최소화한다고 보고 있다. 소비자는 광고가 나오면 무의식적으로 다른 채널로 바꾸거나 인위적으로 빨리 돌리는 행동을 할 수 있다.

용어 지핑, 재핑, 클리킹은 무엇인가?

- 지핑(zipping): 광고를 인위적으로 빨리 돌려 버리는 현상
- 재핑(zapping): 광고가 나갈 때 리모컨으로 다른 프로그램을 보거나 광고 빼고 녹화하는 현상
- 클리킹(clicking): 리모컨으로 채널을 이리저리 바꾸는 현상

방송법 제73조에 따르면 가상광고는 "방송프로그램에 컴퓨터 그래픽을 이용하여 만든 가상의 이미지를 삽입하는 형태의 광고"라고 명시됐다. 동법 시행령 제59조2에 의거해서 가상광고가 허용된 방송프로그램과 가상광고 방법에 대해 다음과 같이 규정하고 있다. 스포츠 분야에 관한 내용만을 살펴보면 다음과 같다.

1. 운동경기를 중계하는 방송프로그램
2. 스포츠 분야의 보도에 관한 방송프로그램
3. 가상광고의 시간은 다음 각 호의 기준에 따른다. 다만, 운동경기를 중계하는 방송프로그램의 가상광고의 경우 경기장에 설치되어 있는 광고판을 대체하는 방식이거나 우천으로 인한 운동경기 중단 등 불가피한 사유로 해당 방송프로그램 시간이 변경되는

경우에는 가상광고의 시간에 제한을 두지 아니한다.

① 지상파방송사업자 및 지상파방송채널사용사업자의 텔레비전방송채널의 경우: 해당 방송프로그램 시간의 100분의 5 이내

② 지상파이동멀티미디어방송사업자 · 종합유선방송사업자 · 위성방송사업자 및 방송채널사용사업자의 텔레비전방송채널의 경우: 해당 방송프로그램 시간의 100분의 7 이내

4. 가상광고의 방법은 다음 각 호의 기준에 따른다.

① 가상광고의 크기는 화면의 4분의 1을 초과하지 아니할 것. 다만, 이동멀티미디어방송의 경우에는 화면의 3분의 1을 초과할 수 없다.

② 방송프로그램에 가상광고가 포함되는 경우 해당 방송프로그램 시작 전에 가상광고가 포함되어 있음을 자막으로 표기하여 시청자가 명확하게 알 수 있도록 할 것

③ 운동경기를 중계하는 방송프로그램의 경우

가. 경기 장소, 관중석 등에 있는 선수, 심판 또는 관중 위에 가상광고를 하지 아니할 것. 다만, 개인의 얼굴을 식별하기 어렵고, 경기흐름 또는 시청자의 시청흐름에 방해되지 아니하는 경우에는 관중 위에 가상광고를 할 수 있다.

나. 방송사업자는 가상광고를 하려는 경우 해당 경기 주관단체 또는 중계방송권을 보유하고 있는 자 등 이해관계자와 사전에 협의할 것

5. 오락에 관한 방송프로그램 또는 스포츠 분야의 보도에 관한 방송프로그램의 경우

① 가상광고가 해당 방송프로그램의 내용이나 구성에 영향을 미치지 아니할 것

② 해당 방송프로그램에서 가상광고의 이미지 외에 음성 또는 음향 등의 방법으로 가상광고를 하는 상품 등을 언급하거나 구매 · 이용을 권유하지 아니할 것

③ 가상광고로 인하여 시청자의 시청흐름이 방해되지 아니하도록 할 것

| 그림 8-7 스포츠 가상광고

2) 광고의 특징

광고의 대표적인 특징을 살펴보면 다음과 같다. 첫째, 광고가 되는 제품은 공공적인 특성을 지닌 표준적, 합법적인 제품이다. 소비자는 광고가 되는 수준의 제품이라면 사회에 악영향을 미친다고 생각하지 않는다. 대표적으로 국가에서 합법적으로 운영되는 경마, 경륜, 경정사업은 사행산업(射倖產業)으로 인식돼 직접적인 광고를 할 수가 없다. 공공성을 강조한 기금조성과 지원사업을 부각시키는 기관광고를 통해 우회적으로 알리고 있다.

둘째, 동일한 메시지의 광고를 반복적으로 소비자에게 전달함에 따라 제품에 대해 구체적으로 알게 하고, 경쟁사 제품과 비교할 수 있다. 광고단가는 비싸지만 개인에게 전달되는 촉진비용을 감안하면 비교적 저렴하다. 즉, 지역적으로 넓게 분산된 소비자들에게 촉진이 가능하다.

반면 광고의 단점을 살펴보면 몇 가지가 있다. 첫째, 불특정 다수에게 전달되기 때문에 설득적이지 않다. 다시 말해 판매 사원처럼 개별적으로 설명하는 방식이 아니므로 모든 소비자가 구매를 결정할지 알 수 없는 일이다.

셋째, 광고는 소비자에게 일방적으로 전달하는 방식이므로 소비자가 관심이 없으면 아무런 효과가 없을 수 있다. 흥미를 끄는 광고를 연구해야 하는 이유다. 최근 전통적 마케팅 시장에서 급변하게 디지털 마케팅 시장으로 변모하는 상황에선 더욱 그렇다. 다시 말해 사람들은 예전처럼 기업의 자본과 강력한 마케팅 광고로 큰 영향을 받았지만, 지금은 소셜 미디어상의 자신이 신뢰하는 커뮤니티 구성원들의 의견을 더욱 신뢰하기도 한다.

2. 홍보와 공중관계

1) 홍보의 개념

홍보(publicity)는 광고, PR(공중관계)과 유사한 개념으로 혼용해서 쓰이기도

하지만 비용지불측면과 내용면에서 다르다. 광고는 매체를 갖고 있는 주체에 고가의 비용을 지불하는 개념이지만, 홍보는 기업이 아닌 대중매체 스스로 부담하는 개념으로 볼 수 있다. 즉, 홍보를 하고자 하는 주체가 전략적으로 인터넷 매체 등에 잘 유포하게 되면 돈을 들이지 않고 내용이 전파된다.

다시 말해 제한된 메시지를 매체가 주체가 되어 전달하는 방식으로 보도자료(news release), 기자회견(press release), 세미나 및 콘퍼런스 개최 등이 있다. 비용이 거의 들지 않거나 저렴하게 홍보를 할 수 있지만, 자칫 매체들의 협력이 유지가 안 되거나 부정적인 이미지가 발생할 수 있는 문제점을 사전에 차단하기 위한 노력을 해야 한다.

2) PR의 개념

공중관계(公衆關係, Public Relations)를 줄여서 PR이라고 한다. PR은 기업의 긍정적인 이미지를 개발·확산시키고, 부정적인 이미지를 비롯한 소문, 사건, 이야기 등을 희석시키고자 하는 것을 포함한다. 즉, 홍보는 대언론 관계로 국한해서 볼 수 있지만, PR은 조직의 총체적인 모든 활동을 통해 긍정적 이미지를 구축하는 개념이다. 대언론 관계 외에도 국회의원 입법 활동, 정부관료에 대한 합법적 설득 활동, 사내외 커뮤니티 활동 등 모두 포함한다. PR은 홍보와 거의 유사한 개념으로 많이 쓰이지만 보다 넓은 의미가 있다. 기업 내에선 홍보를 담당하는 부서가 PR의 역할을 추진하게 된다.

마케팅 PR을 할 수 있는 종류를 살펴보면 첫째, 간행물이 있다. 연간 보고서, 브로슈어, 사보, 잡지 등이 해당된다. 기업의 사업 PR, 정부의 정책 PR에서 특정 표적 집단을 대상으로 정기적 간행물을 발간한다.

| 그림 8-8 간행물

둘째, 특별행사를 개최 혹은 지원

한다. 기업 신상품 전시회, 기자회견, 기념회, 스포츠 경기 등을 시행하거나 지원하고 있다. 스포츠 경기의 지원이 곧 스폰서십 활동이다.

| 그림 8-9 전시회

| 그림 8-10 기자회견

셋째, 보도자료 배포를 한다. 다양한 형태의 기사, 시청각 자료 등을 매체 특성에 맞게 뉴스 기사화하여 제공하는 방식이다.

넷째, 제품홍보 발표행사를 한다. 몇 해 전 타계한 스티브 잡스가 애플의 신상품을 설명할 때 명연설장을 방불케 할 정도의 이슈를 남겼다. 제품홍보의 연설에 그치지 않고 기업의 미션과 비전을 전 세계인을 상대로 공감함으로써 기업 및 제품 PR을 극대화 한다.

다섯째, 사회공헌활동을 한다. 지역공동체의 관심사에 대한 지원과 기부와 같은 공공서비스 활동을 통해 이미지를 높이려는 노력을 한다.

마지막으로 기업을 상징하는 다양한 요인을 개발한다. 거리에서 옥외광고를 보거나 TV에서 시청하다가도 특정한 색상, 디자인, 건물 외벽, 회사 유니폼 등을 보면 즉각적 인식이 가능하게 하는 여러 요인을 확보하고 적용한다.

| 그림 8-11 제품홍보 발표행사

3) 홍보와 PR의 특징

홍보는 비교적 단기적 목표를 갖고 추진된다. 기업은 홍보 목적으로 배포가 된 기사를 통제할 수 없다. 부정적인 이미지가 만들어지거나 유포되지 않도록 해야 한다. 홍보는 기업에서 비용을 지불하여 제품이나 서비스에 대한 정보가 전달되는 개념이 아니기 때문에 상대적으로 신뢰성이 높다. 광고에 대한 상업성이란 인식보다 긍정적 이미지가 자연스럽게 전달되고 있다는 사실 등을 소비자는 인식하고 있다.

홍보에서 진일보한 개념의 PR도 광고보다 대중의 신뢰성 측면에선 높은 것으로 나타난다. 즉, PR은 광고보다 저렴하고 높은 신뢰성을 갖는 촉진수단이다. 총체적인 커뮤니케이션 수단을 모두 동원하는 만큼 효과가 매우 크다.

3. 인적판매

1) 인적판매의 개념

인적판매(personal selling)란 판매원이 표적 고객을 직접 대면해 설득적인 메시지나 정보를 전달하여 구매를 유도하는 방식이다. 인적판매 과정은 크게 준비단계, 설득단계, 고객관리단계로 구분할 수 있다.

| 그림 8-12 인적판매

첫째, 준비단계에선 고객을 예측하고, 사전 준비를 충실히 한다. 고객 예측(prospecting)은 잠재고객을 탐색하는 단계로서 관련업체 명부, 판매기록, 전화번호부 등을 통해 기초 자료를 찾게 된다. 판매원은 잠재고객의 경제적 능력, 구매의도 및 권한 등을 사전에 평가해야 한다. 또한 사전 준비(preparing)는 효과

적으로 제품을 소개하기 위해 잠재고객을 설득할만한 구체적 자료를 추가적으로 수집, 정리하는 과정이다.

둘째, 설득단계에선 접근, 제품소개, 의견조정, 구매권유를 한다. 접근(approaching)은 판매원이 제품소개를 위해 잠재고객을 만나는 과정이다. 제품소개(presenting)는 제품과 서비스의 장점, 경쟁사 제품과의 차별성, 애프터서비스(A/S) 등 구매 욕구를 자극할 수 있도록 설명하거나 시연하는 과정이다.

의견조정(handling questions & objections)은 잠재고객의 문제점 제기, 부정적인 태도형성에 대한 대응, 성실한 답변 등의 과정이다. 구매권유(closing)는 잠재고객에서 구매의도를 타진하는 단계다. 즉각적인 구매의도를 보일 수도 있고, 다소 망설일 수도 있다. 이때 상황파악, 대처방법, 대안제시 등을 통해 구매로 유도하게끔 한다.

셋째, 고객관리단계에선 사후관리(following up)가 있다. 소비자가 구매를 한 후 다시 구매를 유도하기 위한 환경을 설정해야 한다. 고객 만족도와 상표 충성도를 높이고, 주변인에게 추천을 할 수 있도록 고객을 관리하는 과정이다.

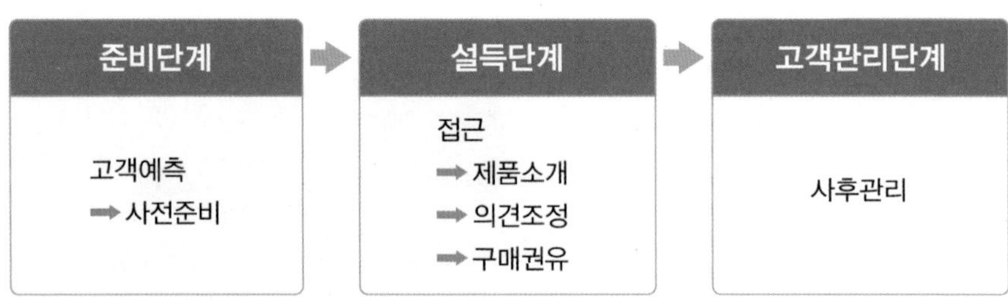

| 그림 8-13 인적판매과정

2) 인적판매의 특징

인적판매는 판매자와 고객이 직접 대면하는 양방향 커뮤니케이션이다. 다른 촉진수단에 비해 영향력이 클 수밖에 없다. 현장에서 설득하는 과정과 고객의 어려움을 해결하는 과정이 이루어지기 때문이다. 하지만 같은 제품이라 할지라도 판매원에 따라 다소 차이가 나는 정보를 전달될 수 있는 단점이 있다. 또한 소비자 1인당 촉진비용이 비싸다.

인적판매는 상대적 중요성에 대해 광고와 비교하면 다음과 같다. 인적판매가 광고에 비해 상대적으로 중요하게 될 때는 고객의 정보욕구와 구매량·구매액이 클 때 상대적으로 중요하다. 또한 구매 후에 서비스가 필요하거나 제품이 복잡하고 가격에 대한 협상이 필요할 때 중요하다. 반면 광고가 인적판매에 비해 상대적으로 중요하게 될 때는 고객의 수가 많아지거나 가격의 변화 폭이 작을 때 중요하다.

4. 판매촉진

1) 판매촉진의 개념

판매촉진(sales promotion)은 광고, 홍보, 인적판매에 포함되지 않은 다양한 촉진 활동이다. 즉, 단기적인 인센티브로 고객의 구매를 유도하는 활동이다. 기업이 제품과 서비스를 구매해야 하는 이유를 설명하기 위해 광고, 홍보, 인적판매를 한다면, 판매촉진은 즉시 구매해야 하는 이유를 제공한다.

판매촉진은 두 가지로 분류할 수 있다. 첫째, 소비자 판매촉진(consumer sales promotion)을 통해 가격할인, 무료쿠폰 등과 같이 고객의 즉각적인 구매행동을 유도한다. 하지만 빈번한 판매촉진은 부작용을 불러올 수도 있다. 소비자는 매번 가격할인의 이유로 구매를 하는 것이 아니라 궁극적으론 제품과 서비스 품질의 기준에 따라 구매행동에 나서는 것이다.

둘째, 유통업체 판매촉진(trade sales promotion)을 통해 특별 행사, 경품 등과 같이 유통업체의 적극적인 판매활동을 자극한다.

❙ <표8-2> 대상과 주체에 따른 판매촉진 분류

구분		종류
소비자 판매촉진	비가격 판매촉진	프리미엄, 견본품, 콘테스트, 시연회, 애호도 제고 프로그램 등
	가격 판매촉진	가격할인, 쿠폰, 리펀드 & 리베이트 등
유통 판매촉진	비가격 판매촉진	영업사원 인센티브 제도, 영업사원 판매원 교육, 콘테스트, 초대회, 사은품, 지정판매량에 대한 인센티브, 고객접점광고물, 팩세트, 응모권 내장, 박람회, 판매상 지원, 매장관리 프로그램 관리지원, 판매도우미 파견 등
	가격 판매촉진	진열수당, 시판매 및 특판대 수당, 구매량에 따른 할인, 가격의 할인, 재고금융지원, 협동광고, 유통업체 쿠폰, 촉진지원금, 리베이트 등

출처: 오세조 외(2017). 고객중심과 시너지 극대화를 위한 마케팅원론. 학현사, p.261~271(요약).

2) 판매촉진의 특징

판매촉진의 기본적인 목적은 매출을 높이기 위함이다. 반면 기업의 다른 촉진수단인 광고는 이미지, 선호도, 고객태도 등을 개선하고, 홍보는 기업과 고객과의 신뢰를 형성하기 위한 기본적인 목적이 있다. 또한 인적판매는 판매와 관계형성을 목적으로 한다.

판매촉진의 장점은 단기적으로 판매량에 직접적인 영향을 줄 수 있다. 동일한 가치를 지닌 제품이라도 쿠폰발행, 할인판매 등의 촉진수단에 따라 판매를 높일 수 있다. 이미 구매한 소비자에게 마일리지 적립, 샘플 제공 등을 통해 반복구매를 유도할 수 있다. 시대적 트렌드에 맞는 특별 판촉행사를 통해 잠재적인 고객의 관심을 유발시킬 수 있다.

반면, 판매촉진의 단점은 무모한 판매촉진 경쟁으로 인해 준거가격의 변화를 불러일으킬 수 있다. 경쟁사를 이기기 위해 예상을 뛰어넘는 쿠폰을 발행한다거나 더 큰 리베이트가 필요할 수 있다. 이런 과정을 반복하게 되면 스노우볼

(snowball effect)이 발생하고 상표 이미지를 손상시킬 우려도 작용한다.

> **용어** 스노우볼이란 무엇인가?
>
> 미국의 사업가로 투자귀재, 출신지인 오마하의 현인이라 일컫는 워런 버핏(Warren Buffett)이 사용한 용어로 알려져 있다. '눈덩이 효과'로서 작은 규모로 시작한 것이 가속도가 붙어 큰 효과를 불러온다는 의미를 담고 있다. 그는 성공적인 투자를 하기 위해선 일정 수준 이상의 수익률로 장기 투자를 해야 복리 효과가 있다고 언급했다. 이는 작은 원인으로 인해 악순환의 과정을 거쳐 큰 결과로 이어지는 현상을 말하기도 한다.
> 스노우볼은 원인(행위)이 선순환 또는 악순환의 과정을 거쳐 큰 결과로 이어지는 현상을 은유적으로 표현하는 말이다.

<표8-3> 촉진/커뮤니케이션 방법

구분	내용
광고	가장 많이 차지하는 유료 방식 • 장점: 짧은 시간, 다수 소비자에게 전달, 대중성, 소비자와의 커뮤니케이션강함, 1인당 소요비용 저렴 • 단점: 목표 소비자 대상의 광고가 어렵고, 일방적인 정보전달, 고비용
홍보	광고와 비슷하게 생각할 수 있으나 비용을 지불하지 않는다는 점이 다름 • 장점: 총 비용이 저렴하고 신뢰적임 • 단점: 매체들이 비협조적일 가능성, 매체의 관심을 유발하는 경쟁이 심화
공중관계	• 줄여서 PR이라고 함. 홍보와 거의 유사한 개념이지만, PR이 보다 넓은 의미가 있음. • 홍보는 대언론 관계, PR은 긍정적인 이미지를 구축하기 위한 조직의 총체적인 모든 활동
인적판매	판매원이 소비자를 직접 대면해 정보를 제공하고 구매를 유도하는 방식 (=대면판매, face to face) • 장점: 고객에게 주의가 집중, 고객과의 쌍방향 커뮤니케이션 가능, 복잡한 메시지의 정확한 전달, 신속한 반응을 유도하고 결정 • 단점: 고비용, 판매원 모집의 어려움, 판매원 간의 제시기술의 차이

구분	내용
판매촉진	광고, 홍보, 인적 판매에 포함되지 않은 다양한 촉진 활동으로, 짧은 기간 내에 소비자의 마음을 움직이기 위한 목적 • 제품 전시, 박람회 참가 등의 행사와 가격 할인, 무료 샘플, 쿠폰 제공, 경품, 리베이트 등의 소비자 판촉 수단
스폰서십	PR의 일부분. 스포츠 스폰서십은 전통적인 촉진방식에 속하진 않지만, 전 세계 스포츠 산업의 괄목할 만한 성장에 힘입어 현재는 매우 중요한 소비자와의 커뮤니케이션 방식(10부에서 자세히 다룸)

통합 마케팅

1. 통합적 마케팅 커뮤니케이션

1) IMC의 개념

테렌스 쉼프와 크레이그 앤드류(Terence A. Shimp & J. Craig Andrew, 2010)에 따르면 통합적 마케팅 커뮤니케이션(IMC, integrated marketing communication)이란 "브랜드의 표적고객과 잠재적 대상에게 시간에 걸쳐 전달되는 다양한 마케팅 커뮤니케이션 수단(광고, 판촉, PR, 이벤트 등)을 통해 기획, 창작, 통합 및 실행하는 과정"이라고 했다.

스포츠 마케팅을 수행하기 위해 조직의 담당 부서는 촉진(promotion) 활동을 하게 된다. 광범위한 촉진 활동으로 담당 부서 외에도 유사한 업무를 수행하면서 업무와 예산 중복 현상을 초래하는 부서가 존재한다. 또한 부서 내의 담당자마다 촉진 방법의 비중을 달리하면서 한정된 촉진 예산의 효율적인 집행에 걸림돌이 되기도 한다. 이렇듯 예산 집행에 대한 이견(異見)을 극복하고 효과적인 마케팅을 위해 통합적 마케팅 커뮤니케이션(IMC) 개념이 도입됐다.

즉, 포괄적이고 치밀한 계획으로 일관된 메시지를 전달하는 데 방점이 있다. 광고, 홍보와 PR, 대인판매, 판매촉진 등의 전략적 역할을 평가하면서 명확한 메시지를 흐트러지지 않게 제시하는 것이다. 하지만 현실은 1~2개의 커뮤니케이션 수단에 의존하는 데 그친다.

'스포츠의 마케팅(marketing of sports)' 혹은 '스포츠를 통한 마케팅(marketing through sports)'의 주체는 다양하게 전개될 촉진 방법을 제대로 인지해야 한다.

또한 촉진 방법마다의 효과를 정확히 인지하고, 그 비중을 상황에 따라 조정하며 촉진 활동의 시기를 총체적으로 관리해야 한다.

2. IMC 프로그램 작동기준

케빈 켈러(Kevin L. Keller, 2002)에 따르면 통합적 마케팅 커뮤니케이션(IMC) 프로그램의 여섯 가지 기준(도달범위, 기여수준, 공통성, 상호보완성, 융통성 혹은 다방면성, 비용)을 제시했다. 효과적이고 효율적인 IMC 프로그램이 가능하도록 하기 위해선 어떻게 통합되는지를 제대로 파악해야 한다.

1) 도달범위(coverage)
2) 기여수준(contribution)
3) 공통성(commonality)
4) 상호보완성(complementarity)
5) 융통성 혹은 다방면성(versatility)
6) 비용(cost)

첫째, '도달범위'는 커뮤니케이션 방법 간의 중복 여부, 표적시장의 도달 여부, 소비자들의 시장 조성 여부 등의 평가에 관한 기준이다. 둘째, '기여수준'은 커뮤니케이션이 소비자의 정보처리에 미치는 영향 여부, 인식 구축 여부, 이미지 향상 여부, 판매 유인 여부 등의 평가에 관한 기준이다. 셋째, '공통성'은 공통적인 연관성이 커뮤니케이션 선택방법에 의해 강화되는 여부, 서로 다른 커뮤니케이션 방법 간에 정보의미 공유 여부 등의 평가에 관한 기준이다. 넷째, '상호보완성'은 상이한 커뮤니케이션 방법 간에 무엇이 어느 정도 강조되는지 여부, 서로 간의 협력에 대한 효과 여부 등의 평가에 관한 기준이다. 다섯째, '융통성'은 커뮤니케이션이 서로 다른 소비자 집단으로의 전달 여부 등 평가에 관한 기준이다.

마지막으로 '비용'은 예산집행 중복 여부, 효과적이고 효율적인 집행 여부 등의 평가에 관한 기준이다.

이슈

① 소셜 미디어 커뮤니케이션은 앞으로 어떻게 발전할까?

2015년 기준 FC바르셀로나는 1억9000만 SNS 팔로어를 보유한 최다 팀이다. 레알마드리드는 9980만, 맨체스터 유나이티드 7090만, 첼시 4870만, 아스널 3900만으로 집계됐다. 아마 계속 증가할 것이다.

관람 스포츠 문화를 바꿀 만한 혁신적 기술은 이미 가동됐다. 대중적인 확산으로 무료이거나 저렴한 서비스가 나오게 되면 안방 혹은 개인까지 가깝게 다가올 것이다. 가상현실(Virtual Reality), 사물 인터넷, 360도 카메라 등에 따라 고객은 보고 싶은 것만 골라 볼 수 있다. 기업은 경기장 내 다양한 형태의 보드 광고, 경기를 생산하는 주체인 선수의 유니폼 광고와 같은 전통적인 광고방식에서 지능적인 가상광고 전략으로 선회할 것이다.

미국의 컴퓨터 과학자 조지프 리클라이더(Joseph Carl Robnett Licklider, 1915~1990)는 1968년 논문에 기계를 매개로 커뮤니케이션하면서 효율성을 높일 것으로 발표했다. 이미 현대의 모습을 예측했다. 1989년 영국의 과학기술자인 팀 버너스리(Tim Berners-Lee)는 월드와이드웹(World Wide Web) 기술 개발로 오늘날 전 세계를 하나로 묶었다. 1927년부터 이어져 온 '타임(Time)'의 올해의 인물(person of the year)에 1982년엔 '컴퓨터'가 선정됐고, 2006년엔

| 그림 8-14
조지프 리클라이더

| 그림 8-15
팀 버너스 리

| 그림 8-16
타임의 올해의 인물

'당신(you)'을 선정했다. 컴퓨터를 자유자재로 이용하고 새로운 콘텐츠를 창출하는 주인공이 바로 우리란 얘기다. 앞으로 컴퓨터 이용, 콘텐츠 창출뿐만 아니라 스스로를 진화하는 모습으로 오늘날 소셜 미디어를 뛰어넘는 연결성과 확장성을 가져다줄 '인공지능(AI)'이 주인공 될 날이 멀지 않았다.

② **보는 스포츠로서의 흥행이 된다면 모든 것을 바꿀 수 있을까?**

모든 사물과 기계, 산업이 연결되고 융합되는 '메가 컨버전스(mega convergence)' 시대다. 화학적인 개념의 융합이든, 물리적인 개념의 복합이든 모든 장르를 망라한다. '스포츠의 마케팅(marketing of sports)'의 주체와 '스포츠를 통한 마케팅(marketing through sports)' 간의 융·복합도 일어난다. 각각의 특성을 지닌 두 조직이 합쳐진다는 의미가 아니다. 상호 윈윈(win-win)하기 위해 이해관계에 따라 촉진과 커뮤니케이션 방식의 변화가 생길 수 있다.

몇 해 전 국제축구연맹(FIFA)은 미국 프로농구와 배구의 제도처럼 쿼터제를 적극 검토하겠다고 했다. 마르코 판 바스턴 FIFA 기술개발위원장은 쿼터제 도입, 교체선수 확대, 10분간 퇴장 제도, 오프사이드제 폐지 등 변혁적인 안을 발표했다. 특히 축구만의 전술에 필요하다고 그간 주장돼온 전·후반 각각 45분의 제도를 바꾼다는 사실이 이슈가 됐다.

이는 방송중계권과 스폰서십과 관련한 방송사, 기업의 요구사항이 관철된 측면도 있다. 미디어를 통해 노출이 많이 되고, 방송사 입장에선 많은 광고가 유치돼야 수익이 나는 구조이기 때문이다. FIFA도 전통적인 룰을 수정하면서라도 수익구조를 확장하고 싶을 것이다. 새로운 차원의 촉진과 커뮤니케이션의 논의를 위해 스포츠 단체의 규정과 기업의 요구사항이 과감히 섞일 수 있다는 얘기다.

오랜 기간 동안 정해진 범주에서 훈련을 하고, 기량을 향상시켰던 선수, 코치, 감독 등의 구성원으로부터 경청을 듣는 것은 요원해 보일지도 모른다. 흥행이 돼야 서로가 좋다는 입장으로 쉽게 정리될 수도 있을 것이다. 이처럼 전통적으로 흥행이 보장됐던 스포츠도 시대상황에 따라 얼마든지 변할 수 있고, 새로운 형태의 뉴스포츠가 탄생할 것이다. '보는 스포츠'로서 흥행이 된다면 제도의 융·복합은 그리 어려운 일이 아니다. ICT와 관련이 없어 마치 4차 산업혁명시대의 흐름과는 무관하게 보일지 모르나 종목 간의 규정과 제도의 융·복합이 이뤄짐에 따라 새로운 차원의 장르를 만드는 점에서 맥을 같이 한다고 볼 수 있다.

③ **스포츠 게이미피케이션은 어떻게 발전할까?**

재미와 체험을 제공한다면 무엇이든 융·복합이 가능하다. 흥행이 담보되기 때문이다. 스포츠와 IT기술과의 접목 가능성을 살펴보면 다음과 같다. 야구의 배트와 사물인터넷이 결합하면 배트의 센서가 스윙의 궤적, 속도, 기술, 힘을 측정할 수 있다. 이러한 스마트 배트를 통해 소비자는 선수의 정확도와 기술력이 커지면서 경기 서비스 품질이 높다고 느낄 수 있다. 마찬가지로 골프, 소프트볼, 테니스 등 도구를 들고 펼치는 종목에 유용하게 응용할 수 있다.

몇 해 전까지 기대를 모았던 언더아머 혁신을 살펴보면 자사의 모든 신발과 의류를 모든 디바이스, 모든 고객, 모든 채널, 커뮤니티와 연결(connect)을 하기 위한 개발에 착수했다. 그 이전에 인수한 맵마이피트니스(MapMyFitness) 등과 같은 피트니스 건강관리 애플리케이션을 보다 성공적으로 운영하기 위해 '커넥티드 피트니스(Connected Fitness)'라는 비전을 내세웠다. 이미 '수분 전달 직물(moisture-wicking)'기술과 스포츠웨어의 혁신적인 통합으로 성공을 이어가는 언더아머는 전방위적 맞춤 디지털 피트니스 서비스를 제공하려고 했던 것이다.

지금은 사임한 당시 케빈 플랭크 회장은 "언더아머의 의류 제품을 통해 호흡, 심박수 등을 체크할 수 있고, 고객별로 맞춤형 서비스를 제공"하겠다고 했다. 예를 들면 사람 체온에 맞게 온도를 조절하고 운동을 하면서 음악을 들을 수 있는 의류 제품을 상상해보면 될 것이다. 언더아머가 운영 중이었던 '언더아머 레코드(Under Armour Record)'는 모든 피트니스 애플리케이션과 고객 데이터의 통합판으로 1억6000만 명 이상의 사용자 정보를 보유하고 있었다. 이러한 기술 혁신과 빅데이터의 조합은 고객이 운동했던 경험치를 구매정보로 연결되게 한다. 일주일에 수회 배드민턴을 쳤다면 새로운 상품의 라켓에 대한 구매의사 가능성이 높다고 예측하고 관련 정보를 제공할 수 있게 됐다. 인간과 용품을 연결하는 맞춤형 개발혁신은 앞으로도 유효할 것이다.

2012년 구글을 통해 스마트 안경이 첫 선을 보였다. 시장에 출시됐을 무렵 웨어러블 시장의 성장속도와 개인정보 수집 등의 문제와 맞물려 다소 주춤한 상태다. 하지만 의료 기술과 접목해 전문의료 장비로 역할을 하고 있다. 앞으로 스마트 안경과 영상과의 결합을 통해 선수와 소비자 시각이 동일하다고 상상해보자. 1인칭 경기 관전이 가능해지는 것이다.

가상현실은 3D, 4D 영상을 통해 실제 체험하는 것처럼 느끼게 하는 기술을 통해 스포츠 중계의 혁신이 가능하다. 인공지능은 이세돌 구단과 바둑 대결을 펼쳤던 알파고와 같이 두뇌게임(바둑, 체스 등)에 적용됐던 기술이다. 앞으로 골프, 탁구, 배드민턴, 야구 등 훈련용 로봇팔도 인공지능이 활용될 수 있다. 컨설팅 회사 골드만삭스는 가상현실 생중계 시장이 2025년에 41억 달러(5조 3천억원) 규모까지 성장할 것으로 전망했다.

이와 같이 스포츠 용품회사의 혁신과 IT 회사의 혁신을 통해 우리 삶에 큰 변화를 불러일으키고 있다. 각자도생의 길이 아닌 스포츠 영역에 체험과 재미를 부여하고자 한다. 스포츠란 매개로 선수뿐만 아니라 스포츠를 참여, 관람하는 소비자에게도 동일한 서비스가 제시된다. 선수가 사용하는 제품과 서비스를 실시간으로 소비자가 이용할 수 있다. 전자는 효과적인 훈련과 기량향상의 목적으로 이루어진다면, 후자는 체험과 재미의 목적으로 이루어진다. 다시 말해 목적은 다르지만 동일한 제품과 서비스를 이용할 수 있는 환경이란 것이다.

2000년 초반 영국의 IT 컨설턴트 닉 펠링(Nick Pelling)에 의해 처음 소개된 것으로 알려진 게이미피케이션(gamification)은 게임(game)과 되기(-fication)의 신조어다. 우리말로 '재미화'란 뜻이다. 네덜란드 출신의 문화인류학자인 요한 하이징아(Johan Huizinga, 1872~1945)는 우리 인류가 놀이(play)를 의식적이고 자발적인 활동을 통해 즐거움을 추구했다고 하여 '호모 루덴스(Homo Ludens)란 이름을 붙였다. 오늘날 4차 산업혁명시대를 걸어가는 지금, 게임과 게임이 아닌 것의 경계를 넘나들며 새로운 즐거움을 찾기 위한 본능에 충실하고 있다.

④ 왜 유통업체가 프로구단에 관심을 가질까?

COVID-19로 침체됐던 한국 프로야구가 2021년에 새로운 기대를 안겨다 주었다. 유통회사가 야구단을 인수하면서 SSG 랜더스로 새롭게 출범했다. 더군다나 메이저리그에서 활약했던 세계적인 스타 추신수 선수도 영입하면서 이슈를 이어갔다. 선수의 일거수일투족이 보도되면서 자연스럽게 구단의 언론노출 빈도가 높아졌다.

왜 유통업체가 프로구단에 관심을 가졌을까? 스포츠 마케팅 4.0 시장은 온라인과 오프라인의 결합이 특성이다. 어느 것 하나 중요하지 않는 영역이란 없게 됐다. 통합적 시장에서 잠재적인 소비자에게 접근을 할 수 있는 다양한 장치를 효과적으로 구사한다. 즉, 온라인 유통과 오프라인 프로구단이 하나로 결합되면서 유통의 확장성을 갖게 된 것이다.

이러한 맥락에서 멀티채널이 가동될 수 있다. 다양한 플랫폼에서 브랜드와 사람들 간의 상호작용을 통해 모든 채널에 통일된 메시지를 전달할 수 있게 된 것이다. 예를 들어 소비자가 온라인을 통해 스포츠 신발을 구매하더라도 인근의 오프라인 매장에 가서 반품을 쉽게 하고, 다른 신발을 선택할 수 있다면 유통채널의 호감도는 올라갈 수밖에 없다. 또한 오프라인 매장의 재고현황을 온라인상으로 쉽게 확인할 수 있다면 구매하고 싶은 물품을 사지 못하고 돌아오는 일이 줄어들게 될 것이다. 이를 통해 유통채널에 대한 충성도가 높아질 것이다.

이미 옴니채널(omni channel)을 통해 고객중심으로 모든 채널이 통합되고 작동하고 있는 사례가 많아졌다. 이를 잘 추구하는 생산자와 유통자는 온·오프라인의 가격과 서비스를 동일하게 했다. 소비자에게 일관된 메시지를 전달해주면서 소비자를 붙잡는다. 소비자들은 기업에서 제공하는 서비스를 단일 서비스라고 인식한다. 소비자는 동일한 데이터베이스에 통합된 쇼핑 채널 이곳저곳을 자유로이 이동할 수 있다. 기업은 고객경험을 쌓게 하고 판매를 증대시키고 있다.

연고지를 바꾸지 않고 연장선상에 존속돼 있는 신생 프로구단의 전략은 기존 소비자의 움직임을 다양한 커뮤니케이션 채널을 통해 사전에 계획할 수 있는 것이다. 더불어 새로운 소비자를 유입시키는 창구 역할을 하게 되면서 온·오프라인 통합 시장에서 활동할 수 있게 한 것이다. 오프라인에서 생산된 야구경기란 상품을 구매한 소비자들은 온·오프라인을 가리지 않으며 필요한 생활용품을 쉽게 찾을 수 있게 됐다.

앞으로 4.0 시장에서 5.0 시장은 어떤 방식으로 진화하게 될까? 아마 소비자를 시장에 보다 개입시켜 그들의 느낌과 경험치를 보다 극대화하게 함으로써 선택의 폭은 넓어지되, 선택의 방법은 매우 간단하게 바뀌지 않을까. 원하는 것이라면 눈 감고도 구매할 수 있는 환경이 될 수도 있다.

| 그림 8-17 SSG 랜더스와 추신수 선수

과 제

1. 가장 최근의 인상적인 스포츠 가상광고 사례를 찾아보고, 어떤 이슈가 있는지 조사하시오.
2. 가장 최근의 인상적인 스포츠 조직 PR 활동사례를 찾아보고, 어떤 이슈가 있는지 조사하시오.
3. 통합적 마케팅 커뮤니케이션을 실천한 스포츠 조직 활동사례를 찾아보고, 어떤 이슈가 있는지 조사하시오.
4. 온라인과 오프라인의 통합을 통한 스포츠 마케팅 사례를 찾아보시오.

PART

09

스포츠 미디어와 방송 중계권

1 스포츠 산업공학으로의 변화를 이해하자

본 장은 '미디어'에 관한 부분이다. 1부에서 언급했듯이 스포츠 산업은 매우 복합적인 특징을 갖는다. 최근 4.0 시대를 맞아 산업 간의 융합과 복합 현상이 가속화되고 있다. 스포츠 분야도 예외일 수는 없다.

우리는 2018년 평창 동계올림픽을 성공적으로 치렀다. 예산의 한계를 극복한 우수한 사례로 평가받는 이유 중에 하나가 바로 분야별 조화로움을 통한 성과창출의 응집력을 보여주었기 때문이다. 일반적으로 1천억 원이 넘는 예산을 써서 소화해야 하는 개막식을 3분 1정도 수준으로 치렀다.

개막식과 폐막식에서 미디어 아트의 진수를 선보였다. 무대 연출가 출신인 송승환 감독은 '난타'라는 콘텐츠를 창안해 미국 뉴욕 브로드웨이에 진출시킨 장본인이다. 어떻게 하면 관객을 한순간의 시선도 놓치지 않게 할까를 고민했다. 바로 '미디어 아트'가 있었다. 전 세계인이 쳐다보는 큰 공간에 콘텐츠를 가득 메우기 위한 전략으로 출연진과 더불어 미디어 형상화를 채워 넣었다. 근대 스포츠의 '보는 스포츠'가 현대 스포츠의 '하는 스포츠'로 바꾸게 한 매개가 미디어다.

2021년 여름에 치러진 2020년 도쿄 올림픽의 개 · 폐막식은 어떠했는가. 과거의 가장 최근 대회인 2018년 평창 동계올림픽 개 · 폐막식을 보기 위해 유튜브를 통한 다시 보기가 유행하기도 했다. 도쿄 올림픽 행사가 2002년 한 · 일 월드컵 즈음에 시연이 됐다면 무난한 평가를 받을 수도 있다. 하지만 20년이 흐르고 난 후의 시장(market)은 온라인과 오프라인의 경계를 넘어서는 곳에 있다. 전 세계 소비자들은 최첨단 미디어 환경에 이미 익숙해 있다. 즉, 실제현실과 가상현실을 구분하기조차 어려울 만큼 시현되는 놀랄만한 기술력에 늘 접해 있다. 이해하기 힘들었던 행사의 철학과 가치를 차치하더라도 그 흔한 미디어 기술을 선보이지 못했던 것이다. 일본이 갖고 있던 풍성한 문화(재패니메이션, 첨단기술 등)를 전 세계인에게 손에 잡힐 것만 같은 흥분을 안겨다주지 못한 채, 과거 어느 시점에서 멈춰버린 이상한 연출을 지켜본 것이다. 토플러(A. Tofler)가 설파한 '변화의 속도'에서 일본사회의 기업/소비자와 정치/관료의 차이가 앞으로 좁혀질지 혹은 더 벌어질지 지켜볼 일이다.

미디어를 통해 대중의 심리를 자극했고, 다양한 문화를 소화했다. 2012년 런던 하계올림픽을 기억하는가? 가상의 인물인 영국의 아이콘 007(다이엘 크레이그 역)과 실존인물인 엘리자베스 여왕을 등장시켰다. 007이 여왕을 헬리콥터로 에스코트를 하며 개막식 경기장 상공에 날아들어 낙하산을 펼치고 007 주제가곡이 울려 퍼지며 하강하는 장면을 연출했다. 물론 직후 장내에선 대회 VVIP인 여왕의 등장을 알리며 다음 순서를 이어갔다.

이 개막식 연출가는 90년대 젊은이의 방황을 그린 '트레인스포팅'과 최초로 뛰어다는 좀비를 그린 '28일 후' 영화감독인 대니보일(Daniel Boyle, 1956~)이다. 우리식으로 표현하면 '괴물'을 연출한 봉준호(1969~) 감독이 올림픽 개막식을 총괄한 셈이다. 즉,

그의 장기인 영화식 연출과 편집을 통해 권위로 점철됐던 올림픽을 대중문화와 버무려 신선하게 제공했다.

스포츠는 '그들만의 리그'가 아닌 '전 세계인의 공통된 언어'로 만든 것은 바로 미디어다. 미디어의 발전은 광고시장을 더욱 풍성하게 만들었고, 방송중계권의 가치를 천정부지로 높였으며 선수들이 경기를 하는 시간과 규칙마저도 그들의 입김에 따라 변화를 부추기기도 했다.

SNS로 대표되는 현재의 미디어 환경을 통해 앞으로 어떻게 변할지 예의주시해야 한다. 시간, 공간의 경계를 허무는 지금의 미디어 환경은 지구 반대편에서 일어나는 스포츠 콘텐츠 자극을 있는 그대로 느끼게 할지도 모른다. 굳이 가지 않아도 관람스포츠를 즐길 수 있으며 감각마저도 실시간으로 자극받을 것이다.

현대적 스포츠 생산품인 스포츠 이벤트를 무대로 올리든, 여러 장르를 융합해 스토리를 만들어 연출을 하든, 혼자 관람 스포츠를 즐기든 그 어떤 상황에 대해 염두에 두어 미디어적 가치를 효과적으로 선보이는 주체는 기술적 역량을 갖는 엔지니어의 장르가 됐다. 고유의 가치를 훼손할 수 있다는 이유로 '그들만의 리그'에 머물고 있는 종목은 '제품'으로서 생명을 지속할 수 없다. 과감한 공학적 개념과의 융 · 복합을 통해 미디어 확장의 환경을 주도해야 한다.

| 그림 9-1 런던 하계올림픽

| 그림 9-2 평창 동계올림픽

2 스포츠 게임 플랫폼과 미디어의 결합을 이해하자

1부에서 언급한 것처럼 국내 스포츠 산업 특수분류 3.0에 의해 스포츠 시설업, 스포츠 용품업, 스포츠 서비스업으로 분류한다. 스포츠 서비스업은 스포츠 경기 서비스업, 스포츠 정보 서비스업, 교육기관, 기타 스포츠 서비스업이다. 미디어는 스포츠 정보 서비스업과 관련한 콘텐츠이고, 스포츠 게임은 기타 스포츠 서비스업에 속한 업종으로 분류하고 있다.

스포츠 산업의 특성은 공간 · 입지 중시형, 복합적, 시간 소비형, 오락형, 건강 · 감동 지향형이다. 우선 스포츠 게임과 미디어의 결합은 복합적인 특성을 갖는 스포츠 산업으로서 가치를 지녔다. 또한 오락적인 요소가 가미될 것이라는 것은 분명한 사실이다. 재미가 없으면 게임의 의미가 없기 때문이다. 더불어 사용자는 시간을 소비해야 한다.

다만, 전통적인 특성인 공간 · 입지 중시와 건강 · 감동 지향을 따져보면 새로운 방향의 이슈를 생각해볼 수 있다. 첫째, 공간과 입지를 중시한다는 개념은 오프라인 상의 의미다. 즉, 한라산 꼭대기에 멋진 경기장을 짓는다는 것은 그저 무모한 생각으로 끝낼 수밖에 없다. 접근성(법적, 공간적, 시간적), 기후, 환경 등 여러 가지를 고려해야 하기 때문이다.

게임 요소가 강한 스포츠 콘텐츠는 소셜 네트워크 서비스의 새로운 플랫폼으로서의 가능성이 크다. 기차 승강장이란 원론적 명칭답게 수많은 사람이 오고간다. 그 규모가 상상을 초월하는 스포츠 게임 플랫폼을 상상해보면 그 어떤 스포츠 산업 현장보다 공간과 입지를 중시한 개념이 성립될 수 있다. 공간의 무한적 특성과 그 어느 곳보다 접근성이 우수하기 때문이다.

둘째, 건강과 감동 지향이란 특성을 대입해보면 상대적으로 성격이 강한 감동은 무한하게 확장시킬 수 있다. 다만, 게임에 매몰돼 건강을 해치는 경우도 다반사이므로 인간의 놀이가 혹여 타락으로 빠질 수 있다는 프랑스 출신 문화인류학자인 로제 카유아(Roger Caillois, 1913~1978)의 의견에 귀를 기울일 필요도 있겠다.

어쨌든 미디어는 지금까지도 그랬지만 앞으로도 새로운 기술을 도입해 재편성이 이루어졌다. 이런 현상은 게임과 방송의 경계가 희박해지고, 다양한 정보를 주는 플랫폼으로서 그치는 것이 아니라 무한한 게임적 요소가 가미돼 극한의 재미를 부여할 것이다. 놀이는 인간의 본능이기 때문이다. 이를 통해 누군가는 새로운 스포츠 콘텐츠를 생산하고, 플랫폼을 통해 유통시키며, 소비하게 될 것이다.

3 쿨 미디어 스포츠와 핫 미디어 스포츠를 이해하자

스포츠 마케팅 시장이 형성되면서 현장에서 직접 선수들의 경기를 즐기는 관람 스포츠 소비자도 급증했다. '보는 스포츠'의 확대는 미디어를 통해 스포츠를 즐기면서 나타난 현상이다. 미디어는 스포츠 경기 외에 팬들의 성향까지 노출하기에 이르렀다. 유럽 축구 열기가 폭력사태로 번지는 뉴스가 심심치 않게 전달되는 것이다.

"세계적인 미디어 이론가인 마셜 맥클루언(Marshall McLuhan, 1911~1980)은 매체(media)를 두 가지로 분류했다. 핫 미디어(hot media)와 쿨 미디어(cool media)이다. 핫 미디어는 한 가지 감각에만 의존하는 매체로서 신문, 잡지, 라디오 등이 있다. 이 매체는 미디어 자체가 정밀하지 못하므로 수용자가 신경을 많이 써야 전하는 정보의 의미를 이해할 수 있다. 즉, 고정밀성(high definition)을 지녔다. 그러다보니 수용자는 상대적으로 낮은 감각에 몰입하게 돼 저참여성(low participation)을 갖는다. 반면 쿨 미디어는 여러 감각의 활용을 이끌어내는 매체로서 전화, TV, 영화, 비디오, 만화 등이 있다. 미디어 자체가 정밀하므로 수용자는 별로 신경을 쓰지 않더라도 전하는 정보의 의미를 이해할 수 있다. 저정밀성(low defintion), 고참여성(high participation)을 지닌다. 스포츠 종목에 빗대어 생각해보자. 야구는 전형적인 핫 미디어 스포츠이다. 규정이 어렵고 정적이다. 사격, 테니스 등 개인 스포츠, 기록 스포츠에서도 나타나는 특성이다. 반면, 축구는 쿨 미디어 스포츠이다. 누구나 다 골대 안에 공이 들어가는 것이 중요하다는 단순한 사실을 안다. 또 좀처럼 앉아 있지 못하고 서서 보게 된다. 대단히 동적인 스포츠이다. 농구, 핸드볼 등과 같은 팀 스포츠, 득점이 많이 나는 스포츠 등에서도 나타난다. 그래서 유럽에서 골치가 아픈 훌리건(hooligan) 난동이 축구에서 유독 발생하는 것이다. 규정은 단순하고 경기에는 깊숙이 개입해 있기 때문이다(문개성, 2019a, p.45, 46)."

CHAPTER 01

미디어의 이해

1. 미디어의 개념

1) 미디어 산업의 특성

미디어 산업은 1990년 이후 급격하게 글로벌화됐다. 안방 케이블 TV에도 자리 잡아 어린이들에게도 친숙한 월트디즈니(Walt Disney)는 복합기업이라 불리는 콘글로머리트(conglomerate)로서 초대형 기업이 미디어 산업을 주도하고 있다. 1954년에 창간돼 전 세계의 스포츠 기사를 양산하는 주간지인 '스포츠 일러스트레이티드(Sports Illustrated)'도 미디어 콘글로머리트인 타임워너(Time Warner, 1923년에 워너브라더스로 설립)의 소속 채널이다. 2018년 타임워너는 AT&T에 인수되면서 워너미디어(WarnerMedia)로 사명이 변경됐다. 2019년 워너미디어가 조직 개편이 추진되면서 카툰 네트워크, 부메랑 등이 워너브라더스 부문에 속하게 됐고, HBO, 시네맥스, TBS 등은 워너미디어 엔터테인먼트 부분으로 들어가게 됐으며, CNN, HLN, AT&T SportsNet은 워너미디어 뉴스 & 스포츠 부문으로 포함됐다. 2021년에는 디스커버리 채널과 지분 일부의 매각과 합병을 통해 새로운 거대 미디어 기업으로 도약했다.

이들 미디어 그룹은 산하에 TV, 라디오, 영화, 출판, 인터넷 등의 다양한 분야 기업을 소유한다. 각 분야에서 생산된 콘텐츠는 미디어를 통해 전 세계 어디든지 전달될 수 있는 구조를 갖고 있다. 미디어 산업 발전의 견인차 역할을 했다는 긍정적 평가와 함께 획일적인 문화제국주의를 조장한다는 비판을 받기도 한다.

| 그림 9-3 콘글로머리트

콘텐츠 중심의 미디어 산업은 창작 재능 중심의 개념을 교환하는 시장이다. 마치 책과 음악의 저작료처럼 만질 수 있는 실체와 달리 확장된 서비스와 같다. 또한 영화와 TV 시리즈물처럼 직접 경험하기 전까지는 그 품질에 대해 알 수 없는 경험재(experiential goods)의 특징을 갖는다. 뉴스 생방송처럼 콘텐츠 중심으로 생산되자마다 곧 소멸되는 특성이 있다.

스포스 서비스와 브랜드(4부)에서 언급한 스포츠 서비스의 특징은 네 가지로 분류할 수 있다. 무형성, 비분리성, 이질성, 소멸성이다. 예를 들어 스포츠 경기는 손으로 직접 만질 수 없다. 경기가 시작(생산)되자마자 소비되며 소멸되고, 분리를 할 수가 없다. 사람마다 서비스의 수준을 느끼는 차이가 있다. 이와 같이 미디어 산업을 주도하는 복합기업들은 스포츠 콘텐츠 상품을 생산하고, 전 세계의 잠재적인 소비자를 대상으로 미디어를 통해 유통시킨다.

2) 미디어의 종류

1954년 세계적인 미디어 학자인 마셜 맥클루언(Marshall McLuhan, 1911~1980)은 '미디어'란 용어를 처음 사용했다. 말 그대로 매체(media)를 뜻한다. 우리가 흔히 언급하는 '매스 미디어'는 1960년대에 개념이 정립된 전통 미디어를 말한다. 즉 신문, 잡지, 출판과 같은 인쇄 매체, 라디오 및 TV 방송이 해당된다. '뉴미디어'란 용어는 인터넷의 발달로 등장해서 사용했다. 반면 소셜네트워크서비스(SNS, social network service)의 발달과 가속화되는 영상 혁명에 의해 현재는 잘 사용하지 않고 있다. 새롭다고 하는 것(new)이 기술발달 속도에 따라 더 이상 새롭지 않기 때문이다.

미디어는 세 가지로 분류하고 각각 특성을 설명하면 다음과 같다. 첫째, '인쇄매체'가 있다. 신문과 잡지가 대표적이다. 인쇄매체는 최근 인터넷 환경에 따라 정보가 즉시 사라지는 특성에 비해 오랜 기간 정보를 남겨 놓을 수 있다. 제작 기간이 비교적 짧아 특정 주제에 대해 기사화할 수 있다.

둘째, '방송매체'가 있다. 라디오와 TV가 대표적이다. 라디오는 TV에 비해 제작비용이 저렴하고 청취자별로 세분화할 수 있다. TV는 제작비용이 비싸지만 개인에게 도달하는 비용이 비교적 저렴하고 도달범위가 매우 넓다. 반면 불특정 다수의 시청자를 대상으로 하므로 세분화하기가 어렵다.

셋째, '인터넷매체'가 있다. 집안에서 개인용 컴퓨터에 의해 가능했던 인터넷 환경이 이젠 걸어 다니면서 손안에서 이뤄지고 있다. 최첨단 기술 도입으로 쌍방향 의사소통이 실시간으로 이뤄짐에 따라 기업의 투명성과 진정성이 강조하게 됐다. 또한 왜곡된 가짜뉴스의 위험성은 더욱 커지게 됐고, 검증 시스템의 효과적 대처방법을 고민하게 됐다. 직접 현장에 가지 않더라도 현장에서 발생하는 사안에 대해 과거에 비해 꽤 정확하게 파악하는 환경이 됐다.

| 그림 9-4 인쇄매체

| 그림 9-5 영상매체

| 그림 9-6 인터넷매체

여기서 잠깐

▣ 미디어의 특성

① 공공성: 미디어 대상은 한정된 것 아니라 모든 사람들에게 공개되어 있음
② 역동성: 미디어 정보의 지식 전달은 빠름
③ 일시성: 미디어 전달내용은 대부분 일시적 목적을 위해 사용됨
④ 동질성: 미디어는 불특정 다수인 대중을 대상으로 하므로 내용이 동질적임
⑤ 대량성: 정보와 지식을 동시에 많은 사람들에게 전달됨
⑥ 익명성: 전달자는 메시지를 수용하는 사람에 대해 구체적으로 알 수 없음
⑦ 일방성: 수용자들과의 상호작용이 없으므로 전달자 중심의 일반적인 과정을 통해 전달됨

▣ 소셜 미디어의 종류 및 특성

❙ <표9-1> 소셜 미디어의 종류 및 특성

구분		블로그	위키	UCC	미니블로그(마이크로블로그)
개요		개인적으로 게시판을 운영할 수 있게 되는 서비스 환경을 통해 공유[메타(구 페이스북), 인스타그램, 네이버블로그 등]	불특정 다수가 협업을 통해 직접 내용과 구조를 수정할 수 있는 웹사이트(위키피디어)	사용자 제작 콘텐츠(User-Created Content)로서 일반인이 만든 동영상, 글, 사진 등의 제작물	140글자 이내의 짧은 문장을 통해 공유(트위터, 웨이보 등)
사용 목적		정보 공유	• 정보 공유 • 협업에 의한 지식 창조	엔터테인먼트	• 관계 형성 • 정보 공유
대상		1 : N	N : N	1 : N	• 1 : 1 • 1 : N
사용환경	채널 다양성	인터넷 의존적	인터넷 의존적	인터넷 의존적	• 인터넷 의존적 • 이동통신 환경
	즉시성	• 사후 기록 • 인터넷 연결 시에만 정보 공유	• 사후 기록 • 인터넷 연결 시 창작/공유	• 사후 제작 • 인터넷 연결 시 콘텐츠 공유	• 실시간 기록 • 이동통신/인터넷 연결 시 공유
콘텐츠	주요 콘텐츠	• 특정 주체에 대한 주관적 논평 • 신변 잡기 정보	• 협업에 의해 창조된 지식 • 지속적/역동적 업데이트	특정 주체에 대한 동영상	현재상태, 개인의 감정(문자 수 제한)
	신뢰성	• 주관적 해석/비판 • 악의적 왜곡 가능성 낮음(블로거 평판 훼손 우려)	• 주관적 해석/비판 • 왜곡 가능성 낮음(IP 주소 추적 낮음)	주관적 해석/창의성에 의한 원래 콘텐츠의 희화화 등 왜곡 가능성 존재	정보 왜곡 위험성 존재(콘텐츠 생성 주체의 익명성)

출처: 한국산업인력공단(2016). 국가직무능력표준 NCS. 스포츠 마케팅-스포츠이벤트-스포츠이벤트 경기운영지원, p.189(내용추가).

2. 스포츠 방송

1) 스포츠 방송의 유래

스포츠 미디어란 개념은 언제 처음 등장했을까? 기록에 따르면 1733년 미국의 '보스턴 가제트(Boston Gazette)'라고 하는 인쇄 매체에 최초의 스포츠 기사가 실리면서 시작됐다. 오늘날까지 미국에서 스포츠 뉴스를 전하는 피츠버그의 KDKA-TV의 전신인 KDKA 상업라디오 방송사에서 1921년 대중을 위한 최초의 복싱경기를 방송했다.

최초의 스포츠 경기의 TV 중계는 1939년 미국 방송사인 NBC가 프린스턴대학교와 콜롬비아대학교 간의 야구경기를 중계하면서 시작됐다. 같은 해 미국 메이저리그 야구 경기를 방송하면서 오늘날 대표적인 스포츠 방송 프로그램이 됐다.

최초의 유료 시청 경기는 1975년 필리핀 케손시에서 개최된 알리(Ali)와 조 프레이저(Joe Frazier)의 권투경기였다. 일명 'Thrilla in Manilla'라 불린 경기로 276개의 폐쇄회로가 있는 장소에서 방송됐다. 이러한 스포츠 경기의 인기는 1979년 처음 등장한 스포츠 전문 채널인 ESPN을 통해 광고주들에게 보증할 수 있는 목표 시장을 선보이게 됐다.

THE Boston GAZETTE, OR COUNTRY JOURNAL

NUMB. 50.

Containing the freshest Advices Foreign and Domestic.

MONDAY, MARCH 15, 1756.

| 그림 9-7 보스턴 가제트

| 그림 9-8 KDKA

여기서 잠깐

▣ 다양한 중계방식

ESPN은 다양한 소비자층을 겨냥하기 위해 다채롭고 차별화된 중계방식을 도입했다. 일례로 여섯 가지 방식으로 경기를 유통시켰다. 이를 통해 소비자 욕구의 다양성을 충족시킬 수 있는 플랫폼을 구축할 수 있었다. 현재 유튜브 등을 통해 다양한 관객의 시점에 따라 선수들의 경기와 골 넣는 장면, 관중이 환호하는 장면 등을 생생하게 보여주고 있다. 이는 개인 스마트폰에 의해 찍힌 영상으로 스포츠 전문 채널도 이와 같이 다채로운 시각의 현장감을 어떻게 품질 높게 전달할 수 있을지를 고민하고 있다.

❙ <표9-2> ESPN의 경기유통 방식

구분	내용
ESPN	정규 풋볼 경기 중계
ESPN 2	타이틀 토크, 분석가 및 코치 출연
ESPN News	기존과는 다른 카메라 앵글로 심도 있는 실황 중계
ESPN Goal Line	생중계와 리플레이를 갖춘 분할 스크린과 실시간 통계
ESPN Classic	시청자가 현장음을 들을 수 있도록 실황 중계음을 제거할 수 있는 시청자 오디오 통제 시스템
ESPN 3	각 팀의 라디오 중계 및 실시간 팬 반응을 포함한 온라인 서비스

출처: Kaser, K. & Oelkers, D. B. (2015). *Sports and Entertainment Marketing* (4th ed.). 오세이, 전태준 옮김(2016). 스포츠 엔터테인먼트 마케팅. 카오스북, p.18, 19.

2) 올림픽 방송의 발전

1928년 암스테르담 올림픽 때 라디오 중계가 있었다. 1936년 베를린 올림픽이라고 하면 우리나라 손기정 선수가 일장기를 달고 우승했던 기억을 떠올린다. 히틀러가 나치즘과 게르만 민족의 우월성을 알리고자 했던 바로 그 대회다. 스포츠를 정치에 이용한 전형적인 사례가 됐다. 이 대회 때 TV의 야외 실험방송을 최초로 했다. 독일의 텔레푼켄(Telefunken)과 페른제헨(Fernsehen)이라는 TV 수

상기 제조 회사에 의해 138시간 분량으로 제작됐다. 이를 통해 16만 2천여 명의 군중이 경기장이 아닌 외부의 장소에서 경기를 시청한 것이다. 더불어 라디오 콘텐츠는 2,500세트의 라디오를 통해 28개 언어로 송출됐다.

1948년 런던 올림픽 때 한 경기장에 3~4대의 카메라를 설치해 촬영하고 제작했다. 우리나라는 이 대회 때 처음으로 역도 김성집 선수와 복싱 한수안 선수가 동메달을 땄다. 코리아(KOREA)란 국명으로 최초로 획득한 올림픽 현장을 중계한 장본인은 우리나라가 최초로 파견했던 라디오 방송단이었다.

1960년 로마 올림픽 때부터 방송사에 유료로 판매하기 시작했다. 이를 뒷받침했던 것은 올림픽 헌장에 '방송권(Broadcasting Rights)'을 명문화했기 때문이다. 이 대회 경기를 비디오테이프로 촬영하고 편집을 한 후, 파리로 보내고 다시 다른 테이프에 녹화해서 북미로 전달해 방영을 했다.

1964년에 개최된 도쿄 올림픽에선 인공위성을 이용한 TV 중계가 이뤄지면서 진일보한 기술발전이 있었다. 이로 인해 스포츠 중계권료가 급등했다. 보다 나은 영상을 만들기 위한 새로운 제작기법의 도입과 방송기술이 발전하는 계기가 된 것이다.

1968년 멕시코 올림픽 때 IOC 방송위원회가 설립·운영됐다. 이 대회 때 '국제신호'라는 표현이 처음으로 등장했다. 즉, 여러 나라가 협력해 콘텐츠를 제작할 때 자기 나라 선수를 중심으로 영상을 구성하는 것을 방지하기 위한 개념이다.

이러한 방송의 위력에도 불구하고 개최국이나 IOC에도 재정적으로 자유롭지 못했다. 우선 올림픽의 대형화 추세에 따라 개최국의 부담이 증가하게 됐다. 또한 마케팅에 대한 개념이 확고히 자리 잡히지 않은 상황에서 IOC의 운영적 측면에서 재정부담까지 발생했던 것이다. 이를 타계하기 위해 민간 기업의 스폰서십을 체계적으로 도입하는 것을 추진했다. 이 과정을 통해 1985년 TOP 프로그램을 개발하게 됐다.

1988년 서울 올림픽 때 TOP 프로그램이 처음으로 시행하게 되면서 방송중계권을 포함한 스폰서십 환경이 마련됐고, 160개국에 경기가 중계됐다. 1992년 바르셀로나 올림픽에선 193개국으로 확대 중계됐고, 주관방송사 중계시간이

2,700시간을 돌파하는 기록을 세웠다.

1996년 애틀랜타 올림픽은 스포츠 경기가 214개국에 중계되면서 최초로 200개국을 넘어섰다. 또한 중계시간도 3천 시간을 기록했다. 2004년 아테네 올림픽에선 일부 지역의 국가에 최초로 인터넷으로 중계하는 시도를 했고, 2008년 북경 올림픽에선 TV방송과 인터넷, 모바일이 분리 중계하게 됐다.

2018년 평창 동계올림픽은 주관방송사인 NBC가 15개의 모든 종목경기 및 선수 인터뷰, 특집 등을 포함해서 총 2,400시간의 중계를 했다. 주관방송사(HB, Host Broadcaster)는 세계 방송사를 대표해 올림픽 콘텐츠를 제작 공급한다. 동계올림픽임에도 불구하고, 인터넷 생방송이 늘어나 2014년 소치 동계올림픽(1,600시간)과 2010년 밴쿠버 올림픽(835시간) 중계 시간을 합한 것과 비슷한 규모다.

평창에 설치된 올림픽 국제방송센터(IBC)는 서울월드컵경기장 축구장 면적의 5배를 넘는 5만1,024m^{2}로 NBC는 2,400명을 동원했다. IBC 상주인력 7,000명의 29%에 해당되는 규모로 주관방송사의 위상을 보여준다. 웬만한 국가의 국영방송사 수준으로 운영될 만큼 올림픽 중계의 규모는 나날이 커지고 있다. 이는 중계권료의 상승과도 무관하지 않다. NBC는 2018년 평창 동계올림픽 기간에 IOC에 9억 6,300만 달러(약 1조 1,300억 원)의 중계료를 지급했다. 이를 바탕으로 기업광고 유치, 지역 방송사의 중계권 재판매 등 NBC의 수입은 11억 달러 이상으로 추산되고 있다.

올림픽의 중계권 이슈는 항상 첨예하다. 우선 국제올림픽위원회(IOC)에만 막대한 수익을 가져다주는 수단이란 인식이 있다. 그렇기 때문에 세계적인 이벤트는 전 세계 시민을 위해 무료로 배포해야 한다는 공공재란 인식으로 구분된다. 물론 후자는 NBC, BBC, CBS, Eurovision 등 전 세계의 주요 매체들로부터 주장하는 사안이다. 1956년 호주 멜버른 올림픽에서 TV 방송이 전 세계에 중계되는 것에 대한 가치를 인식하는 계기가 됐다. 즉, 올림픽 준비위원들은 TV 중계권 혹은 촬영권을 무료로 배분하는 것에 반대함으로써 오늘날 날로 급증하는 중계권 시장을 형성하게 됐다.

<표9-3> 올림픽의 방송 변천사

올림픽 개최지	연도	내용
파리	1924	최초로 광고 허용
암스테르담	1928	• 라디오 중계 시작 • 코카콜라가 공식 스폰서로 참여 시작
베를린	1936	최초로 TV 야외 실험방송
런던	1948	한 경기장에 3~4대의 카메라 설치
로마	1960	최초 TV방송중계권 판매
도쿄	1964	인공위성을 통한 TV 중계방송
멕시코시티	1968	• IOC 방송위원회 설치 • 컬러 콘텐츠 제작
뮌헨	1972	• 국제 TV방송 시스템 도입
몬트리올	1976	• 대회 엠블럼 제작 사용

3) 월드컵 방송의 발전

"공 하나만으로 흥행을 주도하는 월드컵(World Cup)은 1904년에 설립된 국제축구연맹(FIFA, Fédération Internationale de Football Association)에서 주관하고 있다. 당시 FIFA 회장이었던 쥘 리메(Jules Rimet, 1873~1956)는 축구경기를 1932년 미국 LA에서 개최될 하계올림픽에서 정식 종목으로 채택하기 위한 노력을 했으나 무산됐다. 우선 미국에서 미식축구에 밀려 인기가 없었고, FIFA와 IOC 간에 아마추어 선수의 지위에 관한 의견이 일치하지 않았다. 이에 1930년에 남미의 우루과이에서 첫 월드컵이 개최됐지만, 유럽팀들에게는 대서양 횡단이라는 악조건으로 난색을 표하기도 했다. 모든 체류비와 이동비용을 주최국에서 제공한다는 조건으로 총 13개 팀(유럽 4, 북중미 2, 남미 7)이 어렵게 참여하면서 월드컵의 역사가 시작됐다. 우승팀에게 부여되는 황금 트로피인 현재의 FIFA컵(FIFA Cup)은 1974년부터 사용됐고, 첫 대회부터 1970년까지는 질 리메 컵으로 불렸다(문개성, 2020a, p.182, 183)."

개최 자체가 어려웠던 월드컵 축구는 방송 측면에서는 첫 대회 때부터 미디어를 활용했다. 즉, 1930년 우루과이 대회 때 자국 내 중계 방식으로 라디오를 통해 실황 방송을 이어갔다. 1934년 제2회 이탈리아 대회 때는 9개국이 중계팀을 파견해 라디오를 통해 자국에 중계했다. 또한 영상중계도 시작했는데 경기 실황을 영사기로 촬영해 이틀 뒤에 영화처럼 상영했다.

1954년 스위스 월드컵 때 유로비전을 통해 유럽 전 지역에 방송을 했다. 이 대회 때부터 방송 콘텐츠를 제작해 방송했던 것이다. 1958년 스웨덴 대회 때 TV와 월드컵의 관계가 본격적으로 발전을 하게 됐다. 1962년 제7회 칠레대회 때 녹화 필름을 유럽으로 공수해 방송했다. 1966년 제8회 영국대회 때 슬로모션 리플레이(replay) 장비를 최초로 도입했다. 이는 경기의 주요 장면을 다시 볼 수 있게 되면서 유럽 시청자들에게 큰 반향을 일으켰다.

1970년 제9회 멕시코 대회 때부터 컬러신호에 의한 위성 생방송이 실현됐다. 본격적인 월드컵 붐을 일으킨 계기였다. 2년 전 멕시코시티 올림픽 때부터 실시된 컬러 콘텐츠를 이어간 것이다. 1994년 미국 월드컵 때부터 슈퍼 슬로모션과 이동형 카메라의 흔들림을 방지할 수 있는 스테디캠(steadicam)이 도입됐다. FIFA는 1990, 1994, 1998년의 3개 대회를 패키지 형태로 묶어 일괄로 판매하기도 했다. 2002년 한일 월드컵 때부터 콘텐츠 제작의 환경이 근본적으로 바뀌었다.

3. 보편적 접근권의 이해

1) 보편적 접근권의 개념

'보편적 접근권'이란 1934년 미국 통신법에 따라 '적절한 비용으로 기본적 통신서비스를 모든 미국 국민들에게 널리 이용할 수 있도록 하는 것'으로 정의하고 있다. 정보권을 새로운 인권과 복지의 개념으로 확립해야 한다는 것이다. 즉, 지급능력과 관계없이 누구나 정보에 자유롭게 접근, 새로운 정보를 생산, 유통할 수 있는 권리를 뜻한다. 일부 방송사의 인기 스포츠 경기중계 고액독점으로

인한 유료방송은 일반 시청자들의 비용 소요 및 무료시청 권리라는 측면에서 갈등의 소지가 있다.

1990년대 영국에선 스포츠 방송의 공익성과 다수가 볼 수 있는 권리를 침해받지 못하도록 유료방송사에 대한 규제가 있었다. 이를 원용하여 국내에서도 대형스포츠이벤트와 같이 국민적 관심이 큰 스포츠 경기를 지상파 채널에서 방송권을 확보함으로써 많은 시청자에게 보편적 서비스를 제공해야 한다는 목소리가 높아졌다.

2) 방송법과 보편적 시청권

국내 방송국 환경의 변화를 살펴보면 민영방송(1991년 개시), 케이블 TV(1995년 개국), 위성방송(2001년 개시), DMB(2009년 개시), 종합편성케이블 TV(2011년 개국), 지상파 디지털 방송(2013년 전면 실시)을 비롯해 스마트 TV의 실용화로 인해 발전하고 있다. 국내에서도 2007년에 개정된 방송법에 처음으로 도입됐다. 방송법 제76조에 따라 방송프로그램의 공급 및 보편적 시청권이 명시돼 있다. 주요내용을 살펴보면 다음과 같다.

> 1. 방송사업자는 다른 방송사업자에게 방송 프로그램을 공급할 때에는 공정하고 합리적인 시장가격으로 차별 없이 제공해야 한다.
> 2. 보편적 시청권 보장위원회의 심의를 거쳐 국민적 관심이 큰 체육경기대회 및 그 밖의 주요행사(이하 "국민관심행사 등")를 고시해야 한다.
> 3. 국민관심행사 등에 대한 중계방송권자 또는 그 대리인은 일반국민이 이를 시청할 수 있도록 중계방송권을 다른 방송사업자에게도 공정하고 합리적인 가격으로 차별 없이 제공해야 한다.

또한 일반국민의 보편적 시청권을 보장하기 위하여 아래와 같은 행위금지 조항(제76조3)을 명시했다.

1. 중계방송권자등으로서 국민 전체가구 중 대통령령으로 정하는 비율 이상의 가구가 국민 관심행사 등을 시청할 수 있는 방송수단(이하 "보편적 방송수단")을 확보하지 아니하는 행위
2. 중계방송권을 확보하였음에도 불구하고 정당한 사유 없이 국민관심행사 등을 보편적 방송수단을 통하여 실시간으로 방송하지 아니하는 행위
3. 정당한 사유 없이 중계방송권의 판매 또는 구매를 거부하거나 지연시키는 행위
4. 정당한 사유 없이 국민관심행사 등에 대한 뉴스보도나 해설 등을 위한 자료화면을 방송사업자와 인터넷 멀티미디어 방송사업자 등에게 제공하지 아니하는 행위

스포츠와 미디어 관계

1. 스포츠와 미디어 관계의 이해

1) 스포츠와 미디어 공생

스포츠와 미디어는 공생(symbiotic) 관계다. 현대 스포츠의 가장 큰 특징은 '하는 스포츠'에서 '보는 스포츠'가 됐다는 점이다. 미디어가 구현하게 된 '스포츠 보기'는 스포츠의 대중화에 크게 기여했다. 대중이 선망하는 스포츠 스타는 치열한 경쟁을 통해 승자가 된 선수다. 미디어는 패자보다 승자에 보다 더 집중할 수밖에 없게 됐다. 세계적인 스포츠 제전은 '미디어 이벤트'의 속성이 강해지면서 자본의 논리, 소수의 우상화, 지나친 경쟁 등을 유도하는 구조로 변했다.

"미디어는 수요자를 끌어들이기 위해 스포츠를 통해 '이야기'를 말한다. 거기에 즐겨 활용되는 가치관의 대립 축에는 강함-기술, 우승 후보-다크호스, 젊음(열의, 활력)-베테랑(경험, 숙련), 재능-노력, 창의-규율, 우정·애정-라이벌 등등이 있을 것이다. 모두 아이덴티티에 영향을 미치는 중요한 요소가 된다. 그러한 가치관을 담고 있는 '이야기'를 미디어 스포츠는 매일매일 우리에게 전하고 있는 것이다(김성길, 2012, p.38)." TV를 통해 콘텐츠를 접하는 소비자는 광고시장의 한 복판에 있게 된다. 광고가 싫어서 다른 채널로 돌린다 하더라도 마찬가지다. 기업은 자사의 상품을 소비자에게 구매해달라고 요청한다. 결정권을 가진 소비자는 TV 주권자로 인식돼 왔다. 하지만 곰곰이 생각해보면 TV의 콘텐츠를 생산할 권리는 없다.

물론 프로슈머(prosumer)로서 콘텐츠를 생산하기 전 혹은 생산한 후의 조정에 대해 의견을 제시할 수는 있다. 그렇지만 실질적 주권자는 기업으로 대표되는 광고주라 할 수 있다. 시청자는 광고를 피하기 위해 기껏해야 지핑(zipping), 재핑(zapping), 클리킹(clicking)을 하는 정도다.

방송사는 비싼 금액을 주고 스포츠 방송중계권을 구매한다. 이는 소비자를 유도하기에 좋은 콘텐츠라 인식하고 있고, 잠재적 소비자 시장을 놓칠 리가 없는 기업을 유도하기 위해서다. 기업 광고를 많이 유치할수록 방송사는 수익을 창출한다. 즉, 미디어 스포츠 상품은 소비자의 입맛을 고려하기에 앞서 리스크가 적은 독점자본에 의한 광고시장의 구조 안에 스며들 수밖에 없는 것이다.

2) 미디어 재편성과 확대

미디어 이론가 닐 포스트만(Neil Postman)은 1970년대 '미디어 생태학'이란 용어를 처음 사용했다. 이는 미디어를 커뮤니케이션 수단을 넘은 '인간의 환경'으로 바라본 것이다. 특히 오늘날 혁신 기술에 기초한 미디어와 디지털 간의 융합은 나와 사회를 하나로 묶는 초연결사회(hyper-connectivity)로 만들었다.

인간이 커뮤니케이션 혁명을 이뤘던 수단은 대표적으로 '언어와 문자'이다. 오늘날 스마트폰과 소셜 미디어로 구축돼 온 인터넷 환경은 '영상'이 커뮤니케이션 혁명을 가속화하는 새로운 영역이 됐다. 네트워크, 플랫폼, 디바이스는 정보통신기술(ICT) 시대와 맞물려 인터넷을 통해 그 범위가 무한대로 확장되고 있다. 이를 통해 콘텐츠는 끊임없이 복제가 되고, 다시 생산되는 과정을 통해 어떻게 변화할지 주목하게 된다.

소비자의 마음을 사로잡는 디지털 세계의 콘텐츠는 새로운 마케팅 기법을 통해 자생적 진화를 이루고 있다. 2014년 북미에서 스폰서십에 영향을 미쳤다고 인식한 채널은 90%로 소셜 미디어가 압도적으로 많았다. 71%를 차지한 전통적인 광고시장을 앞선 것이다(Ukman, 2015). 소비자는 예전처럼 대기업의 막강한 광고를 신뢰했던 인식이 소셜 미디어 커뮤니티 구성원의 의견에 더욱 귀를 기울이고 있다.

"스포츠는 상품으로서의 가치를 더하기 위해 텔레제닉(Telegenic)한 속성을 덧입었다. 방송이 내포하는 결정적인 제약은 '시간'이다. TV는 뉴스, 다큐멘터리, 음악, 드라마, 퀴즈, 요리 등의 가정 프로그램, 교육 프로그램, 기행 프로그램 등 수용자가 기대하는 장르가 상당히 넓다. 그 가운데 스포츠가 시간을 확보하기 위해서는 내용과 포맷이 TV적이어야 한다. 따라서 스포츠는 TV에 의해 동시성과 보도성, 영상성, 오락성, 국제성, 비즈니스성 등 다양한 특성으로 가공되어 '텔레제닉(Telegenic)'한 스포츠 콘텐츠로 탄생한다(김성길, 2012, p.40)." TV를 통해 수많은 스포츠 콘텐츠가 생산과 소비를 이어갔다. 소셜 미디어의 등장으로 시간적 제약뿐만 아니라 공간적 경계도 사라지게 했다. 소셜 미디어의 특징으로 접근가능성(accessibility), 이용가능성(usability), 정보의 생산과 소비 즉시성(immediacy), 영속성(permanency)이 있다. 앞으로도 잘 만들어진 영상혁명의 연출(presentation)에 소비자의 관심은 더욱 증폭될 것이다.

2. 스포츠와 미디어 간의 영향관계

1) 스포츠가 미디어에 미치는 영향

(1) 광고수익 증대

스포츠가 대중적 인기를 끌면서 미디어의 광고수익을 증대시키는 가장 큰 요인이 됐다. 방송사는 비교적 시청률의 사전 예측이 쉬운 스포츠 콘텐츠 상품을 통해 유리한 광고유치 협상을 할 수 있다. 권위 있는 스포츠 이벤트일수록 대중의 관심은 높고, 광고주의 의견에 따라 경기일정 변경이 가능한 환경에서 광고주 유치가 용이한 환경이 됐다.

(2) 방송 프로그램 다변화

스포츠 방송 중계는 축구의 경우 2시간 정도 편성하게 된다. 종목별로 일정한 시간대에 따라 방송사는 방송 프로그램 편성 환경을 탄력적으로 적용할 수 있다. 일반 프로그램 제작비용, 제작단계의 절차 등의 어려움에 비해 스포츠 중계 프로그램은 효율성과 효과성 측면에서 유리하다고 볼 수 있다.

(3) 방송중계권료 상승

스포츠가 지닌 영향력에 따라 미디어가 부담하게 될 방송중계권 비용이 상승하게 한다. 특히 올림픽과 월드컵 같은 메가 스포츠 이벤트의 중계권료는 천문학적으로 늘어나 주최 기관에 막대한 수입으로 이어지고 있다. 주관 방송사는 기업광고 유치와 더불어 독점중계, 편집, 송출, 재판매 등을 통한 부가적 수익 창출을 하는 구조가 형성됐다.

(4) 첨단기술 개발과 도입

스포츠 경기를 통해 소비자에게 송출되는 영상 이미지는 주관방송사의 기술력과 직결돼 있다. 방송중계권 협상에도 영향을 미치는 방송사의 첨단기술 개발과 도입문제는 매우 중요한 사안이다. 시청자를 TV 앞에 유도하게 하는데도 중요한 변수다. 현장에서 직접 관람하는 것 이상의 현장감을 부여하고, 선수들 간의 역동적 이미지를 각도에 따라 생생하게 보게 됐다. 또한 비디오 판독을 도입하여 경기의 공정한 판정에도 기준을 마련하는 계기가 됐다. 스포츠의 본질적 특성인 경쟁성, 규칙성, 신체성을 첨단기술의 영상을 통해 공유하게 됐다.

| 그림 9-9 스포츠 중계기술

| 그림 9-10 판독기술

(5) 미디어의 위상 제고

권위가 높은 대회의 주관 방송사로 선정됐다는 것 자체가 미디어의 위상을 높여준다. 주관 방송사의 기술력, 재정상태, 방송 프로그램 등을 인정받는 계기가 되고, 기업 광고 시장의 활성화를 유도하는 환경이 마련된다. 또한 소비자로 하여금 스포츠 이벤트와 미디어의 관계는 불가분의 관계이고, 미디어의 중요성을 더욱 각인시키게 된다.

❙ <표9-4> 스포츠가 미디어에 미치는 영향

구분	내용
광고수익 증대	스포츠 콘텐츠 소비의 대중화 현상
방송프로그램 다변화	일반 프로그램에 비해 효율성, 효과성 제고
방송중계권료 상승	전 세계인이 한정기간 내에 시청하는 광고시장의 확대
첨단기술 개발과 도입	보다 생생한 경기를 선보이기 위한 방송사의 기술
미디어의 위상 제고	• 주관방송사 기술력, 재정상태, 방송 프로그램 등 우수성 • 기업광고 시장의 활성화 유도 환경 마련

2) 미디어가 스포츠에 미치는 영향

(1) 경기규칙 개정

미디어의 영향력으로 인해 경기규칙이 개정되기도 한다. 앞서 언급한 TV 주권자는 소비자가 아니라 광고주(기업)이기 때문이다. 광고주는 한정된 상품 구매집단을 의식할 수밖에 없고, 미디어는 광고주의 의견을 반영할 수밖에 없다. 결국 광고 도달률(reach rate)과 시청률(rating)이란 목적에 부합해야 한다는 공감대로 인해 시장논리와 구조에 상응한다.

유럽에서 가장 인기 있는 축구경기를 아직 프로야구와 미식축구만큼 인기가 덜한 미국시장에 안착되기 위해서 경기 룰을 변경해야 한다는 의견이 끊임없이 제시되고 있다. 경기 전문가는 전·후반 45분을 통해 경기 전략과 전술의 필요성을 얘기하겠지만, 광고시장에선 총 90분을 4쿼터제의 변경을 요청하고 있다.

(2) 경기일정 변경

주관방송사가 타깃으로 삼는 주 시청자들의 황금 시간대에 맞춰 경기일정을 변경하기도 한다. 방송사는 시청률이 중요하기 때문이다. 시차가 있는 지역 간에 차이를 극복하기 위해 선수들의 경기 시간대를 옮기게 한다. 선수들의 경기력을 발휘하기 위해 최상의 컨디션을 유지하기 어려운 늦은 밤에 결승전을 치르는 경우가 종종 있다.

2016년 리우 올림픽의 100미터 육상 결승과 수영 결승전을 기억하는가? 세계적인 스타 우사인 볼트(Usain Bolt)와 마이클 펠프스(Michael Phelps)가 있었다. 그들은 현지 시각으로 밤 10시 이후에 결승전을 치렀다. 상식적으로 최상의 컨디션으로 경기에 임할 시간대가 아니다. 이는 2000년 시드니 올림픽부터 2032년 올림픽까지 76억 5,000만 달러(약 8조 5,000억 원)를 투자해 독점 중계권을 확보한 미국 방송사인 NBC의 영향력이다. 결승전을 편안하게 TV 등 각종 매체를 통해 시청해야 하는 미주 지역 소비자들을 대상으로 광고주를 만족시킬 수 있는 황금 시간대를 설정하기 위한 조치였다.

(3) 경기용품 변화

스포츠 방송중계의 선명함을 높이기 위해 선수들 유니폼, 경기용품 등의 색깔과 디자인이 바뀌기도 한다. 현장에서 경기진행을 하는데 있어 식별하는데 문

| 그림 9-11 선수 경기복

제가 없더라도 TV를 통해 경기중계를 시청하는 대중의 입장에서 방송의 효과를 극대화하기 위한 노력을 한다. 1984년 테니스 공인구의 노란색 변경, 1988년 서울 올림픽 때 탁구공의 주황색 변경, 유도 및 펜싱 경기의 컬러복 변경 등 다양한 사례로 이어지고 있다.

(4) 스포츠 대중화

미디어를 통해 '보는 스포츠'가 되면서 스포츠가 사회 전반에 널리 보급되는 계기가 됐다. 생활 스포츠에 관심을 갖고 관련 용품 시장이 형성되면서 스포츠 대중화(大衆化)를 이루게 됐다. 스포츠 스타의 탄생은 선수가 입거나 사용했던 용품 브랜드를 찾게 됐다. 유명한 선수의 기록, 가십, 언행 등 대중에게 흥미를 유발할만한 요소는 미디어를 통해 확산되면서 스포츠에 대한 관심이 높아졌다.

(5) 스포츠 고도화

미디어는 선수의 경기 기록을 비교 분석할 수 있는 중요한 수단이 됐다. 선수 기록 외에도 용구, 장비, 제도, 규범, 시설 등에 이르기까지 승자가 되기 위한 조건을 찾게 됐다. 즉, 미디어는 선수의 경기 기록과 수준을 높이기 위한 과정과 결과를 뜻하는 스포츠 고도화(高度化)에 영향을 미치게 된 것이다.

❙ <표9-5> 미디어가 스포츠에 미치는 영향

구분	내용
경기규칙 개정	주관방송사와 광고주(기업)의 이해관계에 부합한 조치
경기일정 변경	TV 시청을 하는 황금시간대에 맞춘 현지 일정 변경
경기용품 변화	시대 트렌드에 맞는 디자인 변천, TV 시청자를 위한 색상 고려
스포츠 대중화	스포츠 스타를 선망하는 대중 양산
스포츠 고도화	선수기록 지향주의에 따른 용구, 장비, 제도, 시설 등 분석

CHAPTER 03

방송중계권

1. 방송중계권의 이해

1) 방송중계권의 개념

스포츠 방송과 관련한 용어로는 중계권, 방영권, 방송권 등으로 쓰고 있다. 방송중계권은 '스포츠의 마케팅(marketing of sports)'의 주체인 스포츠 단체에 금액을 지불하고 독점적으로 방송중계, 가공 판매 등을 할 수 있는 권리를 말한다. 통상 대형 방송사에서 방송중계권을 확보하여 주관방송사가 된 후, 스포츠 중계영상을 필요로 하는 지상파와 케이블 TV 방송사, 라디오방송사, 인터넷방송사, 지역방송사 등과의 협상과 계약을 통해 이뤄진다. 계약범위와 내용에 따라 방송범위도 차이가 있다. 예를 들면 지역방송사는 한정된 지역의 고객을 대상으로 송출하기 때문에 광범위한 지역을 대상으로 중계하길 원하는 방송사와의 계약비용과 비교했을 시 저렴할 것이다.

2) 방송중계권의 규모와 비중

(1) 올림픽과 월드컵 중계권

2018년 평창 동계올림픽은 여러 가지로 화제를 낳았다. 세계가 주목한 평화 메시지와 ICT 강국으로서의 면모를 보여준 대회로 평가받고 있다. IOC의 수익 구조를 살펴보면 방송중계권료 수익이 전체 수익의 50%에 육박하거나 상회하고 있다. 평창 동계올림픽에 해당되는 2017~2020년의 방송중계권료는 45억 달러(약 5조 4,000억 원, 1달러=1,200원 적용)에 이르는 것으로 알려졌다.

<표9-6> IOC의 수익규모

단위: 백만 달러(%)

구분	1997~2000년	2001~2004년	2005~2008년	2009~2012년	2013~2016년
중계권료	1,845 (48.9%)	2,232 (53.2%)	2,570 (47.2%)	3,850 (47.8%)	4,157 (53.3%)
TOP프로그램	579 (15.3%)	663 (15.8%)	866 (15.9%)	950 (11.8%)	1,003 (12.9%)
개최국 지역 스폰서십	655 (17.4%)	796 (19.1%)	1,555 (28.5%)	1,838 (22.8%)	2,037 (26.1%)
티케팅	625 (16.6%)	411 (9.8%)	274 (5.0%)	1,238 (15.5%)	527 (6.8%)
라이선싱	66 (1.8%)	87 (2.1%)	185 (3.4%)	170 (2.1%)	74 (0.9%)
합계	3,770 (100%)	4,189 (100%)	5,450 (100%)	8,046 (100%)	7,798 (100%)

출처: IOC(2018). The Olympic Marketing Fact File 2018 Edition.

월드컵의 방송중계권 규모도 예외가 아니다. 1990년 이탈리아 월드컵 중계료가 800억 원 규모에서 2002년 한일 월드컵 때 1조 1,400억 원으로 급격이 상승하여 2006년 독일 월드컵 2조 5,000억 원, 2010년 남아공 월드컵은 3조 4,000억 원으로 개최될 때마다 기록을 최고치로 경신했다.

(2) 지역별 프로 스포츠 중계권

국내 체육과 스포츠 정책의 방향을 가늠하는 문화체육관광부의 한국스포츠개발원(2017, 현 한국스포츠정책과학원)에 따르면 세계 중계권 규모는 2015년 352억 4,700만 달러(약 42조 2,964억 원)에 이른다. 대표적으로 북미에서만 12,757백만 달러(약 15조 3,084억 원)로 아시아, 태평양의 6,047백만 달러(약 7조 2,654억 원)의 2배의 규모다.

<표9-7> 지역별 방송중계권 규모

단위: 백만 달러

구분	2011	2012	2013	2014	2015
북미	9,344	10,999	10,180	14,466	12,757
유럽, 중동, 아프리카	10,706	13,549	12,078	15,165	13,482
아시아 등 태평양	4,637	5,170	5,228	6,240	6,047
라틴 아메리카	2,258	2,423	2,576	2,930	2,961
합계	29,945	32,141	30,062	37,801	35,247

출처: 한국스포츠개발원(2017). 국내외 프로 스포츠 방송 중계권 시장 동향 분석

<표9-8> 북미 스포츠 수익분야별 규모

단위: 백만 달러

구분	2016	2017	2018	2019
중계권료	18,427 (27.5%)	19,150 (27.6%)	19,949 (27.9%)	20,630 (28.1%)
입장료	18,637 (27.8%)	19,385 (27.9%)	19,717 (27.6%)	20,122 (27.5%)
스폰서십	16,140 (24.2%)	16,822 (24.2%)	17,635 (24.6%)	18,306 (24.9%)
머천다이징	13,672 (20.5%)	14,042 (20.3%)	14,252 (19.9%)	14,464 (19.7%)
합계	67,065 (100%)	69,399 (100%)	71,553 (100%)	73,552 (100%)

출처: 한국스포츠개발원(2017). 국내외 프로 스포츠 방송 중계권 시장 동향 분석

가장 큰 시장인 미국 프로 스포츠의 중계권 시장을 살펴보면 2017년 입장권 수입(19,385백만 달러, 약 23조 2,620억 원)의 99%에 육박하는 19,150백만 달러(약 22조 9,800억 원)로 집계됐다. 방송중계권 시장은 지속적으로 성장해 2018년부턴 입장권 수입을 앞서게 되고, 전체 수익에서 차지하는 비중이 28%를 넘을 거로

예측하고 있다. 2020년 COVID-19에 따른 무관중 경기의 새로운 관람환경은 혁신적 미디어 기술의 발달로 이어지면서 중계권의 위상을 더욱 높여줄 것이다.

또한 유럽 프로축구리그의 전체 수입이 동년도 170억 유로(약 23조 8,000억 원, 1유로=1,400원 적용)로 집계됐다. 이 중에서 중계권 시장 규모만 34%에 이르는 58억 유로(약 8조 1,200억 원)로 26억 유로(약 3조 6,400억 원)에 비해 높은 비중을 차지한다.

특히 유럽 축구시장을 주도하는 영국프리미어리그(EPL)의 중계권 시장은 상승 폭이 대단히 커지고 있다. 1992~1997년에 191백만 파운드(약 3,056억 원, 1파운드=1,600원 적용)에서 2016~2019년 시즌엔 무려 5,136백만 파운드(약 8조 2,176억 원)로 급성장했다. 흥행을 보장하는 시스템으로 인식돼 기존의 방송사뿐만 아니라 아마존(Amazon) 같은 인터넷 기업도 중계권 입찰에 관심을 보일만큼 매력적인 마케팅 시장이 됐다. 아마존은 이전에도 테니스, 미식축구 등의 스포츠 중계권을 구매한 바 있다.

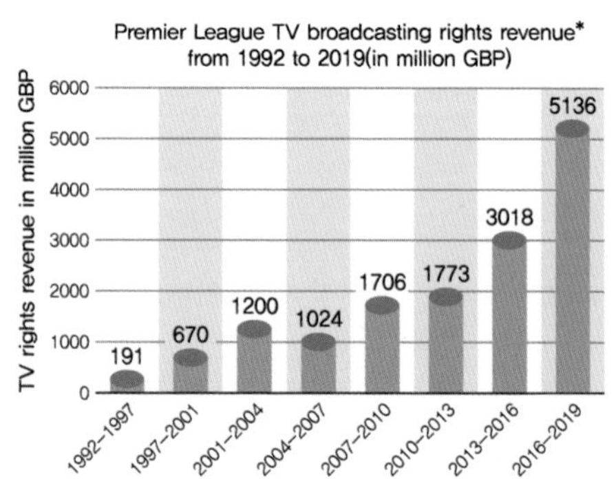

| 그림 9-12 EPL 중계권료 추이

국내 4대 프로 스포츠 리그의 중계권료 시장을 살펴보면 프로야구 약 360억, 프로축구 약 65억, 프로농구 약 50억, 프로배구 약 34억 원 규모로 추정하고 있다. 1982년도 프로야구 원년에 3억 원이 채 안된 중계권료 규모가 구단 수와 게임 수의 증가, 지상파를 비롯한 케이블 채널의 확대, 관중 수의 증가 등에 힘입어 중계권료가 지속적으로 상승하고 있다. 2008년부터 KBO(한국야구위원회)는 중계권료를 해외 프로리그와 같이 구단별로 수익분배를 하고 있다. 그 이전까진 KBO의 운영비로 전액 사용했으나, 선진 프로 스포츠 시스템의 도약을 위해 품질 높은 경기 서비스에 대한 소비욕구 증가, 스포츠 마케팅 시장의 확대를 위한 조치를 취했다.

▎<표9-9> 국내 4대 프로 스포츠 규모 추정

단위: 억 원

구분	연간 TV 중계권료	연간 구단별 운영비	연간 구단 평균 수익
프로야구	360	300~400	100
프로축구	65	150~300	20~30
프로농구	50	60~80	20
프로배구	33~34	30~60	10
합계	508~509	540~840	150~180

출처: 한국스포츠개발원(2017). 국내외 프로 스포츠 방송 중계권 시장 동향 분석

2. 방송중계권의 구조 및 효과

1) 방송중계권의 구조

방송중계권의 이해당사자는 세 가지 주체가 있다. 스포츠 단체, 방송사, 기업으로 구체적으로 살펴보면 다음과 같다.

(1) 스포츠 단체

국제올림픽위원회(IOC)나 국제축구연맹(FIFA)은 스포츠 단체로서 올림픽과 월드컵 대회의 개최권한을 갖고 있다. 이 단체들은 주관방송사 선정을 통해 수익을 창출한다. 주관방송사 선정은 당사자(스포츠 단체, 방송사) 간의 직접 계약을 통해 이루어지거나 중간의 가교역할을 하는 스포츠 마케팅 전문 대행사를 통해 성사된다. 이때 대행사는 계약금액에서 일정 비율의 수수료를 통해 수익을 창출한다. 스포츠 단체는 스포츠 스폰서십(10부)에선 기업과 직접적인 관계가 있는 계약구조이지만, 방송중계권에선 직접적인 관련이 없다. 기업은 광고주로서 주관방송사의 연결된 구조를 갖게 된다.

(2) 방송사

방송사는 스포츠 단체와 기업(광고주)과 직접적 관계에 있다. 방송사는 중계권을 확보하는 조건으로 중계비용을 스포츠 단체에 지불한다. 또한 기업(광고주)으로부터 대회기간의 광고효과를 극대화시키는 대가로 광고비를 받는다.

(3) 기업(광고주)

기업(광고주)은 스포츠 단체와 직접적 관계설정은 없지만 스포츠 단체가 생산한 상품을 방송사를 통해 활용하여 광고효과를 기대한다.

유럽 프로축구 리그 중계권 수익구조를 살펴보면 EPL(잉글랜드)의 경우 총 중계권 수익의 50%를 20개의 모든 구단에 균등하게 분배한다. 또한 25%를 성적에 따라 차등으로 분배하고, 나머지 25%는 각 팀 경기의 생중계 횟수에 따른 차등분배를 기준으로 하고 있다. 이는 다른 유럽 내 축구리그도 분배율과 방식이 다소 차이가 있을 뿐, 기본원칙은 방송중계권 규모가 커질수록 구단도 수익이 더 커지게 된다.

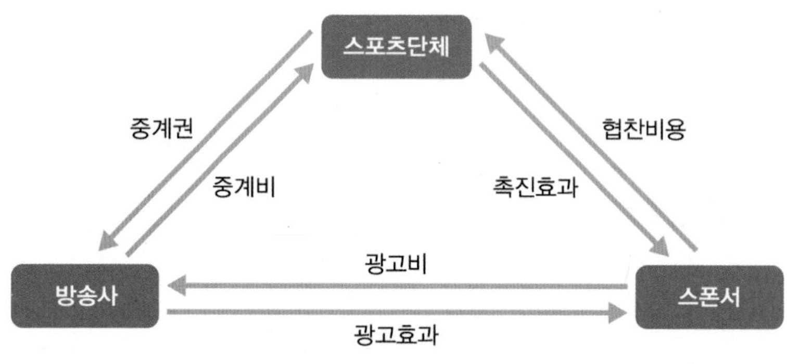

| 그림 9-13 방송중계권 구조

2) 방송중계권의 효과

주최기관과 방송사 간의 방송중계권 계약을 통해 이해 당사자에겐 혜택(benefit)이 생긴다. 즉 스포츠 단체, 방송사, 광고주, 소비자가 기대할 수 있는 혜택을 살펴보면 다음과 같다.

(1) 스포츠 단체 혜택

스포츠 단체가 방송중계권한을 방송사로 넘김으로써 얻는 가장 큰 혜택은 수익 창출이다. 대중의 관심이 높고 주관 방송사가 필요로 하는 수준의 규모가 큰 스포츠 이벤트일수록 방송 중계권료는 상승할 수 있다. 지상파 중계방송에 이어 케이블 TV에서 재판매가 이뤄진 중계영상이 지속적으로 대중에게 노출되면서 스포츠 이벤트를 알리는 중요한 매개로 작용한다.

성공적인 스포츠 이벤트를 통해 기업 스폰서십 환경이 조성되고, 차기 대회에선 보다 유리한 협상의 협찬을 받을 수 있다. 무엇보다 스포츠 단체가 생산해낸 잘 만든 상품을 소비자에게 유통시킴으로써 소비가 이뤄지는 패턴을 양산하게 된다.

(2) 방송사 혜택

방송중계권을 확보한 방송사는 광고주를 섭외하기 좋은 환경을 만들게 된다. 광고수입을 통해 수익을 창출하고, 독점영상을 재판매하는 과정을 통해 부수적인 수익구조를 만든다. 효율적인 방송 프로그램을 만들 수 있는 여건을 조성할 수 있다. 올림픽, 월드컵과 같은 대형 스포츠 이벤트에서 주관 방송사 선정과정은 첨단기술력을 매우 중요한 요인으로 고려한다. 주관 방송사로 선정됐다는 사실만으로도 기술력과 재정상태 등 신뢰를 줄 수 있다는 공신력을 인정받을 수 있다.

(3) 광고주 혜택

기업은 광고주가 됨으로써 무엇보다 단기간 내에 높은 광고효과를 기대하게 된다. 다른 프로그램보다 시청률의 사전예측이 비교적 용이한 스포츠 중계 프로그램을 통해 잠재적인 소비자에게 어필할 수 있게 된다. 공식 스폰서로 승인된 기업은 TV 광고 우선권을 받을 수 있어 원하는 시간대에 시장에 출시한 상품의 노출효과를 극대화시킬 수 있다.

(4) 소비자 혜택

방송중계권의 이해당사자는 아니지만 소비자는 다양한 경로를 통해 노출될 광고를 스포츠 중계 시간대에 접할 수 있다. 소비자 입장에선 선택의 폭을 확장시킬 수 있는 셈이다. 무엇보다 소비자가 누리는 혜택은 품질 높은 영상기술을 접할 수 있다.

<표9-10> 방송 중계권에 따른 기대효과

구분	내용
스포츠 단체	• 재정 확보: 올림픽과 월드컵 등 글로벌 콘텐츠는 전체 수입의 50% 이상이 방송 중계권료로 충당되고 있음 • 가치 증진: 스포츠 방송중계를 통해 시청률 상승, 스폰서의 매체 노출을 높임으로써 스포츠 스폰서십의 가치를 증대시킴 • 볼거리 제공: 스포츠와 대중을 연결시키는 역할을 수행함
방송사	• 프로그램의 편성 전략: 실력편성(power programming), 대응편성(counter programming), 선제편성(lead-off programming), 블록버스터 편성(blockbuster programming) 등 다양한 전략을 구사할 수 있음 • 시청률의 사전 예측: 스포츠 이벤트의 권위와 명성, 대중들의 관심, 이전 대회의 시청률 등을 고려할 수 있음 • 광고주 유치: 인기 있는 스포츠 이벤트는 별도의 설명회 없이 광고 유치 과정이 단순화될 수 있음 • 채널의 대외이미지 제고: 남녀노소가 즐기는 보편적 가치를 지님
광고주	노출 효과: 스포츠 스폰서십 및 방송광고를 통해 빈번하게 노출됨
소비자	다양한 광고 노출, 수준 높은 경기관람 서비스 이용

출처: 김성길(2012). 스포츠 콘텐츠의 이해. 한울 아카데미, p.235-241(요약/내용 추가).

경기장에 직접 가지 않더라도 현장감 있는 경기와 선수들의 생생한 모습을 편안하게 보게 된다. 또한 경기장에선 쉽게 이해하기 어려운 경기규정과 공정한 판독을 위한 비디오 장비를 통해 경기결과를 실시간으로 알 수 있어 이해도를 높일 수 있는 여건에서 시청할 수 있다.

여기서 잠깐

▣ 미디어 회사와 스포츠 단체와의 계약 모델

스포츠 중계권을 확보한 방송사와 스포츠 권리 보유자들이 채택할 수 있는 계약 모델을 크게 세 가지로 분류할 수 있다.

❙ <표9-11> 미디어 회사와 스포츠 단체와의 계약 모델

구분	내용
고정 수수료 지불 모델	• 주요 스포츠 재산권에서 가장 일반적인 계약 모델임 • 리그는 수익을 보장받지만, 흥행하지 못할 경우 시청률 하락과 광고비 하락의 리스크를 갖고 있음
수익 배분 모델	• 미래 수익의 불확실성을 공동으로 부담하는 계약 모델임 • 미디어와 스포츠 연맹이 공동투자하고, 이익을 배분함 예 NBC와 월드레슬링엔터테인먼트(WWE) 간의 합작회사(XFL) 설립 (5:5 수익배분)
방송시간 구입 및 판매 모델	• 스포츠 단체가 미디어 방송시간을 구입하고, 동시에 판매하며 모든 광고의 수익을 취하는 모델임 • 미디어 회사는 수익을 보장받지만, 흥행하지 못할 경우 스포츠 권리 보유자가 위험을 떠안게 됨

출처: Foster, G., Greyser, S. A., & Walsh, B. (2006). *The Business of Sports: Text and Cases on Strategy and Management*. 문병준, 이상규 옮김(2007). 스포츠 비즈니스. 한경사, p.297-299(요약).

이슈

① 기업은 마케팅 철학을 앞으로 어떻게 구현할까?

구글 회장이었던 에릭 슈미트(Eric E. Schmidt, 1955~)는 "만일 누구에게도 알리고 싶지 않은 것이 있다면 인터넷에 올려서는 안 된다."라고 했다. 그만큼 인터넷이 갖는 파급력이 상상을 초월하기 때문이다. 역으로 생각하면 특정 목적으로 알리고 싶다면 인터넷에 올리는 것이 마케팅 시장의 기본이 됐다.

1969년 두 컴퓨터가 연결됐다. 많은 기술이 그러했지만 이 역시 군사적 목적으로 캘리포니아 대학과 스탠퍼드 대학 간의 640km의 거리를 뚫고 서로 연결했던 것이다. 처음 두 대의 컴퓨터가 연결되면서 시작됐던 역사는 이제 120억 대의 기기가 인터넷에 연결된 세상이 됐다. 개인용 컴퓨터, 노트북, 태블릿 PC, 스마트폰이 인터넷에 연결된 것이다.

2012년 10월 4일 유튜브(YouTube)를 통해서 한 우주인이 생중계를 했다. 사실 여부를 떠나 외계인 출현과 정부 은폐장소의 상징적인 지역으로 유명한 미국 뉴멕시코주 로즈웰에서 헬륨가스 기구에 달리 작은 캡슐이 우주를 향해 비행을 시작했다. 이 생중계는 750만 명이 실시간으로 조회하며 숨죽이며 지켜보았다.

지상 3만 9천 미터에서 오스트리아의 스카이다이버 펠릭스 바움가르트너(Felix Baumgartner, 1969~)는 우주복을 입고, 지구를 향해 몸을 던졌다. 최고 속도 마하 1.25속도로 낙하하며 4분 19초 후 낙하산이 펴지고 지면에 도달하기까지 경이로운 장면을 연출했다.

3시간짜리 이벤트를 위해 5년간 약 690억 원을 투자해 47조 원의 마케팅 효과를 누린 기업은 익스트림 마케팅 철학을 실천하는 레드불(Red Bull)이다. 연간 60억 개 이상 팔리는 스포츠 음료(제품)를 레드불이란 브랜드와 단 한 번도 경험하지 못했던 미디어 서비스를 제공하여 레드불 스트라토스(Stratos) 프로젝트를 완수한 것이다.

이는 유튜브라는 오픈소스 거대 미디어 플랫폼에 의해 가능했다. 이젠 지구 반대편의 이야기를 전달하는 수준이 아닌 우주 공간도 마케팅 광고시장에 활용될 날이 멀지 않아 보인다. '미디어'를 통한 극한의 대리만족 체험 서비스를 구현한 '공학적 가치'가 빛을 발한 순간이다. 조만간 스튜디오가 아닌 실제 우주를 배경으로 스포츠 광고가 소개될지도 모른다. 스포츠가 갖는 가치가 미지의 세계를 향한 도전정신에 맞닿아 있기 때문에 더욱 그러하다.

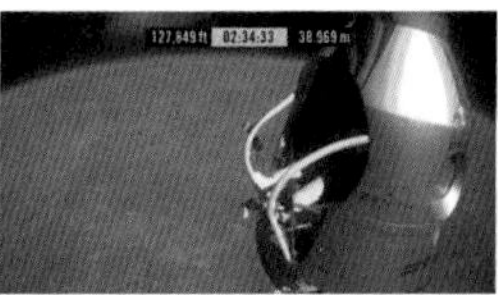

| 그림 9-14 레드불 스트라토스 프로젝트

② 가상현실과 증강현실이 바꿀 스포츠 중계는 어떤 모습일까?

2015년 1월 노르웨이 릴레함메르에서 개최된 2016 겨울 유스(Youth) 올림픽 개막식에서 IOC는 삼성전자와 손을 잡고 가상현실 중계를 시도했다. 현장에서 180도 각도로 촬영이 가능한 카메라로 현장 중계한 3D, 4D 등의 영상을 통해 실제 현실처럼 사용자에게 제공한 것이다. 즉, 3인칭 관람 환경을 1인칭 시점으로 변환했다는 의미가 된다.

컨설팅 회사 골드만 삭스는 2025년 경에 가상현실 시장이 41억 달러 규모로 확대될 것으로 예측했다. 시장규모는 새로운 기술과 산업과 맞물려 어떻게 확장될지는 두고 봐야 할 정도로 혁신적 기술 환경에 노출돼 있다.

가상현실로 인해 바뀔 스포츠 중계는 어떤 모습일까? 일반인이 체험하기 힘든 익스트림 스포츠(Extreme sports) 중계도 가능할 것이다. 물론 1인칭 시점이므로 극한의 느낌은 오롯이 사용자의 몫이 된다. 이러한 경계는 게임으로 발전돼 별도의 유료화 서비스로 확장될 수도 있다. 한 번 경험한 극한의 느낌은 잊을 수 없는 소비자가 있기 때문이다. 또한 날씨의 영향을 받는 스포츠 중심으로 가상현실 중계시장은 확대될 것이다. 직접 가서 관람하지 못하더라도 경기가 가능하고, 변함없이 소비자를 확보할 수 있다는 특성을 갖는다.

최근 파나소닉(panasonic)이 선보인 스포츠 스크린(커넥티드 스타디움)은 대형 스크린에 특수필름을 끼워 그 위에 영상을 투사할 수 있는 유리창이다. 그라운드에 뛰는 선수의 신상과 통계가 실시간으로 보이도록 했다. 디지털 마케팅 시장에서 콘텐츠 소비자의 특성은 이용이 쉽고 자기의 시간을 설계하길 원한다. 프로 스포츠 경기를 풀영상으로 보기 보다는 10분 안팎의 짧은 하이라이트 영상을 선호한다. 체험과 재미를 극대화시키기 위해선 편집이 중요하게 됐다.

혁신기술에 따른 일련의 과정을 종합해보면 가상현실을 통해 스포츠 중계가 가능하다. 시간, 장소, 환경에 상관없이 현장을 느낀다. 관람객뿐만 아니라 선수가 느끼는 체험적 요소를 그대로 받는다. 실시간으로 좋아하는 선수와 경쟁선수의 정보를 이해한다. 극한의 경주 장면을 다시 경험하고 싶으면 개인별 맞춤형 영상을 재생산, 유통, 소비한다. 모든 가능성을 놓고 상상할 수 있는 환경은 열려있다.

최근 메타버스(Metaverse)가 뜨거운 화두로 떠올랐다. 미국의 SF 작가 닐 스티븐슨(Niel Stephenson)의 소설 스노 크래시(Snow Crash, 1992)에 등장한 가상현실 게임 플랫폼에서 비롯됐다고 알려져 있다. 스필버그 감독의 레디 플레이어 원(Ready Player One, 2018)에도 생생하게 그리고 있다. 이 영화에 따르면 현실은 암울하지만 가상현실 오아시스에서는 누구든 자신만의 아바타를 내세워 상상하는 모든 것이 가능한 곳이다. 즉, 사이버 공간과 현실 공간을 융합하면서 얻게 된 효율성과 효과성을 극대화할 수 있게 된 것이다.

가상현실 기기를 활용해 사용자가 아바타로 활동하는 플랫폼의 진화는 나날이 발전하고 있다. 더 나아가 증강현실 기기를 착용한다면 사용자들이 같은 공간에 존재하게 돼 자신만의 캐릭터가 필요하지 않을 수 있다. 이와 같이 시간과 장소를 훌쩍 뛰어넘을 수 있는 새로운 공간에서 스포츠 경기를 중계한다면 선수들의 땀, 거친 숨소리, 심지어 욕까지 메타버스의 가상실재 공간으로 가져올 수 있을지 상상해볼 일이다. 그리스어로 '저 너머(beyond)'란 의미의 메타(Meta)를 2021년 10월, 새로운 사명으로 바꾼 페이스북 행보도 유심히 지켜봐야하는 이유다.

| 그림 9-15 가상현실 스포츠 중계

③ 선수는 왜 영원불멸한 아이콘인가?

"5G라고 불리는 5세대 통신 시대가 열렸다. 2019년 4월 3일, 우리나라가 세계 최초로 5G 상용화란 타이틀을 거머쥐었다. 어떤 의미로 다가올지는 모르겠으나 미국이 먼저 첫 타이틀을 따내 선도자 역할을 하고자 노력한 것을 보면 상징성 외에도 무언가 더 있는 것 같다. 비판을 위한 비판을 좋아하는 사람들은 기지국 설치가 미비한데 무슨 소용이냐고 말하지만, 하드웨어야 시간 지나면 해결되지 않겠나. 채워 넣어야 할 내용이 중요한 것이다. 더군다나 미래성장 동력이라는 데 말이다. 기술 선도를 통해 국익에 도움 된다면 더 바랄 것도 없지만, 상징성

| 그림 9-16 루게릭과 박세리 선수

만 놓고 본다면 이미지를 뜻하는 그리스어 Eikon에서 유래된 '아이콘'이 다시 떠오른다. 아이콘이란 어떤 속성을 강화하는 상징적 모티브를 뜻한다. 즉, 세계 최초 5G 상용화로 일단 새로운 분야를 개척하는 선도자란 의미의 퍼스트 무버(First Mover)가 됐다. 김연아 선수, 많은 사람들은 그녀가 영원한 아이콘이 되길 바란다. 그 바람이 이루어졌는지 은퇴 후에도 여전한 김연아 그 자체로서 활동을 이어가고 있다. 지금 그대로의 모습, 성숙하고 당당한 모습, 귀감이 되는 모습, 행복하게 살아가는 모습, 힐링을 주는 모습 등 사람마다 느끼는 아이콘은 다양할 것이다. 박세리 선수도 있다. 맨발의 투혼을 기억하는가? 지금 40대 이상은 느낄 것이다. 취업을 해보려고, 직장을 키워보려고, 자식을 교육 시켜보려고, 부모께 효도해보려고 했던 모든 꿈이 물거품이 된 1997년 겨울 외환위기의 싸늘한 느낌. 혹은 나라가 망한다는 것이 이런 거구나 하고 무기력했던 느낌 등 이 또한 사람마다 느꼈던 아이콘은 다양할 것이다. 많은 사람들은 박세리 선수의 뚝심 있는 모습, 희망을 주는 모습 등 매우 다양한 아이콘으로 남길 바랄 것이다. 미국 메이저리그에는 헨리 루이스 게릭(Henry Louis Gehrig, 1903~1941)이라는 뉴욕 양키스(New York Yankees)의 내야수 선수가 있었다. 전설적인 타자 베이브 루스라 불리던 조지 허먼 루스 주니어(George Herman Ruth Jr., 1895~1948)와 함께 살인 타선(Murderers' Row)이라고 불릴 정도로 팀의 중심축으로 맹활약했다. 그는 1925년부터 출장한 경기에서 14년 동안 2,130 경기를 연속 출장해 '철마(The Iron Horse)'란 별명도 얻었다. 거칠 것 없던 강타자인 그가 선수 시절 후반기인 1939년에 근위축성측색경화증(Amytrophic Lateral Sclerosis)이란 병명으로 1941년 서른일곱의 젊은 나이로 사망했다. 그를 통해 루게릭 병이라는 별칭으로 불리게 됐다. 대뇌와 척수의 운동신경 세포가 파괴되어 근육이 점점 힘을 잃어가는 병으로 2015년 아이스버킷챌린지로 더욱 알려지게 됐다. 그가 병을 얻고 은퇴를 선언한 해에 양키스 구

단은 메이저리그 야구 최초로 영구 결번인 4번을 지정했다. 대중들에게 많은 영감을 주었던 현존하는 스포츠 스타를 비롯해 오래 전에 타계한 유명한 선수를 눈앞에서 볼 수 있다고 상상해보자. 인공지능이 가미된 홀로그램 기술과 김연아, 박세리, 루게릭 콘텐츠를 합쳐볼 수 있다. 바로 눈앞에서 피겨 스케이팅 기술을 일반 대중들에게 가르칠 수 있다면 어떨까? 유소년, 청소년, 성인들 대상으로 스케이트를 타는 방법뿐만 아니라, 선수들에게도 고급 기술을 선보일 수 있다. 골프 자세, 야구 기술, 그들의 노하우를 배울 수 있다. 물론 진짜 김연아, 박세리, 루게릭이 아니다. 그동안 선보였던 동작, 기술, 기량, 노하우, 심지어 실수했던 모든 데이터를 분석해 최첨단 기술을 매개로 눈앞에 펼쳐지는 진짜 같은 혹은 진짜보다 더 진짜 같은 가상(virtual)의 그들이다. 영원불멸한 아이콘인 셈이다(문개성, 2019a, p.56~59)."

④ 바이러스 팬데믹은 영상 혁명을 부추길까?

미국의 대표적인 프로 스포츠 프랜차이즈는 전미 미식축구 리그(NFL), 메이저리그 야구(MLB), 전미 농구협회(NBA), 전미 하키리그(NHL)이다. IBIS World에 따르면 이들이 가장 큰 비중으로 얻는 수익은 2019년 기준으로 방송 및 중계권으로 35.5%에 해당된다. 뒤를 이어 입장권 판매(32.2%), 광고(14.9%), 머천다이징(12.1%) 순으로 나타났다. 최고의 인기를 구가하는 미식축구의 중계기술은 날로 혁신을 거듭해 매체 소비자를 붙잡는다. 1st & Ten 이라고 하는 경기 규칙(공격 팀의 공격이 시작하는 라인부터 다음 공격권을 획득하기까지 필요한 거리)을 TV 시청자들이 쉽게 인지할 수 있도록 노란 라인으로 표시하는 가상 그래픽 시스템을 도입했다. 이와 같이 미국 프로 스포츠 프랜차이즈는 경험 소비를 중시하는 밀레니얼 세대 등 젊은 층을 유도하기 위해 화려하고도 세련된 영상을 선보이기 위한 노력을 하고 있다. 여러 대의 카메라를 이용해 360도 스포츠 중계 촬영기법을 도입했다. 프로축구 리그의 본고장인 영국에서도 스포츠 전문 채널 BT 스포츠에서 가상현실(VR) 기술을 적용했다. BT 스포츠 VR이라는 OTT 서비스(over-the-top media service, 인터넷을 통해 방송 프로그램, 영화, 교육 등 각종 미디어 콘텐츠를 제공하는 서비스)를 통해 실시간 중계와 하이라이트를 360도 영상으로 제공하고 있다. 독일의 도이치텔레콤(Deutsche Telekom)도 2017년부터 360도 촬영과 VR 기술을 접목한 스포츠 중계 전문 OTT 마젠타 VR을 선보임으로써 VR 헤드셋 착용을 통해 다각도 · 고속도 · 고화질의 영상을 풍부하게 제공하게 된 것이다. 또한 스페인의 도르나스포츠의 비디오 패스는 국제 모터사이클 경주 대회인 모토 GP(Motor GP)의 공식 OTT 플랫폼으로 동영상을 즐기는 소비자가 오토바이 위에서 경주를 벌이는 착각을 불러일으킬 정도의 현장감을 주고 있다(한국스포츠정책과학원,

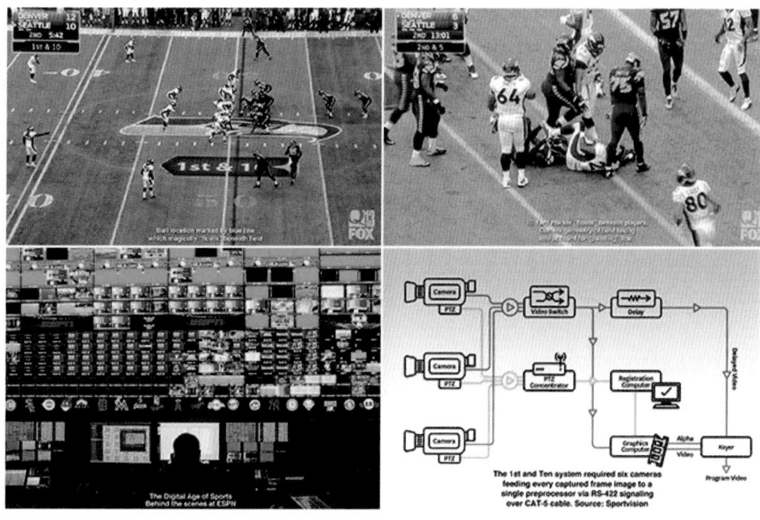

| 그림 9-17 미식축구 VR 기술

2019.9.26.).

IT와 스포츠 강국인 우리나라도 이러한 기술적 도입을 망설일 이유가 없었다. 창원 NC 파크는 스마트 경기장을 표방하여 국제 최고의 SI(system integration, 시스템 통합) 업체인 LG CNS와 협업한 서비스를 제공했다. 구단인 NC 다이노스는 지자체 창원시와 장기 사용 수익권(25년) 계약을 체결하고, AI(Artificial Intelligence, 인공지능)와 빅데이터를 포함한 첨단 ICT(Information & Communications Technology, 정보통신기술) 기획을 거쳐 다양한 그래픽과 애니메이션을 결합한 동적인 화면 연출이 가능하게 했다. 또한 경기 데이터와 SNS를 실시간으로 연동시켜 차별화된 관람 경험을 고객에게 제공할 수 있게 했다. 관람 서비스의 개선을 위해 야구장 내의 모든 디스플레이를 통해 실시간 통합 연출을 실현했고, 실시간 데이터 연동 서비스를 통해 타구 속도, 발사각, 비거리 데이터, 투수의 구속, 회전수, 구종 등에 이르는 각종 데이터를 제공했다. 국내 통신사 미디어 서비스로 LG U+가 선보인 5G 실감 미디어도 돋보인다. LG U+ Pro Baseball 프로야구 전용 애플리케이션으로 포지션별 영상, 득점장면 다시 보기, 투수와 타자 전격 비교, TV로 크게 보기 등의 다양한 서비스는 젊은 층의 수요를 확보하기 위한 최적의 관람 환경을 구축하고자 했다(한국스포츠정책과학원, 2019.10.8.).

스포츠 영역도 온라인과 오프라인의 통합으로 이루어진 시장 4.0에 어김없이 진입했다. 이런 발전의 속도가 2019년 하반기부터 발현한 코로나-19로 인해 사

회경제적인 위축으로 다소 주춤하지 않을까 우려의 목소리가 있었다. 스포츠 마케팅 시장의 가장 중요한 상품인 '선수'가 등장하지 않는 스포츠를 생각할 수 없기 때문이다. 이 난국을 타개하기 위해 무관중 프로 스포츠를 대만에 이어 한국이 세계에서 두 번째(2020.5월)로 치렀다. 우여곡절 끝에 펼쳐진 생생한 스포츠 경기를 ESPN이 중계권을 구매하게 되면서 새로운 전기를 마련하게 됐다. 미국, 일본, 유럽, 아시아, 중동, 아프리카 주요 국가 130여 개국에 한국 프로야구가 생중계된 것이다.

팬데믹의 장기화 혹은 수시로 출몰할 수 있는 가능성에 프로 스포츠 프랜차이즈는 예의주시하고 있다. 처음에 낯설었지만 나름 적응하게 된 무관중 스포츠로만 이어갈 것인가. 혹은 새로운 차원의 영상 혁명을 제공하기 위해 과감한 혁신을 주도할 것인가. 상품을 소비할 수 있는 상상을 초월하는 팬 서비스를 기대하게 하는 이유다.

과 제

1. 스포츠 미디어의 미래모습을 다룬 기사를 찾고, 어떤 이슈가 있을지 조사하시오.
2. 방송중계권 협상의 성공사례를 찾고, 어떤 이슈가 있는지 조사하시오.
3. 방송중계권 협상의 실패사례를 찾고, 어떤 이슈가 있는지 조사하시오.
4. 방송중계권 비용이 상승하게 되면 소비자에게 어떤 이점과 단점이 있을지 조사하시오.
5. 비대면 스포츠를 통해 혁신적으로 발전한 영상중계의 사례를 찾아보시오.

PART

10

스포츠 스폰서십과 매복 마케팅

❶ 디지털 마케팅 시장의 스포츠 스폰서십을 이해하자

1998년 '디지털 밀레니엄 저작권법(Digital Millennium Copyright Act)'이 발효되면서 디지털 저작권에 대한 논의가 활발해졌다. 앞으로 디지털 제조시장에서 쉬지 않고 쏟아지는 뉴스는 지적재산권 다툼일 가능성이 높아졌다. 한 개인이 가정에서 창조한 제품이 어디선가 본 듯한 대기업 상품일 수 있게 된 것이다. 세상에서 단 하나뿐인 제품이라 할지라도 어떤 관점에서 바라보느냐에 따라 비슷하게 바라볼 수 있기 때문이다. 창조적인 제품으로 혹은 지적재산권을 도용한 것으로 볼 수 있다는 말이다. 세계 인구는 1800년도에 10억 명, 1959년에 30억 명을 돌파해 1987년 50억 명, 2011년에는 70억 명으로 급증했다. 2020년 78억 명을 돌파해 2030년 85억 명, 2050년 97억 명, 2100년 109억 명에 달할 것으로 추정하고 있다. 폭발적으로 확대되고 있는 인구와 디지털 초연결사회(digital hyper-connected society) 현상은 매우 빠른 속도로 진행되면서 제품의 다양성, 유사성, 창의성을 선별하기 위한 각별한 노력이 필요로 하게 됐다.

사람 사는 세상이니 새로운 갈등의 요소도 있겠지만, 세상이 디지털화가 될수록 인간적 감성을 갈구하게 된다. 타인과 공감하는 방식은 사람과 사람 간이 아니고, 디지털 기술을 매개로 공감한다는 점이 다를 뿐이다. 앞서 몇 차례 언급한 코틀러 등(2017)이 조사한 온라인상의 커뮤니티 의견을 더 신뢰하듯이 제4차 산업혁명시대의 제품과 서비스는 품질과 기능성이 전통적 시장과 차이가 있게 된다.

인간이 타인과 공감하는 배경엔 집단이 있다. 그 집단과의 매개가 혁신적인 기술이 자리 잡게 됐다. 사람 간의 공감능력보다는 디지털 기술을 통한 공감을 더 선호하게 된다. 필립 코틀러의 '마켓 4.0'에선 자신이 좋아하는 온라인상의 커뮤니티 의견을 신뢰한다. 아무리 강력한 기업 마케팅 광고홍수가 쏟아진다 해도 고객 마음은 흔들리지 않는다. 궁금하면 자신이 직접 커뮤니티 안에서 흘러넘치는 정보를 찾고, 의견을 듣고 따르면 그만이다.

2011년 사회적 기업 언차티드 플레이(Uncharted Play)는 기발한 발상을 했다. 전기 발전기 축구공을 개발했다. 공을 찰 때마다 운동에너지를 전기에너지로 바꾸어 충전을 하게 했다. 30분 정도 공을 차고 놀면 3시간 정도의 전기를 사용할 수 있게 한 것이다. 이후 줄넘기를 할 때마다 전기를 발생하게 하는 운동장비도 개발했다. 이 축구공 발전기 소켓과 줄넘기 펄스는 아프리카와 남미에서 5만 개 이상 판매됐다. 무엇을 어떻게 공감하느냐는 발상의 전환에서 비롯된다.

제4차 산업혁명시대에서 창출되는 재화와 서비스는 전통적 시장에서처럼 품질과 기능성을 갖추었지만 성격이 다르다. 즉, 예측한 수요대로 생산을 결정하기 보다는 변화무쌍한 수요를 대비해야 한다. 2부에서 제시한 전통적 마케팅 시장에서 소비자를 탐구할 때 인구통계학적 특성을 살펴본다. 기업마다 성, 연령, 학력, 월소득, 직업 등을 파악한다.

앞으로는 어떨까. 표적할 만한 잠재 고객을 찾기 위해 데이터 공유를 통한 소통을 한다. 데이터 소유가 아니라 공유이다. 기업이 고객에게 기업 가치를 전달하는 데 필요한 필수적 요소인 것이다. 실시간의 데이터 분석과 타깃층 파악은 동시에 이루어진다. 서비스를 즉각 제공하기 위한 만반의 준비 태세다. 잠재적 고객들이 어디에 있든지 실시간으로 대응해야 하는 환경이다.

특히 오늘날 디지털 정체성은 국적을 뛰어넘어 인종, 세대와 관련 없이 동일한 플랫폼에서 소통한다. 이미 28억 이상의 유저(2020년 하반기)를 보유한 페이스북은 13억 중국 인구를 뛰어넘었다. 디지털 공간속에서 지내는 방식은 특정한 집단들, 즉 게이머, 프로그래머, 온라인상의 직업군 등에서만 관련된 삶을 살아가는 것이 아니라, 모든 사람들이 자신의 일상생활과 직결된 채로 일과를 보내고 있다.

'스포츠를 통한 마케팅(marketing through sports)'의 주체인 기업은 특정 선수, 팀, 구단, 이벤트 등을 통해 브랜드를 노출시키려고 노력해 왔다. 하지만 앞으로는 어떨까? '스포츠의 마케팅(marketing of sports)' 주체가 만들어 놓은 생산품(선수, 이벤트 등)을 기다릴 이유가 있는가. 기업은 새로운 콘셉트의 소셜 커뮤니티 상에서 얼마든지 이슈를 창출할 수 있게 됐다. 디지털 스포츠 시장에선 스포츠 스폰서십의 주체와 객체가 구분되지 않고, 6부의 이슈에서 언급한 '스포츠 콘텐츠 마케팅'의 선두주자가 선점하게 될 것이다.

2 스포츠 이벤트의 규모와 종류를 이해하자

플러턴(S. Fullerton, 2009)에 따르면 스포츠 이벤트를 다섯 가지로 분류했다. 첫째, 지역 이벤트(local events)로서 지역적인 경기, 즉 고등학교 대항전, 마이너리그 대회 등을 일컫는다. 그 지역의 사람들 외에는 외부에 잘 알려지지 않고, 지역 공동체 안에서 이루어지는 이벤트의 성격을 지닌다. 둘째, 지방 이벤트(regional events)로서 1897년 처음 시작돼 매년 4월에 개최되고 있는 미국 보스턴 마라톤의 예를 들 수 있다. 워낙 오래되다보니 기록이 쌓이고, 전 세계인에게 알려져 결국 스포츠 마케팅을 할 수 있는 시장으로 성장할 수 있는 가능성을 높였다. 셋째, 국가 이벤트(national events)로서 두 국가 간의 스포츠 대항전을 말한다. 호주, 뉴질랜드 간의 크리켓, 네트볼 경기가 있다. 국내에서 한일 축구경기라고 하며 대규모 관중 동원과 높은 TV 시청률을 기록할 수 있는 스포츠 마케팅의 현장이 된다.

넷째, 국제 이벤트(international events)는 세계적인 스포츠 이벤트로서 명성을 날리는 경우다. 지방 이벤트로 출발한 보스턴 마라톤이 지금은 국제 이벤트 규모가 됐다고 할 수 있다. 테니스 경기에서 최고의 명성을 자랑하는 1877년 최초로 개최한 윔블던(Wimbledon) 대회, 국제도로 사이클 경기의 대표적 대회로서 1903년에 시작돼 100년 넘게 이어오는 투르드프랑스(Tour de France) 대회 등이 있다. 마지막으로 세계적 이벤트(global events)로 올림픽, 월드컵과 같은 '인류 공통의 언어'로서 스포츠를 매개로 한 가장 큰 규모의 대회다. 모든 스포츠 자산이 총 망라한 대회로서 4년에 한 번씩 돌아오지만, 치열한 지역 예선 경쟁제도를 통해 끊임없이 관심을 유도하기 위한 노력을 한다. 물론 인적, 물적 인프라가 갖춰졌기에 가능한 일일 것이다. 결론적으로 최대의 스포츠 마케팅 현장이라 할 수 있다.

앞서 설명한 아마추어 종목 위주의 스포츠 이벤트 외에 국가별로 프로 스포츠 리그를 운영하고 있다. 풍부한 선수 보급, 관객 유도 프로모션, 주관 방송사 운영 등 국제 이벤트 수준의 수익구조를 따른다. 특징은 리그이기 때문에 종목의 특성을 살려 연중 스포츠 소비자 관심을 이어나갈 궁리를 하게 된다. 대상은 자국 국민이 대상이지만, 미디어 확장을 통해 해외 판매가 이뤄지는 글로벌 스포츠 마케팅 현장으로 발전하고 있다.

3 미래의 매복 마케팅 시장을 이해하자

공식 스폰서인 것처럼 활동하는 매복 마케팅 기업은 어느 기업이든 해당될 수 있는 영역이다. 자사가 참여한 스폰서십 환경에서 동종업계의 교묘한 무임승차 광고행위를 비난할 수 있다. 반면, 매력적인 광고 현장에 참여하지 못하고 있다면 비난을 받을 각오로 법적 규제를 피해 한 발을 걸치고 싶은 유혹에 빠지는 것은 어쩔 수 없다.

아무리 규제를 통해 스폰서십 환경을 공고히 하더라도 규제 밖에서의 광고활동을 어떻게 막을 것인가? 미디어가 없는 스포츠 환경에선 규격화된 경기장 내에서만 스폰서십이 이루어지면 되지만, 전 세계인이 '보는 스포츠' 환경에선 이미 광고시장이 오픈된 것이다. 오히려 보다 더 교묘해지고 선제적인 전략을 통해 잠재적인 소비자에게 다가가는 광고 전달자가 승리하게 될 것이다.

아디다스와 나이키 중에서 누가 더 억울할까. "월드컵 기간 동안 각국 팀의 경기에 매몰돼 보이지 않는 전쟁이 하나 더 있다. 바로 스포츠 용품회사의 브랜드 전쟁터이다. 세계적인 스포츠 용품 기업인 나이키는 올림픽 혹은 월드컵의 공식 스폰서로 인식할 수도 있지만 전혀 사실이 아니다. 나이키는 대형 스포츠 이벤트 자체에 협찬하기 보다는 유명한 선수와 팀에 협찬하는 방식으로 스폰서 효과를 본다. 반면 아디다스는 월드컵 공식 스폰서 지위를 확보해서 경기장 내 · 외부, 각종 홍보 판촉물에 로고를 노출시킨다. 또한 나이키와 푸마, 뉴발란스, 엄브로 등과 같이 월드컵 본선진출국가에 협찬하는 전략도 병행한다. 세계 최강의 브랜드 나이키도 매복 마케팅을 게을리 하지 않는다. 2014년 브라질 월드컵 전부터 아디다스의 마케팅 활동을 뛰어넘는 방식으로 전 세계 소비자의 이목을 집중시켰다. 유튜브를 활용해 세계적 축구 스타를 출연시켜 마치 월드컵과 관련한 기업인 것처럼 이미지를 각인시켰다. 월드컵을 상징하는 우승컵 이미지, 공식 스폰서란 단어만 등장하지 않았을 뿐이다. 2014년 브라질 월드컵과 2018년 러시아 월드컵의 본선진출 국가를 협찬한 대표적인 스포츠 용품 브랜드인 아디다스의 주요 협찬팀으로 독일, 스페인, 아르헨티나 등 우승후보가 즐비해 있다. 2014년 11개 팀, 2018년 12개 팀을 협찬했다. 나이키는 잉글랜드, 브라질, 프랑스를 비롯한 우승후보와 대한민국도 협찬한다. 2014년 12개팀, 2018년 10개 팀을 협찬했다. 나이키는 아디다스처럼 월드컵 공식 스폰서는 아니지만, 국가대표팀 협찬 수는 엎치락뒤치락한다. 참고로 푸마는 이탈리아, 우루과이 등 강호를 협찬하고 2014년 6개, 2018년 3개의 팀을 지원했다. 각 용품사는 수십에서 수백억 원 단위를 지불해야 팀 유니폼 우측 가슴에 로고를 새길 수 있다. 우승후보일수록 비쌀 것이다. 스폰서 입장에서는 강팀을 협찬해서 토너먼트를 통해 32강부터 4강, 최종 우승까지 가는 여정이 길수록 유리한 환경이다. 올림픽과 달리 축구 단일종목으로 치러지는 특성상 매일 경기를 뛸 수 없기 때문에 한 달 정도 전 세계 소비자의 시선을 사로잡을 수 있는 것이다. 위의 두 번의 월드컵을 통해 어느 브랜드가 광고홍보 가치가 높았을까? 2014년 브라질 월드컵 때는 브라질이 독일에 4강전에서 1대 7로 패하면서 전 세계 팬들에게 충격을 안겨다 주었다. 팬 못지않게 충격을 받은 나이키의 팀 협찬 전략이 차질을 빚는 순간이었다. 반면 4년 후에는 정반대의 결과를 낳았다. 아디다스가 협찬한 독일, 스페인, 아르헨티나, 벨기에 등 좋은 성적을 거둘 것으로 기대했던 모든 팀들이 일찌감치 패배하면서 짐을 일찍 싸는 결과가 있었다. 특히 지난 대회 우승후보였던 독일이 우리나라와의 경기에서 완패를 함에 따라 독일 팬과 아디다스에게 큰 충격을 안겨 주었다. 반면 나이키는 우승한 프랑스팀을 포함해 잉글랜드, 크로아티아, 브라질 등이 좋은 성적을 얻게 됨에 따라 월드컵 기간 내내 나이키 브랜드가 노출되는 승자의 길을 걸었다. 2022년 카타르 월드컵 때도 두 브랜드 간의 물밑 전쟁이 있을 것이다(문개성, 2019a, p.152~154)."

ㅣ그림 10-1 스포츠 스폰서십

ㅣ그림 10-2 매복 마케팅

CHAPTER 01

스포츠 스폰서십의 이해

1. 스폰서십의 개념

1) 스폰서십의 유래

1852년 뉴잉글랜드라는 철도회사는 미국 하버드와 예일대학교 운동선수에게 교통편을 무료로 제공하면서 회사를 홍보했다. 최초의 스포츠 스폰서십 사례라 할 수 있다. 최초 올림픽인 1896년 아테네 대회에 협찬사로 참여한 기업은 1880년에 설립한 코닥이다. 대표적인 올림픽의 공식 스폰서인 코카콜라는 1928년 암스테르담 올림픽부터 지금까지 참여하고 있다.

우크먼(L. Ukman, 2015)에 따르면 기업이 투자하는 다양한 분야의 스폰서십 범주에서 스포츠(sports, 70%)가 차지하는 비중이 압도적으로 크다. 그 다음은 오락(entertainment, 10%), 공익 연계 마케팅(cause-related marketing, 9%), 예술(arts, 4%), 축제 · 전시회 · 연례이벤트(festival · fairs · annual events, 4%), 협회 · 멤버십(association · membership, 3%) 순으로 스포츠 분야에 비해 작은 수치를 나타내고 있다.

| 그림 10-3 코닥

| 그림 10-4 코카콜라

2) 스폰서십과 광고의 차이

기업이 목적하는 바가 동일하기 때문에 스폰서십을 광고와 유사한 것으로 인식하고 있다. 물론 협찬을 받는 대상(sponsee) 입장에선 그 차이를 정확히 구분할 이유는 없다. 하지만 기업은 협찬자로서 투자대비 효과를 보기 위한 명확한 목표를 갖고 있다. 플러턴(S. Fullerton, 2009)이 제시한 스폰서십과 광고의 차이는 다음과 같다.

(1) 스폰서십이 광고와 비교한 우위사항

스폰서십은 광고와 비교해서 몇 가지 우위사항이 있다.

첫째, 스폰서십은 광고에 비해 소비자로 하여금 신뢰성(credibility)을 확립시킨다. 스포츠 소비자가 좋아하는 특정종목, 단체 및 이벤트에 공식적으로 협찬하는 기업과 상징적 마크를 부착한 제품에 대해 신뢰감을 준다.

둘째, 스폰서십은 광고에 비해 기업과 상품 이미지(image) 형성에 효과적이다. 공식 스폰서라는 타이틀은 단기간 동안 미디어를 통해 집중된 노출효과가 크다.

셋째, 스폰서십은 광고에 비해 기업의 명성(prestige)을 향상시키는 역할을 한다. 권위 있는 스포츠 이벤트에 기업이 스폰서십으로 참가함으로써 기업에게 권위를 부여하게 된다. 이벤트의 흥행여부에 따라 효과의 차이가 클 수 있겠지만, 공식 스폰서의 지위 획득 자체가 명성을 갖게 한다. 협찬 비용의 부담으로 처음부터 큰 대회에 참가할 수 없다면 많은 사람들이 공감할만한 작은 대회의 전략적 기획으로 메이저 대회를 향상시킬 수 있다.

넷째, 스폰서십은 광고에 비해 내부 구성원의 사기 진작(internal morale)에 기여할 수 있다. 스폰서 기업에 고용된 직원들은 자사가 협찬한 이벤트에 무료 티켓, 티켓 할인 등의 혜택을 받아 참가하거나 즐길 수 있다. 스폰서 기업 구성원으로서 자부심, 소속감이 커질 수 있는 계기가 될 수 있다.

다섯째, 스폰서십은 광고에 비해 판매 기회(sale opportunities)와 권리를 우선적으로 갖게 한다. 주최 측에선 이벤트 기간 내에 동종업체의 협찬사를 배제시킴으로써 공식 스폰서 기업은 자사의 제품과 서비스를 판촉할 수 있는 환경을

보장받는다.

마지막으로 스폰서십은 스포츠 현장에 있는 소비자들에게 **접근**(access to a live audience)을 할 수 있는 혜택이 있다. 스폰서 기업의 제품과 서비스 현장 판매, 스폰서 메시지에 대한 고객의 수용성 강화, 설문 조사에 따른 효과성 입증, 시장에 출시되기 전의 제품 테스트 등을 할 수 있는 여건이 조성된다.

(2) 광고가 스폰서십과 비교한 우위사항

광고가 스폰서십에 비해 몇 가지 우위사항이 있다.

첫째, 광고는 스폰서십에 비해 소비자를 설득하는 **메시지**(persuasive message)가 강하다. 예를 들면 광고 기업은 자사 제품의 특성, 브랜드의 가치, 경쟁사 제품과의 차별성, 기타 보장받는 서비스 등에 대해 소비자에게 강력하게 어필해야 한다.

둘째, 광고는 스폰서십에 비해 기업의 제품과 서비스를 전달하는 메시지가 **표준화**(standardized message)돼 있다. 이러한 특성은 광고를 접하는 소비자 입장에선 일관되고 명확한 메시지를 전달받는다고 인식하게 된다.

셋째, 광고는 스폰서십에 비해 정해진 범위 내에서 **노출효과를 보장**(guarantee reach) 받을 수 있다. TV 광고일 경우 송출하는 시간, 횟수와 소비자에게 전달되는 시간대를 측정할 수 있다. 인쇄매체 광고일 경우 발행부수 등을 고려함으로써 광고에 도달할 수 있는 고객 수를 추산할 수 있다.

넷째, 광고는 스폰서십에 비해 광고노출에 대해 **평가**(evaluation)하는 것이 쉽다. 대표적인 광고단가를 계산하는 방식인 CPT(Cost per thousand)는 스폰서십보다 광고를 측정하는 방법으로 쓰인다. 스폰서십은 광고의 영향력을 측정하는 정확성에 비해 다소 떨어진다고 인식하고 있다.

마지막으로 광고는 스폰서십에 비해 마케팅 개념의 **턴키체계**(Turn-key system)에 가깝다. 즉, 제대로 작동할 것이라는 보장을 토대로 즉시 작동될 수 있는 체계를 의미한다. 스폰서십은 별도의 촉진활동을 통해 스포츠 이벤트를 알려야 한다. 스폰서 기업은 투자대비 효과를 얻기 위해 부수적인 행사(홍보부스, 부대이벤트, 판축행사 등)로 인해 추가적인 비용 부담이 있을 수 있다. 반면 광고는 정해진 툴(tool), 시간(TV, 라디오 등), 공간(인쇄매체 등)을 구매하는 개념이기 때문에 즉시 작동이 되고 효과를 보는 시스템이다.

| 그림 10-5 마라톤 대회의 스폰서십

| 그림 10-6 스포츠 용품회사의 광고

| <표10-1> 스폰서십과 광고의 차이

스폰서십이 광고와 비교한 우위사항	광고가 스폰서십과 비교한 우위사항
기업과 상품 이미지 형성에 더 효과적	소비자 설득 메시지가 더 강함
기업의 명성을 향상시키는데 더 역할	기업제품과 서비스 전달 메시지의 표준화
내부구성원의 사기진작에 더 기여	정해진 범위 내에서 노출효과 보장
판매기회와 권리를 우선적 확보	평가하는 것이 쉬움
소비자들에게 접근할 수 있는 혜택 부여	턴키체계(제대로, 즉시 작동가능 의미)

용어

▣ 스폰서십과 스폰서링

스폰서십(sponsorship)은 북미권에서 주로 사용되고, 스폰서링(sponsoring)은 유럽권에서 혼용해서 사용한다. 두 단어 모두 스폰서(협찬자, sponsor)와 피스폰서(협찬 수혜자, sponsee)의 관계를 의미한다. 단, 스폰서링은 스포츠, 문화, 사회 등에서 광범위하게 기업 커뮤니케이션의 목적을 달성하기 위한 포괄적 거래의 개념을 담고 있다. 국내에선 북미처럼 스폰서십이란 용어를 주로 쓴다.

▣ 협찬과 후원

협찬(協贊)과 후원(後援)은 스폰서십(sponsorship)이란 영어 대신해서 사용하는 한자어를 차용한 용어이다. 두 단어를 혼용해서 사용하고 있지만 엄밀히 따지면 협찬은 어떤 일에 동조해 재정적으로 도움을 주는 행위란 의미이고, 후원은 뒤에서 도와준다는 의미다. 다시 말해 협찬은 현금과 현품을 계약에 의거해 지원하는 형태이고, 후원은 예산 지원은 없으나 공신력을 제공하는 측면에서 국가기관이나 단체의 이름을 사용할 수 있도록 지원하는 형태이다.

▣ 현물과 현품

스폰서십, 즉 협찬은 현금, 현물, 현품을 지원받는 형태이다. 현금이 아닌 지원물품을 통상 현물이란 표현을 사용하지만, 현물 · 물품 및 용역, 서비스와 같은 기타 지원(VIK, Value in Kind)을 포함해서 현품이란 용어를 사용한다.

2. 스포츠 스폰서십의 구조 및 효과

1) 스포츠 스폰서십의 구조

스포츠 스폰서십의 계약구조는 4개의 주체가 있다. 스폰서(sponsor, 협찬자)로부터 협찬을 받는 피스폰서(sponsee)는 선수, 팀, 구단, 단체 등 목적과 방식에 따라 다양한 주체가 있다. 가장 대표적인 주체인 스포츠 단체를 예로 들면 다음과 같다.

(1) 스포츠 단체

스포츠 단체는 국제올림픽위원회(IOC), 국제축구연맹(FIFA), 한국야구위원회(KBO), 한국프로축구연맹(KPFL) 등으로 스포츠 이벤트의 개최 권한을 갖고 있다. 잠재적인 스폰서 기업과의 계약조건이 상호 간의 일치할 때 스포츠 단체는 공식 스폰서를 선정한다. 공식 스폰서의 지위를 부여하고, 성공적인 스폰서십 환경을 마련하기 위해 전반적인 기획을 담당한다.

(2) 스폰서 기업

스폰서는 스포츠 단체에 일정 금액 혹은 현품을 지불하고, 공식 스폰서로 인정받게 된다. 한정된 기간 내에 기업 혹은 상품을 소비자에게 노출시키기 위한 방안을 적극적으로 찾고 추진한다.

(3) 미디어

미디어는 방송을 독점적으로 촬영하고 송출할 수 있는 권한을 스포츠 단체에 비용을 지불하고 획득하게 하는 역할을 한다. 스포츠 단체는 소유한 방송중계권을 미디어에 위임함으로써 수익을 창출하게 된다. 대중들에게 잘 알려지지 않은 대회의 효과적인 홍보를 위해선 미디어가 필수다.

인지도가 낮은 대회, 작은 규모의 첫 대회 등은 오히려 미디어에 비용을 주고, 주관방송사를 선정하기도 한다. 이를 통해 부가가치를 창출할 수 있는 규모가 큰 대회로 거듭나기 위한 노력을 하게 된다. 흥행이 되는 메이저 대회에선 기업 광고시장이 형성되기 때문에 미디어는 스포츠 단체에 중계권을 확보하고 대가를 지불한다.

(4) 대행사

대행사는 스포츠 단체와 스폰서의 가교역할을 한다. 대행사가 평소 원활한 관계를 유지하고 있던 기업들을 잠재적인 스폰서 리스트에 올리고 협상을 진행한다. 스포츠 단체가 주최하는 대회특성과 이미지의 부합여부, 협찬에 따른 기대효과 등을 면밀히 검토하여 관심을 유도한다.

몇 개의 기업군으로 압축한 후 스포츠 단체의 최종 결정에 따라 계약서 작성과 체결을 주도한다. 협찬 비용의 일정한 비율을 수수료로 받는 수익구조를 고민한다. 대행사는 궁극적으로 스폰서십 구조 4주체에서 중간자적 역할을 하며 차질 없는 계약을 이끌어낸다.

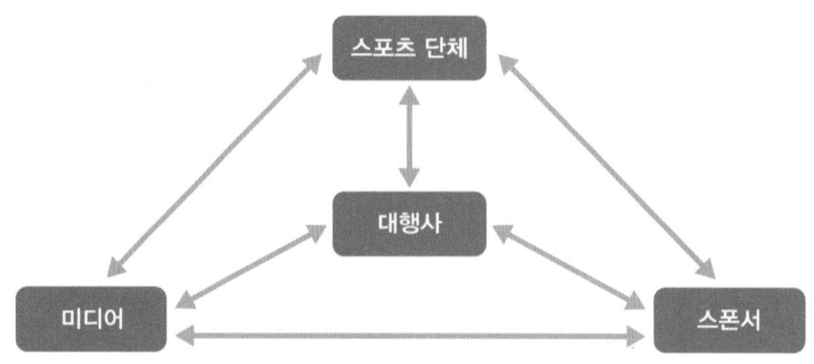

| 그림 10-7 스포츠 스폰서십의 구조

| 그림 10-8 올림픽 파트너

| 그림 10-9 월드컵 파트너

2) 스포츠 스폰서십의 효과

기업이 참여하는 스폰서십 계약을 통해 이해 당사자에겐 혜택(benefit)이 생긴다. 즉, 직접적인 계약 주체인 선수, 팀 및 구단, 스포츠 단체, 스폰서 기업, 대행사가 기대할 수 있는 혜택이 있다. 더불어 스폰서십 구조에 의해 펼쳐지는 이벤트를 통해 소비자와 개최 지역도 혜택을 얻는다.

(1) 선수 혜택

선수 스폰서십(athlete sponsorship)을 통해 기업으로부터 용품을 협찬 받거나 대회참가 시에 비용을 지원받을 수 있다. 유명한 선수가 아니더라도 기업의 가치와 이상을 실현하기 위해 신인선수에게도 그 잠재력을 보고 협찬하는 경우가 많다. 반면 **선수보증광고**(athlete endorsement)는 일반적으로 유명선수가 기업의 특정제품과 서비스를 광고하는 것이다.

(2) 팀 및 구단 혜택

스포츠 팀과 구단은 크게 두 가지 운영파트의 구성원으로 구분할 수 있다. 선수, 감독, 코치, 트레이너 등 경기력에 관련된 구성원과 팀 홍보, 스케줄 관리, 훈련장소 임차, 차량 배차 등 경기 외적인 파트의 구성원이다. 세계적인 기업의 스포츠 스폰서십은 기업 이미지와 팀·구단 이미지가 동반 상승하게 하는 요인으로 작용한다. 용품지원과 기업이 내놓은 각종 제품과 서비스를 지원받게 된다.

(3) 스포츠 단체 혜택

대한체육회, 협회와 연맹과 같은 가맹단체 등의 스포츠 단체는 스폰서십을 통해 재정자립도를 높일 수 있는 계기를 마련한다. 스포츠 단체는 선수의 경기력 향상, 복지 증진, 선수일탈 방지 등 체계적인 관리, 선수안전, 조직 운영예산 등에 협찬 비용을 지출·관리하고 있다.

(4) 스폰서 기업 혜택

스폰서 기업은 대회 기간 동안 기업 및 상품 이미지를 높일 수 있다. 궁극적으론 판매량을 높이기 위한 것이다. 또한 **환대서비스**(hospitality)를 받을 수 있다. 투자를 결정하는 CEO, 임원진과 스폰서십 기업의 구성원들은 차등화된 접근 허용권을 받는 것이다. 무료 티켓과 할인 티켓의 특별한 혜택을 제공받고, 이벤트를 즐길 수 있다.

이벤트 관람을 위한 프리미엄 좌석과 편의시설을 별도의 장소에서 받을 수 있다. 특별한 환대 서비스 환경에서 임원진은 새로운 비즈니스의 장소로 활용할 수 있다. 또한 스폰서 효과를 충족할 시 지속적인 스폰서 참여 계기를 마련할 수 있다.

"총 노출 횟수(gross impression)는 스포츠 마케팅에 통상적으로 이용되는 관행이다. 총 노출 횟수는 광고, 경기 또는 쇼에 따른 상품 혹은 서비스가 운동선수, 팀 혹은 엔터테이너와 연관된 횟수를 의미한다. 종종 전하고자 하는 메시지는 잘 드러나지 않는다. 영화, TV 쇼, TV 중계 스포츠 경기에서 보이는 브랜드가 모두 총 노출 횟수를 나타낸다. 상품 혹은 기업의 로고가 신발, 영화 장면, 혹은 광고판에 보일 때마다 당신의 뇌는 그 이미지를 기록하게 된다. 광고주들은 당신이 그러한 상품을 구매할 준비가 되어 있을 때에 그 이미지를 떠올리기를 원한다. 다수의 대학 및 프로 팀들은 이제 자신의 팀 유니폼에 기업이나 상품 로고를 달고 있다. 마케팅 담당자들은 관중들이 이 로고를 보고 엘리트 팀 혹은 운동선수를 연상하며, 결국 스폰서의 상품이 구매되기를 바란다. 미디어가 스폰서의 상품과 연관시켜서 선수 혹은 팀을 언급할 때마다 이는 잠재적인 소비자에게 총 노출 횟수가 하나 증가한 것이다(Kaser & Oelker, 2015, p.18, 19)."

이와 같이 최대의 노출을 꾀하기 위해 대회 타이틀을 얻으려고 한다. 타이틀 스폰서의 독점적 지위(category exclusivity)를 통해 제품 및 서비스를 전략적으로 촉진할 공격적 기회를 제공함과 동시에 경쟁기업과 확실하게 구분을 지을 수 있는 방어적 기회를 보장하는 것이다.

(5) 대행사 혜택

월드컵의 세계적인 대행사로서 미국의 IMG(International Management Group), 일본의 Dentsu, 국제축구연맹(FIFA)의 관리 하에 운영되는 스위스의 Infront Sports & Media, 프랑스 라가르데르(Lagardère) 그룹의 Sportfive, 스웨덴의 IEC in SPORTS 등이 있다. 또한 올림픽의 마케팅 대행사는 ISL(International Sport Culture & Leisure Marketing)이 있다. 이 회사는 1988년 최초로 도입한 올림픽의 TOP 프로그램을 IOC와 공동으로 기획하여 시스템을 개발했다.

스포츠 스폰서십 계약구조에서 대행사는 매우 중요한 중간역할을 한다. 스포츠 마케팅 대행사, 스포츠 매니지먼트사, 스포츠 에이전시 등으로 불리지만 역할은 중복되거나 유사하다. 대형 스포츠 이벤트일수록 대행사 역할은 필수다.

중간 역할을 어떻게 하느냐에 따라 성공적인 스포츠 이벤트로 자리매김하고, 향후 스폰서십 규모를 확대시킬 수 있는 환경을 마련하게 된다. 전문적인 스포츠 마케팅 대행사일수록 매우 효과적인 가교역할을 수행하게 됨으로써 수수료 수익을 높일 수 있는 계기가 된다.

(6) 미디어 혜택

스포츠 스폰서십 환경은 미디어에게도 혜택이 돌아간다. 미디어는 방송매체(TV, 라디오), 인쇄매체(신문, 잡지 등), 인터넷 매체로 구분할 수 있다. 대표적으로 스포츠 이벤트의 방송중계권을 확보한 TV 주관방송사는 광고수입을 올릴 수 있다. 또한 스포츠 중계, 방송 촬영, 편집, 송출, 재판매 등을 통해 부가적 수입을 창출한다. 인쇄매체는 판매부수와 광고수입 증대에 영향을 받는다. 인터넷 매체는 다시보기 채널, 하이라이트 등 소비자의 선택과 취향에 따라 맞춤형 서비스를 제공함으로써 광고수익을 조성하는 환경이 됐다.

(7) 소비자 혜택

성공적인 스포츠 스폰서십은 소비자를 유도하는 요인으로 작용한다. 기업이 선수, 팀, 구단, 단체 등에 협찬함으로써 피스폰서(sponsee, 협찬받는 자) 입장에선 구성원의 동기부여에 따른 경기력 향상의 궁극적 목적이 달성될 수 있다. 이는 품질 높은 경기란 상품을 구매하고 관람하는 팬들에게 혜택이 돌아가는 것이다.

이 외에도 각종 팬 서비스, 부대 이벤트, 쾌적한 관람시설 제공, 좋아하는 선수 초상 및 구단 로고에 새겨진 용품 구매 등 스포츠 소비자에게 다양한 혜택을 제공하게 된다.

(8) 지역 혜택

미국에서 가장 유명한 슈퍼볼(the Super Bowl)은 아메리칸 컨퍼런스(AFL, American Football Conference)와 내셔널 컨퍼런스(NFC, National Football Conference)의 최고 팀 간의 경기이다. 티켓 가격이 500달러에서 2,600달러 이상으로 매우 다양하게 편재돼 있다. 슈퍼볼 티켓은 정규시즌이 시작하기도 전에 매진될 만큼 폭발적인 인기를 끌고 있다. 관람 스포츠 소비자들이 소비하는 범위는 광범위하다. 여행에 필요한 숙박, 식당, 주유, 쇼핑에 이르기까지 유통비용의 확장성에 주목하고 있다.

이를 통해 스타디움을 보유한 지역 간의 개최 경쟁이 매우 치열하다. 대략 10만 명 이상의 외래 관광객이 개최 지역에 방문하는데 이들 중 3분의 1은 경기를 관람하지 않는 여행 동반자들이다. 이벤트 혹은 명소로부터 비롯된 신규 지출 총액인 직접적인 경제적 효과(direct economic impact)와 방문객이 소비한 돈의 일부가 지역 고용주와 직원의 소비로 이어지는 간접적인 경제적 효과(indirect economic impact)를 기대하게 된다. 이와 같이 빅 이벤트의 효과는 지역에게 엄청난 혜택을 기대하게 한다.

<표10-2> 스포츠 스폰서십의 효과

구분	내용
선수	용품협찬, 대회참가 비용지원, 선수가치 제고
팀 및 구단	기업이미지와 동반 상승, 용품지원, 기업제품 및 서비스 지원
스포츠 단체	경기력 향상, 복지증진, 선수일탈방지 등 체계적 관리, 선수안전, 조직운영예산 등에 협찬비용을 지출 · 관리
스폰서 기업	기업인지도, 상품이미지, 판매촉진, 조직구성원 자긍심 고취
대행사	가교역할, 수수료 수익, 높은 인지도 구축
미디어	방송중계권 확보에 따른 권한, 스포츠 중계, 방송촬영, 편집, 송출, 재판매 등 부가수입
소비자	수준 높은 경기관람, 각종 팬 서비스, 부대이벤트, 좋아하는 선수 초상 및 구단로고 부착된 상품 구매
지역	직접적인 경제적 효과, 간접적인 경제적 효과

여기서 잠깐

▣ 스포츠 스폰서십 효과 평가

❙ <표10-3> 스폰서십 효과 평가

구분	내용
판매 추적 분석	• 스폰서십 이전과 이후를 단순 비교하는 방법임 • 표적 매출지역을 적시함으로써 시장의 세분화를 위한 분석 자료가 됨
표적 목적 분석	• 기업 스폰서십 참여의 명분을 확보할 수 있도록 계량적 목적을 수립함 • 기업 상품의 노출 증대가 미래의 매출 증대 가능성을 높일 수 있다고 판단함
브랜드 인지도/ 회상 측정 및 구매확률 측정	• 스폰서십이 잠재고객의 상품 인지도 제고에 영향을 미쳤는지 등을 분석함 • 기존 고객을 대상으로 한 설문을 통해 지속적인 구매의사를 분석함
미디어 노출 분석	• 스포츠 자산(sports properties)의 스폰서십 결과를 통해 브랜드명이 노출됨 • 스폰서십 평가 중에서 가장 흔한 방법임

출처: Foster, G., Greyser, S. A., & Walsh, B. (2006). *The Business of Sports: Text and Cases on Strategy and Management*. 문병준, 이상규 옮김(2007). 스포츠 비즈니스. 한경사, p.212-214(요약)

▣ 스포츠 이벤트의 분류

스포츠 이벤트는 크게 관전형 스포츠와 참가형 스포츠로 분류할 수 있다. 관전형 스포츠는 기업이나 특정단체가 소비자, 관객에게 화제나 볼거리를 제공하기 위해 스포츠와 관련된 프로나 유명선수들을 초청해 주최하는 여러 형태의 행사나 대회로 이해할 수 있다. 또한 참가형 스포츠는 지자체나 기업, 학교 등의 조직체가 참가자의 건강 증진과 공동체 의식의 강화를 목적으로 자발적인 참가를 유도해 개최하는 스포츠 행사 〈표10-4〉를 말한다. 조금 더 구체적으로 살펴보면 〈표10-4〉, 〈표10-5〉와 같다.

❙ <표10-4> 스포츠 이벤트의 구분

구분	종류	특성
개최 주체	기업주도형	기업이 대회경비의 전부 또는 일부 부담
	매체주도형	매체사가 PR 목적을 위해 개최하는 대회에 기업이 협찬하는 형식
	기타	공동협찬, 기증, 광고협찬 등
스포츠 이벤트의 성격	관람형 이벤트	각종 프로, 아마추어 경기대회 후원, TV 중계요소가 주요한 요소
	참가형 이벤트	일반시민이 직접 참여하는 대회 후원, 시민참여를 위한 프로그램, 프로모션
스폰서십의 종류	공식 후원자	일정액의 금액을 지불하고 휘장을 광고, 판촉에 이용할 수 있는 권리
	공식공급업체	물자나 용역 등을 지원하고 휘장을 판촉할 수 있는 권리
	공식상품화권자	일정액의 금액을 지불하고 휘장을 이용하여 상품을 제조, 판매할 수 있는 권리
스폰서 대상	선수 개인, 팀, 경기대회, 스포츠 단체에 대한 협찬	
지역적 범위	세계대회 협찬, 기역대회 협찬, 국내대회 협찬	

❙ <표10-5> 스포츠 이벤트의 유형

형태	특징	지역진흥과의 관계	사례
지역밀착형	지역주민이 참가	교류확대, 주민의 정체성 확보, 건강증진사업 전개	스포츠 교실 스포츠 대회
이벤트형	유치 및 개최 타 지역 주민참여 확대	지명도 향상, 특산물 홍보, 미디어 활용	마라톤 대회 자전거 대회
광역 집객형	타 지역 주민참여 유도	지역 산업화, 경제 활성화	스키 골프 리조트 시설
이미지 활용형	지역 이미지 향상을 위한 팀이나 선수 확보	지역의 홍보, 팀의 홍보 전략 수립	프로야구 프로축구

출처: 한국산업인력공단(2016). 국가직무능력표준 NCS. 스포츠 마케팅-스포츠이벤트-스포츠이벤트 경기운영지원, p.232-233, 재인용. Retrieved from 정연석(2015).

스포츠 스폰서십의 유형

스포츠 스폰서십 유형은 재화 제공 형태에 따른 분류, 명칭사용에 따른 분류, 스폰서 대상에 따른 분류 등 다양하다. 스폰서란 용어 대신 국내에선 협찬사 혹은 후원사로 표기를 하고, 해외에선 파트너로 명시하기도 한다. 즉, 스폰서십 유형을 분류하는 것은 대회의 성격과 규모 등에 따라 다양하게 구분될 수 있다.

1. 재화 제공 형태에 따른 분류

1) 공식 스폰서

공식 스폰서(official sponsor)는 기업이 재화나 서비스를 제공하는 대가로 이벤트 주최기관의 각종 상표를 이용할 수 있는 스폰서다. 주최기관인 스포츠 단체로 하여금 공식 스폰서를 지정하게 되고, 협약을 통해 다양한 계약조건을 수행해야 한다.

기업은 현금과 현품 형태로 협찬하게 되고, 자사의 제품 상표와 스포츠 단체의 로고를 정해진 기간 동안 병행 표기함으로써 공식 스폰서임을 알린다. 대회 개최 장소에서 별도의 판촉행사 및 홍보부스 운영 등을 할 수 있어 경기장을 찾은 관람 스포츠 소비자에게 노출효과를 극대화하고자 한다. 비용 규모에 따라 세분화된 스폰서십 패키지를 통해 스폰서별로 마케팅을 이용할 수 있는 권리를 차등화하게 한다.

2) 공식 공급업자

공식 공급업자(official supplier)는 기업이 선수에게 필요한 스포츠 용품, 음료 및 기타 제품을 제공하는 대가로 마케팅 권리를 획득한 스폰서다. 특정 스포츠 용품업체가 국가대표의 유니폼을 지원하거나 선수 인터뷰 및 기자 간담회 자리에서 테이블 위에 놓인 스포츠 음료까지 다양한 장소에 배치를 하게 된다.

3) 공식 상품화권자

11부에 구체적으로 언급할 공식 상품화권자(official licensee)는 경제적 가치를 지닌 지적 재산권(로고, 엠블럼의 상표권 등)을 보유한 라이선서(licensor)로부터 사용허가를 받고, 판촉활동에 활용할 수 있는 권리를 가진 스폰서다. 자사의 특정 제품에 올림픽의 오륜기, 월드컵의 우승컵, 프로 스포츠 팀과 구단의 로고 및 엠블럼 등을 부착, 판매할 수 있다.

2. 명칭 사용에 따른 분류

1) 타이틀 스폰서

타이틀 스폰서(title sponsor)는 프로스포츠 리그, 스포츠 이벤트 공식 명칭에 주

| 그림 10-10 타이틀 스폰서

최 기관에서 기준으로 정한 비용을 협찬한 경우 대회 타이틀 자체의 사용권리를 가진 스폰서다. 기업 및 상품명을 대회 명칭에 혼용하여 사용함으로써 대중들의 인식도를 극대화하기 위한 목표를 갖고 있다.

일반 협찬 스폰서에 비해 소비자와의 커뮤니케이션 효과가 차이가 크기 때문에 스폰서 비용규모가 크다. 대표적으로 국내 프로스포츠 리그에서 타이틀 스폰서십 환경이 조성돼 있다.

2) 일반 스폰서

일반 스폰서(ordinary sponsor)는 주최기관이 정한 타이틀 스폰서 협찬 금액에 미치지 못한 경우 상호 협상조건에 따라 참여하는 스폰서다. 행사마다 다르게 불리지만 메인 스폰서(main sponsor), 프리젠팅 스폰서(presenting sponsor), 서브 스폰서(sub sponsor) 등 대회의 목적과 특성에 따라 실무적으로 다르게 사용되고 있다.

3. 스폰서 대상에 따른 분류

1) 선수 스폰서

선수 스폰서는 유명한 선수를 협찬하는 선수보증광고(athlete endorsement)가 있다. 또한 유명하진 않지만 잠재적으로 성장 가능성이 있거나 큰 금액을 들이지 않고 기업의 스포츠 용품을 직·간접적으로 홍보하기 위한 일반적인 선수 스폰서십(athlete sponsorship) 활동이 있다.

2) 팀 및 구단 스폰서

기업은 아마추어 스포츠 팀이나 프로스포츠 구단을 협찬한다. 팀과 구단 운

영에 필요한 자금과 물품을 지원하고, 선수 유니폼과 펜스 등에 광고를 할 수 있는 권한이 있다. 아마추어 종목 중에서 올림픽, 세계선수권 대회와 같은 메이저 대회에서 경기력을 인정받거나 대중적으로 인기 있는 선수가 속한 팀에게 협찬한다. 세계적인 기업은 프로 스포츠 리그의 명문구단과 다년간 협약을 맺고, 글로벌 시장에서 효과적인 마케팅 기법으로 활용하고 있다.

(3) 스포츠 단체 스폰서

대한체육회, 대한올림픽위원회, 장애인체육회 및 협회·연맹 등 가맹단체를 대상으로 협찬하는 경우이다. 연간 스포츠 단체가 참여하는 많은 행사를 통해 언론과 대중에 노출효과를 기대한다. 스포츠 단체 스폰서 계약기간은 비교적 긴 편이다.

(4) 스포츠 이벤트 스폰서

스포츠 이벤트는 규모에 따라 지역 이벤트(local events), 지방 이벤트(regional events), 국가 이벤트(national events), 국제 이벤트(international events), 세계적 이벤트(global events)로 분류할 수 있다. 또한 프로스포츠 리그와 같이 일정기간 동안 지속적으로 개최되는 이벤트와 특정시기에 연중 한 번 개최되는 이벤트가 있다.

물론 올림픽, 월드컵과 같은 세계적 이벤트는 4년에 한 번 다른 도시 및 대륙에서 개최된다. 더불어 국가 혹은 클럽 간의 친선 초청경기도 종종 개최되고 있다. 이러한 스포츠 이벤트에 협찬하는 스폰서 형태가 있다.

<표10-6> 스포츠 스폰서십의 유형

구분		내용
재화 제공 형태에 따른 분류	공식 스폰서	현금을 지불하고 주최기관이 공식적으로 인정한 스폰서
	공식 공급업자	물품을 제공하여 스폰서 권리를 행사하는 스폰서
	공급 상품화권자	공식적으로 라이선싱 사업권한을 갖는 스폰서

구분		내용
명칭 사용에 따른 분류	타이틀 스폰서	주최기관이 설정한 기준의 금액을 지불하고, 대회 명칭에 기업 혹은 상품명칭 사용권한을 갖는 스폰서
	일반 스폰서	타이틀 스폰서 기준에 못 미치지만 현금 혹은 현품을 제공한 스폰서
스포츠 대상에 따른 분류	선수 스폰서	선수에게 협찬하는 스폰서
	팀 및 구단 스폰서	팀, 구단에게 협찬하는 스폰서
	스포츠 단체 스폰서	IOC, FIFA, 연맹, 협회 등 스포츠 단체에 협찬하는 스폰서
	스포츠 이벤트 스폰서	다양한 규모, 형태의 스포츠 이벤트에 협찬하는 스폰서

여기서 잠깐

▣ 스포츠 이벤트 목표

㉠ 하나의 행사에 특화된 단기적으로 이루고자 하는 지향점을 의미함

㉡ 개별 스포츠 이벤트는 측정 가능한 하나 이상의 목표를 수립해야 함

▣ 스포츠 이벤트 목적

㉠ 홍보나 기업의 이미지를 고객에게 전달하여 매출의 극대화를 도출함

㉡ 협회나 경기단체는 종목 발전과 스포츠 행정의 일환으로 대회를 개최함으로써 수익창출을 기대함

㉢ 스포츠 구단은 팬들에 대한 서비스 극대를 통해 고정 팬을 확보하여 입장수입 및 팀 인지도 상승에 따른 수입 증가를 유도함

㉣ 국가 행정적인 측면에서 국민의 정신적 욕구를 충족시키고 지역의 활성화를 시키기 위함

▣ 스포츠 이벤트의 사업기획 수립 방향

㉠ 합리적인 목표와 정책을 수립하고 구체화하기 위한 근거를 제공해야 함

㉡ 미래의 환경변화를 체계적으로 예측해 적절하게 대응해야 함

㉢ 다양한 부문의 활동을 조정하고 통제하기 위한 성과표준을 제시하는 기능을 갖춰 기획을 수립해야 함

▣ 스포츠 이벤트 환경 분석

㉠ 거시환경 분석

- 스포츠 이벤트 주최 및 주관 측과 참여자 또는 관람자와의 관계에 직접적으로 혹은 간접적으로 영향을 미치는 요인
- 인구통계적 환경, 사회 및 문화적 환경, 경제적 환경, 기술적 환경, 자연적 환경, 경쟁적 환경, 정치 및 법률적 환경

㉡ 미시환경 분석

- 스포츠 이벤트 주최 및 주관 측과 참여자 또는 관람자와의 관계에 직접적으로 영향을 미치는 요인
- 스포츠 이벤트 주최 및 주관 측 환경, 공급업자, 마케팅 중간상, 고객, 경쟁업자, 조직과 이해관계를 가지고 있거나 영향을 미치는 집단(공중)

▣ 스포츠 이벤트 스토리텔링

㉠ 오프라인 스토리텔링

- 역사, 문화, 장소, 제품, 특정 콘텐츠 등 제품 중심으로 전통적인 스토리텔링 특징
- 직접 체험을 통해 소비자의 감성을 자극할 수 있음
- 시간과 장소상의 제약이 있음

㉡ 온라인 스토리텔링

- 인터넷 환경에서의 참여, 공유, 개방의 성격을 보여주는 형태
- 유연성, 탄력성, 보편성, 상호교환성, 재창조성, 신뢰성, 복합성, 파급성
- 사실만을 말하는 경우(에피소드, 경험담), 스토리를 약간 바꾸는 경우(패러디, 루머), 스토리를 새로 만드는 경우(기념일, 시리즈 광고), 특수채널로 유포하는 경우(장소, 영화, 게임)

▣ 스포츠 경기장 광고 보드 종류

㉠ A보드: A자형 보드로 이동이 없고 고정된 광고를 경기장 사이드라인과 앤드라인에 설치

㉡ 롤링보드: 고정적인 A보드와 달리 일정한 주기를 기준으로 광고의 롤링이 이루어짐으로써 눈에 잘 띄고, 여러 광고를 유치할 수 있음

㉢ LED 보드: 움직이는 효과와 디지털 방식의 동영상, 스토리텔링 식의 광고를 통해 시각효과가 뛰어나고 시선을 유도할 수 있음, 설치비용이 비쌈

▣ 스포츠 이벤트 시상식 기대효과

㉠ 관광 측면

- 직접적인 효과: 입장료 수입, 행사장내 매출액, TV 중계권, 광고수입 등
- 커뮤니케이션 효과: 관광객 교류 촉진
- 판매촉진 효과: 국가이미지 및 국익향상, 대외적 경쟁력 강화 등
- 지역진흥 효과: 경기장 및 숙박시설 증축 등에 따른 생산유발효과, 고용기회 증대
- 사회적 정체의식 부여를 통한 국민적 결집력과 연대감 조성: 사회질서유지, 공동체 의식
- 파급효과: 매스미디어 노출에 따른 직접파급효과와 광고 · 홍보에 따른 간접효과

㉡ 관광 사업 측면

- 관광목적지 이미지 개선: 관광지 정체성 확보, 자국문화 이미지 매력화
- 도시개발과 재개발 촉진: 도로 포장, 포장 사업 등 인프라 개발
- 관광시장의 유치권 확산: 관광자원에 따라 유치권 범위의 확장
- 관광자원과 관광시설의 활력: 전통 건축물 복원, 정적관광지와 동적관광지의 변화
- 관광성수기의 확대: 새로운 수요 창출

CHAPTER 03

공식 스폰서십과 매복 마케팅

1. 성공적인 공식 스폰서십의 취지

1) 스포츠 스폰서십 목적

(1) 인지도 향상

기업은 스포츠 스폰서십의 참여를 통해 짧은 시간 내에 폭넓은 인지도를 높이고자 노력한다. 세계적인 기업, 대기업 등이 협찬사로 참여하는 스포츠 이벤트도 인지도가 올라간다. 인지도 향상 측면은 주최기관과 스폰서 모두에게 해당되는 홍보 마케팅 전략의 결과로 나타난다.

(2) 이미지 제고

| 그림 10-11 기업의 공익활동

스포츠 스폰서십을 통해 이미지가 올라갈 수 있는 대상은 스폰서 기업, 자사의 상품과 스포츠 이벤트 자체다. 스폰서 기업은 대중에게 공익 연계 마케팅(cause-related marketing)을 통해 긍정적인 이미지를 갖기 위해 노력한다. 예를 들면 불우이웃 돕기, 실종아동 찾기, 수해지역 지원, 독거노인 복지, 공공 캠페인 등 다양한 행사기획으로 사회적

으로 가장 이슈가 되는 사안을 접목시킨다. 이러한 과정은 스포츠 이벤트 자체도 대중과 함께 하는 공익적 활동으로 이미지가 제고될 수 있는 환경이 조성된다.

(3) 판매 촉진

스폰서에 참여한 기업 입장에선 시장에 내놓은 자사의 상품 판매량이 올라가는 것이 궁극적인 목적이 될 수 있다. 상품 판매를 촉진함으로써 기업의 신상품 판매 전략과 가격 정책 등에 영향을 미치고 있다.

(4) 환대 서비스

환대(hospitality) 서비스는 스폰서로 참여한 기업 구성원에겐 매우 중요한 계약 조건이라 할 수 있다. 스폰서가 아닌 기업과 일반 관객이 접근할 수 없는 특별한 장소를 통해 스폰서 기업만이 누릴 수 있는 권리를 제공한다. 관람 스포츠에서 최고 품질의 서비스는 쾌적한 공간, 프리미엄 좌석, 전용 화장실, 주차 공간, 편의시설 등 매우 다양하게 구성할 수 있다. 협찬한 대가로 특별한 환대 서비스가 보장됨으로써 스폰서십 환경을 오랜 기간 동안 유지할 수 있는 가능성을 높여 줄 수 있다.

(5) 표적시장 접근

기업은 스폰서십에 참여함으로써 새로운 표적시장에 접근할 수 있게 된다. 기존 소비자의 충성도(loyalty)를 높이고 신규 고객 창출을 위한 타깃 마케팅(target marketing) 전략을 구사할 수 있다.

(6) 관계 마케팅 유지

기업의 스폰서십 참여는 고객과의 관계를 유지하게 하는 수단이다. 표적 시장 내의 인지도 향상을 위해 참여한다.

2) 스포츠 스폰서십의 권리

(1) 공식 명칭 및 지적 재산권 사용

스폰서 기업은 다양한 광고를 통해 '올림픽 공식 파트너', '월드컵 공식 스폰서'란 명칭을 사용할 수 있다. 주최 기관의 로고, 엠블럼, 슬로건, 마스코트 등을 자사의 제품에 부착하여 홍보를 극대화한다.

전미개조자동차경기협회로 알려진 나스카(NASCAR, The National Association for Stock Car Auto Racing)엔 매우 다양한 스폰서십 기업이 참여한다. 대표적으로 코카콜라와 같은 익숙한 협찬기업도 있지만, 네트워크 TV에선 광고하기 어려운 담배, 술 기업광고도 흔하다. 지상파 방송의 노골적인 광고에 한계를 가진 스폰서십 영역을 극복하는 현장이 된 것이다. 2013년도에 발표한 대략적인 경제적 효과를 살펴보면 다음과 같다. "나스카(NASCAR)는 7,500만 명의 충성도 높은 팬들을 보유하고 있다. Daytona 500은 NASCAR의 슈퍼볼이다. 이 중요한 스포츠 이벤트 매년 2월 레이싱 시즌이 시작할 때, 20만 명의 팬들이 관람한다. 500마일, 200바퀴의 레이스는 1,250만 가구에서 시청한다. Daytona Speedway의 경제적 효과는 매우 크다. 플로리다 주는 매년 16억 달러를 벌어들이며, 1만 8,000개의 영구적 일자리가 이 스포츠 이벤트로 인해서 생성되었다(Kaser & Oelker, 2015, p.9 재인용)."

| 그림 10-12 올림픽 파트너의 공식로고 사용 **| 그림 10-13** 월드컵 파트너의 공식로고 사용

(2) 제품과 서비스 제공의 독점적 권한

대회기간 중에 개최 장소에서 스폰서 기업의 제품과 서비스를 독점적으로 홍보할 수 있다. 독점성의 보장은 경쟁사의 제품과 서비스와의 차별화를 가질 수 있는 최대의 가치다. 대형 스포츠 이벤트에 스폰서로 참여한다는 자체가 공신력을 확보할 수 있는 좋은 기회다. 전 세계인이 TV를 통해 중계되는 경기나 선수 인터뷰 장소 등 노출될 수 있는 범위 내에서 공식 스폰서 제품과 서비스 정보는 인지도를 극대화할 수 있다.

| 그림 10-14 공식공급업체

| 그림 10-15 선수 인터뷰 장소

(3) 미디어를 통한 기업 · 상품 이미지 노출

방송매체(TV, 라디오), 인쇄매체(신문, 잡지 등), 인터넷 매체 등을 통해 스폰서 기업은 로고 노출을 하게 된다. 스포츠 단체의 홈페이지 하단에 위치하는 배너를 통해 광고를 할 수 있다. 또한 TV 광고 우선권을 갖게 되어 경기장을 찾은 대중이 아닌 잠재적인 소비자에게 노출효과를 극대화시킨다. 경기도중 송출되는 광고의 우선권이 없는 경우 공식 스폰서를 가장한 매복 마케팅(ambush marketing) 기업광고로 인해 피해를 보기도 한다.

(4) 경기장소 광고

경기장소 광고는 경기장을 직접 찾은 관람스포츠 소비자에게만 노출되거나 TV를 통해서 경기를 시청하는 소비자에게도 노출되는 부분이 있다. 우선 경기장을 찾은 소비자는 경기장 안팎에서 펼쳐지는 다양한 스폰서 광고를 볼 수 있다.

경기장 내로 진입하면 선수 유니폼에 부착된 기업 및 상품 광고가 있다. 특히 카메라가 선수를 항상 주시하기 때문에 TV를 통한 노출효과가 매우 크다. 선수 및 팀을 협찬하는 기존 기업과 스포츠 이벤트를 협찬하는 신규 기업 간의 조정이 필요한 사항이다. 대회의 특성에 따라 매우 다양한 방식으로 사전에 노출 범위를 정한다.

또한 가장 일반화된 경기장소 광고는 경기장 내의 각종 보드광고를 통해 스폰서를 알린다. 최근 LED 보드광고를 통해 현란한 이미지를 연출한다. 또한 가상광고(virtual advertisement)를 통해 TV 시청자들은 보드광고와 더불어 기업과 상품 이미지를 전달받고 있다. 경기장 내에는 스코어보드 광고를 최대한 활용한다. 경기장 내 득점판과 전광판을 활용한 스폰서 광고뿐만 아니라 TV 시청자들에만 노출될 수 있는 화면상단 스코어 광고에도 스폰서가 등장한다. 또한 선수 인터뷰 장소에는 배경막(backdrop) 광고를 통해 TV 노출을 극대화한다.

| 그림 10-16 보드광고

| 그림 10-17 스코어광고

(5) 부대 이벤트 개최권한

스폰서 기업은 경기장 내외에서 부대 이벤트를 개최한다. 홍보부스를 통해 다양한 이벤트를 선보이며 고객에게 직접 상품을 시연할 권리를 활용한다. 행사장 주변과 경기 종료 후 경품행사를 통해 고객을 끝까지 유인하고, 제품과 서비스를 적극 홍보한다. 또한 신상품 전시회를 통해 자연스럽게 광고효과를 누린다.

| 그림 10-18 홍보부스

| 그림 10-19 경품행사

(6) 인쇄물 광고

공식 스폰서는 행사와 관련한 모든 인쇄물에 기업로고, 상품 이미지를 삽입하여 광고를 한다. 대량의 티켓, 대회홍보 리플릿, 포스터 등 인지도를 높일 수 있는 방안을 최대로 강구한다.

| 그림 10-20 티켓

| 그림 10-21 리플릿

| 그림 10-22 포스터

(7) 편의서비스 할당

공식 스폰서에겐 초청장, 입장권, 주차권 등 대회참관을 위해 필요한 서비스를 할당받게 된다. 무엇보다 환대 서비스(hospitality)를 통해 VIP 카드를 제공받고, 특별장소에서 관람을 할 수 있는 편의를 최대로 제공하고 있다. 이러한 주최기관과 기업 간의 호의적 관계는 지속적인 스폰서십 환경을 조성하는 데 매우 중요한 요인으로 작용한다.

3) 성공적 스폰서십을 위한 6P

기업이 소비자와의 효과적인 커뮤니케이션 수단으로 인식한 스폰서십을 성공적으로 지속하기 위해선 어떤 조건을 갖춰야 할까? 다이아나 그레이(Diana P. Gray, 1996)는 성공적인 스폰서십에 필요한 여섯 가지 조건을 다음과 같이 제시했다.

(1) 플랫폼

플랫폼(platform)은 기차 승강장이란 원론적 의미대로 시장의 3주체인 생산자, 유통자, 소비자 간의 활발한 교환이 이뤄지는 장소다. 스포츠 이벤트 개최권한을 갖고 있는 스포츠 단체는 생산자 역할을 한다. 국제올림픽위원회(IOC)는 여러 종목의 체육행사(제품)에 대해 다양한 서비스를 가미해 올림픽이란 좋은 상품을 만들었다.

전문적인 스포츠 마케팅 대행사를 통해 세계적인 기업 10여 개를 공식 스폰서의 협상과 계약을 이뤄진다. 기업은 스포츠 상품을 소비하는 소비자이면서 자사의 상품에 관심 있는 잠재적인 소비자에게 스포츠 상품을 전달하는 유통자 역할을 하는 셈이다. 이해 당사자 간의 목적을 달성하기 위한 커뮤니케이션의 토대를 마련하는 플랫폼이란 속성을 잘 이해해야 한다.

(2) 동업

동업(partnership)은 스폰서십 계약 체결에 이르는 과정과 공식 스폰서가 지정된 후 상호 간의 동반자적 관계형성을 잘 유지해야 한다는 의미다. 권위 있는 대회에 스폰서로 참여함으로써 대중으로 하여금 인지도가 동반 상승하는 경우가 있다. 반대로 세계적인 기업이 협찬하는 대회도 기업의 제품과 서비스를 구매하는 소비자의 인식을 제고할 수 있다.

올림픽에선 IOC에서 승인된 소수의 공식 스폰서를 보호하기 위해 TOP 프로그램(The Olympic Partners)을 운영한다. 동반자적 관계를 공고히 하여 차기 대회에서도 스폰서십 프로그램의 참여를 유도할 환경을 조성하는 것이다.

(3) 편재

편재(遍在, presence)는 제품과 서비스를 찾기가 쉽고 이용하기 편리한 속성을 의미한다. 즉, 스폰서가 시장에 내놓은 상품에 대한 접근성이 좋아야 한다. 소비자는 대회기간 중에 인식한 제품과 서비스에 대해 인지도가 높은 상태가 된다.

소비자가 물건을 구매하기 위한 필수적인 단계인 문제를 인식하고 정보를 찾는 과정에서 가까이에서 쉽게 구매할 수 없다면 다른 물건으로 선택하게 된다. 혹여 구매를 했다 하더라도 구매 후의 행동은 다시 구매하거나 주변에 추천을 하는 상황으로 이어지지 않을 것이다.

(4) 선호

선호(preference)는 스포츠 스폰서십을 통한 소비자의 인식을 높이기 위해 선호도를 강화하는 수단을 제공해야 하는 속성이다. 스폰서 기업의 제품과 서비스 제공의 독점적 환경, 매복 마케팅으로부터의 보호, 다양하고 효과적인 스폰서십 패키지 개발 등 정교한 마케팅 전략을 수립할 수 있는 여건을 마련해야 한다.

(5) 구매

구매(purchase)는 소비자의 구매를 유도할 수 있게 하는 속성을 의미한다. 스폰서가 갖는 권리 내에서 단기간 동안 제품과 서비스의 판매를 증진할 수 있는 요소들이다. 특히 혁신적 기술에 따른 미디어 재편성과 시장의 확대는 스포츠 이벤트의 자산을 활용한 소비자 유도에 보다 적극적이어야 할 것이다. 향후 경기장에 가지 않더라도 생생한 현장 체험을 즐길 수 있는 제품과 서비스가 등장할 것이다. 이로써 스포츠 상품을 생산하는 스포츠 단체와 소비자에게 전달하는 기업 간의 상생적 노력으로 기업·상품 이미지의 노출환경이 확대될 것이다.

(6) 보호

보호(protection)는 말 그대로 스폰서의 독점적 권리를 보호하는 환경을 제대로 마련해야 하는 속성이다. 계속해서 기승을 부리고 있는 매복 마케팅을 방지하는 노력을 기울여야 한다. 기업 입장에선 거금의 비용을 지불하고 짧은 기간 동안 스폰서십 목적을 달성하고자 하기 때문에 스폰서 권리가 보호받는 것은 당연하게 여길 것이다. 하지만 효과적인 보호 장치가 없으면 계속해서 기업 스폰서십의 환경을 조성하기는 어려워질 수밖에 없다.

❙ <표10-7> 스포츠 스폰서십 6P

구분		내용
Platform	플랫폼	이해 당사자 간의 커뮤니케이션 발판으로서 역할
partnership	동업	이해 당사자 간의 동반자적 관계로서의 역할
presence	편재	제품선택이 쉽고, 구매 후 사용이 편리해야 하는 조건
preference	선호	인지도 높이기 위해 선호도를 강화하는 수단
purchase	구매	스폰서 권리 내에서 판매증진을 위해 구매 유도
protection	보호	스폰서 권리를 보호하기 위한 노력

출처: Gray, D. P. (1996). Sponsorship on campus. *Sports Marketing Quarterly, 5*(2), 29-34.

용어 올림픽 TOP 프로그램

TOP(The Olympic Partners) 프로그램은 국제올림픽위원회(IOC)의 올림픽 마케팅 프로그램이다. 기업 스폰서 참여를 통한 IOC의 수익구조로서 개최도시와 IOC의 재정적 난국을 타계하기 위해 1985년에 개발됐다. 1988년 서울 하계올림픽 때부터 처음으로 적용돼 지금까지 이어져 오고 있다. 올림픽의 공식 스폰서로서 최고 지위를 제공하고, 보호하기 위해 분야별 10개 내외의 기업을 선정하고, 동종업계 혹은 유사한 기업 참여를 배제시킨다. IOC는 2012년에 '규정 40(Rule 40)'을 만들어 공식 스폰서가 아닌 기업에게 대회 기간 중 활동금지 조치를 취하는 노력을 지속하고 있다.
2004년 자료에 따르면 올림픽 TOP 프로그램의 영역은 11개가 있다. 필름 · 사진 및 이미징, 청량음료, 시계 및 스코어링 시스템, 서류 출판 및 자재, 정기간행물 · 신문 및 잡지, 오디오 · TV 및 비디오 장비, 소비자 지불수단, 생명보험 및 연금, 소매 푸드 서비스, 무선통신기기, 정보기술 등이 있다. 이는 산업 트렌드의 변화, 산업 간 융합과 복합 현상에 따른 영역의 재편성 등에 따라 영역 및 기업숫자를 조정할 수 있는 것이다.
TOP 프로그램은 4년 단위로 올림픽 마크의 상업적 사용권을 비롯해 스폰서십 활동 권한을 부여한다. 1업종 1개 회사를 원칙으로 다국적 기업의 스폰서 권리를 최대한 보장한다. TOP I(1985-1988)에선 9개 기업, TOP II(1989-1992)에선 12개 기업이 참가했다. TOP I 부터 III(1993-1996)까지는 ISL이 마케팅을 대행했다. 이후 IOC 내 전담기구인 메리디언 매니지먼트(Meridian Management)가 담당했고, 2005년부터 기존 조직을 확대한 TMS(Television & Marketing Services)가 수행하고 있다.
TOP 프로그램을 통해 IOC의 수익에는 엄청난 도움을 주었지만 개최지역의 부담을 해소하는 데는 거의 영향을 미치지 못했다. 향후 지속 가능한 올림픽 상품을 판매, 유통하기 위해선 IOC, 기업, 지역까지 실질적 도움을 줄 수 있는 새로운 기획이 요구된다.

여기서 잠깐

▣ 스포츠 이벤트 계획수립의 종류

㉠ 전략적 기획: 장기목표설정 및 목표설정에 필요한 수단과 계획을 결정하는 데 중점을 두는 계획(단일계획)

㉡ 운영적 기획: 전략을 수행하는 데 필요한 특정 단계들을 설명하고 수입과 지출 예산은 편성하는 계획, 정규적으로 이벤트가 개최될 때마다 계속 적용 가능

▣ 스포츠 이벤트 계획서 작성 시 고려사항

㉠ 이벤트의 주체를 파악하여 작성

- 누구를 위한 이벤트인가를 생각하고 대상에 맞게 문서를 작성하는 것
- 이벤트 참가자 수준, 눈높이, 성향 등을 고려하여 읽기 편하고 이해하기 쉽게 작성

㉡ 논리적인 내용의 전개: 내용을 논리적으로 전개함

▣ 스포츠 이벤트 계약 체결 시 유의사항

㉠ 계약기간, 소요비용, 인격권을 제한하는 또는 믿음에 기초하지 않는 객관적인 스폰서십 참여에 관한 내용이 포함돼야 함

㉡ 모든 합의 상황에 대해서는 법률적인 근거를 토대로 한 서면작성을 분명히 해야 함

▣ 스포츠 이벤트 기획예산의 장점과 단점

기획예산: 장기적인 목표를 설정하고 그것을 보다 구체적인 몇 개의 사업계획으로 나누어 그 각각에 자원을 체계적으로 연결 · 배정하는 예산 제도

㉠ 장점

- 의사결정 절차를 일원화할 수 있음
- 자원을 합리적으로 배분할 수 있음
- 중장기계획을 추진하는 데 적합함
- 계획의 실시를 객관적으로 측정하고 평가할 수 있음

㉡ 단점

- 성과를 계량화, 수치화하기 어려움
- 사업계획의 작성에 많은 시간과 비용이 소요됨
- 사업계획 간의 우선순위를 결정할 기준을 찾기가 쉽지 않음
- 집권화 현상의 우려가 있음

▣ 스포츠 이벤트 기획예산 수립 시 분석기법

㉠ 비용편익분석: 비용과 편익을 금전적 가치로 환산하여 대안을 마련

㉡ 체계분석: 비용편익분석 방법에 더하여 대안의 구조, 기능, 형태, 경험적 요소를 평가하여 대안을 채택

㉢ 게임이론: 채택한 대안이 다른 조직이나 사람에게 미치는 영향을 고려

㉣ 시뮬레이션: 실제로 모형화된 시스템을 조작하여 결과를 관찰하고 분석

▣ 스포츠 이벤트 매뉴얼 단계별 흐름도

㉠ 스포츠 이벤트 전 준비사항

- 스포츠 안전사고 예방 계획 수립
- 참여자 관리
- 시설 및 장비 사전 점검
- 안전요원 교육

- 유관기관 협력

㉡ 스포츠 이벤트 중 준비사항

- 안전한 스포츠 이벤트 운영을 위한 고려사항
- 스포츠 이벤트 진행 중 운영자 실행 사항
- 사고 발생 시 조치

㉢ 스포츠 이벤트 후 준비사항

- 관중 및 참가자 퇴장 시 조치사항
- 장비 및 시설 유지 계획
- 이벤트 평가하기

▣ 스포츠 이벤트의 효과

㉠ 직접효과: 입장료 수입, 행사장 내 상품판매액, 집객 효과 등에 따른 효과

㉡ 간접효과

- 커뮤니케이션 효과: 주최자와 참가자 간의 커뮤니케이션 효과
- 판촉효과: 구매의욕의 촉진, 상품 및 기업에 대한 호감도 조성
- 파급효과
  - 직접파급효과: 참가자에 의해 전달되는 효과
  - 간접파급효과: 이벤트 개최에 따른 경제적 파급효과, 기술문화 보급 등
- 퍼블리시티 효과: 이벤트가 대중매체 등에 의해 보도되는 것에 의해 주최자의 의도가 널리 주지되는 효과
- 인센티브 효과: 기업 이벤트의 경우 조직체에 발생되는 관계개선 및 관계촉진

▣ 스포츠 이벤트의 경제적 효과

㉠ 경제 활동의 증가

㉡ 사회기반시설 확충

㉢ 고용창출 효과

㉣ 외화수입 증대

㉤ 홍보 효과

㉥ 판촉 효과

▣ **스포츠 이벤트의 평가지표**

㉠ 참여규모: 총 참가자수, 방문회수, 회전율, 최대입장객수

㉡ 방문객 특성: 연령별, 성별, 직업별, 교육수준, 소득수준, 동반자 유형 및 숫자

㉢ 송출지 및 여행형태: 국가, 지역, 조사시점 출발, 여행 중 경유지, 숙박시설, 숙박일수, 패키지 상품, 교통수단

㉣ 마케팅 동기부여: 대중매체, 구전의사전달, 당해 지역, 당해 이벤트, 첫 방문, 재방문

㉤ 활동 및 지출: 개최지 이벤트와 행사장 참가, 개최도시 및 여행 중 활동, 이벤트 참가비와 여행비용, 숙박비, 식음료지출, 유흥비, 기념품비, 쇼핑비, 여행 관련 지출

㉥ 경제적 영향: 총 참가자수, 이벤트와 당해 도시 내에서의 평균 소비액, 직접 및 간접고용, 상근 및 시간제 고용

㉦ 기타 영향: 자연보호, 환경오염, 주민태도, 공중행위, 쾌적성 확보

㉧ 비용편익분석: 편익대비 유형비용, 순가치의 질적평가

2. 매복 마케팅의 이유와 방지방법

1) 매복 마케팅의 이해

(1) 매복 마케팅의 개념

매복(埋伏) 마케팅의 영어표현은 앰부시 마케팅(ambush marketing)이다. 말 그대로 '적(敵)을 숨어서 기다리다가 불시에 공격한다.'는 의미다. 대회주최기관의 승인 없이 기업의 상표나 상품 로고 등을 노출시켜 소비자와의 커뮤니케이션 향상을 목적으로 하고 있다. 이는 공식적으로 인정받는 문제 외에 공식 스폰서의 목적과 별반 다르지 않다. 하지만 매복 마케팅 기업은 매복 마케팅을 진행하면서 경쟁사인 공식 스폰서에게 피해를 입히고자 계획하기도 한다.

세계적인 스포츠 용품 기업인 나이키(Nike)는 올림픽 혹은 월드컵의 공식 스폰서로 인식할 수도 있지만 전혀 아니다. 나이키는 대형 스포츠 이벤트에 협찬하기 보다는 유명한 선수와 팀에 협찬하는 방식으로 스폰서 효과를 본다. 하지만 매복 마케팅을 게을리 하지도 않는다. 2014년 브라질 월드컵의 공식 스폰서인 아디다스(Adidas)의 마케팅 활동을 뛰어넘는 방식으로 전 세계 소비자의 이목을 집중시켰다. 세계적 영상 콘텐츠 오픈 소스 프로그램인 유튜브(YouTube)를 활용해 세계적 축구 스타를 출연시켜 마치 월드컵과 관련한 기업 이미지를 각인시켰다. 월드컵을 상징하는 우승컵 이미지, 공식 스폰서란 단어 등만 등장하지 않았을 뿐이다.

| 그림 10-23 올림픽 공식 스폰서 | 그림 10-24 공식 스폰서와 매복 마케팅 기업

| 그림 10-25 월드컵 공식 스폰서 | 그림 10-26 월드컵 기간의 매복 마케팅 기업

(2) 매복 마케팅의 특징 및 유형

매복 마케팅 기업은 공식 스폰서처럼 많은 촉진 비용을 감수하며 교묘하게 마케팅 활동을 한다. 일반적인 매복 마케팅 특징 및 유형을 살펴보면 우선 사전에 철저하게 계획된 의도적인 활동이다. 사전에 법과 제도에 어긋나지 않는 범위 내에서 마케팅 활동을 한다. 방송중계 전후 혹은 중간에 광고를 통해 알리는 행위를 한다. TV 광고우선권을 보장하기 위한 스폰서십 보호 권한이 작용되기도 하지만, 그 범위를 넘는 선에서 경쟁사의 광고활동을 하게 된다. 또한 경기장 주변의 도시 건물에 옥외광고판을 활용하기도 한다.

이외에도 스폰서 권리를 침해하지 않는 범주 내에서 활동을 해야 하기 때문에 짧은 기간 동안에 진행된다. 경기장 안팎은 스폰서가 권리를 행사하는 구역이다. 매복 마케팅 기업은 경기장에서 수킬로미터 떨어진 매장에서 해당 스포츠 이벤트가 개최되는 것처럼 한시적 판촉행사를 개최하기도 한다. 즉, 경기장 주변에서 별도의 프로모션을 하는 경우다.

2016년 리우 올림픽 때도 공식 스폰서인 삼성전자를 견제하기 위해 애플은 주경기장에서 벗어난 지역에서 판촉행사를 했다. 애플스토어를 열고 올림픽 참가국의 국기 모양이 새겨진 특별판 애플워치를 판매했다. 명백한 매복 마케팅인 것이다. 하지만 공식 스폰서가 보장받은 경기장 주변을 벗어난 반경에서의 프로모션 활동이기 때문에 법적, 제도적으로 피한 상황이라 할 수 있다.

매복 마케팅의 대표적 특성 중에 하나는 선수를 활용한다. 공식 스폰서가 협찬하는 선수 외에도 대중이 선호하는 유명한 선수는 많다. 선수와 단체 등을 교섭하면서 마케팅 활동을 추진하는 경우다.

매복 마케팅 기업은 주로 동종업계인 경쟁사가 공식 스폰서의 지위를 획득하게 되면 스폰서 효과를 반감시키고자 한다. 스포츠 용품 업체, 가전업체, 자동차 업계 등 판촉활동의 경쟁 구도 속에서 공식 스폰서가 계획한 부대 이벤트 이상의 행사를 기획하여 소비자를 유인하기도 한다. 보다 큰 규모의 경품과 상금을 걸어 소비자 관심을 돌려놓는 경우다.

(3) 매복 마케팅을 바라보는 시각

매복 마케팅에 대해선 남의 마케팅 기법에 얹혀 얄밉게 무임승차를 한다고 해서 기생(寄生) 마케팅(parasite marketing)이라고도 불릴 정도로 수치스럽게 여기고 있다. 하지만 현실에선 더욱 기승을 부린다. 모든 기업이 공식 스폰서로 인정받을 수 없는 환경, 스포츠 이벤트 개최열기를 그냥 지나칠 수 없는 상황, 더욱 교묘하고 정교해진 마케팅 기법 개발 등에 힘입어 소비자에게 직접 전달돼 효과가 확실한 사례가 급증하고 있다. 특히 실시간으로 전송되는 가공할 만한 전파력을 지닌 소셜 미디어는 매복 마케팅 시장을 더욱 활성화시키고 있다.

인지도 측면에선 매복 마케팅 기업이 공식 스폰서보다 효과적인 면에선 한계가 있지만, 투자 대비 효과는 매우 크기 때문에 포기할 수가 없는 실정이다. 기업은 궁극적으로 자사의 인지도를 높이고, 상품 이미지를 전달하여 판매를 향상시키는 목적을 갖는다. 즉, 변용된 마케팅 기법을 피하기보다는 법의 범주 안에서 방어권을 확보하고, 전략적인 매복 마케팅을 통해 성과를 거두기 위한 노력을 아끼지 않을 것이 분명해 보인다.

2) 매복 마케팅 방지를 위한 노력

(1) 법과 제도적 규제

스폰서 권리를 보호하는 가장 근본적인 대책이다. 올림픽의 오륜마크, 월드컵의 우승컵과 같이 세계적으로 잘 알려진 마크를 큰 고민 없이 사용했다가는 법적 문제에 봉착하게 된다. 강력한 손해배상과 매복 마케팅 기업의 이미지가 하락할 수 있다. 매복 마케팅을 전략적으로 하는 기업은 대회와 관련한 상징적인 이미지를 결코 사용하지 않는다. 대회로 인식하게끔 하는 유사한 이미지만을 혼용해서 상품 이미지를 전달한다.

예를 들면 하계올림픽 기간은 수달이 헤엄을 치며 음료를 마시거나 동계올림픽 기간은 북극곰이 썰매를 타며 음료를 마시는 형식을 취한다. 하지만 오륜기가 새겨진 복장을 입은 귀여운 캐릭터에 대해 누구나 사용할 수 있는 만인의 표식이라고 생각하여 판촉행사에 사용하다가 법적인 제재에 가해지는 경우가 있다.

또한 스포츠 단체에서 규정한 제도의 범위를 벗어난 마케팅 활동도 엄연한 매복 마케팅 활동으로 간주한다. 올림픽에서 매복 마케팅 기업으로 발각될 경우 국제올림픽위원회(IOC), 각 나라별 관련 국제행사에 스폰서로 참여하지 못하도록 돼 있다. 2012년 IOC는 '규정 40(Rule 40)'을 만들어 TOP 프로그램에 참여한 공식 스폰서를 보호하기 위한 조치를 취했다.

(2) 레버리징 프로그램

풀러턴(S. Fullerton, 2009)은 법과 제도적 규제와 더불어 전략적인 방법을 병행하여 스폰서 권리를 보호해야 한다고 했다. 그가 제시한 '레버리징(leveraging) 프로그램'을 통해 공식 스폰서의 권리를 보장하는 기간을 대폭 확대해야 한다는 것이다. 현재는 17일 간 개최되는 올림픽과 1개월 남짓 개최되는 월드컵의 기간 전후로 한정지어 스폰서를 노출시키고 있다. 하지만 공식 스폰서와 상품 이미지 노출을 수개월 전부터 대중에게 알리는 것이다.

오랜 기간 동안 공식 스폰서로 인지될 수 있는 시간적 여유를 가질 수 있다. 또한 매복 마케팅 활동에 대한 체계적인 차단과 법적·제도적 규제를 적용할 수 있다. 더불어 언론을 통해 실상을 알릴 수 있는 전략적인 방법까지 동원되는 환경과 대중의 인식도 변화 등을 기대할 수 있다.

① 프로 스포츠의 모든 영역이 스폰서십에 활용될 수 있을까?

정의란 무엇인가(Justice)로 유명한 마이클 샌델(Michael Sandel, 1953~) 교수는 '돈으로 살 수 없는 것들(What money can't buy)'이란 저서에 스포츠와 관련한 언급을 했다. 아무리 자본주의가 팽배한 프로 스포츠 시장이라 하더라도 '해도 너무 한다'는 사례를 제시했다. 경제적 가치에만 매몰된 경우를 어떻게 바라봐야 할까라는 질문을 던진다.

그가 언급한 경기장의 이름을 기업이 짓는 조건으로 돈을 받는 북미에선 흔한 스폰서십의 일종인 명명권(naming rights)에 대한 이슈는 11부에서 다루겠다. 그에 따르면 스포츠 스폰서십은 프로구장 내 아나운서의 멘트에도 영향을 미쳤다. 특정팀이 홈런을 칠 때 '뱅크원 홈런입니다(Bank One Blast)'라고 기업명을 섞어 외쳐야 한다. 우리의 KT와 같은 통신기업의 이름을 넣어 'AT&T가 구원투수를 투입합니다.'란 멘트를 넣는 사례도 있다. 심지어 아슬아슬하게 세이프가 됐을 때에는 '세이프! 안전하게 들어왔네요. 뉴욕생명'이라고 한다. 아직 국내에선 아나운서의 멘트가 타이틀 스폰서의 대회명칭을 언급하는 수준이지만, 우리도 언젠간 스포츠 경기를 보면서 아나운서를 통해 기업 상품을 듣는 단계까지 올 수도 있다.

더욱이 1, 2, 3루 베이스에 특정 기업의 로고를 새기는 것까지 논의됐다가 철회된 적이 있다. 아무리 프로 스포츠의 본산인 미국 메이저리그에서도 신성시 되는 베이스의 광고권에 대해선 정서적으로 허용이 안 됐던 것이다. 그렇지만 기업은 허용하는 범위까지 스폰서십의 영역을 확대하려고 할 것이다. 잠재적인 스포츠 소비자의 눈과 귀를 침범하기 위한 노력이 지속되고, 다른 감각기관까지 기업광고를 체험할 수 있는 시대가 열릴 것이다. 혁신기술을 도입하고 소비자의 결제를 유도하는 새로운 방식을 도입하는 것은 기업이 가장 잘 하는 분야이기 때문이다. 더불어 스타, 미디어, 협찬사의 흥행 3요소가 보장되는 한, '스포츠의 마케팅(marketing of sports)' 주체인 스포츠 단체는 기업의 광고방식을 받아들일 수밖에 없을 것이다.

참고로 이와 유사하게 가상광고 영역이 있다. 그래픽을 활용해 현장 관객의 눈엔 보이지 않지만 미디어를 통해 관전하는 사람들에겐 기업광고가 노출되는 방식이다. 이 역시 혁신기술로 3D, 4D 형식으로 기업광고를 통해 제시된 제품과 서비스를 체험하게끔 발전할 것이다. 국내도 방송법에 따라 가상광고를 허용하고 있다.

방송법 시행령(제59조2)

- 운동경기를 중계하는 방송프로그램
- 스포츠 분야의 보도에 관한 프로그램
- 운동경기를 중계하는 방송프로그램의 가상광고의 경우 경기장에 설치돼 있는 광고판을 대체하는 방식, 우천으로 인한 운동경기 중단 등 불가피한 사유 가상 광고시간에 제한을 두지 않음
- 가상광고 크기: 화면의 4분의 1을 초과하지 못함
- 경기 장소, 관중석 등에 있는 선수, 심판 또는 관중 위에 가상광고는 하지 아니할 것. 단, 개인 얼굴을 식별하기 어렵고 경기흐름 또는 시청자의 시청흐름에 방해되지 않을 경우 관중 위에 가상광고 가능

② 100년 역사를 가진 전국체육대회는 항상 체육대회만 해야 할까?

서구의 지역대회가 현재 세계적인 대회가 된 경우는 100여 년의 전통이 있는 대회가 많다. 우리나라에도 100회 대회가 있다. 1920년 제1회 대회로 시작하여 2019년에 100회 서울대회를 맞이했다. 일제 강점과 전쟁 발발로 숱한 역경 속

에 지금까지 명맥을 유지하고 있다. 바로 매년 전국 각 지역으로 돌아가며 개최되고 있는 전국체육대회다. 국내와 해외동포선수단 3만 여명을 포함해서 초청인사, 언론사, 지역주민, 관광객을 포함해서 크게 잡아 10만 명 정도가 대회에 직·간접적으로 관여된 대회다. 특정지역에 1주일 간 머물며 소비를 주도할 수 있는 시장이 형성된 셈이다.

하지만 체육대회는 여태껏 체육대회란 인식이 강하다. 관련 종사자가 아니면 일반인들이 올해와 다음해에 어느 지역에서 개최되는지 잘 모른다. '그들만의 리그'로 끝나는 경우가 많다. 다시 말해 스포츠 이벤트의 흥행요소인 선수, 미디어, 스폰서의 조화를 이루지 못하고 있다.

"전국체육대회를 주최하는 대한체육회 정관 제5조(사업) 15항을 살펴보면 '체육회의 사업수행에 필요한 홍보사업 및 재원 조달을 위한 수익사업'을 할 수 있다. 16항 3호에 '체육회의 고유목적 사업을 원활히 수행하기 위하여 필요하다고 인정하는 때에는 관계부처의 협의를 거쳐 별도 법인을 설립하거나 출자·출연할 수 있다.'고 명시돼 있다(대한체육회, 2019a). 마케팅 규정 제12조(공동마케팅)를 살펴보면 '전국종합체육대회 조직위원회는 체육회와 공동마케팅 관련 내용을 서면 합의 후 각 당사자의 마케팅 자산을 활용하여 체육회와 공동마케팅을 할 수 있다.'라고 제시됐다(대한체육회, 2019b). 또한 정관 제9장(지적재산권)의 제54조(올림픽 자산 등) 외에 제55조(전국종합체육대회 등에 대한 권리)에 따라 '체육회가 주관하는 전국종합체육대회에 관한 상표권 등과 관련하여 독점적 사용권을 갖고 있다. 다만, 전국체육대회 또는 전국생활체육대축전을 개최하는 시·도 및 시·도 체육회는 해당 대회에 관해 비상업적 목적으로 이를 사용할 권리를 갖는다.'라고 명시돼 있다. 같은 조항 2항에는 '체육회의 명칭, 로고, 표창과 체육회가 주관하거나 파견하는 전국종합체육대회 및 국제종합경기대회에 관련된 국가대표 선수, 지도자, 심판의 이름 및 사진에 대해서는 체육회가 독점적 사용권리를 갖는다.'고 되어 있다. 더불어 '체육회의 권리를 사용하고자 하는 개인, 단체 또는 법인은 체육회의 사전승인을 받아야 하며 그 사용료를 지불하여야 한다.'라고 마케팅 활동을 위한 절차가 구체적으로 제시돼 있다(대한체육회, 2019a). 마케팅 규정(대한체육회, 2019b)의 목적이 '체육회의 사업에 필요한 재원확보를 위하여 체육회의 지적재산권 등 권리를 활용한 체육회 마케팅 활동'이라 규정했다. 마케팅이란 체육회 유·무형의 자산과 이와 관련된 지적재산권 등 권리를 판매하는 활동이다. 대표적으로 후원권, 상품화권, 방송권에 관한 사업을 명시했다(마케팅 규정 제3조, 마케팅 활동). 다만 상업권자 선정방법과 시기(마케팅 규정 제7조)를 살펴보면 '동·하계올림픽 기간을 기준으로 매 4년마다 일반경쟁에 의하여 상업권자를 선정하는 것을 원칙'으로 돼 있어 올림픽에 초점이 맞춰져 있다. 이는 정관 제54조(올림픽 자산 등)와 제55조(전국종합체육대회 등에 대한 권리)에 근거하여 제54조인 올림픽 자산에 국한된 내용으로 한정돼 있어 자체규정 수정이 필요할 것으로 생각한다. 또한 마케팅 규정에는 상업권자의 권리보호(제8조), 매복마케팅 금지(제10조) 등도 포함(대한체육회, 2019b)돼 있어 기본적인 스폰서십 환경을 조성하기 위한 노력을 했다고도 볼 수 있다(문개성, 2019b, p,664, 665).”

국내 프로 스포츠 리그에만 기업 스폰서십 환경이 조성돼야 하는 기준이란 없다. 아마추어 종목의 취지는 국가 예산을 들여 선수를 육성해야 하는 것이 우선이지만, 프로 스포츠 세계처럼 기업의 이해관계에 따라 선수와 팀을 협찬할 수 있다. 매년 지역을 바꾸며 가을에 어김없이 개최되는 국가적 행사에 기업참여를 유도할 수 있다면 얼마나 좋을까. 1년 전부터 공식 스폰서로 참여한 기업의 로고가 해당지역 도로변에 광고성 깃발이 걸리면 안 될까. 그 기간 동안은 지역주민에게 기업 상품 할인행사로 프로모션을 강화할 수 있고, 지속적인 홍보가 가능할 텐데 말이다. 관건은 미디어다. 주관 방송사를 선정하여 올림픽 수준으로 모든 경기 시청이 가능하다면 기업도 관심을 가질 만하다. 이런 유기적 구조가 구축되면 얼마든지 전국체육대회는 ‘체육대회’가 아닌 ‘스포츠 이벤트’가 될 수 있다. 더욱이 지역전통 축제와 융합시키면 해외 관광객 유치로 이어질 수 있다. 스포츠 이벤트는 체육인들의 체육대회가 아닌 다양한 콘텐츠와의 융합과 복합을 이룬 문화축제이다.

| 그림 10-27 초창기 전국체육대회

③ **대회 명칭, 그냥 '서울-부산'이라고 하면 안 될까?**

"「서울-부산」이라는 유명한 대회가 있다고 하면 어떨까? 지명이 대회명칭이 된다? 한 번도 시도하지 않았기에 낯설 것이다. 세계 3대 사이클 그랜드 투어라고 하면 투르드프랑스(Tour de France, 1903년 시작), 지로디탈리아(Giro d'italia, 1909년 시작), 부엘타 아 에스파냐(Vuelta a España, 1935년 시작)가 있다. 투르드프랑스와 마찬가지로 지로디탈리아 대회는 스포츠 신문 '가제타 델로 스포르트(La Gazzetta dello Sport)'의 판매, 부엘타 아 에스파냐는 스페인 신문사 '인프로마시오네(Informaciones)'의 판매부수를 높이기 위한 마케팅 활동이었다. 이와 못지않게 유명한 도로 사이클 대회로는 파리-루앙(1896년 시작), 밀란-산레모(1907년 시작)와 같이 출발과 도착지점을 명기한 대회명칭이 있다. 우리도 도지사배, 시장배 등의 단체장 명칭을 앞세운 대회보다 지명과 지명을 활용한 새로운 개념의 대회 명칭을 구상해보면 어떨까? 결론적으로 '타이틀'이 지닌 힘을 활용하기 위한 기획을 할 때 편견의 틀 안에서 이루어지는 경우가 많다. 즉, 제목부터 편견을 깨야 신선한 제품과 서비스의 출발이 이루어질 수 있지 않을까(문개성, 2019a, p.135, 136)?"

④ **가상현실의 스포츠 판타지 시장도 스폰서십의 영역이 될까요?**

"몇 년 전 우리사회 혹은 전 세계를 강타한 단어는 무엇일까? 바로 이 단어, '4차 산업혁명'이다. 파생적으로 융합, 복합, 혁신이란 용어도 여기저기서 등장했다. 몇 해 전 세계경제포럼으로 잘 알려진 다보스 포럼의 회장인 클라우스 슈밥(Klaus Schwab, 1938~)을 통해 4차 산업혁명이라는 화두가 뿌리내리게 됐다. 마케팅 관점에서도 4차 산업혁명이란 브랜드는 성공한 것으로 보인다. 그에 따르면 증기기관이 발명된 18세기 무렵의 영국에서 물과 증기 힘에 의한 기계화 현상이 시작된다. 1차 산업혁명 시기다. 19세기 무렵이 되자 전기를 이용한 대량생산과 자동화 시스템이 도입된다. 바로 2차 산업혁명 시기다. 20세기 중반부터 오늘날까지 컴퓨터가 개발되고 정보화기술이 모든 산업과 결합되면서 3차 산업혁명 시기를 보내고 있다. 바로 지금 이 순간부터라고 하는 4차 산업혁명 시대에는 어떤 변화가 있을까? 오늘날까지 이어진 디지털 기술발전을 토대로 말 그대로 혁명을 이룰만한 현상이 눈앞에 있다. 이세돌을 이긴 인공지능(AI), 생활 곳곳을 누비고 다닐 정밀한 로봇기술, 사물 간에도 정보를 교환하고 데이터를 축적하는 사물인터넷 등 다양한 미래 아이템에 대해 꽤 여러 차례 들어보았을 것이다. 그렇다면 이 놀라운 기술과 스포츠와는 무슨 관계가 있을까? 그리고 스포츠(sports)는 무엇일까? 몸을 통해 이루어지는 교육적 냄새가 물씬 풍기는 체육(體育, physical education)과는 근본적으로 다른 의미다. 체육은 나라마다 용어를 달리하며 사용하지만, 스포츠는 어느 나라에서도 스포츠다. 스포츠는 신체성, 경쟁성, 제도성을 바탕으로 사람들이 유독 열광하는 콘텐츠가 됐다. 월드컵 결승전에 수십 억 인구가 동시간대에 본다고 하니 인류공통의 언어로서 손색이 없게 됐다. 스포츠 마케팅에서는 스포츠 소비자를 참여유형에 따라 3가지로 분류한다. 여러분이 크게 관심을 갖는 '몸 만들기' 열풍을 주도하는 소비자를 직접(1차) 소비자라고 한다. 간접(2차) 소비자는 누구일까? 운동에는 그다지 관심이 없지만 경기장을 찾아 응원하는 사람들을 말한다. 마지막으로 매체(3차) 소비자는 운동을 배우거나 관람에는 관심을 두지 않지만 스포츠 단신을 검색하고, 스포츠 웨어를 즐겨 입는다. 상상해보자. 4차 산업혁명 시대 초입에 등장한 가상현실(VR), 증강현실(AR), 360도 카메라 등을 통해 프로야구가 접목된다면 어떻게 될까? 굳이 경기장을 찾지 않더라도 관람스포츠를 즐길 수 있다. 고글 하나 쓰면 프로야구장이 펼쳐진다. 보고 싶은 장면만 고개를 돌리며 볼 수 있다. 응원열기와 함성을 온 몸으로 느끼게 된다. 선수의 땀방울과 몸짓 하나 하나를 줌인(zoom-in)해서 본다. 경기가 끝나고 나니 현장이 아니라 집안의 침대 위라는 사실이 다를 뿐이다. 조금 더 상상해볼까? 기술을 선도하는 기업은 어김없이 소비자의 호주머니를 탐낼 것이다. 프로야구장 입장권 가격보다 현장을 그대로 체험할 수 있게 하는 중계 서비스 가격을 낮게 책정할 것이다. 잠재적인 스포츠 소비자인 매체 소비자를 유인하는 좋은 매개가 될 것이다. 또한 전통적으로 분류해놓은 스포츠 소비자를 구분하는 기준도 모호해질 것이다. 전통적 마케팅 시장과 디지털 마케팅 시장의 기업 전략은 다를 것이다. 요즘 핫한 손흥민 선수. 함께 경기를 뛸 수 있을까? 뛸 수 있다. 스포츠 스타의 자선 축구행사를 말하는 것이 아니다. 현실세계의 경기가 아닌 가상세계의 경기를 말하고 있다. 가상세계의 프로축구 경기란 어떤 방식일까? 2018년에 헐리웃 영화의 거장 스티븐 스필버그(Steven Spielberg, 1946~)는 노령에도 불구하고 우리에게 멋진 상상력을 불어 넣었다. 레디 플레이어 원(Ready Player One)이란 영화를 통해 가상현실과 암울한 현실 사이에 펼쳐지는 무궁무진한 게임과정을 스토리로 엮었다. 현실의 나와 가상세계의 새로운 캐릭터는 동일인물이면서도 다른 자아이다. 이게 무슨 말인가? 현실 속 프로축구 리그의 전통적 마케팅 시장에서 나는 소비자일 뿐이다. 즉, 축구연맹이 만들어놓은 멋들어진 생산품인 손흥민 선수를 응원하며 소비한다. 상상을 확장해볼까? 특수 장비를 머리에 쓰고 나니 가상세계 속 프로축구 리그가 존재한다. 물론 손선수도 있다. 나도 새로운 캐릭터로 리그에 뛰어들어 골을 넣거나 막는 역할을 한다. 좋은 상품을 생산하는 역할도 하는 셈이다. 더 놀라운 것은 현실세계의 축구연맹이 가상세계의 리그 기록도 인정한다는 사실이다. 어디까지나 상상이다. 2007년 첫 스마트폰, 애플이 나오기 전에는 손에 들고 다니는 개인 컴퓨터 시대가 올지 몰랐다.

시간, 공간, 지식의 경계가 모호해진 오늘날. 가상세계 속 스포츠 판타지가 올 날을 기다려보는 것만으로도 즐겁지 않을까(문개성, 2019.3.25.)?"

과 제

1. 국내외 성공적인 선수 스폰서십 사례를 찾고, 어떤 이슈가 있는지 조사하시오.
2. 국내외 선수 스폰서십의 실패 사례를 찾고, 어떤 이슈가 있는지 조사하시오.
3. 국내 4대 프로스포츠 리그(야구, 축구, 농구, 배구)의 타이틀 스폰서 사례를 찾아보고, 어떤 효과가 있는지 조사하시오.
4. 가장 최근의 성공적인 스폰서십의 사례를 찾고, 어떤 이슈가 있는지 조사하시오.
5. 가장 최근의 매복 마케팅 사례를 찾고, 획기적인 방지책이 있는지 조사하시오.
6. 기업이 관심을 갖는 새로운 스포츠 스폰서십의 영역이 있는지 조사하시오.

PART

11

명명권, 인도스먼트, 라이선싱 및 머천다이징

1 스폰서십 영역의 확장을 이해하자

10부에서 스포츠 스폰서십에 대해 알아봤다. 스포츠 스폰서십은 기본적으로 '스포츠를 통한 마케팅(marketing through sports)'의 주체인 기업이 참여하는 분야다. 본 장에서 제시할 명명권(naming rights), 인도스먼트(endorsement), 라이선싱(licensing) 및 머천다이징(merchandising)도 기업이 관심을 갖는 마케팅 활동이다. 즉, 스포츠 스폰서십의 확장이라 할 수 있다.

명명권은 정부가 관리하는 공공체육시설을 기업에게 명칭 사용권한을 부여하는 것을 의미한다. 건물을 짓고 관리하는 데 국민세금이 필요한 영역으로 어떤 시각으로 바라보느냐에 따라 다양한 의견이 도출된다. 인도스먼트는 선수를 활용하여 기업의 특정 상품을 광고하는 분야다. 단기간에 효과를 봐야하므로 유명한 선수에 국한된다는 특징이 있다.

라이선싱은 '스포츠의 마케팅(marketing of sports)' 주체인 스포츠 단체가 법적으로 보유한 로고, 엠블럼 등의 상징물을 활용하는 사업 분야다. 흔히 말하길 '싼 티셔츠에 유명한 구단로고를 부착하면 비싸질 수 있다.'는 것이다. 머천다이징은 스포츠 콘텐츠가 반드시 스포츠에 관련한 제품과 서비스로 한정지어야 할 이유가 없는 분야다. 즉, 스포츠와 무관한 생활용품을 무궁무진한 상상력으로 창출할 수 있는 분야다.

선수를 활용한 사업이 얼마나 다양할 수 있는지 상상해보자. 영국프리미어리그(EPL)의 대표적인 구단인 맨체스터 유나이티드(Manchester United)는 박지성 선수가 활약했던 명문 구단으로도 잘 알려져 있다. 이 구단의 머천다이징 사업의 영역은 방대하다. 구단 홈페이지 통해서도 1,000종 이상의 메가스토어 상품을 구입할 수 있다. 우리 삶의 모든 영역에 자리잡고 있는 선수 캐릭터, 피규어, 목도리, 와인, 가방, 신발, 심지어 개목줄까지 총 망라한다.

혁신기술이 접목될 수 있는 다양한 분야 중에서도 앞으로 발전을 거듭할 수 있는 사업 영역이다. 자신이 좋아하는 선수가 인공지능(AI)과 증강현실(AR) 속에 살아있는 캐릭터로 존재할 수 있다. 서로 대화를 나누고, 팬심을 전달하고 선수 의지를 공유할 수 있다면 얼마나 매력적인 상품이겠는가.

스포츠 용품의 예를 들어보자. 앞서 언급한 3D 프린팅 기술을 통해 경기장 내 매장에서 즉석 생산된다고 상상해보자. 즉, 스포츠 경기가 종료된 후 특정 선수가 사용한 야구배트를 선택하면 똑같은 재질, 무게, 선수의 체취까지 모두 담아 야구배트란 제품에 다양한 서비스를 가미하게 된다. 마치 놀이공원에서 자신도 모르게 찍혔던 환호하는 사진을 즉석에서 선택, 구매하듯이 말이다. 이렇듯 스포츠 스폰서십의 영역을 한정지을 수 없을 만큼 체험과 재미를 선사하게 될 것이다.

2 명명권을 부여받은 기업이 흥행을 할 수 있는 스마트 경기장을 이해하자

스포츠를 즐기는 방법이 다양해지고 있다. 액션캠으로 유명해진 고프로(GoPro)는 서핑 마니아였던 닉 우드먼(Nick Woodman, 1975~)이 서핑 장면을 담고 싶어 했던 발상에서 시작됐다. 손목에 감는 카메라가 자본금 1억 원으로 시작해 1년 만에 11조 원으로 성장한 배경이다. 참여 스포츠 소비자에게 스토리두잉(Storydoing)을 위한 핵심장비가 됐다.

국내 스크린 골프장의 성공은 한국인들이 좋아하는 밀폐된 공간에서 지인들과 어울리는 노래방처럼 특정 장소에서 스포츠 콘텐츠를 가미하는 발상에서 비롯됐다. 스포츠의 가치와 지역에 대한 문화의 깊은 이해가 새로운 제품과 서비스의 성공요인이 된 것이다.

'스포츠의 마케팅(marketing of sports)' 주체는 관객을 경기장으로 유도하는 방안에 대해 항상 고민한다. 스포츠 선진국은 스마트 경기장의 인프라 기술을 개발하는 데 집중하고 있다. 주체 측이 제공하는 팬들에 대한 서비스는 관람방식, 티켓구매 및 입장, 상호 커뮤니케이션을 염두에 두며 발전한다. 첫째, 관람방식은 디스플레이 기술이 가미된 새로운 관람석 기술로 진화하고 있다. 둘째, 종이 티켓구매를 위해 줄을 길게 기다린 후, 입장 서비스를 받는 방식은 옛것이 됐다. 모바일폰의 티켓을 보여주는 방식도 조금은 예전 얘기다. 비컨(beacon, 근거리 무선통신) 기술을 활용해 경기장에 입장하고 쉽게 좌석을 찾아간다. 셋째, 상호 커뮤니케이션 방식도 발전하고 있다. 관객과 관객, 경기장과 관객의 커뮤니케이션으로 모바일 또는 전광판 등의 미디어를 통해 관중 참여를 유도한다.

2015년 출범을 한 케이티위즈(kt wiz)는 빅(BIG) 엔터테인먼트를 선보였다. 야구(Baseball)와 정보통신기술(ICT)을 결합시켜 재미(Entertainment)를 제공한다는 의미다. 모기업 통신사인 kt는 홈구장인 수원 kt위즈파크에 210개 기가와이파이, 145개 비컨(Beacon)을 설치했다. 이를 통해 팬들의 위치를 파악하고 쿠폰, 메시지 등을 실시간 전송한다. 언제, 어떻게, 누구에게 최적의 메시지를 보내는가가 중요하게 됐다.

앞서 아디다스의 스마트 팩토리 사례와 스마트 경기장과 연관 지어 생각해보자. 제조는 관련 물품 조달, 물류, 소비자 등 다양한 객체와 연관돼 있다. 스마트 팩토리는 이 객체에 각각 지능을 부여하고 사물인터넷을 통해 데이터를 연결, 수집, 분석하는 공장이다. 물론 자율적 시스템이다. 이미 많은 공장에선 컴퓨터와 로봇에 의해 공장 전체의 무인화와 자동 생산이 이루어졌다. 단위 공정별로 자동화, 최적화를 달성하는 공장 자동화를 실시하고 있는 것이다. 단, 각각의 공정이 서로 유기적이지 않다. 이는 데이터가 개별적으로 수집하는 것을 의미한다.

반면 스마트 팩토리는 각각의 사물이 데이터를 수집하면 데이터끼리 연계가 가능한 '연결성'에 방점을 둔다. 스마트 경기장도 고객의 티켓구매, 좌석선택, 관람방식, 상호 커뮤니케이션, 부대시설 이용, 선수와 팀의 선호도, 재구매와 재방문 횟수, 주변추천

의지 등 유 · 무형적인 모든 영역의 데이터를 유기적으로 연결하여 활용할 수 있다. 부가 서비스로 드론(Drone)을 통한 스포츠 중계 혁신도 가능하다. 항공 스포츠와 익스트림 스포츠 같은 분야는 지상에서 촬영하기 힘든 영상이다. 이미 드론 자체가 스포츠가 됐다. 드론 레이싱, 드론 배틀을 하듯이 고글을 쓰고 드론의 시점과 운전자의 시점이 동기화돼 예상을 뛰어넘는 스릴을 선사한다. 2016년 초엔 아랍에미리트 두바이에서 전체 예산 80억 원을 들여 대규모 드론 대회를 개최했다. 소비자 시각까지 동기화된다면 고글을 보며 허공에다 환호성을 연발하는 모습이 연출될 수 있을 것이다. 또한 1인칭 관전 서비스는 굳이 경기장에 가지 않더라도 가정, 사무실, 자동차 안에서도 가능할 것이다. 최근 한국 전주시에서 세계최초로 드론 축구를 선보였다. 이질적 콜라보레이션(IT+축구)의 이미지를 동반 상승케 하는 새로운 가능성에 주목할 필요가 있다.

이런 모든 영역에 대해 명명권을 부여받은 기업이 관심을 갖게 될 것이다. 자사의 이름과 상품판매 촉진을 할 수 있는 보장받은 장소이기 때문이다. 경기시즌, 비시즌과는 상관없이 스포츠 콘텐츠를 갖고 즐길 수 있는 스포츠 놀이공원을 상상해보자.

| 그림 11-1 라이선싱

| 그림 11-2 머천다이징

| 그림 11-3 명명권

CHAPTER 01

경기장 명칭 사용권

1. 명명권의 이해

명명권(Naming Rights)이란 장소의 이름을 짓는 권리를 말한다. 경기장 명칭 사용권으로 일종의 경기장 스폰서십(Stadium Sponsorship)을 의미한다. 현재 명명권은 스포츠뿐만 아니라 공연장, 쇼핑몰, 박물관, 공공학교 등 매우 다양한 분야에서도 발전해 왔다.

최초의 스포츠 명명권 사례는 뉴욕 버팔로에 위치하는 리치경기장(Rich Stadium)이다. 리치프로덕트(Rich Products Corporation)가 전미미식축구(NFL)의 버펄로빌스(Buffalo Bills)에 1973년에 150만 달러(약 18억 원)를 기부하고 25년 동안 사용했다.

우리나라 최초의 스포츠 명명권 사례는 2014년에 개장한 '광주기아 챔피언스 필드'이다. 광주광역시는 소유자로 총 사업비 994억 원 중에서 KIA 타이거즈가 300억 원을 부담하게 했다. 이로써 25년 동안 관리권을 KIA 타이거즈가 보유할 수 있게 됐다. 원래 명칭은 'KIA 챔피언스 필드 인 광주'였으나 국민적 정서, 광주시민의 야구인식 등을 감안하여 지자체와 기업명칭을 혼용한 현재 명칭으로 확정됐다. 이러한 명명권 방식이 우리 사회에 자리가 잡혔다.

구단은 혁신적인 상품을 개발하여 창조적인 계약을 이루고자 한다. 예를 들어 많은 구단들은 경기장 명명권(stadium naming rights)과 개인좌석 라이선스(PSL: Personal Seat License)의 판매를 통해 경기장 사용비용의 일부를 상쇄시키고자 한다. 또한 독점 중계권을 확보한 방송국 입장에선 고정된 광고수입을 보증할 수 없다. 즉, 계약의 위험을 최소화하기 위해 방송국들과 리그(혹은 구단)가 양쪽에 발생할 수 있는 손실발생가능성을 서로 인지하고, 이익이 발생했을 경우 배분하는 계약방식을 검토하기도 한다. 이는 NFL과 같은 고시청률－저위험 자산에 대하여 네트워크 방송국들은 높은 선납 수수료를 제시할 수밖에 없는 '안전자산선호현상(flight to quality)'이 발생하기 때문이다(Foster et al., 2006).

경기장은 복합적인 측면에서 수익을 창출할 수 있는 공간이라 할 수 있다. 매력적인 명명권(Naming Rights) 계약은 장기적으로 경기장에 현금을 유입시킬 수 있는 환경을 마련하게 된다. 이는 관람 스포츠 소비자의 수용 규모에 따라 결정될 수 있다. 그만큼 시즌티켓 보유자를 보다 더 확보할 수 있고, 개인좌석 라이선스(PSL)라 불린 지정좌석권의 판매와 환대 서비스(hospitality service)를 제공할 수 있는 스위트(suites) 관람 공간을 마련할 수 있다.

| 그림 11-4 리치경기장

| 그림 11-5 광주기아 챔피언스 필드

2. 명명권의 구조 및 효과

1) 명명권의 구조

명명권을 부여할 수 있는 권한은 공공체육시설을 보유하는 지방자치단체가 갖고 있다. 우리나라의 법률을 살펴보면 「체육시설의 설치 · 이용에 관한 법률」 제3조에 따르면 각 시 · 도는 국제경기대회 및 전국 규모의 종합경기대회를 개최할 수 있는 체육시설을 설치 운영할 수 있다. 이러한 전문체육시설을 관리할 수 있는 지자체는 필요시 명명권에 관한 논의를 할 수 있다. 명명권의 계약 구조는 두 가지로 분류할 수 있다.

(1) 지자체와 지역연고 구단이 속한 기업과의 계약

프로 스포츠는 흥행을 위해 지역연고제를 시행하고 있다. 국한된 도시보다 확장된 범위의 지역에서 충성도 높은 팬을 확보하고, 관중을 적극 유치함으로써 기업의 스폰서십과 광고 유치를 위한 환경을 마련할 수 있기 때문이다.

지역연고를 둔 구단은 통상 수익창출을 주 목적으로 하는 기업이 운영한다. 즉, 구단을 소유하거나 직·간접적으로 연관된 기업이 명명권에 관심을 보이고, 지자체가 승인 조건을 파악한 후 계약이 성사되는 경우가 일반적이다. 이 경우 지자체는 기업에게 명명권을 부여하고, 기업은 명칭을 사용할 수 있는 권한을 획득한다. 기업명칭, 기업과 지자체 명칭, 상품 명칭 등 다양한 방식의 의견수렴을 통해 최종 결정한다.

(2) 지자체와 지역연고와 상관없는 기업과의 계약

이 경우 두 가지 가정을 할 수 있다.

① 일반기업이 지역연고제와 관련한 프로 스포츠가 성행하는 지역에서 자사의 이미지를 높이고자 명명권에 관심을 가질 수 있다.
② 일반기업이 지역연고제와 관련한 프로 스포츠가 성행하는 지역과 무관한 곳에 지어진 공공체육시설에 대한 명명권에 관심을 가질 수 있다.

이러한 경우에는 이해 당사자가 일반기업, 지자체, 지역연고 기업이 된다. 각 세 주체의 입장을 정리하면 다음과 같다.

첫째, 일반기업 입장에선 공공체육시설이 활성화되는 전자의 경우가 매력적일 것이다. 물론 지역주민 외에도 외부 사람들, 관광객이 많이 찾는 명소라고 한다면 관심을 가질 수 있다.

둘째, 지자체 입장에선 계약이 복잡해질 것 같아 지역연고 기업에게 명명권에 관한 계약조건을 설명할 수 있다. 하지만 금액규모, 계약기간, 관리수준 등이 일반기업이 월등히 높다고 하면 지역주민들을 위한 명분으로 계약을 추진할 수도 있다.

셋째, 지역연고 기업 입장에선 자금사정 등의 여러 이유로 명명권에 대해 관심이 없다가도 이런 상황이 발생하면 고민할 수밖에 없을 것이다. 일반적이진 않지만 투자 대비 효과를 보기 위한 기업의 입장에선 스폰서십 환경을 바꿀 수 있는 힘이 있다.

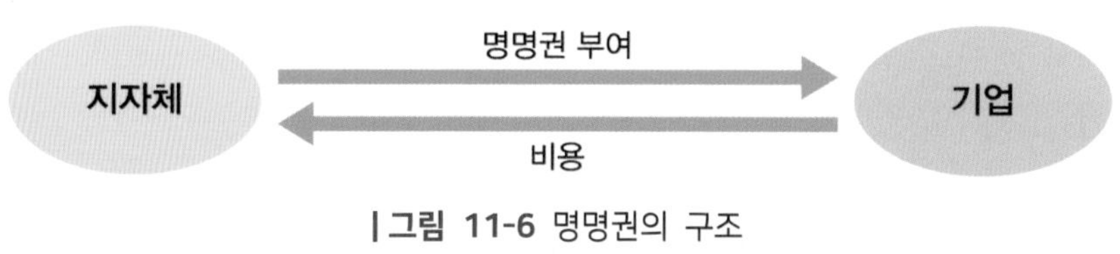

| 그림 11-6 명명권의 구조

2) 명명권의 효과

기업과 지자체 간의 경기장 명명권 계약을 통해 이해 당사자에겐 혜택(benefit)이 생긴다. 또한 시설을 이용한 소비자에게도 혜택이 돌아갈 수 있다. 즉 기업, 지자체, 소비자가 기대할 수 있는 혜택을 살펴보면 다음과 같다.

(1) 기업 혜택

기업은 투자에 대한 대가로 유형의 혜택을 추구한다. 독일의 유명한 알리안츠 경기장(Alianz Arena), 일본의 닛산 경기장(Nissan Stadium)을 연상하면 쉽게 알 수 있다. 특정한 기업 이미지를 떠올리고 실제로 미디어를 통해 기업로고가 노출된다. 질레트 경기장(Gillette Stadium), 페덱스 경기장(FedEx Field)을 떠올리면 기업의 특정 제품과 서비스를 쉽게 연상할 수 있다.

또한 기업은 투자 대비 이윤을 창출하기 위해 다양한 촉진전략을 세우게 된다. 경기 시즌 동안 더 좋은 좌석과 편의시설을 제공함으로써 관객을 유도하기 위한 노력을 할 것이다. 비수기 때도 고객을 유치하기 위해 가족이 즐길 수 있는 세련된 서비스를 제시할 수 있다.

결론적으로 기업이 참여함으로써 '스포츠를 통한 마케팅(marketing through sports)'의 주체가 시설 활용도 문제를 적극적으로 검토하고 촉진전략을 세우게 된다. 반면 '스포츠의 마케팅(marketing of sports)' 주체자인 스포츠 단체는 고객을 끌어들이고자 했던 기존의 노력 대신 경기력 향상을 위한 개선에 더욱 주력할 수 있게 된다. 각 주체들의 이해관계 속에 성공요인을 찾기 위한 방안을 더욱 탄력적으로 찾을 수 있다.

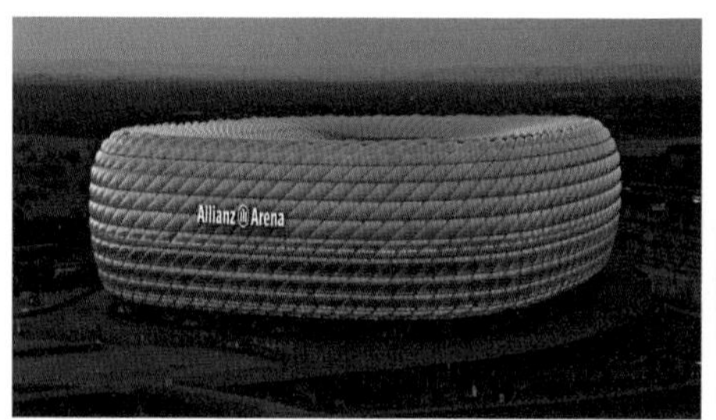

| 그림 11-7 알리안츠 경기장

| 그림 11-8 닛산 경기장

| 그림 11-9 질레트 경기장

| 그림 11-10 페덱스 경기장

(2) 지자체 혜택

지자체는 공공체육시설의 보유권을 정해진 기간 동안 기업에 넘김으로써 상시적으로 발생하는 개·보수 및 관리 비용을 줄일 수 있다. 시민 세금으로 운용되는 고정비 예산을 줄이는 명분으로 체육복지와 관련한 공공 서비스 예산으로 전환할 수 있다.

기업의 투자자금에 의한 새로운 시설의 건설을 유도할 수 있고, 대대적인 리모델링을 통해 새로운 건물로 탈바꿈될 수 있다. 이 과정에서 일자리가 창출되고 주변 상권이 형성되면서 구매력을 높이는 결과로 갈 수도 있다.

이러한 경제적 활성화는 스포츠 관광에 대한 관심을 높이고, 실질적 관광객을 유도하게 된다. 기업이 제공하는 시설 내의 서비스는 쇼핑, 주차, 숙식, 차량대여, 연료구입, 비즈니스, 전시회 등의 다양한 콘텐츠 구매 등으로 이어지고 궁극적으로 지역에 혜택이 돌아가게 된다.

지역연고를 둔 프로 스포츠 구단은 홈경기장에 대한 기본적 혜택을 통해 구단 및 지역 인지도를 높일 수 있다. 우수한 선수를 영입하게 되고, 새로운 팬 층을 확보하게 되면서 '스포츠를 통한 마케팅(marketing through sports)'의 주체가 기업뿐만이 아니라 지자체의 위상을 높이는 계기가 될 수 있다.

(3) 소비자 혜택

소비자들은 더 좋은 좌석과 시설들을 누릴 수 있는 혜택이 있다. 2차 스포츠 소비자인 관람 스포츠 소비자는 경기 시즌에 품질 높은 경기 관람을 위한 시설 서비스를 받게 된다. 쾌적한 환경, 주차 시설, 무선 인터넷 접근, 편의시설, 차등화된 관람 공간 등 고객에 따라 맞춤형 서비스를 제공할 수 있다.

또한 비시즌 동안에도 기업이 제공하는 다양한 이벤트, 전시회, 공연, 영화 등을 관람할 수 있다. 반드시 관람을 목적으로 한 소비자 외에도 일반시민들도 경기 외적 서비스를 누릴 수 있는 혜택이 있다.

<표11-1> 명명권의 효과

구분	내용
기업 혜택	• 투자 대비 기업 및 상품 이미지 제고 • 다양한 촉진 전략을 수행할 수 있는 스폰서십 확장 공간 활용
지자체 혜택	• 공공체육시설의 개 · 보수 비용 절감 및 활용도 제고 • 스포츠 관광 연계를 통한 지역경제 활성화
소비자 혜택	• 기업이 제공하는 품질 높은 경기관람 시설 및 서비스 이용 • 경기 비시즌 동안에도 다양한 서비스 및 프로그램 이용

3) 명명권 소유자의 촉진방법

(1) 경기장 외관 광고

스포츠 분야뿐만 아니라 북미와 유럽에선 매우 흔한 스폰서십 방식으로 명명권을 선호하고 있다. 기업 입장에서 가장 큰 장점은 경기장 외관에 간판과 표지판에 광고를 할 수 있다는 것이다. 주요 출입구에서 사람들의 눈에 가장 잘 띄는 장소마다 광고가 가능하다. 심지어 고속도로나 차량이 다니는 도로에서 규모가 큰 경기장의 외관을 활용하여 옥외광고 효과를 보게 된다.

그림 11-11 경기장 외관 광고

경기장을 공중에서 보여주는 장면, 다양한 각도에서 보여주는 장면 등을 TV를 통해 송출될 때마다 간판 광고 효과를 볼 수 있다. 또한 주요 지점에 컴퓨터 그래픽을 활용한 가상광고(virtual advertisement)를 추가하여 얼마든지 다양한 노출효과를 기대할 수 있다. 가상광고는 경기가 진행되는 그라운드 안에서 활발히 이루어지고 있다.

점수를 표출하는 과정, 슛을 넣는 순간, 전 · 후반 중간 시간대 등을 활용하여 가상광고를 노출한다. 최근 드론(drone) 등을 활용한 공중촬영이 쉬워지고 있는 가운데 경기장 전면과 주요 부분을 미디어를 통해 잠재적 소비자에게 기업, 상품, 로고 등을 노출시킬 수 있게 됐다.

(2) 경기장 내부 광고

경기를 관람하기 위해 찾은 스포츠 소비자는 경기장 내부에 배치된 다양한 기업광고에 노출될 수밖에 없다. 경기와 관련한 장소인 선수가 뛰는 그라운드, 관람과 응원을 하는 좌석뿐만 아니라 기타 부대시설에도 얼마든지 경기장 명명권을 확보한 기업의 촉진무대가 된다.

| 그림 11-12 경기장 내부 광고

심지어 직원 유니폼, 일회용 편의물품 등 고객동선에 따른 시선이 멈추는 공간엔 어김없이 기업, 상품, 로고의 인지를 높이는 촉진환경으로 작용할 수 있다.

(3) 방송 · 인쇄 광고 분량 확보와 동종업계 배제

기업이 명명권을 확보한다는 개념은 단순하게 경기장 이름을 바꾸는 수준으로 인식해서는 안 된다. 보이지 않는 숨은 권리가 훨씬 클 수 있다. 기업은 전통적인 스폰서십 계약에서 나타나는 것과 유사하게 시설에 대한 스폰서십 권리를 최대한 확보하기 위해 범주를 확대시키려고 한다.

전통적인 스포츠 스폰서십은 기간을 정해놓고 개최되는 스포츠 이벤트에 협찬하는 방식이다. 반면 경기장 스폰서십은 스포츠 이벤트 기간에 비해 스폰서십 수명이 훨씬 더 길다. 기업 입장에선 경기시즌과 비시즌을 모두 고려하여 연중 내내 협찬을 하고 있고, 그에 따른 반대급부를 얻고자 한다.

명명권의 보유권을 특정기업이 갖고 있는 경기장에서 대회가 개최된다면 해당 기업에게 TV와 라디오가 방송되는 동안 송출되는 정해진 광고 분량을 제공할 수도 있다. 특히 동종업계의 광고는 아예 끼어 넣을 수 없는 계약 조건을 내걸 수 있다.

예를 들면 일반 기업이 겉으로는 경기장 명명권을 위한 계약을 체결했는데 금액의 일부만이 명명권에 관한 조항이 될 수 있다. 즉, 나머지는 해당 프로 스포츠팀의 TV와 라디오 방송에서의 광고에 투입될 수 있다는 것이다. 영국 볼턴(Bolton)에 위치한 축구경기장으로 볼턴 원더러스 FC의 홈구장인 리복 경기장(Reebok Stadium)엔 나이키, 아디다스 등의 다른 스포츠 용품업체 광고에 대해 어떠한 접근도 허용하지 않고 있다.

(4) 기타 촉진방법

명명권을 확보한 기업은 계약 기간 동안 해당 경기장의 주인행세를 할 것이다. 오늘날 경기장 좌석은 좌석위치, 시설수준 등에 따라 차등화된 서비스를 제공한다. 일정 기간 동안 경기를 관람할 수 있는 '지정좌석권(PSL, Personal Seat Licenses)' 제도도 있다. 시즌동안 개인이 특정 좌석을 임대해서 사용할 수 있는 권리이다. 이러한 제도를 통해 명명권을 확보한 기업입장에선 보다 다양한 방법으로 수익을 창출할 수 있다.

또한 특별관람석을 통해 자사의 CEO, 임원진을 비롯해서 외부의 VIP 초대석으로 활용함으로써 전략적 홍보의 장소로 활용한다. 스폰서십의 목적에는 '환대서비스(hospitality)'가 매우 중요하다. 투자를 결정하는 사람과 관련 조직의 구성원 간의 비즈니스 장소는 특별한 목적을 지닐 수밖에 없다. 환대서비스와 유사하게 '시설 접근권'을 보장하게 한다. 투자자, 가족들, 특별고객 등을 관리할 수 있는 방안으로 활용될 수 있다.

많은 스폰서십 계약 중에서 빼놓을 수 없는 것은 무료 티겟 할당제다. 명명권을 확보한 기업은 새로운 비즈니스를 위해 새로운 투자기업과 인·허가와 관련된 유관기관과의 협의가 필요하다. 경기장 내에서 이뤄지는 다양한 이벤트에 초청권을 보내는 방식으로 사업의 촉진활동을 한다. 이 외에도 경기장 공식 홈페이지를 통해 고정 팬뿐만 아니라 잠재적인 소비자를 유인하는 수단으로 활용한

다. 경기일정, 이벤트 공지, 선수행사, 티켓구매, 좌석위치 확인 등 다양한 정보를 제공함으로써 명명권 기업의 촉진활동을 하게 된다.

❙ <표11-2> 명명권 기업의 촉진방법

구분	내용
경기장 외관 광고	• 경기장 외관의 간판과 표지판 광고 • 도로변에서도 노출될 수 있는 옥외광고
경기장 내부 광고	• 그라운드, 좌석, 부대시설의 부착 광고 • 직원 유니폼, 편의물품 등 광고
방송 · 인쇄 광고 분량 확보와 동종업계 배제	• 매체광고 시 명명권을 확보한 기업광고 우선권 • 유사한 기업의 해당 경기장 내 광고접근 금지
기타 촉진방법	지정좌석권(PSL), 환대서비스, 시설 접근권, 무료티켓 할당제 등

선수 보증 광고

1. 인도스먼트의 이해

1) 인도스먼트의 개념

기업은 유명한 선수를 고용해 자사의 특정 상품을 알리기 위한 전략을 짠다. 특별한 형태의 스폰서십 구조를 갖는 것으로 선수보증광고(athlete endorsement)라고 한다. 실무에선 주로 영어발음대로 인도스먼트라고 부른다. 일종의 선수 스폰서십(athlete sponsorship)이다. 다만 유명선수(celebrity athlete)로 제한하기 때문에 엄밀히 표현하면 유명인사 스폰서십(personality sponsorship)이라 할 수 있다. 물론 유명한 팀과 단체도 보증광고의 대상이 될 수 있다.

이러한 보증광고 거래는 스포츠 스타만 한정되는 것은 아니다. 마케터는 연예인, 정치인, 스타강사, 저명인사 등 대중적으로 잘 알려진 유명인사를 통해 기업과 상품 브랜드 인지도를 높일 수 있는 방안을 강구하고 있다. 즉, 보증광고가 일반광고와 다른 점은 유명인사를 통해 제품과 서비스를 홍보한다는 점이다. 다

| 그림 11-13 선수 인도스먼트

| 그림 11-14 팀 인도스먼트

시 말해 일반광고는 광고 전문배우를 활용할 수도 있으나 보증광고는 사람들에게 많이 알려진 개인, 팀, 단체를 활용한다.

2) 스포츠 스타의 이미지

루비나 오하니안(Roobina Ohanian, 1990)에 따르면 스포츠 스타 이미지는 전문성, 신뢰성, 매력성으로 구분할 수 있다. 기업은 자사가 시장에 내놓은 상품에 대해 긍정적인 인식을 구축하기 위해 스포츠 스타의 이미지를 활용한다. 소비자는 스포츠 스타가 구축해 놓은 이미지를 인식하고, 구매(purchase)를 하게 된다.

(1) 전문성(expertise)

(2) 신뢰성(trustworthiness)

(3) 매력성(attractiveness)

첫째, '전문성'은 스포츠 스타가 갖는 지식, 능력, 기술 등의 수준에 관한 요인이다. 스포츠 스타를 인식하는 대중들에 의해 지각되어진 정도를 의미한다. 스포츠 스타는 다른 선수에 비해 경기력이 뛰어나고 기록을 갱신하는 모습을 다양한 매체를 통해 보여주게 된다. 대중은 스포츠 스타에 대해 해당 종목에 관한 전문성을 입증하고 있다고 판단한다. 즉, 대중들에게 기업이 출시한 상품 이미지와 기술력 등에 대해 설득력을 부여할 수 있는 요소가 된다.

둘째, '신뢰성'은 스포츠 스타에 대한 높은 신용도를 유지하고 기업 상품의 긍정적 메시지를 제공하여 소비자와의 관계를 유지하는 중요한 요인이다. 소비자의 구매의도와 다시 상품을 찾게 하는 요인으로 작용할 수 있다.

셋째, '매력성'은 광고모델을 통해 소비자의 자기만족을 찾을 수 있게 하는 요인이다. 매력적이지 않은 모델에 비해 매력적인 대상이 구매의도에 더 영향을 미친다.

| 그림 11-15 축구 스타

| 그림 11-16 육상 스타

3) 유명선수 선정 기준 FRED 요인

에이미 다이슨과 더글라스 터코(Amy Dyson & Douglas Turco, 1998)는 유명선수의 선정기준에 대해 'FRED'요인을 제시했다. Familiarity(친근함), Relevance(관련성), 존경(esteem), 차별성(differentiation)으로 구체적으로 살펴보면 다음과 같다.

(1) 친근함

대중이 유명선수에 대해 느끼는 감정 중에 가까이 하기엔 부담스럽거나 '나와는 너무나 다른 사람'이란 인식은 인도스먼트에 그리 좋은 기준은 아니다. 선수의 경기력 외에 선수만이 갖는 카리스마, 행동과 말투 등에 편안한 감정을 느껴야 한다.

최근 안티팬(Anti-Fan)을 양성하게 되면서 소셜 미디어상에서 급속히 확장되는 부정적 이미지를 수습하기 위해 많은 에너지를 낭비하는 경우가 꽤 흔한 사례가 됐다. 그 자체가 좋지 않은 이미지를 확산하게 하는 이슈가 된다.

대중은 유명선수에 대해 미디어를 통해서 지속적으로 접했기 때문에 친근한 이미지를 갖는다. 선수에 대해 호감이 가면서 선수와 동일시하고자 하는 욕구가 있게 마련이다. 대중들이 쉽게 인식할 수 있는 선수의 외모와 이름도 친근감을 주는 요인으로 중요하다.

(2) 관련성

기업의 제품과 서비스는 유명선수와 연관성이 있어야 한다. 물론 대중들이 느끼기에 '그 선수가 사용하면 제품이 어울릴 것 같다.'라는 인식이 자리 잡히게 된다는 것은 매우 중요한 사안이다. 비싼 비용을 치러 유명선수를 섭외한다고 해도 기업 제품과 서비스와의 조화를 이루지 못한다면 역효과를 불러 올 수도 있다.

또한 아무리 선수와 관련성이 높아 보이는 제품과 서비스라 할지라도 불건전한 비스포츠 제품 광고라면 다시 고려해 봐야 한다. 담배, 주류, 도박 등과 관련한 사회적으로 부정적 인식에 대해 개선하자는 공익광고는 괜찮을 수 있지만, 제품 자체를 광고하는 행위는 역효과를 불러 올 수 있다.

유명선수가 선수보증광고 시장에 단기간 내에 여러 편에 출연한다고 하면 어떤 제품과의 관련성이 있는지 소비자 입장에선 인지하기 어려울 것이다. 이런 경우를 방지하기 위해 동종업계의 상품에 출연하지 않거나 계약의 수를 제한하기 위한 조치를 취한다. 선수 입장에선 더 높은 보수를 원할 것이고, 기업은 구체적인 계약조건을 내걸 것이다. 이런 과정을 거쳐 선수와 상품 간의 관련성을 극대화시키려는 노력을 하게 된다.

(3) 존경

유명인사는 대중들의 높은 평가가 있어야 한다. 광고시장에서 불특정 다수에게 노출되는 기업 제품과 서비스의 이미지는 광고 출연자의 사회적 위치에 따라 판이하게 달라질 수 있다. 보증광고는 사회적 신용을 뜻하는 공신력(公信力)을 갖고 있다. 이는 앞서 언급한 스포츠 스타의 전문성과 신뢰성에 관한 문제이다.

사회에서 크게 성공하고 매우 잘 알려진 사람이란 대중의 인식은 선수자신을 엄격히 관리하고, 좋은 모습만 보여주길 원한다. 선수의 성공은 오로지 운에 의해 결정된 게 아니고, 부단한 노력으로 성취한 모습에서 귀감을 얻으려고 한다.

이런 차원에서 유명선수는 에이전시(agency)의 관리계획에 따라 전략적으로 사회공헌활동을 한다. 사회공헌활동은 **공익적 활동**(public activities), **자선적 활동**

(charitable activities), 사회적 활동(social activities)으로 분류할 수 있다. 경기력이 출중해 선수로서 성공한 보증광고인의 모습도 중요하지만, 사회적으로 존경을 받는 공인(公人)으로 사회에 영향을 미치는 인물로 자리매김하는 것이 더 중요할 수 있다.

(4) 차별성

대중들이 인식하기에 유명선수는 경쟁선수 혹은 일반선수들과 차별성이 있어야 한다. 종종 경기력이 나은 경쟁선수보다 실력은 다소 떨어지더라도 대중적 인기로 인해 선수보증광고 시장에서 선호하는 경우를 볼 수 있다. 기업은 제품과 서비스를 구매할만한 세분화된 목표시장을 효과적으로 안착시키는 것이 중요하다.

유명한 선수는 기본적으로 경기 실적의 우수성이 담보가 된다. 하지만 선수의 차별성은 반드시 경기력에 비례하지는 않는다. 선수의 신체적 매력, 말을 잘하는 매력, 사회적 약자에 대한 목소리를 적극적으로 내는 매력, 성실하고 공손한 매력 등이 부가적으로 영향을 주는 경우도 많다.

<표11-3> 유명선수 FRED 요인

구분		내용
Familiarity	친근함	대중들이 유명 선수에게 느끼는 친근함
Relevance	관련성	대중들이 인식하기에 유명 선수와 기업제품과의 관련성
Esteem	존경	유명선수에 대한 존경심
Differentiation	차별성	유명선수와 경쟁선수 혹은 일반선수들과의 차별성

출처: Dyson, A., & Turco, D.(1998). The state of celebrity endorsement in sport. *The Cyber Journal of Sport Marketing, 2*(1), [Online] Available: http://pandora.nla.gov.au/nph-wb/19980311130000/http://www.cad.gu.edu.au/cjsm/dyson.htm

4) 인도스먼트와 선수 스폰서십의 차이

인도스먼트(endorsement)는 소위 몸값이 비싼 유명선수를 대상으로 하기 때문에 비용이 많이 든다. 인도스먼트의 목적은 기업의 제품과 서비스를 짧은 시일 내에 광고효과를 보기 위한 것이다. 속도가 빨라진 트렌드의 변화에 따라 경쟁사 모델이 연속적으로 출시되고, 고객의 신상품에 대한 요구가 다양해지는 시장 상황에 발 빠르게 대처해야 한다.

마케터가 중시해야 할 부분은 법적인 문제를 일으키거나 사회적으로 부정적 이슈를 불러 일으킬만한 선수를 식별해야 한다. 선수의 부상과 뜻하지 않은 질병, 경기력 하락에 따른 슬럼프 등 유명선수가 닥칠 환경은 매우 다양하다. 일반적으로 기업이 단기간 계약을 선호하는 이유이다. 이런 잠재적인 위험부담을 최소화할 수 있는 방안을 찾는 것이 마케터의 역할이다.

반면 선수 스폰서십(athlete sponsorship)은 기업의 가치와 이상을 실현하기 위한 목적에 부합된다면 신인선수, 신생팀 등을 포함하여 포괄적인 대상을 협찬하는 개념이다. 스포츠 용품회사가 관심을 갖고 용품 협찬, 대회참가 비용 등을 지원할 수 있다. 물론 선수가 경기를 뛸 때와 훈련할 때 등 자사의 용품이 미디어를 통해 노출될 수 있는 방안을 연구한다.

인도스먼트와 달리 즉각적인 효과를 기대하지 않고 중장기적인 지원을 하는 경우가 많다. 물론 1년 단위의 단기간 계약을 통해 선수의 일탈 등에 대비하지만, 상대적으로 큰돈을 들이지 않고 광고를 할 수 있기 때문에 선호한다.

스포츠 에이전트(sports agent)는 선수를 대리하여 협상과 계약을 맺는다. 이 경우 선수광고에 관심 있는 기업과 용품을 협찬할 만한 기업을 탐색하면서 시작된다. 에이전트는 광고와 용품협찬을 통해 선수 가치를 제공할 만한 객관적 데이터를 준비해야 한다. 에이전트 자신이 관리하는 선수가 유명할 수도 있고, 신인선수라 무명일 수도 있다. 따라서 인도스먼트와 선수 스폰서십의 개념과 차이를 이해하고, 기업에 대한 선별적 접근을 통해 협찬환경을 조성하는 역할을 해야 한다.

❙ <표11-4> 인도스먼트와 선수 스폰서십의 차이

구분	내용
인도스먼트	• 선수 스폰서십에 비해 많은 비용, 유명선수에 국한 • 즉각적인 효과 기대, 잠재적 위험부담 큼
선수 스폰서십	• 기업의 가치와 이상을 실현하기 위해 무명선수라도 협찬 • 즉각적인 효과를 기대하지 않음

2. 인도스먼트의 구조 및 효과

1) 인도스먼트의 구조

(1) 선수 및 단체

선수는 기업으로부터 협찬비용을 받는 대가로 계약조건에서 명시된 제품과 서비스 광고에 출연하게 된다. 또한 기업 신상품 출시 행사와 함께 선수의 팬 사인회 등을 연계해 판촉행사장에 지원을 해야 한다.

선수나 단체가 기업과 보증광고 협약을 체결하게 되면 계약조항에 따라 특정 제품에 대한 촉진활동을 하게 된다. 따라서 선수나 단체는 기업 전체에 대해 직접적으로 홍보할 의무는 없다. 선수는 특정 제품판촉, 특정 이벤트 홍보활동을 지원하는 대가로 기업으로부터 협찬비용을 받거나 주식 지분, 매출액의 일정비율의 방식으로 받는다.

(2) 스폰서 기업

선수보증광고 계약의 목적은 유명 선수를 활용하여 단기적 효과를 기대하는 것이다. 기업은 선수대리로 협상과 계약을 이끌 에이전트와 논의를 통해 상호 계약조건을 주고받는다. 최종 결정은 당사자인 선수가 하게 된다. 기업은 전략적으로 프로모션을 해야 하는 제품과 서비스를 가장 효과적인 방법으로 선수의 지원활동을 연계한 광고촬영과 판촉행사를 기획한다.

(3) 에이전트

인도스먼트 계약은 선수가 직접 기업과 체결할 수도 있으나, 유명선수임을 감안하면 에이전트(agent)를 통해 계약이 체결된다. 에이전트의 수수료 책정 방식은 정률제, 정액제, 시간급제, 시간급제와 정액제 혼합방식 등이 있다. 이중에서 가장 많이 쓰이는 정률제는 선수 수입의 일정 퍼센트를 산정하는 것이다. 통상 구단과의 계약 협상 수수료는 3~5%, 자산관리 서비스를 포함한 수수료는 7~10%, 선수보증광고 계약 수수료는 10~25% 수준이다.

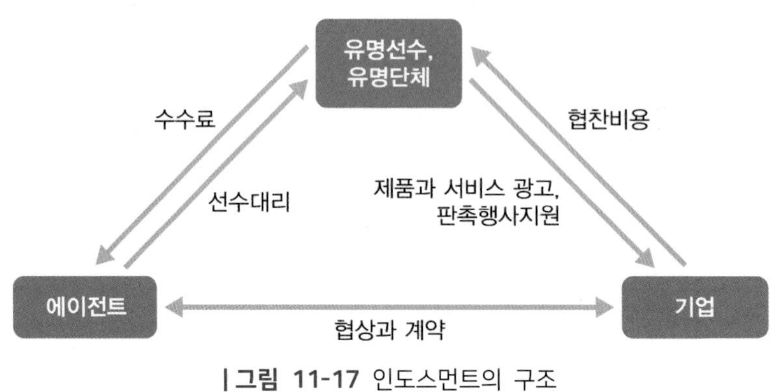

| 그림 11-17 인도스먼트의 구조

2) 인도스먼트의 효과

기업과 유명한 선수 혹은 단체 간의 선수보증광고(인도스먼트) 계약을 통해 이해 당사자에겐 혜택(benefit)이 생긴다. 즉 기업, 선수, 에이전트, 소비자가 기대할 수 있는 혜택을 살펴보면 다음과 같다.

(1) 스폰서 기업 혜택

기업은 인도스먼트를 통해 단기간 내에 자사의 제품과 서비스를 불특정 다수에게 광고할 수 있다. 선수의 긍정적인 이미지로 인해 상품 판매에 도움을 받는다. 경쟁사 상품과의 차별화 시도를 통해 상품 브랜드의 가치를 창출할 수 있다.

유명선수를 통해 고객들에게 친숙한 브랜드로 인식하기 위해 필요한 브랜드 인지도(brand awareness)를 구축하는 데 용이하다. 새로운 고객이 상품에 대한 인지도를 구축하거나 기존 고객이 재인지를 위해 필요한 브랜드 충성도(brand loyalty)를 확보할 수 있다.

(2) 선수 혜택

보증광고인은 대중들로 하여금 호감이 가고 존경을 받는다. 개인적 자질과 언행 등에 각별히 조심해야 할 위치에 있게 돼 선수보증광고의 가치는 갈수록 높아진다. 스포츠 에이전트는 선수광고에 관심이 있는 기업을 물색하는 데 범위가 확대될 것이다.

선수개인은 광고시장의 지속적인 가능성이 높아지면서 구단연봉 외적인 수입을 창출하게 된다. 대중적으로 인기 있는 아마추어 선수들은 자신의 가치가 높을 때 광고시장에서 더욱 활동하고자 한다. 선수는 경기력 유지, 기록 달성, 언론과의 우호적 관계, 사회봉사활동 등에 대한 충분한 동기부여를 얻게 된다.

(3) 에이전트 혜택

앞서 언급한 것처럼 스포츠 에이전트는 선수광고시장의 수수료 비율이 높아 에이전트 활동의 동기부여 요인이 될 수 있다. 프로 스포츠 선수인 경우 경기 비시즌 동안 선수보증광고 활동을 연결하게 함으로써 지속적 수익 모델을 만들어 나갈 수 있다.

광고시장은 무궁무진하고 매년 시장동향에 따라 다변화되기 때문에 선수관리가 제대로 유지만 된다면 지속적인 광고계약으로 이어질 수 있다. 이러한 노력과 환경은 에이전트의 명성을 알리는 데 도움을 줄 수 있다.

(4) 소비자 혜택

팬들은 선수 사인회 등의 인도스먼트 행사장에서 직접 선수를 볼 기회가 있다. 유명한 선수는 경기 실력 외에도 외모, 성격, 언행 등에 따라 대중은 선수와 동일시(identification)하고자 하는 욕구를 갖고 있다. 선망하는 선수가 광고하는 제품과 서비스를 구매한 후 다시 구매를 하게 되고, 주변에 추천하는 등의 구매 후 행동(post purchase intention)을 긍정적으로 하게 된다.

특히 디지털 마케팅 시장에서의 소비자는 자신이 좋아하는 커뮤니티상의 구성원 의견을 더 신뢰하는 경향이 강하다. 타인의 의견을 적극 듣고자 하고, 자신의 의견을 공유하고자 한다. 이러한 시장특성과 맞물려 선수보증광고에 따른 소비자의 적극적인 행동은 그 자체가 혜택으로 인지될 수 있다.

❙ <표11-5> 인도스먼트의 효과

구분	내용
기업 혜택	• 기업 이미지 및 상품 판매량 제고 • 상품에 대한 브랜드 인지도, 브랜드 충성도 구축
선수 혜택	• 광고시장 출연기회 확대 및 부수입 발생 • 경기력 유지, 기록 달성, 언론과의 우호적 관계, 사회봉사 활동 등에 대한 동기부여
에이전트 혜택	• 구단과의 이적 · 연봉 계약 수수료 외의 부수입 발생 • 에이전트의 명성 확보 및 활동범위 확대
소비자 혜택	선수 팬 사인회 등 다양한 이벤트와 서비스 이용

여기서 잠깐

▣ 라이선싱 관련 법률

㉠ 초상권: 자기의 초상이 허가 없이 촬영되거나 또는 공표되지 않을 권리

㉡ 판권: 저작권을 가진 사람과 계약하여 그 저작물의 이용, 복제, 판매 등에 따른 이익을 독점할 수 있는 권리

㉢ 퍼블리시티권: 이름, 초상, 서명, 목소리 등의 개인의 인격적인 요소가 파생하는 일련의 재산적 가치를 권리자가 독점적으로 지배하고 허락없이 상업적으로 이용하지 못하도록 통제할 수 있는 권리

▣ **스포츠 라이선싱 내부환경 7S 분석**

㉠ 전략(Strategy): 기업의 목표 달성을 위한 전략 수립 과정과 내용

㉡ 기술(Skills): 사원이나 조직이 보유하고 있는 특징적인 능력이나 기법

㉢ 조직구조(Structure): 회사의 조직구조나 형태 의미로의 조직의 연결

㉣ 시스템(System): 회사의 운영규칙이나 시스템

㉤ 인재 · 구성원(Staff): 구성원의 숫자, 고용 충원 형태, 교육 상태

㉥ 스타일(Style): 회사의 경영 방식 및 조직문화

㉦ 공유가치(Shared Value): 회사의 존재 목적을 정하는 가치관

CHAPTER 03

라이선싱과 머천다이징

1. 스포츠 라이선싱과 머천다이징의 이해

1) 스포츠 라이선싱의 개념

| 그림 11-18 스포츠 라이선싱

라이선스(license)란 경제적 가치를 지닌 지적 재산권을 사용할 수 있도록 허가하는 일이다. 지적 재산권은 라이선서(licensor, 허가하는 자)가 소유한 유·무형의 자산들이다. 예를 들면 이름, 로고, 슬로건, 심볼, 색깔, 초상(肖像) 등을 활용한 의장(意匠), 상표권, 특허권 등의 유형자산과 업무 노하우, 전문지식, 영업비밀 등의 무형자산이 있다. 라이선시(licensee, 허가받은 자)는 사용할 대가로 비용을 주고, 그 권리를 이용해 이윤을 추구하는 주체다.

스포츠 제품을 생산하는 사업이나 기업의 주체인 업체가 해당된다. 또한 스폰서십에 주로 참여하는 기업도 라이선시(licensee)의 자격을 취득할 수도 있다. 재화제공 형태에 따른 스폰서 분류 중에서 라이선시를 공식 상품화권자(official licensee)로 불린다.

IOC는 올림픽에 대한 권리를 갖고 있고, FIFA는 월드컵에 대한 권리를 지닌 라이선서다. 또한 대한축구협회, 야구위원회와 같은 스포츠 단체와 야구, 축구, 농구, 배구의 프로 스포츠 구단도 라이선서(licensor)가 된다. 마지막으로 유명한 선수도 라이선서가 될 수 있다.

올림픽의 오륜기, 월드컵의 우승컵과 같은 상징적인 로고와 엠블럼을 활용해 대회기간 전·후에 마케팅 효과를 보려고 하는 업체는 라이선시(licensee)가 된다. 월드컵 기간 중에 평범한 티셔츠에 우승컵을 부착하면 값비싼 제품으로 판매되길 기대하게 된다.

선수 초상과 팀의 로고, 마스코트, 엠블럼 등이 부착된 라이선싱 제품으로는 스포츠 의류, 가방, 모자 등과 같은 제품과 야구배트, 공, 글러브 등과 같은 용품이 있다.

2) 스포츠 라이선싱의 유래

최초의 라이선싱 계약은 1770년대 영국에서 시작됐다고 알려지고 있으나, 1920년대 후반에 월트 디즈니(Walt Disney)의 캐릭터 사용권리를 제품을 만드는 기업에게 양도했던 현대 라이신싱 사업에서 유래를 찾고 있다.

스포츠 분야의 라이선싱 사업은 1960년대에 시작됐다. 1963년에 전미미식축구리그(NFL)를 필두로 1967년 미국프로야구리그(MLB), 1979년 북미아이스하키리그(NHL), 1981년 미국프로농구리그(NBA)로 라이선싱 시장에 진입했다.

대학 스포츠는 1970년대에 라이선싱 프로그램을 도입하여 최정상 대학들은 로고, 상표 등을 표기한 상품을 판매하고, 영화에 등장할 때도 보상을 받을 정도로 발전했다. 1973년에 캘리포니아 대학교(UCLA)가 시작했고, 1976년 전미대학체육협회(NCAA)에서도 라이선싱 사업을 시작했다.

3) 스포츠 라이선싱의 유형

스포츠 라이선싱은 크게 두 가지로 분류할 수 있다. 구체적으로 살펴보면 다음과 같다.

(1) 촉진 라이선싱(promotion licensing)

(2) 판매 라이선싱(sales licensing)

첫째, '촉진 라이선싱'은 스폰서십을 포함한 포괄적 개념으로 기업의 촉진 계획을 실현할 목적을 갖고 추진하게 된다. 예를 들면 대중들에게 잘 알려진 스포츠 이벤트의 로고를 사용함으로써 단기간 동안 촉진활동을 하는 것이다. 이로써 스포츠 현장에서 발생하는 촉진 라이선싱의 형태와 스포츠 스폰서십 활동을 동일하게 바라보는 시각도 있다.

둘째, '판매 라이선싱'은 스포츠 라이선싱 사업에 대한 일반적 시각을 갖게 한다. 즉, 스포츠 제품과 관련된 다양한 용품과 의류 등에 라이선서의 로고, 엠블럼, 마스코트, 슬로건 등의 지적 재산권을 부착하여 판매를 증진할 목적이 있다.

4) 스포츠 머천다이징의 개념

| 그림 11-19 스포츠 머천다이징

머천다이징(merchandising)은 제조 혹은 유통업자가 새로운 상품의 개발을 위해 가격, 분량, 판매 방법 등을 계획하는 일을 뜻하는 경제용어다. 스포츠 머천다이징(sports merchandising)은 특정 스포츠팀, 선수의 캐릭터, 로고, 마크, 엠블럼 등을 활용해 스포츠 용품과 관련이 없는 새로운 제품을 상품화하는 것이다.

최근 선수 캐릭터를 활용한 피규어(figure), 선수 사인볼, 카드, 인형, 티셔츠, 슬리퍼, 가방, 핸드폰 케이스 등 일상생활에서 사용하고 있는 헤아릴 수 없을 만큼 다양한 제품이 상품화할 수 있다.

5) 스포츠 라이선싱과 스포츠 스폰서십의 차이

스포츠 라이선싱과 스포츠 스폰서십은 기업이 주최기관과의 협약을 체결하여 자사의 상품 판매를 촉진하기 위한 공통적 목적이 있다. 스포츠 라이선싱은 주최기관의 지적 재산권을 활용하여 자사의 상품에 로고 등을 부착하여 상품 가치를 높이고자 하는 것이다. 스포츠 스폰서십은 이벤트 자체의 협찬을 하고자 하는 의도가 있다. 지적 재산권의 활용은 자사 브랜드와 혼용해서 사용한다. '스포츠를 통한 마케팅'의 주체인 기업으로서 고객과의 커뮤니케이션 극대화를 위한 목적을 갖는다.

반면 스포츠 라이선싱은 협찬의도가 없다. '스포츠의 마케팅(marketing of sports)'과 '스포츠를 통한 마케팅(marketing through sports)'의 어느 한쪽에 치우지지 않는 중간자적 위치라 할 수 있다. '스포츠의 마케팅' 주체인 라이선서(스포츠 단체)는 권한을 대여해 줌으로써 수익을 창출하고, '스포츠를 통한 마케팅' 주체인 라이선시(기업)는 일정 기간 동안 사용 허가권을 획득함으로써 상품 판매 수익을 높이고자 한다.

<표11-6> 스포츠 라이선싱과 스포츠 스폰서십의 차이

구분	내용
스포츠 라이선싱	• 협찬의도가 없음 • '스포츠의 마케팅'과 '스포츠를 통한 마케팅'의 어느 한쪽에 치우치지 않음(중간자적 위치) • 지적 재산을 활용해서 기존에 존재하는 제품의 촉진 혹은 판매를 위한 마케팅 활동
스포츠 스폰서십	협찬의도가 있음(선수, 팀, 구단, 이벤트 등)

6) 스포츠 머천다이징과 스포츠 라이선싱의 차이

스포츠 머천다이징과 스포츠 라이선싱을 명확히 구분하기란 쉽지 않다. 라이선서(licensor)로부터 상표권 사용을 허가받은 기업이 두 가지 사업을 모두 추진할 수 있기 때문이다. 즉, 스포츠 머천다이징은 라이선싱 사업의 개념을 도입하여 보다 다양한 제품으로 확장된 것이다.

스포츠 머천다이징은 기존에 존재하지 않는 새로운 제품을 창출하는 마케팅 수단이다. 라이선싱과 마찬가지로 특정 스포츠팀, 선수 캐릭터, 로고, 마크, 앰블럼 등을 활용해 제품의 가치를 높이는 데 목적이 있다. 스포츠 라이선싱은 상표권 사용권을 획득한 기업이 출시한 제품을 활용하는 반면, 머천다이징은 스포츠 용품과 관련이 없는 새로운 제품을 개발하고 생산, 판매하는 것이다.

여기서 잠깐

▣ 스포츠 라이선싱 상품개발 프로세스

㉠ 사업아이템 탐색

㉡ 환경 분석

- 시장성 분석: 시장에서 얼마나 팔 수 있는지 수요조사
- 기술성 분석: 상품의 생산과 판매에 소요되는 기술의 타당성과 원가수준 분석
- 수익성 분석: 상품의 매출계획과 비용계획을 토대로 자금수지계획과 이익산출
- 경제성 분석: 손익분기점(판매량, 금액), 순현재가치법 등에 따라 파악

㉢ 사업계획 수립과 실행

▣ 스포츠 라이선싱 권리의 성격 분류

㉠ 전용실시계약: 권리의 독점적 배타적 실시를 허용하는 계약

㉡ 통상실시권계약: 라이선서가 라이선시에 대해 일정한 범위에서만 권한 부여하는 계약

㉢ 독점적 통상실시권계약: '타인에게 실시권을 허락하지 않는다'라는 특약 부과

▣ 스포츠 라이선싱 권리종류에 따른 계약 분류

㉠ 특허, 실용신안, 디자인권의 실시권 계약

㉡ 상표사용권 계약

- 전용사용권: 상표권자는 타인에게 전용사용권을 부여
- 통상사용권: 통상사용권자는 등록상표를 사용권 설정의 범위 안에서 그 지정 상품에 대해 사용할 수 있는 권리

▣ 지식재산권의 종류

지식재산권이란 인간의 지식활동을 통해 얻은 정신적, 무형적 결과물에 대하여 재산권의 가치가 있는 것으로 법의 보호를 받는 권리에 대한 총칭을 말함

㉠ 산업재산권: 특허권, 실용신안권, 디자인권, 상표권을 총칭하는 의미로 사용되는 권리

㉡ 저작권: 인간의 사상 또는 감정을 표현한 창작물인 저작물에 대한 배타적이고 독점적 권리

㉢ 신지식 재산권: 새로운 과학기술의 발전으로 인해 기존의 지식재산권으로 보호되지 못하지만 경제적, 기술적 가치를 인정받아 이를 보호하기 위해 새로 규정한 재산권

▣ 지식재산권의 필요성

㉠ 시장에서 독점적 지위 확보

㉡ 특허 분쟁의 예방 및 권리 보호

㉢ 기타 R&D 투자비 회수, 향후 추가 기술 개발의 원천, 정부의 각종 정책 자금 및 세제 지원 혜택

2. 스포츠 라이선싱과 머천다이징의 구조 및 효과

1) 스포츠 라이선싱과 머천다이징의 구조

스포츠 라이선싱과 머천다이징은 두 주체가 있다. 구체적으로 살펴보면 다음과 같다.

(1) 라이선서(licensor)

(2) 라이선시(licensee)

첫째, '라이선서(licensor)'는 지적재산권을 보유한 자로서 상표를 활용해 판매촉진을 하고자 하는 업체와 계약을 맺는다. 즉, 라이선서는 상표 소유주로서 라이선시(licensee)에게 상표사용 권한을 허가하는 대가로 비용을 받는다. 라이선서는 계약을 하는 과정에서 기업과 업체의 일반현황과 제품에 관한 현황을 파악할 것이다. 기존의 제품을 활용한 라이선싱 사업인지, 스포츠와 관련이 없는 새로운 제품을 창출하는 머천다이징 사업인지에 따라 세부 계약조건은 달라질 것이다.

둘째, '라이선시(licensee)'는 라이선서(licensor)가 보유하는 재산권을 받을 만한 가치가 있는지 선제적인 검토를 하게 된다. 즉, 스포츠 단체의 일반현황과 계약대상에 관한 현황 등을 살펴보게 된다. 라이선시 입장에선 라이선싱과 머천다이징 사업의 구분이 크게 의미가 없을지도 모른다. 기존의 상품을 활용한 라이선싱 업체라면 본연의 업무대로 사업을 추진하되, 새로운 상품을 개발하여 부가적 수익구조를 창출하고자 한다면 머천다이징 전문 업체와 별도의 계약을 맺을 수도 있기 때문이다. 라이선서로부터 상표 활용에 관한 권한을 위임받는 과정에

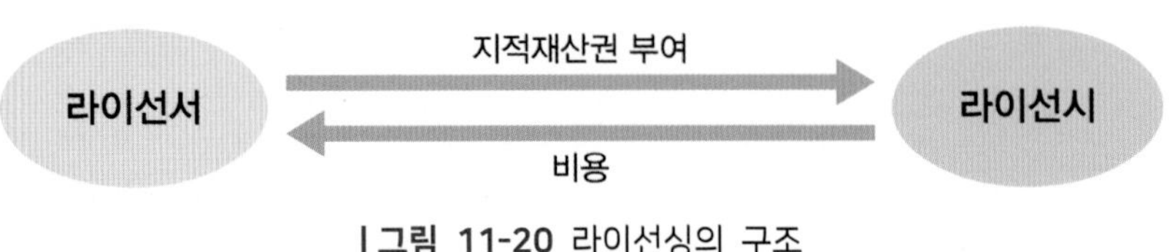

| 그림 11-20 라이선싱의 구조

서 포괄적 계약 내용을 넣을 수 있다.

2) 스포츠 라이선싱과 머천다이징의 효과

라이선서(licensor, 허가하는 자)와 라이선시(licensee, 허가받는 자) 간의 스포츠 라이선싱과 머천다이징의 계약을 통해 이해 당사자에겐 혜택(benefit)이 생긴다. 우선 라이선서는 경제적 가치를 통해 재산권을 행사함으로써 라이선싱 수수료 수입과 각종 부가가치를 창출하게 된다. 또한 라이선시는 상품판매에 따른 부가가치와 인지도를 높일 수 있는 기회를 얻게 된다.

▎<표11-7> 라이선서와 라이선시의 혜택

구분	내용
라이선서 (licensor, 허가하는 자)	• 경제적 가치(특허권, 상표권, 브랜드명 등)를 통해 재산권을 행사할 수 있는 권리를 갖고 있음 • IOC, FIFA, 프로 스포츠 단체(KBO 등) • 라이선싱 수수료 수입 • 새로운 제품영역 확장에 따른 부가가치 창출 • 기업과의 우호적 관계
라이선시 (licensee, 허가받은 자)	• 라이선서의 권리를 이용해 이윤을 추구하는 주체(기업) • 상품판매 부가가치 창출 • 기업 인지도 제고 • 상품 이미지 제고

라이선서와 라이선시 간의 계약구조는 각각 혜택을 얻을 수 있다. 대상별로 구체적인 혜택을 살펴보면 다음과 같다. 즉, 직접적 계약 당사자인 스포츠 단체와 기업(업체)의 혜택뿐만 아니라 이 과정에서 새로운 상품을 기대하는 소비자의 혜택이 있다.

(1) 스포츠 단체 혜택

라이선서(licensor)로서 지적 재산권을 보유한 스포츠 단체의 종류는 다양하다. 대형스포츠이벤트의 주최 기관으로서 국제올림픽위원회(IOC)와 국제축구연맹(FIFA) 등이 있다. 나라별 프로스포츠 리그 단체와 각 구단도 스포츠 단체에 속한다. 대학 스포츠 리그 단체와 대학 내 체육부도 마찬가지다.

이들은 자사가 보유한 상표를 필요로 하는 기업(업체)으로부터 비용을 받고 권한을 부여한다. 이런 과정을 거치면서 스포츠 단체는 수입이 증대되고, 기업과 파트너십 관계를 형성할 수 있게 된다. 또한 보다 다양한 제품군에 대한 관심이 높아지고 단체의 홍보효과를 높이는 데 도움이 된다.

허가권자는 새로운 사업에 별도의 투자 없이 스포츠 단체의 유·무형적 가치만을 보유하고 있어 지속적인 수익모델이 될 수 있다. 같은 맥락에서 새로운 유통시장을 형성하기 위한 별도의 투자 없이 상징적인 상표가 부착된 제품이 판매되면서 신규 고객을 유도할 수 있다.

(2) 기업 혜택

기업은 라이선시의 역할을 하기 위해 스포츠 단체와의 계약으로 판매촉진 활동을 한다. 기업에서 출시한 상품의 판매를 높이는 데 도움이 되고, 궁극적으로 고객과의 커뮤니케이션을 강화하고자 한다.

또한 허가권자의 브랜드 가치를 이용할 수 있는 능력을 키울 수 있다. 상표사용권한을 갖고 있는 한 어떤 방식으로든 기업과 출시한 상품 이미지를 높이기 위한 노력을 할 것이다. 기업은 한 시즌에서 우승한 팀을 매우 발 빠르게 접촉을 해서 비시즌 동안 라이선싱 제품을 시장에 출시할 수 있다. 즉, 특정 이벤트 기간 동안 주로 협찬하는 방식인 스포츠 스폰서십이 아니라 단기적 성과를 내는 스포츠 단체와의 협약을 통해 효과를 볼 수 있다.

(3) 소비자 혜택

소비자는 자신이 좋아하는 구단을 상징하는 표식이나 선수의 초상이 부착된 스포츠 제품을 구매할 수 있다. 스포츠 의류, 가방 등과 같은 제품과 스포츠 종목에 필요한 용품의 유사한 제품군에 대해 다양한 선택권을 갖는다.

<표11-8> 스포츠 라이선싱과 머천다이징의 효과

구분	내용
스포츠 단체 혜택	• 수입증대 및 단체의 홍보효과 증진 • 기업과 파트너십 관계 형성
기업 혜택	• 판매 증진 및 고객과의 커뮤니케이션 강화 • 단기간의 효과(예 우승팀 섭외 후 라이선싱 계약체결)
소비자 혜택	선호하는 선수, 구단의 상징물을 부착한 스포츠 용품 이용

여기서 잠깐

▣ 라이선서와 라이선시의 내부역량 고려사항

스포츠 라이선싱 계약을 할 때 계약주체가 검토해야 할 사항이 있다. 즉, 라이선서(스포츠 단체) 입장과 라이선시(기업) 입장에서 각각 고려해야 할 기본 조건인 것이다. 라이선서와 라이선시는 상대가 안정적 조직 상태인지, 라이선싱 사업을 참여한 경험이 있는지 등을 살펴본다.

㉠ 라이선서(licensor)의 역량 요소 파악

- 회사 연혁, 임원진, 재무구조 등 기업의 안전한 구조형태 파악(라이선시와 공통사항)
- 라이선싱 경험 파악(라이선시와 공통사항)
- 가치창출 도모할 수 있는 상표, 기술, 머천다이징, 브랜드명칭 등 권리 파악

㉡ 라이선시(licensee)의 역량 요소 파악

- 회사 연력, 임원진, 재무구조 등 기업의 안전한 구조형태 파악(라이선서와 공통사항)
- 라이선싱 경험 파악(라이선서와 공통사항)
- 상품의 생산 능력 파악

▣ 스포츠 라이선싱 계약서 작성 전 유의사항

㉠ 라이선서와 라이선시 간의 문제가 발생했을 때 효과적인 해결책 마련

㉡ 상호의 법인명, 소재지, 대표자 성명, 주소와 법적인 계약 여부 확인

㉢ 라이선서와 라이선시의 계약 당사자들은 서로에게 가장 유리한 계약체결 노력

▣ 스포츠 라이선싱 계약의 핵심조항

지역의 범위와 제품 독점성, 양도 가능성과 하위 라이선싱 권리, 자산과 라이선스 제품의 규정, 품질 관리와 인증, 도안과 디자인에 대한 소유권, 계약 갱신 및 관계의 종료, 선금과 진행 로열티 대금, 라이선시의 유통에 대한 제한, 라이선서의 재산권에 대한 표시와 보증, 라이선시를 위한 이행 기준, 책임 보험, 손해배상, 상표권 및 저작권 침해의 준수 의무, 라이선시의 회계 및 기록 체크, 라이선서의 회계 감사 권리, 캐릭터와 이미지의 확장과 변형에 대한 1차 거부권, 라이선서의 기술 및 촉진 자원의 유효성

▣ 라이선서(Licensor)와 라이선시(Licensee) 계약 시 발생효과

❙ <표11-9> 라이선서와 라이선시 계약 시 발생효과

라이선서(Licensor) 계약 시 발생효과	라이선시(Licensee)로 계약 시 발생효과
㉠ 마케팅 도구: 브랜드 확장과 노출의 도구 ㉡ 로열티 수입: 해당 재산권에 대한 대여를 통한 일정한 대가 ㉢ 소비자층 확대: 새로운 제품 품목 개발 ㉣ 새로운 품목의 시장 테스트 가능: 해외시장 진출할 경우 리스크를 줄임 ㉤ 브랜드나 지적자산의 재정비: 현재 브랜드 이미지 변경 및 탈피 ㉥ 브랜드명, 이미지에 대한 통제력 강화: 상표권 침해 방지 용이	㉠ 시간과 비용 절약: 자체 브랜드 창조에 드는 시간과 비용 절약 ㉡ 판매망 확대: 특허, 노하우, 등록상표, 기술공정 등을 기존 판매망보다 넓은 판매망 구축 ㉢ 노출 증가 ㉣ 신시장 개척: 다른 새로운 시장 개척 ㉤ 이윤 증대: 특정 제품의 생산, 사용, 판매, 전시를 통한 이익 창출

① 경기장 명칭 사용권은 경제적 가치만을 두고 생각할 수 있는 영역일까?

국내는 기존 구장의 이름이 문학구장, 목동야구장, 잠실야구장, 대구 시민운동장 등으로 연고지역의 이름만 구장에 포함시켰다. 1988년 서울 하계올림픽을 위해 지었던 역도경기장을 전용 뮤지컬 극장(우리금융아트홀)으로 2009년에 탈바꿈했다. 중앙 혹은 지방정부 소유의 스포츠 시설을 기업에게 일정한 대가를 받고 명칭사용권을 활용한 경우다. 그렇지만 아직까지 올림픽, 월드컵 경기장과 같은 대규모 스타디움을 선뜻 기업에 이름을 내주기엔 시기상조란 의견도 있다. 하지만 프로야구에선 지역과 기업명칭을 삽입한 경기장 명칭 사용에 대해 활발해지고 있다.

마이클 샌델(Michael Sandel) 교수는 명명권에 대해서도 비판했다. 앞서 언급한 것처럼 명명권(naming right)이란 기업이 돈을 내고 경기장 명칭을 사용할 수 있는 권리를 말한다. 그가 비판한 이유는 아무리 상업주의가 팽배한 프로 스포츠 리그 광고시장이 주최기관과 기업 입장에선 중요한 비즈니스 허용공간이라 할지라도 도의적 문제가 도외시됐다는 것이다.

미국 내의 다양한 사례를 살펴보면 구단 소유주 이름(Comskey Park), 이동통신 산업체 이름(U.S. Cellular Field), 애견용품 회사 이름(Petco Park), 대형 소매점 이름(Target Field), 은행 이름(Citi Field), 면도기 회사 이름(Gillette Stadium) 등으로 다채롭다. 구체적으로 몇 가지를 보면, 시카고에 위치한 U.S. Cellular Field는 미국프로야구(MLB)에서 23년 동안 6천 8백만 달러(816억 원)를 지불하고, 핸드폰 회사가 명명권을 확보한 경기장 명칭이다. 샌디에고에 위치한 Petco Park은 MLB에 22년 동안 6천만 달러(720억 원)를 지불하고, 반려견 동물회사를 홍보하는 경기장 명칭이 됐다.

또한 뉴욕에 위치한 Citi Field는 MLB에 20년 동안 4억 달러(4,800억 원)를 지불한 대가로 얻어낸 은행명을 사용한 경기장이다. 워싱턴 D.C.에 위치한 FedEx Field는 미식축구(NFL)에 27년 동안 2억 5백만 달러(2,460억 원)를 지불하고 택배회사가 명명권을 갖게 됐다. 이 외에도 다수의 사례를 통해 경제적 가치에 지나치게 매몰된 현실을 꼬집었다.

스폰서십의 확장이 스포츠 소비자 선택권의 확장과 연결되는 것인지, 공공재의 효율적 운영을 위해 도의적 문제를 외면하고 있는 것인지 등 다양하고 냉철한 시각을 견지할 필요가 있겠다. 하지만 광고주를 외면할 수 없는 마케팅 시장의 현실에서 어떻게 경기장 광고시장이 진화할지 지켜볼 일이다.

② 선수보증광고가 충돌하는 경우란 무엇을 의미할까?

선수보증광고는 선수와 기업 간의 계약을 통해 이루어진다. 계약내용에는 계약범위, 조건 등 일반적인 조항을 비롯해 의무준수 및 위반에 따른 내용이 포함된다.

제○조(의무준수 및 위반)

① "에이전시"와 "선수"는 "회사"의 제품 이미지 손상, 기업활동을 저해하는 일체의 언행을 해서는 안 된다.

② "선수"는 본 계약 만료일까지는 다른 회사의 동종이나 유사 제품류의 광고에 출연해선 안 된다. 만약 위반할 시 "회사"는 직권으로 본 계약을 해지할 수 있고, "에이전시"는 계약 해지 통보 후 ○일 이내에 지급액의 ○배액을 "회사"에 현금으로 반환해야 한다.

③ "선수"가 계약 기간 내의 고의 또는 과실로 "회사"에 손해를 끼쳤을 경우 "회사"는 "에이전시"에게 손해배상을 청구할 수 있고, "에이전시"는 응해야 한다.

출처: 문개성(2020). 스포츠 에이전트 직무해설서(제2판): 선수대리인의 비즈니스 관점. 박영사, p.191.

플러턴(S. Fullerton, 2009)은 유명인을 활용한 보증광고에서 문제가 발생할 수 있는 요인을 아래와 같이 제시했다. 첫째, 범죄문제다. 선수가 저지른 폭력, 살인, 약물, 가정학대, 간통, 동물학대 등 다양한 사례를 통해 기업에게 부정적 인식을 준다. 이 행동들이 범죄 기소의 결과로 가지 않더라도 마찬가지다. 둘째, 주인공의 문제다. 기업과 계약을 맺은 유명선수는 항상 주역이 돼야 큰 효과를 기대할 수 있다. 더군다나 보증광고인이 부수적인 역할을 수락하는 것은 어렵다.

셋째, 스포츠 스타의 지속성이다. 선수보증광고의 속성이 단시간 내에 효과를 보기 위한 것이므로 소수의 선수가 한 때 잘나가는 시기에 광고와 연관된다. 명성이 짧고 쇠퇴하는 스타는 마케터들에게 딜레마를 제공하게 된다. 넷째, 선수의 평판이다. 사람들은 평범한 사건보다 비판을 받을 수 있는 사건에 흥미를 느끼므로 보증인을 불쾌하게 느끼게 할 수 있다. 선수 스스로 자초하기도 하고, 부정적인 일과 연관되면서 보증인이 광고한 제품의 불매운동으로 이어지기도 한다.

마지막으로 선수의 언변이다. 보증광고인의 커뮤니케이션 능력은 매우 중요한 요인이다. 하지만 일상의 대화에서도 말의 실수가 있듯이 선수보증광고 행사 및 인터뷰 등에서 광고를 통해 알려졌던 선수의 이미지가 하락할 수 있다.

③ **공동체적 일상을 이어갈 스포츠 공간에서 개인적 서비스란 어떤 의미일까?**

차량 공유 서비스의 세계적 기업인 우버(Uber)와 세계 최초의 음악 스트리밍 플랫폼인 스포티파이(Spotify) 간의 협업으로 우버를 타면 듣고 싶은 음악을 들을 수 있다. 지식과 지식, 기업과 기업, 산업과 산업 간의 경계가 흐려지고 있다. 누구나 이용하는 공적인 공간에서 지극히 개인적인 공간의 혼용을 이룬다. 4차 산업혁명의 특성이자, 4.0 시장의 변화를 읽을 수 있다. 거대한 스타디움을 매력적인 공간으로 만들려면 화려한 치장도 중요하지만, 경기장을 방문했을 때 호감이 갈 만한 요인의 발굴도 염두에 두어야 한다. 기업이 내놓은 기술 간 협업으로 새로운 서비스를 경험하게 된 고객은 보다 새로운 서비스에 관심을 갖게 될 것이다. 스포츠 소비자가 앉아 있는 경기장은 예전에는 스포츠를 즐기는 곳이지만, 이젠 문화를 소비하는 곳이거나, 도심의 삶에 지친 안식처로서의 공간이 될 수도 있다. 디지털화는 사람들 사이의 관계에 대한 관심이 증가하고 있지만, 아날로그적 일상을 꿈꾸는 행위는 지속될 것이다.

인간 중심의 마케팅에 신경을 써야 할 때 세 가지 3S의 차원을 고찰해야 한다. 첫째, 서비스(service)가 있다. 가장 기본적인 요인인 탓에 쉽게 간과하기가 쉽다. 하지만 경기장을 방문하는 고객은 매장에서의 고객 경험, 직원의 역할과 매너, 인간 중심의 디자인(human-centered design) 등과 같은 전반적인 서비스의 설계에 관심이 많다. 둘째, 사회성(sociality)이 있다. 이는 지역 공동체 형성을 촉진하는 역할, 스타디움에 들어서는 광장에서부터의 무료 와이파이, 플라자, 기타 공간에서의 음악공연, 비시즌 중에도 항상 열려있는 서비스 공간이 중요하다. 셋째, 지속 가능성(sustainability)이 있다. 앞서 언급한 서비스와 사회성이라고 하는 요인을 당연시 여겼던 사람들의 인식이 바뀌었다. 이 계기는 2019년 하반기부터 발현해 엄청난 피해를 안겨다 준 코로나-19와 같은 팬데믹의 경험을 통해서다. 이 사태는 사람들로 하여금 지속 가능성에 대해 사회적, 경제적, 환경적 영역으로까지 보다 넓은 요인까지 관심을 기울이게 했다. 미래 세대가 살아갈 세계와의 조화란 근본적인 고민을 가져야 할 때이다. 20세기 들어 전 세계 78억이 넘는 인구의 절반이 도시에 산다. 각종 인프라, 정보 및 네트워크가 도심에 집중돼 있다. 온·오프라인 통합의 4.0 시장에서 각 세계의 도시인이 공감하고 공유하는 정도가 자국 내 농촌보다 다른 나라의 도시에 사는 사람들과 보다 친밀감을 느끼고 있다고 해도 과언이 아니다. 앞으로 공동체적 삶이란 측면에서 스포츠 공간을 바라보고, 재편해야 할 과제가 있다.

과 제

1. 가장 최근의 국내외 스포츠 명명권 사례와 이슈를 조사하시오.
2. 가장 최근의 국내외 선수보증광고 사례와 이슈를 조사하시오.
3. 가장 최근의 국내외 스포츠 라이선싱 사례와 이슈를 조사하시오.
4. 가장 최근의 국내외 스포츠 머천다이징의 사례와 이슈를 조사하시오.

PART

12

스포츠 에이전트와 에이전시

1 통찰력 있는 미래 인재에 대해 이해하자

인재주의(talentism)란 2016년 세계경제포럼(WEF, World Economy Forum)에서 처음 사용된 용어로서 기업에 적합한 인재를 영입해 창의력과 혁신을 펼칠 수 있도록 하는 개념이다. 조직을 구축하고, 조직문화를 개편하는데 매우 중요한 단어가 됐다.

국내의 대표적인 미래학자 최윤식 박사는 앞으로 지능혁명 시대의 인재상을 다섯 가지로 꼽았다. ① 인공지능과 협력하는 사람, ② 시간을 새롭게 디자인하는 사람, ③ 인류의 문제, 욕구, 결핍을 통찰하는 사람, ④ 통찰력과 상상력에 능한 사람, ⑤ 인간과 기계 사이를 파고드는 사람이다.

인공지능, 가정용 로봇 등으로 대체될 노동의 시간만큼 우린 시간이 남게 된다. 4.0 시대의 소비는 개인의 가치와 감성이 결부되고, 의미 있는 일에 관심을 갖는다. 남는 시간에 따라 발생하는 사람 간의 문제, 본능을 충족시키기 위한 욕구 등 로봇이 해결할 수 없는 문제해결에 능한 인재를 요구하게 된다는 것이다.

이와 더불어 옥스퍼드 마틴스쿨의 칼 베네틱드 프레이(Carl Benedikt Frey) 교수와 마이클 오스본(Michael A. Osborne) 교수가 지난 2013년에 발표한 '고용의 미래: 우리의 직업은 컴퓨터화에 얼마나 민감한가'라는 보고서에 따르면 20년 이내 현재 직업의 47%가 사라질 가능성을 지적했다.

혁신적 기술은 우리의 생활양식을 바꿨다. 인간의 본질과 우주적 가치관은 근본적으로 바뀌지 않겠지만 생활방식은 변하게 된 것이다. 물과 증기를 통해 기계화를 이뤘던 18세기에 살았던 사람들은 마차를 움직이는 마부와 거리의 말똥을 치우는 청소부가 사라질 것이라는 생각을 거의 하지 않았다. 여태껏 발전돼온 내연기관의 변화를 인지하는 사람이 과연 몇이나 됐을까?

프레이와 오스본 교수가 총 702개의 직업군을 대상으로 종합 분석한 결과, 스포츠 분야에선 심판(Umpire, Referees, and Other Sports Officials)이 텔레마케터, 화물, 창고 업무 종사자 등의 다음으로 사라지는 직업 1순위인 것이다. 상대적으로 운동 트레이너(Athlete Trainers)는 심리학자, 헬스케어 사회복지사, 레크리에이션 치료 전문가 등과 같이 사라질 가능성이 낮다고 봤다. 즉, 사람과의 교감이 필요한 영역이다. 방대한 정보와 지식을 축적하여 계량된 데이터를 제공하는 인공지능, 인간의 부족한 부분을 기계의 역량으로 활용할 줄 아는 인재가 중요해질 수 있다. 다시 말해 노동력의 대체를 바라보는 사람이 아니고, 기획하는 사람이 필요한 것이다.

찰리 채플린의 '모던타임즈'는 요즘말로 웃픈(웃기고 슬픈) 영화다. 주인공 찰리가 강박증세를 보이며 반복적인 나사 조임에서 우스꽝스런 연기를 봤다. 모티브가 됐던 공장이 헨리 포드의 자동차 공장에 배치된 컨베이어 벨트다. 반복과 단순함으로 성과를 냈던 20세기 제품생산 문화는 지금 바뀌고 있다.

개인역량 시대가 최고조로 달하는 시대가 눈앞에 와있다. 재능 있는 개인들이 특정한 목적을 위해 모이고, 일하고, 끝나면 각자의 위치에 돌아가는 방식이다. 조직에 얽매이는 것이 아니라 사회적, 창의적 능력이 필요할 때 한시적으로 만나 성과를 내고, 다시 제자리로 돌아간다. 찰리처럼 매일 출근하는 것이 아니라 필요할 때만 모이게 된다.

2 미래의 스포츠 에이전트를 이해하자

4차 산업혁명이란 마케팅 용어를 전 세계에 처음으로 제시한 슈밥(2016)은 미래 인재가 갖춰야할 요인을 이렇게 얘기했다. 그의 표현에 따르면 파괴적 혁신의 4차 산업혁명 시대의 성공을 이끌기 위해 필요한 요인이다. ① 인지한 것을 잘 이해하고 적용할 수 있는 '상황 맥락 정신', ② 자신의 생각 · 감정을 잘 정리해 다른 사람과 공감할 수 있는 '정서', ③ 공동의 이익을 위해 목적, 신뢰, 덕목 등을 활용할 수 있는 '영감', ④ 개인의 에너지를 쏟은 환경을 파악하고 적절하게 배분할 수 있는 '신체적 조율 능력'이다.

첫째, 상황 맥락 정신이란 새로운 트렌드를 예측하고 자신의 것으로 만들 수 있는 자발적 능력에 속하는 개념이다. 앞으로 인공지능, 로봇산업 등으로 대체될 노동력의 잉여 시간을 어떻게 활용하느냐의 문제가 중요할 것이다. 이 혁신기술을 다루는 기술을 보유해 자신이 주도하는 기획력이 돋보이는 것과 맥을 같이한다.

둘째, 정서는 에이전트와 선수 간의 공감 능력에 있어 가장 중요한 요소다. 방대한 데이터를 축적하고, 협상의 기술을 증대시키기 위한 빅데이터 환경이 상호 간의 공감도를 직접적으로 높일 수는 없다. 즉 선수, 이해관계자(구단, 협찬기업, 광고기업 등)와의 직접 대면에 따른 중요한 직무를 수행해야 성립되는 부분이다.

셋째, 영감은 공동의 이익을 추구하는 요소이다. 자신만의 이익을 추구하는 행위가 지속성이 약할 수밖에 없다는 것을 내포한다. 에이전트는 선수의 사회공헌활동 프로그램을 잘 기획하고 실행할 수 있는 환경 조성에 보다 노력을 기울여야 한다. 선수가 인정받아야 에이전트에게도 긍정적인 에너지로 연결될 수 있기 때문이다.

마지막으로 신체적 조율 능력은 에이전트 자신이 처한 환경에 적절히 에너지를 배분하는 습관과 역량이다. 2018년부터 KBO(한국야구위원회)에서도 에이전트 1명이 총 15명의 선수를 대리할 수 있게 허용했다. 에이전트는 선수의 특성, 성격과 기량 차이,

| 그림 12-1 인재주의

| 그림 12-2 영화 제리 맥과이어

잠재성, 능력 등의 다양성을 충분히 인정하고, 균형 잡힌 시각으로 일을 수행해야 한다. 위의 네 가지 요건은 아무리 똑똑한 기계를 갖다 놔도 해결될 수 있는 부분이 아니다. 오로지 시대적 흐름과 도래할 기술을 잘 활용하여 보다 더 성과를 낼 수 있는 인간 고유의 영역이라 할 수 있다. 구체적인 직무에 대해선 필자가 저술한 '스포츠 에이전트 직무 해설서(2020, 개정2판, 박영사)'를 참조하길 바란다.

CHAPTER

01

에이전트와 에이전시

1. 스포츠 에이전트

1) 스포츠 에이전트의 개념

스포츠 에이전트란 “운동선수는 개인 또는 스포츠 구단을 대리하여 입단과 이적, 연봉협상, 협찬계약 등의 각종 계약을 처리하고 선수의 경력관리, 권익보호를 지원하는 일을 하는 자”라고 정의를 내릴 수 있다(한국산업인력공단, 국가직무능력표준 NCS, 2016). 간단히 정의를 내리자면 ‘선수 대리인’이다.

스포츠 에이전트의 효시는 1920년대에 미국에서 활동한 극장 프로모터인 찰스 파일(Charles C. Pyle)이다. 그는 당대 최고의 미식축구 선수였던 해롤드 그랜지(Harold Grange)를 영화와 광고에 출연시키면서 선수를 활용한 수익사업 모델을 선보였다.

1960년대의 지미월시(Jimmy Walsh)란 에이전트는 미식축구 쿼터백 조 나마스(Joe Narmath) 선수를 기업이 내놓은 특정한 상품광고에 출연시켰다. 이를 통해 스포츠 에이전트의 주요 역할인 선수보증광고(endorsement)의 개척자로 평가받고 있다.

동시대 인물인 미국 변호사 출신인 마크 맥코맥(Mark McCormack, 1930~2003)이란 인물은 스포츠 에이전시(agency) 사업을 이끌었다. 오늘날 세계적인 스포츠 매니지먼트 회사인 IMG(International Management Group)의 창시자이다. 그는 1960년에 골프 스타 아놀드 파머(Arnold Palmer)와의 에이전트 계약을 통해 연간 수입을 6천만 원에서 120억 원을 버는 선수로 만들었다. 선수의 연간 대회 스케

줄 관리, 협찬용품 협약 및 광고매체 출연 등 정교한 스포츠 비즈니스 사업을 선도했다.

스포츠 에이전트 분야의 선구적 사회인 미국 프로 스포츠 시장에서 1920년대에 '선수 매니저(athlete manager)'라 칭하다가, 1970년대에 '에이전트(agent)'란 용어가 통용됐다. 스포츠 에이전트는 큰 범주로 스포츠 매니저를 포함해서 이해할 수 있지만, 엄밀하게 구분하자면 '누구를 위해서 일을 하느냐'에 따라 구분해서 이해할 수 있다.

스포츠 에이전트와 스포츠 매니저의 공통점은 선수를 대신해서 협상을 한다. 차이점은 스포츠 에이전트는 선수 입장에서 협상을 하는 선수 대리인이고, 스포츠 매니저는 구단 입장에서 협상을 하는 구단 대리인을 의미한다. 스포츠 에이전트는 선수를 위해 계약금액을 높이기 위한 노력을 하고, 스포츠 매니저는 적은 금액으로 좋은 선수를 영입하기 위해 노력한다.

<표12-1> 스포츠 에이전트와 스포츠 매니저 비교

스포츠 에이전트	스포츠 매니저
선수 대리인	구단 대리인
선수를 위해 계약금액을 높이기 위해 노력함	구단을 위해 적은금액으로 좋은 선수를 영입하기 위해 노력함

그림 12-3 IMG 소속 선수

리그 내의 경쟁에 균형을 이루어야 매력적인 마케팅 시장을 활성화할 수 있다. 크게 세 가지로 분류해 경쟁균형을 촉진해야 할 영역을 살펴볼 수 있다. 첫째, 선수 선발 균형의 영역이다. 자유계약제도(Free Agent) 자격을 갖춘 선수에 대해 선발할 수 있는 권한과 순서와 관련해 있다. 즉, 드래프트 시스템은 경쟁 균형을 촉진할 수 있다. 둘째, 구단 수준의 영역이다. 이는 연봉상한제도라 할 수 있는 샐러리 캡(Salary Cap) 제도를 예로 들 수 있다. 리그 내의 구단이 선수에 지급할 수 있는 최대 금액을 제한할 수 있게 됨으로써 돈이 많은 구단으로 기량이 쏠리는 측면을 방지할 수 있는 것이다. 마지막으로 리그 수준의 영역이다. 팀의 강등(relegation)과 승격(promotion) 제도를 통해 리그 내의 경쟁력을 강화시키고 있다. 영국 프로축구리그에는 상위 3개 리그(20개 구단의 English Premier League, 24개 구단의 Division One League, 24개 구단의 Division Two League)가 있다. 강등과 승격 구조를 통해 스포츠 마케팅 스토리를 창출할 수 있는 환경을 구축했다(Foster et al., 2006).

2) 스포츠 에이전트의 유형

스포츠 에이전트는 '선수 우선주의'에 입각해 선수를 대리하는 '선수 에이전트'와 국가 간 혹은 클럽 간 큰 경기를 주선하는 '매치 에이전트'로 구분할 수 있다(강호정, 이준엽, 2013).

(1) 선수 에이전트

(2) 매치 에이전트

첫째, '선수 에이전트(player's agent)'는 본 장에서 구체적으로 제시된 직무와 역할의 당사자인 스포츠 에이전트를 말한다. 선수를 위해 이적 및 연봉협상, 용품협찬 기업 협상, 광고출연 협상 등을 통해 최종 협의까지 이끌어내는 법정 대리인을 의미한다.

둘째, '매치 에이전트(Match agent)'는 대표적으로 세계 축구무대에서 경기를 주선하는 사람이다. 극소수의 에이전트로서 대중들에겐 잘 알려져 있지 않다.

| 그림 12-4 한일 축구경기와 붉은 악마 응원전

여기서 잠깐

▣ 스포츠 에이전트의 종류

| <표12-2> 스포츠 에이전트의 종류

구분	내용
계약 에이전트	구단에게는 우수선수 확보, 선수에게는 우수구단 알선 및 계약대리, 협회에게는 타 지역의 경기력에 대한 정보제공, 홍보 등의 서비스 제공역할을 함
라이선싱 에이전트	상표와 관련된 로고, 마크 등 무형의 자산을 관리하는 것을 담당하는 역할로서 로고를 소유하는 단체에 로열티를 지불함
마케팅 에이전트	선수들과 팀을 모델로 이용하여 스폰서십과 광고모델 등의 개인 스폰서십인 선수보증광고(endorsement)를 통한 재정적 지원을 하는 역할을 함
탤런트 에이전트	선수들의 은퇴 혹은 선수생활 중에 TV, 영화 등 영상매체에 출연할 수 있도록 계약을 성사시키는 역할을 함

출처: 최환석, 박영호, 이달원(2007). 국내 프로스포츠 에이전트 인식과 역할에 관한 연구. 한국체육과학회지, 16(4), 494-495(재인용 요약)

2. 스포츠 에이전시

1) 스포츠 에이전시의 개념

스포츠 에이전시(agency)는 스포츠 에이전트(agent)인 개인의 집합체이다. 즉, 스포츠 선수를 활용하여 비즈니스를 추진하고자 하는 특정한 목적을 위해 2명 이상으로 구성된 체계적인 시스템을 갖춘 조직을 의미한다.

1978년 미국의 '광고세대(Advertising Age)'란 잡지를 통해 '스포츠 마케팅(Sports Markeing)'이란 용어가 등장했다(Mullin, Hardy, & Sutton, 1993). 앞서 스포츠 마케팅 구조(2부)는 '스포츠의 마케팅(Marketing of Sports)'과 '스포츠를 통한 마케팅(Marketing through Marketing)'으로 구분했다.

'스포츠의 마케팅'은 프로 스포츠 구단, 스포츠 단체 및 센터 등이 스포츠 자체를 스포츠 소비자와 교환하는 활동이다. 스포츠 자체라 하면 스포츠 콘텐츠를 통해 발생하는 티켓 판매, 관중 동원, 회원 확보를 위한 상품이다.

'스포츠를 통한 마케팅'은 대표적으로 기업이 스포츠를 매개로 자사의 상품판매를 높이기 위한 활동이다. 스포츠를 매개로 한다는 것은 스포츠 이벤트 활동범위, 스포츠 스타 활동 협찬 등을 통한 기업이 돈을 투자해서라도 활동하고 싶어 하는 매력적인 분야를 말한다.

흔히 '스포츠 마케터'라고 하면 스포츠 단체와 기업 간의 매개자 역할을 하는 자이다. 즉, 스포츠 중계권 사업, 이벤트 유치, 기업 스폰서십 참여, 선수 관리, 스포츠 용품 판매 등을 중계 혹은 대행한다. 이러한 맥락에서 스포츠 에이전시를 스포츠 마케팅 대행사, 스포츠 매니지먼트 회사란 명칭으로도 불린다. 다시 말해 스포츠 에이전시는 선수관리만 전담하는 조직도 있지만, 스포츠를 통해 파생하는 상품을 활용한 모든 분야를 담당하는 대규모 조직이 있다.

2) 스포츠 에이전시의 유형

스포츠 에이선시는 '스포츠의 마케팅' 주체와 '스포츠를 통한 마케팅' 주체 사이의 중간 역할을 하는 조직으로 다음과 같이 분류할 수 있다(강호정, 이준엽, 2013).

(1) 국제 스포츠 마케팅 에이전시

(2) 라이선싱과 머천다이징 전문 에이전시

(3) 광고 스포츠 에이전시

(4) 선수관리 에이전시

(5) 풀 서비스 에이전시

첫째, '국제 스포츠 마케팅 에이전시(International Sports Marketing Agency)'는 대형 스포츠 이벤트의 마케팅을 대행하는 대규모 조직을 의미한다. 세계적인 스포츠 마케팅 대행사가 해당된다.

둘째, '라이선싱(Licensing)과 머천다이징(Merchandising) 전문 에이전시'가 있다. 이는 스포츠 단체의 재산권을 활용하여 수익을 창출하는 조직이다.

셋째, '광고(Advertising) 스포츠 에이전시'가 있다. 현장광고를 전문적으로 다루는 조직이다. 현장이라고 하면 대표적으로 경기장이 있다. 즉, 경기장 내의 펜스 광고와 옥외광고 등의 권한을 매입한 후, 전문적으로 판매하거나 중간에서 알선하며 수수료를 받는 조직이다.

넷째, '선수관리 에이전시(Player's agency)'는 다양한 스포츠 종목의 선수들을 전문적으로 관리하는 조직이다. 선수의 이익을 위해 선수들을 대신하여 활동하

| 그림 12-5 세계적인 스포츠 에이전시

는 법정 대리인의 집합체라 할 수 있다.

마지막으로 '풀 서비스(Full-service) 에이전시'는 위의 모든 활동을 수행할 수 있는 스포츠 관련 대형 전문 조직이다.

3. 에이전트의 수수료 구조

1) 정률제

정률제는 수입의 일정 요율을 산정하는 수수료 책정방식이다. 가장 일반적인 수수료 책정방식이다. 구단과의 계약 협상 수수료는 3~5%, 자산관리 서비스를 포함한 수수료는 7~10%, 선수보증광고 계약 수수료는 10~25% 수준이다.

이는 나라와 종목에 따라 관련 주최기관이 설정해놓은 제한된 수수료를 적용한다. 미국 4대 프로스포츠를 살펴보면 미식축구 리그(NFL, National Football League)는 3%, 프로농구 리그(NBA, National Basketball Association)와 아이스하키 리그(NHL, National Hockey League)는 4%, 프로야구 리그(MLB, Major League Baseball)는 5%의 수수료로 제한돼 있다. 국제축구연맹(FIFA)은 최대 10%의 수수료로 책정돼 있는 것으로 알려져 있다.

2) 정액제

정액제는 말 그대로 에이전트가 활동하는 사안에 대해서만 일정금액을 지불하는 수수료 구조이다. 선수 입장에선 본인이 원하는 서비스의 범주를 정할 수 있는 장점이 있다. 이는 지급할 금액을 선수가 미리 알 수 있지만, 에이전트 입장에선 구단과 선수와의 고액 연봉 협상을 위한 노력을 하지 않을 수도 있다.

3) 시간급제

시간급제는 에이전트가 역할을 하는 만큼 시간당 수수료를 책정하는 방식이다. 에이전트는 선수가 정해진 시간동안 역할을 충실히 하는지 확인해야 하는 번거로움도 있을 수 있다. 또한 에이전트는 상호 신뢰 하에 시간 안에 효율적으로 일을 처리하기 위한 노력을 해야 한다.

4) 시간급제와 정률제 혼합

이 방식은 시간급제의 단점을 보완할 수 있다. 에이전트가 실제로 수행한 시간보다 부풀려서 선수에게 청구하는 것을 방지하고, 서로 간에 신뢰를 보다 더 쌓기 위한 노력이 중요하다. 다만, 혹여 시간급제로 정한 수수료의 상한제가 넘어갔을 때 정률제로 바뀌게 하는 방식이다.

에이전트의 구조와 역할

1. 스포츠 에이전트의 구조

스포츠 에이전트의 구조를 살펴보면 선수, 에이전트, 이해관계자라고 하는 세 가지 주체에 의해 이루어진다.

첫째, 선수는 에이전트 구조에서 가장 중요한 상품이다. 루비나 오하니안(R. Ohanian, 1990)에 따르면 스포츠 스타의 이미지는 전문성(expertise), 신뢰성(trustworthiness), 매력성(attractiveness)으로 제시했다. 선수 경기력의 원천인 지식, 능력, 기술 등을 의미하는 전문성, 선수와 팬과의 관계를 유지하면서 지속돼야 하는 신뢰성, 선수만이 갖는 특성을 통해 팬의 자기만족과 관련한 매력성을 설명했다.

둘째, 에이전트는 선수와 이해관계자 간의 중재역할을 하는 선수의 법정 대리인이다. 성과에 따라 선수로부터 수수료를 통해 수익을 창출하는 주체이다.

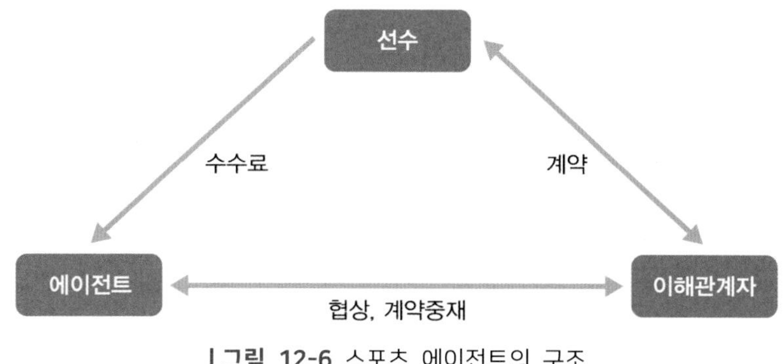

| 그림 12-6 스포츠 에이전트의 구조

셋째, 이해관계자는 크게 세 가지 부류로 구분할 수 있다. 선수의 이적과 연봉 협상과 관련한 프로구단, 선수에게 필요한 용품협찬을 할 수 있는 스포츠 용품 회사, 선수의 광고출연을 희망하는 광고회사가 있다.

2. 스포츠 에이전트의 역할

스포츠 에이전트는 앞서 언급한 것처럼 선수 에이전트(player's agent)로서 크게 세 가지의 역할로 분류할 수 있다. 즉, 선수 마케팅 활동 관리, 선수계약 대리, 선수의 법률 지원이다.

1) 선수 마케팅 활동 관리

선수 마케팅 활동 관리는 선수가 활동하는 모든 범위를 관리하는 것을 의미한다.

(1) 선수정보 파악
(2) 미디어 관계 관리
(3) 사회공헌활동 관리

첫째, '선수정보 파악'은 에이전트 업무 중에 가장 기본적인 출발점이라 할 수 있다. 자신이 관리하는 선수, 잠재적으로 관리할 수 있는 선수, 관리하는 선수와 포지션이 겹치는 다른 소속 선수 등으로 다양하다.

에이전트는 선수의 인구사회학적 요인(성, 나이, 종목, 포지션, 경력, 입상 등)과 경기관련 요인(포지션, 장타력, 주력, 번트, 수비력, 정신력 등)을 파악하기 위해 노력해야 한다. 이를 위해 관찰, 면접, 설문을 통한 오프라인 상의 정보와 경기영상을 통해 선수정보를 파악할 수 있다.

둘째, '미디어 관계 관리'는 다양한 미디어를 통해 정보를 수집하는 것에서 출발한다. 미디어는 인쇄매체(신문, 잡지), 방송매체(라디오, TV), 인터넷매체(온라인, 모바일, SNS)로 분류할 수 있다. 미디어를 선별하고 선수 개인별 정보를 해석하면서 선수 대상의 미디어 교육환경을 마련해야 한다.

교육의 범위는 언론 인터뷰 교육, 기자 간담회 교육, 소셜 미디어 대응 교육을 할 수 있다. 최근 뉴스 전파의 특성은 사실 여부를 떠나 재생산의 파급과 위력을 떨치고 있다. 즉, 에이전트는 전방위적 미디어 교육을 통해 선수가 구설수에 오르지 않게 해야 한다. 또한 미디어의 총괄적인 정보 교류를 통해 선수에게 맞는 미디어를 선정하고 추진해야 한다.

셋째, '사회공헌활동 관리'는 사회공헌활동의 프로그램을 계획, 추진, 평가 및 개선사항을 도출하는 과정이다. CSR(Corporate Social Responsibility)이란 기업의 사회적 책임을 의미하는 것으로 이윤만 추구하는 기업의 논리보다 윤리적 책임 의식을 갖는다. 이는 공익 연계 마케팅(CRM, cause-related marketing)의 형식으로 기업 활동을 이어간다.

사회공헌활동은 공익적 활동(public activities), 자선적 활동(charitable activities), 사회적 활동(social activities)으로 분류할 수 있다. 이러한 맥락에서 선수는 공익사업활동, 기부협찬활동, 자원봉사활동을 할 수 있다.

여기서 잠깐

스포츠 선수 브랜드화는 그 어떤 분야보다 중요하다. 레인 등(Rein et al., 2006)에서 제시한 캐릭터 개발을 위한 아홉 가지 체크리스트(p.238-239, 재인용)를 토대로 선수에 대입해 살펴보면 다음과 같다.

▣ **캐릭터 개발**

㉠ 독특함: 브랜드는 개인별마다 특성이 있어야 함. 스포츠 스타는 일반 선수에 비해 전문성, 신뢰성, 매력성(Ohanian, 1990)의 특성을 갖추고 있음. 또한 선수는 경기력 외에도 카리스마, 언변 등에 따라 대중의 선호도를 높일 수 있음

㉡ 관심: 브랜드의 핵심적인 특성은 흥미를 유발하고 주의를 끌 수 있어야 함. 기업은 유명선수 선정 기준인 친근함, 관련성, 존경, 차별성(Dyson & Turco, 1998) 등으로 대중들에게 끊임없이 긍정적인 이미지를 전달하는 선수를 선호함

㉢ 자율성: 브랜드를 대중들에게 각본처럼 느끼게 해선 안 됨. 선수는 소속된 구단 혹은 에이전시가 계획하고 추진하는 계획된 방식을 드러내는 것 보다 사람들 앞에 자연스럽게 '삶의 환상'을 보여줄 필요가 있음

㉣ 순환성: 브랜드는 한 가지 특성에 고착되지 않고 다차원적인 특성을 발산해야 함

㉤ 진보성: 브랜드는 시간에 따라 진화하며 새로운 특성을 보여주어야 함

㉥ 내재적 상품: 브랜드는 메시지와 가치를 전달할 수 있어야 함

㉦ 동기: 브랜드는 합리적인 동기와 이유를 통한 행동을 보여주어야 함

㉧ 독립된 정체성: 브랜드는 주요 역할과 분리된 정체성을 개발해야 함

㉨ 일관성: 브랜드는 불가피한 변화가 있더라도 예측할 수 있는 활동을 해야 함

2) 선수 계약 대리

스폰서 시스템의 중요성은 날로 부각되고 있지만 선수, 구단, 기업, 더 나아가 국가 간의 갈등을 유발하는 요인이 되기도 한다. '돌아다니는 광고판(advertising sandwich–board man)'에 불과했던 선수의 위상은 천정부지로 높아지고 있다. 예를 들어 유명한 축구선수가 기존 소속 구단에서 이적을 갈 구단이 정해졌다고 하자. 각기 다른 기업이 선수, 기존 구단, 이적 구단에 협찬을 하는 환경이라면,

이 문제를 명확히 해결해야만 하는 과제를 안고 있게 된다. 또한 월드컵 진출에 성공한 축구 국가대표팀의 모든 선수들이 월드컵 기간 동안에도 특정 기업의 축구화를 신기로 계약을 맺었다면, 개별 선수마다 다른 기업과 맺어진 계약조건과 상충될 수도 있다.

이와 같이 선수를 대신해 협상과 계약에 관한 역할은 그 무엇보다 중요하다고 할 수 있다. 선수 계약 대리는 에이전트가 '선수우선주의'에 입각해서 상호 조건을 협상하고 계약을 체결하는 역할을 뜻한다.

(1) 선수이적 협상 및 계약체결

(2) 선수연봉 협상 및 계약체결

(3) 선수용품 협찬 협상 및 계약체결

(4) 선수광고 출연 협상 및 계약체결

첫째, '선수이적 협상 및 계약체결'은 연봉협상과 함께 가장 중요한 에이전트의 직무에 해당된다. 우선 선수의 경기력을 파악해야 한다. 이는 선수의 체력적인 요소(점프력, 단거리 달리기, 중·장거리 달리기 등), 심리적인 요소(리더십, 판단력, 책임감, 성실성 등), 선수의 종목별 포지션과 기술, 종목의 전술에 대한 이해도 등을 의미한다.

이러한 요소들을 객관적으로 지표화하는 작업을 수반해야 한다. 이 외에도 경기외적인 요소를 분석하고 평가해야 한다. 이는 선수의 경기력 외에 대중의 호감도, 선호도, 이미지, 카리스마, 언행, 사회공헌활동 등이 있다.

이후 선수가 이적할 수 있는 팀을 탐색하고, 협상과 계약체결 과정으로 이끌어야 한다. 이적 구단의 요구사항(연봉, 훈련참가방식, 출전방식 등)을 정리하고, 객관화된 선수 가치자료를 전달할 수 있다. 위에 언급한 선수의 경쟁력 분석과 평가를 통한 객관적 자료를 입증하기 위해선 메디컬 테스트 자료를 추가한다.

에이전트는 이적 구단과 선수 간의 공통의제 및 다른 의제를 정리하여 합의점에 도출하기 위한 노력을 해야 한다. 최종적으로 선수의 의지를 확인한 후, 법률 전문가에 자문을 통해 이적계약을 체결한다.

둘째, '선수연봉 협상 및 계약체결'은 이적을 하는 과정과 유사하다. 즉, 선수의 경기실적을 분석하고 객관적 자료를 도출해야 한다. 선수가치 지표화 작업은 체력측정 결과자료와 경기분석 자료로 구분할 수 있다.

에이전트는 성공적으로 연봉 협상을 진행하기 위해선 현재 소속된 선수상황을 냉정히 평가해야 한다. 이를 위해 선수의 경기 공헌도 파악(경기당 득점, 어시스트 등), 선수의 관리 공헌도 파악(주장, 코치 겸 선수 등 구단 내 역할), 선수의 출전 횟수를 파악할 수 있다.

연봉협상 및 계약준비과정은 구단의 연봉조정공청회 등 연봉조정 제의 일정을 꼼꼼하게 챙겨야 한다. 이후 종목별로 협회 및 연맹 규정 확인을 통해 연봉 산정 규정을 파악해야 한다. 이적계약 절차도 마찬가지로 변호사에게 조항을 검토 의뢰하여 고정급, 기본급, 출전수당, 승리수당 등을 종목별로 다른 연봉기준으로 검토할 수 있다. 또한 계약내용이 잘 이행하고 있는지의 여부와 다음 연봉 협상 때 반영해야 할 사항 등을 포함해서 사후관리를 해야 한다.

셋째, '선수용품 협찬 협상 및 계약체결'은 선수가 필요로 하는 다양한 용품을 협찬 받는 과정이다. 에이전트는 선수의 가치를 평가하고 선수의 성과를 측정하는 과정을 통해 선수용품협찬 기업탐색을 위한 기초자료를 작성해야 한다.

이후 선수용품 협찬기업을 탐색할 수 있다. 종목별로 필요한 용품의 순위가 다르기 때문에 선별을 잘 하여 용품 협찬기업을 파악한다. 물론 아무리 부족함이 없는 지원이라 할지라도 선수가 불편하거나 검증되지 않은 용품을 사용하게 할 수는 없다. 즉, 선수의 경기력 향상에 실질적으로 도움이 되는 용품인지를 고민해야 한다.

선수용품 협찬계약이 체결된 후, 에이전트는 계약 의무 위반이 될 수 있는 사항을 확인해야 한다. 이는 계약기간의 준수여부, 협찬용품을 잘 착용하는지 여부, 프로모션 행사에 차질 없이 참여하고 있는지 여부, 교섭우선권을 준수하는지 여부 등이 있다. 통상 60일 정도에 해당하는 기간에서 스폰서의 재계약 우선권을 보장한다.

넷째, 선수광고 출연 협상 및 계약체결은 에이전트의 부수적인 수입에 큰 기여를 하는 분야이다. 즉, 일반적인 수수료 요율(10~25% 내외)이 이적 및 연봉협상(3~10% 내외)에 비해 크다.

에이전트는 성공적인 광고출연을 위해선 스포츠 선수의 브랜드 가치를 파악해야 한다. 브랜드 가치는 자산적 가치(경기력, 성장 가능성, 공헌도, 수상실적 등)와 인지적 가치(선수의 마케팅 활동 과정)로 분류할 수 있다. 또한 선수에 맞는 미디어(인쇄매체, 방송매체, 인터넷 매체)를 선택해야 한다. 이는 선수에 맞는 광고를 선택하기 위한 선제조건이기 때문이다.

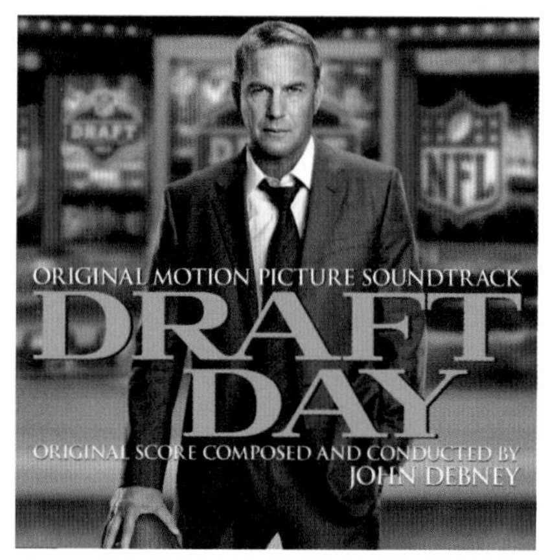

|그림 12-7 영화 드래프트 데이

이후 에이전트는 선수광고 관심기업을 탐색하기 위해 다이슨과 터코(A. Dyson & D. Turco, 1998)가 제시한 기업의 유명선수 선정기준인 'FRED' 요인을 활용할 수 있다. 우선 대중들이 유명선수에게 편안한 감정을 느끼게 하는 것이 중요하다는 Familiarity(친근함)가 있다. 또한 유명선수와 기업제품과의 연관성을 대중들이 이해해야 하는 부분이 중요한 Relevance(관련성), 유명선수는 대중들로부터 높은 평가를 받아야 하는 Esteem(존경)이 있다. 마지막으로 대중들은 유명선수와 다른 선수와의 차별성이 중요한 Differentiation(차별성)을 제시했다.

모든 계약체결 절차와 마찬가지로 법률 자문가의 자문을 통해 계약범위, 계약조건, 의무준수 및 위반 등을 명시한 계약을 체결한다.

3) 선수의 법률 지원

선수의 법률 지원은 선수생활 전반에 걸쳐 법률적으로 지원을 해야 하는 역할을 의미한다.

(1) 퍼블리시티권 관리

(2) 선수관련 법률문제 지원

(3) 선수생활 및 자산관리 지원

첫째, '퍼블리시티권 관리'는 선수의 명성, 평판, 유명세 등을 포함한 개념인 인지도 활용에 관한 관리이다. 퍼블리시티권(right of publicity)보다 대중들에게 알려진 개념은 초상권이 있다. 초상권은 인격적 가치를 보호하는 인격권이고, 퍼블리시티권은 경제적 가치를 보호하는 재산권으로 초상권과 달리 남에게 팔거나 상속할 수 있다. 즉, 이적할 구단이나 에이전시에게 양도할 수 있다.

에이전트는 선수 퍼블리시티권의 경제적 이익과 침해부분을 다양한 사례와 판례 등을 검토해야 한다. 물론 법률 자문가의 조언을 이어가야 한다. 이는 계약을 체결하기 전에 조항을 꼼꼼하게 확인하기 위한 절차로서 매우 중요하다.

퍼블리시티권에 관해 계약이 성립할 수 있는 금액과 조건조항, 양도하는 사항과 조건조항, 권리의 상속에 관한 조항, 권리의 존속기간에 관한 조항, 권리의 침해에 관한 조항 등이 해당된다.

둘째, '선수관련 법률문제 지원'은 선수와 에이전트 간의 계약, 선수와 구단과의 고용계약 및 기타 법률문제를 지원하는 직무이다. 선수와 에이전트 간에 종종 분쟁이 발생한다. 대표적인 예는 위약금 및 에이전트의 수수료 반환, 이중계약 분쟁, 선수 가로채기 분쟁, 에이전트의 계약 임의파기 등이 있다. 이를 극복하기 위한 가장 기본적인 사안은 선수와 에이전트 간에 충분한 공유와 신뢰 하에 상호 계약서를 체결해야 한다.

또한 선수가 구단과의 이적 혹은 연봉협상을 체결할 시 에이전트에 많이 기대할 수밖에 없다. 계약체결 시 의견을 제공하고, 이행과 해석의 분쟁발생 요인을 파악하고 고용계약의 법률문제를 지원해야 한다.

마지막으로 선수의 부가적이고 매우 중요한 수입원인 선수 스폰서십 계약과 선수보증광고(endorsement) 계약을 관리할 수 있다. 이 분야의 분쟁 사유는 이행지체, 이행불능, 불완전이행, 이행거절 등이 있다. 이를 비롯해 선수생활 전반에 발생할 수 있는 상황별 법률문제를 체계적으로 대응할 수 있는 시스템을 구축해야 한다.

셋째, '선수생활 및 자산관리 지원'은 대표적으로 선수상담을 들 수 있다. 또한 선수의 컨디션을 관리하고 더 나아가 선수의 자산관리를 지원할 수 있다.

선수와의 상담을 효과적으로 수행하기 위해선 선수상담 환경을 조성하고, 상담에 대한 생활화를 통해 적시(適時)에 실시해야 한다. 에이전트가 관리하는 선수 중에서 특정선수에게만 편중돼서도 안 되고 바쁘다는 이유로 미루거나 취소해서도 안 된다. 더불어 선수 개인별로 성향이 다르기 때문에 선수 특성에 맞게 맞춤형 상담 기술을 갖추기 위한 노력을 해야 한다.

선수의 자기관리(self-management)는 몸 관리, 정신관리, 훈련관리, 대인관리, 행동관리, 생활관리, 부상관리 등이 있다. 선수들의 컨디션 유지를 통해 부상을 미연에 방지하거나, 부정적인 심리요인을 극복하는 게 주요 목적이다.

선수의 자산관리는 소득에 대한 세무 업무와 불로소득 창출을 위한 자산투자 및 관리가 있다. 이를 위해 소득자산 투자와 관리에 대한 개괄적인 이해가 필수다. 통상 선수와 가족이 직접 수행하기도 하지만, 분야별 전문가(세무사, 투자자산 운용사, 자산관리사 등)를 연결하는 대리 역할로서 에이전트가 주도적으로 할 수도 있다.

<표12-3> 스포츠 에이전트의 역할과 직무

역할		직무		세부직무
(1)	선수 마케팅 활동 관리	①	선수정보 파악	• 선수정보수집 • 선수정보분석
		②	미디어 관계 관리	• 미디어 정보 수집 • 미디어 교육 • 미디어 관계 설정
		③	사회공헌활동 관리	• 사회공헌프로그램 계획 • 적극적인 사회공헌활동 • 사회공헌활동 평가, 개선

역할		직무		세부직무
(2)	선수계약 대리	④	선수이적 협상 및 계약체결	• 선수 경쟁력 분석 • 선수이적 팀 탐색 • 선수이적 협상, 계약
		⑤	선수연봉 협상 및 계약체결	• 선수 경기실적 분석 • 선수연봉 협상 • 선수연봉 계약, 관리
		⑥	선수용품 협찬 협상 및 계약체결	• 선수용품 협찬기업 가치 분석 • 선수용품 협찬기업 탐색 • 선수용품 협찬계약
		⑦	선수광고 출연 협상 및 계약체결	• 선수광고의 가치 분석 • 선수광고 기업 탐색 • 선수광고 기업계약
(3)	선수의 법률 지원	⑧	퍼블리시티권 관리	• 퍼블리시티권 가치 분석 및 관리 • 퍼블리시티권 계약 • 퍼블리시티권 보호
		⑨	선수관련 법률문제 지원	• 고용계약 법률문제 • 협찬계약 법률문제 • 기타 법률문제
		⑩	선수생활 및 자산관리 지원	• 선수상담 생활화 • 선수 컨디션 관리 • 선수 자산관리

출처: 문개성(2020). 스포츠 에이전트 직무해설서(제2판): 선수대리인의 비즈니스 관점. 박영사, P.53, 126, 192. Retrieved from 한국산업인력공단(2016c). 국가직무능력표준 NCS. 스포츠 마케팅-스포츠에이전트.

여기서 잠깐

▣ 프로 스포츠 전력평준화 제도

프로 스포츠의 팀 간 전력평준화를 위해 실시되고 있는 대표적인 제도는 드래프트 제도, 트레이드, 샐러리 캡, 웨이버 공시가 있다. 첫째, 드래프트 제도는 최하위팀의 순서 등의 다양한 방법으로 구단에게 지명권을 부여, 선수를 지명, 선발하는 제도이다. 한 시즌의 최상위팀에게 계속 우수선수를 스카우트하지 못하게 하는 효과가 있다. 둘째, 트레이드는 선수의 보유권을 타 구단에게 이전하는 것으로 전력보강을 위한 구단의 전략으로 활용된다. 셋째, 샐러리 캡은 각 구단이 당해 시즌에 각 구단 보유 선수에게 지급하기로 한 연봉 총상한제이다. 무분별한 선수 스카우트를 제지하는 효과가 있다. 마지막으로 웨이버 공시는 구단의 소속 선수와 계약을 일방적으로 해제함으로써 전력누수를 미연에 방지할 수 있다.

❙ <표12-4> 프로 스포츠 전력평준화 제도

구분	내용
드래프트 제도 (Draft System)	• 일정 자격요건을 갖춘 선수를 프로연맹 등 스포츠 단체의 주관 아래 성적 역순 등의 다양한 방법으로 구단에게 지명권을 부여, 선수를 지명, 선발하는 제도 • 한 시즌의 최상위팀에게 계속 우수선수를 스카우트하지 못하게 하는 효과 • 최하위팀에게 우수선수를 먼저 스카우트할 수 있도록 배려하는 제도로서 의미가 있음
트레이드 (Trade)	선수의 보유권을 가지고 있는 구단이 선수의 보유권 및 기타 권리를 타 구단에게 이전하는 것
샐러리 캡 (Salary Cap)	• 각 구단이 당해 시즌에 각 구단 보유 선수에게 지급하기로 한 연봉 총상한제 • 소속선수 연봉합계가 일정액을 초과할 수 없도록 규정 • 한 선수에게만 연봉이 쏠리지 않게 하는 배분효과 • 재정이 부족한 팀의 무분별한 스카우트 제지하는 효과 • 반대되는 제도로 '래리 버드 룰'이 있음
웨이버 공시 (Waiver)	• 구단이 소속 선수와 계약을 일방적으로 해제하는 방법(방출) • 프로 스포츠 구단 등에서 선수에 대한 권리를 포기하는 것 즉, 구단에 소속된 선수를 일방적으로 방출하면서 일정기간 동안 다른 팀들에게 그 선수를 데려갈 의향이 있는지 물음

① 스포츠 경기를 추론하는 로봇은 스포츠 산업에 어떤 영향을 줄까?

'오심도 경기의 일부'란 말도 옛말이 되고 있다. 정교한 카메라, 분석 장비 등을 동원해 애매한 판정을 제도적으로 사전에 차단시킨다. 가장 먼저 사라지는 직

업군에서 스포츠 심판도 상위에 랭크가 됐듯이 스포츠 심판의 로봇 대체 확률은 점차 커지고 있다.

돌이켜보면 육상, 경기 등의 기록경기에서 전자계측장비, 펜싱의 전자채점장비, 태권도의 전자호구 시스템 등이 오심을 줄이기 위한 노력의 산물이다. 2006년 세계 4대 메이저 대회인 US오픈 테니스 비디오 판독 시스템인 호크아이(Hawk-Eye)가 처음 도입됐고, 2014년 브라질월드컵에서도 유사한 비디오 판독 시스템을 도입했다. 이어 2018년 러시아 월드컵에서는 VAR 판독기술을 확대 도입했다. 심판 판정에 불복해 비디오 판독을 요청할 때만 사용되던 장비는 차차 심판의 위치를 대체하게 될 것이다.

사람이 조작하는 수준의 전산장비의 수준을 뛰어넘어 스스로 학습이 가능한 인공지능으로 발전하면 어떻게 될까? 최근 IT 기업에서 앞을 다투며 개발 중인 머신러닝(Machine Learning)은 인공지능의 한 분야로 컴퓨터가 학습할 수 있도록 하는 알고리즘과 기술을 개발하는 분야다. 로봇은 기본적으로 프로그램에 의해 연산하는 능력을 갖추고 있다. 머신러닝의 혁신적인 발전이 이루어진다면 로봇은 계산뿐만 아니라 추론이 가능해진다.

상상을 해보자. 빅데이터를 바탕으로 선수, 팀, 날씨, 환경, 시간, 장소 등의 모든 요인과의 조합을 분석해 경기결과를 예측할 수 있다. 「국민체육진흥법」에 의거해서 시행되는 '체육진흥투표권', 즉 스포츠 토토라는 상품을 유지하기가 힘들 수 있다. 합법적 스포츠 갬블링 시장은 위축되고, 음성적 도박 시장이 보다 더 은밀하게 확장될 수 있다. 로봇을 통해 경기 결과를 추론하는 행위는 불법으로 규정해 막겠지만, 궁극적으로 개인이 사용하는 로봇에 대해 규제하기 힘들 수도 있다. 추론 로봇의 확률이 떨어지면 오히려 선수에게 승부 조작을 한 것이 아닌가라는 의심을 할 수 있다. 선수는 억울해하지만, 이미 로봇 기능에 대해 맹신하는 풍조를 바꿀 수 없게 되기 때문이다.

스포츠 결과를 추론하는 로봇의 발전이 스포츠 산업 전반에 어떤 영향을 미칠지 확언할 수는 없지만, 스포츠의 본질적인 특성인 신체성, 경쟁성, 규칙성의 근간이 흔들리게 된다. 또한 페어플레이, 스포츠맨십과 같은 스포츠의 긍정적 순화 기능에 대해 다시 돌아보게 된다. 경기결과를 추론하기 보다는 스포츠 경기 서비스를 소비할 수 있는 최상의 컨디션을 예측하여 제공하는 로봇의 발전을 기대한다.

② 스포츠 빅데이터는 왜 사람의 마음을 움직일까?

스포츠 빅데이터 활용은 대세가 됐다. '스포츠의 마케팅(marketing of sports)' 주체(스포츠 단체 등)는 고객 빅데이터를 분석하여 최상의 제품과 서비스를 제공하고자 한다. 실제로 2014년 브라질 월드컵에서 독일이 우승하기 위해 큰 도움을 준 주체는 'SAP 매치 인사이트(SAP Match Insights)'라는 독일 소프트웨어업체가 개발한 프로그램이다. 선수 몸에 달린 센서를 통해 데이터를 수집하고, 영상과 결합해 감독, 코치진에게 실시간 선수 상태를 확인하게 했다.

이미 스마트 센서를 활용한 스포츠 고도화는 이루어지고 있다. 젭 렙스(Zepp Labs)라는 회사의 모션 센서는 야구 타자의 스윙속도, 타격각도 등을 분석한다. 이를 통해 홈런을 연발하게 할 수 있는 최적의 궤적을 분석해서 선수에게 적용시킬 수도 있다. 물론 홈런이 너무 흔하면 재미가 반감될 수도 있지만, 구단 입장에서 우승을 위한 노력의 일환으로 받아들일 것이다.

스포츠 고도화(高度化)를 위한 센서 개발의 예는 많다. 윌슨과 요넥스의 테니스용 스윙교정센서, 프린터 전문업체인 앱손의 골프스윙분석 기기, 스크린 골프업체인 골프존이 출시한 스윙톡이란 스마트 스윙 분석기, 축구공안에 센서를 삽입해 속도, 스핀, 궤적, 타격지점 등을 분석할 수 있는 아디다스의 마이코치 스마트볼, 이와 유사한 94피프티(94Fifty)의 스마트 농구공 등으로 다양한 종목에 센서를 활용한 빅데이터 축적 작업이 한창이다.

'스포츠를 통한 마케팅(marketing through sports)'의 주체(기업)는 빅데이터 분석과 결합된 야구의 세이버매트릭스(Sabermetrics), 브라질 월드컵 때 도입된 골라인 판독기, 웨어러블 기기 시장의 가파른 성장 등 스포츠와 헬스케어 시장에 큰 영향을 미칠 만한 분야에 관심을 가질 것이다. 사물인터넷이 고객관계관리(CRM)의 필수도구가 되면서 전통적인 스포츠 마케팅 시장에 협찬사로 참여하는 방식에서 벗어나게 된다. 즉, 메가 스포츠 이벤트가 개최되기도 전에 이미 잠재적인 스포츠 소비자와 연결한다. 프로 스포츠 시즌이 시작되기도 전에 고객의 욕구를 파악해 개막이 되면 차별화된 프로모션을 진행할 것이다. 사물인터넷은 빅데이터와 결합되면서 산업 지형도를 바꾸게 된다.

야구에서 빅데이터는 머니볼(Moneyball) 이론이 유명하다. 1998년 프로 야구 선수 출신이었던 빌리 빈(William L. Beane, 1962~)이 오클랜드 애슬레틱스(Oakland Athletics) 단장으로 부임한 뒤 선수 기록 통계치를 바탕으로 선수를 영입했다. 2011년 머니볼(브래드 피트 단장역)이란 영화로도 잘 알져져 있다. 당시 가장 가난한 구단으로서 취할 수밖에 없는 몇 안 되는 방식이었을 것이다. 수천만 달러 몸값의 선수보다 저렴하지만 가능성 높은 선수를 영입하는 것이 훨씬 유리해졌다. 관록 있는 스카우터들에 의존했던 조직 문화를 바꾸는 것이 가장 힘들었을 법 하지만 무명팀에서 강팀으로 변모시키는 결과를 낳았다.

야구 저술가이자 통계학자인 빌 제임스(Bill James)가 창시한 미국야구연구연

합회(SABR, The Society for American Baseball Research)에서 세이버메트리스를 만들었다. 야구를 통계학적, 수학적으로 분석하는 방법론으로 스포츠와 빅데이터 만남의 시초가 됐다. 빅데이터는 매우 크고(volume), 빠르고(velocity), 다양한 유형(variety)의 속성을 지녔다. 또한 복잡하고(complexity), 진실되고(veracity), 시각화(visualization)의 특징이 있다.

용어

야구와 관련한 통계자료를 토대로 한 스포츠 데이터 가공방법은 몇 가지가 있다.

㉠ 세이버 메트릭스(Saber Metrics): 영화 '머니볼'을 통해서도 잘 알려진 통계기법이다. 투수가 던지는 공(스트라이크, 볼, 아웃, 인플레이, 아웃 등)의 기록, 타자의 타구 기록 등을 누적해 객관적 데이터를 집계한다.

㉡ WAR(Wins Above Replacement Level): 선수의 가치를 매기는 보편적인 지표로서 방어율, 타율, 수비, 투구, 선수 포지션에 따른 지표 등 전반적으로 고려한다. 즉, 특정 선수가 대체선수보다 얼마나 승리에 이바지했느냐를 나타내는 수치로서 대체선수 대비 승리 기여도를 의미한다. WAR 수치가 후보(0~2), 주전(2이상), 올스타급(5이상), MVP급(7이상)으로 나타나 직관적으로 자료를 이해하는 데 유용하다.

㉢ BABIP(Batting Average on Balls in Play): 인플레이가 된 타구가 안타가 될 확률에는 투수의 능력도 어느 정도 관련돼 있다. 인플레이 타구의 비율을 나타낸 통계 수치로서 타자가 친 공이 페어 영역 안에 떨어진 경우만을 토대로 한다.

앞으로 빅데이터가 갖는 스포츠 분야의 파급력이 매우 클 것이다. 스포츠 비즈니스 주체별로 살펴보자.

ⓐ '선수'는 유명선수가 될수록 인도스먼트, 즉 선수 스폰서 대상이 된다. 초상권, 퍼블리시티권과 같은 법적 문제에 노출될 가능성이 높다. 빅데이터는 선수에게도 유용한 자료가 된다. 상품가치를 지속적으로 높이기 위한 전략을 알 수 있게 된다. 자신 기량과 관련된 중복 포지션의 다른 구단 선수층에 대한 활동 데이터, 외적인 이미지, 팬 관리 등과 연관된 정보를 수집, 분석, 활용할 수 있다.

ⓑ '단체'는 스포츠 조직으로 선수와 팀의 집합체이다. 경기를 개최할 권한을

갖고 있다. 빅데이터는 '스포츠의 마케팅(marketing of sports)' 주체가 스포츠 스폰서십, 방송중계권, 라이선싱, 머천다이징 등을 통해 수익창출 구조에 영향을 미칠 수 있다. 고객의 구매 패턴을 분석하고, 기업이 선호하는 홍보방식 등을 효과적으로 분석, 정리할 수 있다.

ⓒ '구단'은 스포츠 조직으로 최고 경영자층에 의해 최종 의사결정이 이루어진다. 대표적으로 한국야구위원회(KBO), 한국프로축구연맹(KPFL), 한국농구연맹(KBL), 한국배구연맹(KOVO)의 국내 4대 프로 스포츠리그 구단이 있다. 단체와 마찬가지로 '스포츠의 마케팅' 주체로서의 수익구조를 갖고 있다. 빅데이터를 통해 방대한 선수층을 분석할 수 있다. 잠재적으로 상품가치가 높은 선수군을 체계적으로 분석, 영입할 수 있다.

ⓓ '기업'은 '스포츠를 통한 마케팅(markeing through sports)'의 주체로 기업 및 자사 상품의 이미지를 높이고, 판매량을 높이기 위한 촉진(promotion) 방법으로 스포츠를 활용한다. 빅데이터를 통해 소비자가 원하는 제품과 서비스를 개발할 수 있다. 전통적 마케팅 시장과 디지털 마케팅 시장에서 고객을 발굴하기 위한 효과적인 노력을 할 수 있다.

ⓔ '지자체'는 공공체육시설을 기업에게 명칭사용권한(명명권)을 제공하고 수익을 창출한다. 유지보수와 관리비용을 절감하기 위한 영역은 주요 관심사다. 빅데이터를 통해 공공체육시설 활용의 최적화 환경을 구축할 수 있다.

ⓕ '방송사'는 스포츠 이벤트 주최기관(단체)으로부터 방송중계권을 확보한 후, 스포츠 중계영상을 필요로 하는 지상파, 케이블 TV, 지역방송사 등에게 재판매를 하고, TV 광고시장을 선점함으로써 수익을 창출한다. 빅데이터를 통해 시청자가 선호하는 시간대, 프로그램 등 총망라한 정보를 분석할 수 있다.

ⓖ '에이전트'는 개인일 수도 있으나, 기업(에이전시, 매니지먼트사 등)에 소속된 구성원이다. '선수 우선주의'에 입각해서 활동하는 범위 내에서 빅데이터 활용을 통해 선수 대리인으로서 역할을 할 수 있다.

| 그림 12-8 머니볼과 빌리빈

| <표12-5> 미래유망 15개 직업군

구분	내용
사물인터넷 전문가	가전제품이나 생산설비, 각종 부품(엔진 등)의 사물에 각종 센서를 부착하여 이들 사물이 서로 정보(데이터)를 인터넷으로 주고받도록 하는 기술 환경을 개발 및 구축하거나 사물인터넷 서비스를 기획함
인공지능 전문가	사람의 뇌 구조에 대한 지식을 바탕으로 컴퓨터나 로봇 등이 인간과 같이 생각하고 결정을 내릴 수 있도록 알고리즘을 개발함
빅데이터 전문가	매우 빠르게 생산되고 있는 거대한 데이터를 실시간으로 수집 및 저장하고, 이 데이터를 분석해 가치 있는 정보를 추출하는 일을 함
가상현실/ 증강현실 전문가	가상현실 · 증강현실 콘텐츠 기획자, 프로그래머, 컴퓨터 그래픽 디자이너, 특수장비를 사용해 VR영상을 전문으로 촬영
생명과학 연구원	생물학, 의학, 식품, 농업 등 생명과학 분야의 이론과 응용에 관한 연구를 통해 다양하고 복잡한 생명 현상을 탐구하고 이와 관련된 기술을 적용
정보보호 전문가	정보기술(IT) 보안 전문가, 컴퓨터와 인터넷상의 해킹과 바이러스로부터 디지털 정보를 보호하는 일
로봇 공학자	서비스 로봇(교육, 청소, 이동용 등), 산업용 로봇(제조, 용접, 건설용 등), 협업로봇(코봇, collaborative robot), 웨어러블 로봇 등을 연구, 개발, 제작, 유지, 관리
자율주행차 전문가	정보통신기술(ICT), 인공지능, GPS(위성항법시스템) 등의 최신 기술을 적용해 안전하게 자율주행이 가능한 자율자동화를 연구하고 개발함

구분	내용
스마트팜 전문가	스마트팜 관련 기술과 정비를 개발하고 설치, 스마트팜 도입을 희망하는 농업인에게 컨설팅과 교육을 실시
환경 공학자	공학적인 원리를 활용하여 대기환경, 수질환경, 폐기물 환경, 토양환경, 해양환경 등 다양한 환경문제를 해결하기 위해 각종 연구와 조사를 하거나, 환경영향평가 업무 등을 함
스마트 헬스케어 전문가	건강측정기 등 액세서리나 웨어러블 기기를 활용하여 개인이 스스로 운동량, 심전도, 심장박동 등을 체크해 건강을 관리할 수 있는 헬스케어 서비스를 기획하거나 건강관리 애플리케이션을 개발함
3D 프린팅 전문가	3D 프린터 개발자, 3D 프린터용 재료 기술자, 3D 프린팅 컨설턴트
드론 전문가	드론조종자, 드론개발자
소프트웨어 개발자	시스템 소프트웨어 개발자, 응용 소프트웨어 개발자
신 · 재생 에너지 전문가	태양광, 태양열, 풍력, 지열, 수력, 수소, 연료전지, 바이오 폐기물 등 전문 분야에 따라 에너지 기술을 연구, 시스템 및 모듈, 부품, 태양광 패널 등 소재 개발, 축전지, 에너지 최적화를 위한 제어시스템 등을 개발

출처: 안종배(2020). 미래학 원론. 박영사, p.409-410, 재인용. Retrieved from 정성훈(2019.4.4.)

③ 무례함과 정중함의 차이는 무엇일까?

"운동선수 출신으로 경영 컨설턴트인 크리스틴 포래스(Christine Porath)는 '무례함의 비용(2018)'에서 무례함(incivility)을 용인할 경우 개인, 조직, 사회에 막대한 손실이 발생한다고 했다. 그녀가 예를 들어 설명한 조던 스피스(Jordan Spieth) 골프 선수의 정중함(civility)은 그를 협찬한 신생 스포츠 용품회사에도 영향을 미쳤다. 미국 스포츠 브랜드 언더아머(UnderArmour)는 승리의 가능성이 적은 상대적 약자를 뜻하는 '언더독(underdog)' 마케팅을 통해 성공했다. 불리함을 딛고 도전하는 것 자체가 소중하다는 메시지를 전달했다. 아직 널리 알려지지 않았지만 누구나 다 잠재력이 있다는 것을 강조했다. 통상 기업은 스포츠 스타와의 협찬을 통해 기업과 상품 이미지를 동반 상승하게 한다. 언더아머는 2013년 프로골프대회에 한 번도 참가하지 않았던 조던 스피스와 선수 스폰

서십 계약을 했다. 주변의 우려에도 불구하고 2015년 마스터스 골프대회에서 우승했다. 그것도 업계부동의 1위인 나이키(Nike)의 협찬을 받고 있던 로이 매킬로이(Rory McIlroy)를 상대로 승리함으로써 회사가 강조한 가치를 이어갔다. 스피스는 몸에 밴 태도인지 의도했던 것인지는 알 수 없으나 인터뷰 소감에서 자신을 낮추고, 주변사람들의 도움으로 좋은 결과를 얻었다는 정중함(civility)을 보여주었다. 그가 텍사스 대학교를 중퇴하고 프로골퍼로 전향한 이유가 자폐증을 앓고 있는 여동생의 치료비를 벌기 위해서라는 사실이 알려지면서 정중함의 이미지는 더욱 공고해졌다. 또한 우승상금으로 자신의 이름을 건 재단을 설립해 자폐증, 소아질환 등의 어린이를 돕는 자선활동이 알려지면서 더욱 존중받는 선수로 성장하고 있다. 2015년 마스터즈 대회 우승 당시, 신인선수답지 않은 '자아실현'의 가치를 보여준 선수와 회사 브랜드는 빠른 속도로 소비자와의 성공적인 커뮤니케이션을 보여주었다. 남을 존중하고 배려하는 자세에서 자연스럽게 나오는 공감과 정중함. 매우 중요한 가치이다. 조직 안팎에는 내부 고객과 외부 고객이 있다. 내부 고객은 자신을 포함한 조직 내 구성원이고, 외부 고객은 말 그대로 클라이언트이다. 업무를 추진함에 있어 상대를 알아가는 과정 중에 정중함이 배어있는 공감의식을 갖춘 소유자인지를 먼저 파악하는 습관이 중요하다. 물론 자기 자신부터 이 자세를 취해야 상대를 알아보기가 쉽다. 이는 조직문화로 확장시킬 필요가 다분하다. 최고에 지위를 경험한 사람을 고수(高手)라고 부른다. 흔히 정중함(civility)을 통해 많은 사람들을 공감하게 한다. 최근 우리 사회에 문제가 되는 오너 리스크를 불러일으키는 갑질(Gapjil)은 부끄럽게 외신에서 신조어로 등장했다. 모든 오너가 고수가 될 수는 없다. 스포츠의 특성은 신체성, 경쟁성, 규칙성으로 대표된다. 거기에 본질적인 가치, 즉 페어플레이, 스포츠맨십이 포함돼야 진정한 스포츠가 된다. 4차 산업기술은 시간, 공간의 경계 없이 공감(共感)의 확산속도가 차원을 달리한다. 결론적으로 4

| 그림 12-9 조던 스피스

차 산업혁명시대에서 성공적으로 스포츠 산업을 이끌기 위해서는 스포츠 공감 문화를 이해해야 된다. 인류공통의 언어로서 영원한 가치를 발휘하기 위해서는 더욱 그렇다(문개성, 2019a, p.23~25)."

④ 비움(虛)의 스포츠, 무위(無爲)의 길은 결국 사람의 몫이 아닐까?

"인류 최초의 도시 문명은 6천 년 전쯤 거슬러 올라간다. 수메르인에 의해 만들어진 우르크(Uruk) 문화기이다. 현대 우리가 영위하는 삶의 양태는 언제부터 무엇에 의해 영향을 받은 것일까? 이 장구한 역사 속에서 불과 100여 년 동안 이룬 자본주의와 기술적 진보에 의해서이다. 스포츠도 예외가 아니다. 20세기 들어 스포츠 스타란 새로운 계층이 생기고, 사람의 몸에 대해 이토록 상품화에 성공한 적이 없다. 문화 비평가 앨리스 캐시모어는 현대인이 스포츠에 열광하는 이유를 세 가지로 꼽았다. 현대인의 삶이 너무 뻔하고(predictable), 지나치게 예의바르며(civil), 너무 안전하다(safe)는 것이다. 문명화 과정을 통해 질서와 안정을 추구하며 안전한 환경이 도래했고, 대리만족을 얻어야 하는 현대인은 스포츠에서 쟁취하는 승리와 환호를 찾게 됐다는 것이다. 2019년 하반기부터 발현한 코로나19는 우리에게 많은 것을 느끼게 한다. 한낱 미물인 줄 알았던 병원균에 대한 생각을 달리하게 했다. 그들을 박멸의 대상이라기보다는 공존할 수밖에 없는 과정의 연속이란 생각을 하게 한다. 이웃 나라 일본은 올림픽마저 이듬해로 연기했다. 물론 정상적으로 치를 수 있을지 매우 불투명하다. 그럼에도 불구하고 돈 때문에 강행할 것이다. 방사능 이슈로도 꿈쩍하지 않았던 그들이 공생(共生)의 소중함을 이해할 수 있는 계기가 됐으면 한다. 이참에 우리 모두 자연재해로 인한 인재(방사능)를 막지 못한 인간의 나약함을 깨달으면 어떨까? 더불어 지구란 생명체가 벌이는 균형 잡기(코로나19)를 우습게 봤던 인간의 탐욕을 인정하고, 온 인류가 환경파괴란 절체절명의 위기를 공감하면 어떨까? 만약 개최된다면 환경 올림픽으로 거듭났으면 하는 바람이다. 100여 년 동안의 폭주해서 달려온 이 지점, 2500년 전의 철학자인 노자(老子)를 떠올린다. 바이러스 사태를 보면서 몇 가지 문구가 떠올랐다. 천지불인(天地不仁)과 상선약수(上善若水)이다. 천혜의 지구 환경이 인간을 위해 있는 것 같지만, 천지는 인자하지 않다. 우리도 그들의 일부이다. 또한 가장 좋은 것은 물과 같다. 성인처무위지사(聖人處無爲之事)는 어떤가? 성인은 무위하는 일을 해야 한다는 것이다. 무위(無爲)란 아무 일도 하지 않는다는 의미가 아니라, 지나친 목적이나 욕망을 갖고 하는 행위(有爲)를 배격해야 한다는 것이다. 맹목적으로 가고자 하는 인위적인 길에서 잠시 멈추고, 반대의 길 혹은 더 나은 길을 제시하는 것은 아닐까? 만약 개최된다면 소박한 올림픽이었으면 좋겠다. 삶이 너무 뻔하고, 지나치게 예의바르고, 항상 안전할 것만 같았던 생각을 바꾸게 했다. 삶이 뻔하

지 않다는 것을 보고 있고, 강대국보다 선도국가에서 기준을 찾고, 언제나 안전한 삶이 될 수 없음을 알게 했다. 자연(自然, 스스로 그러함)에서 벗어난 방식에 대해 의문을 가져야 할 때이다. 카이로스적 시간(결정적인 타이밍)을 놓치지 말자. 속도는 느릴지라도 지금부터라도 만(滿)을 지양하고, 허(虛)를 지향하는 데 함께 하자(문개성, 2020.12.16.).”

과제

1. 가장 최근의 국내 스포츠 에이전트와 에이전시를 각각 조사하시오.
2. 가장 최근의 해외 스포츠 에이전트와 에이전시를 각각 조사하시오.
3. 가장 최근의 국내 에이전트 관련 이슈를 찾아보시오.
4. 가장 최근의 해외 에이전트 관련 이슈를 찾아보시오.

도움을 받은 자료

아래에 제시한 선행자료 외에 직·간접적으로 정보와 영감을 얻게 한 수많은 자료를 생산하신 분들에게 고마운 마음을 전합니다.

김성길(2012). 스포츠콘텐츠의 이해. 한울 아카데미.

김지연(2017). 4차 산업혁명 시대에 살아남기. 페이퍼로드.

김용만(2010). 스포츠 마케팅 커뮤니케이션. 학현사.

김용옥(2015). 도올의 중국일기 1. 통나무.

김원제(2005). 미디어 스포츠 사회학. 커뮤니케이션북스.

김재휘, 박은아, 손영화, 우석봉, 유승엽, 이병관(2009). 광고심리학. 커뮤니케이션북스.

김치조(1996). 스포츠 마케팅. 태근문화사.

강준만(2015). 생각의 문법. 인물과 사상사.

강호정, 이준엽(2013). 현대 스포츠 경영학(제2판). 학현사.

권기대, 김신애(2016). 마케팅 전략: 브랜드의 응용. 박영사.

대한체육회(2019a). 정관(문화체육관광부 허가 2019.3.13.).

대한체육회(2019b). 마케팅규정(제정 2018.12.20.).

문개성(2021.10.5.). 포스트 도쿄, 기묘한 이벤트, 이대로 잊히는 걸까. 원대신문(제1402호), 사설.

문개성(2021.5.24.). 마켓 4.0에서의 스포츠, 인간의 욕망. 원대신문(제1399호), 사설.

문개성(2020.12.16.). 비움(虛)의 스포츠, 무위(無爲)의 길. 원대신문(제1392호), 사설.

문개성(2020.6.8.). 바이러스 공포 속의 스포츠. 원대신문(제1385호), 사설.

문개성(2020a). 현대사회와 스포츠: 미래에도 무한한 인류 공통의 언어. 박영사.

문개성(2020b). 스포츠 에이전트 직무해설서(제2판): 선수대리인의 비즈니스 관점. 박영사.

문개성(2020.7.). 격한 공감을 이끌어내라! 스포츠 마케팅의 세계. 현대오일뱅크 Monthly Magazine, 전문가 칼럼.

문개성(2019.3.25.). 가상현실 속 무한한 스포츠 판타지. 원대신문(제1365호), 특집기고.

문개성(2019a). 보이콧 올림픽: 지독히 나쁜 사례를 통한 스포츠 마케팅 이해하기. 부크크.

문개성(2019b). 100회 전국체육대회의 의미와 스포츠 사업화 도입방안. 한국체육과학지, 28(6), 653−670.

문개성(2019c). 스포츠 경영: 21세기 비즈니즈 미래전략. 박영사.

문개성(2019.8.). 스포츠토토 · 경마 · 경륜 · 경정, 합법과 불법 사이에서 도박 판타지를 꿈꾸는 이들에게. 서울특별시체육회. 월간 서울스포츠 346호 칼럼 스포노믹스, p.38, 39.

문개성(2017). 스포츠 갬블링. 커뮤니케이션북스.

문개성(2016a). 스포츠 마케팅. 커뮤니케이션북스.

문개성(2016b). 스포츠 매니지먼트. 커뮤니케이션북스.

문개성(2016c). 언론보도유형에 따른 유명 선수 이미지, 스폰서기업 제품태도, 구매의도와의 관계. 한국체육과학회지, 25(3), 713−729.

문개성(2015). 스포츠 인문과 사회. 커뮤니케이션북스.

문화체육관광부(2020a). 2019 스포츠 산업 실태조사 결과보고서. 연례보고서.

문화체육관광부(2020b). 2019 스포츠산업백서. 연례보고서.

문화체육관광부(2020c). 체육백서 2018. 연례보고서.

문화체육관광부(2019a). 스포츠산업백서 2018. 연례보고서.

문화체육관광부(2019b). 2018 스포츠 산업 실태조사 결과보고서. 연례보고서.

문화체육관광부(2018). 2017 스포츠산업백서. 연례보고서.

문화체육관광부(2017). 2016 스포츠산업백서. 연례보고서.

문화체육관광부(2013). 태권도진흥 기본계획. 내부보고서.

박세혁, 전호문, 김용만(2000). 스포츠 마케팅. 학현사.

박은태(2010). 경제학 사전. 경연사.

법제처(n. d.). 국민체육진흥법, 스포츠산업진흥법, 정부조직법, 체육시설의 설치 · 이용에 관한 법률 https://www.moleg.go.kr

이명식, 양석준, 최은정(2018). 전략적 브랜드 마케팅(제2판). 박영사.

이학식, 안광호, 하영원(2006). 소비자행동 마케팅 전략적 접근(제4판). 법문사.

이정학(2012). 스포츠 마케팅. 한국학술정보.

안광호, 하영원, 유시진, 박흥후(2018). 마케팅 원론(제7판). 학현사.

안종배(2020). 미래학 원론. 박영사.

오세조, 박충환, 김동훈, 김영찬, 박진용(2017). 고객중심과 시너지 극대화를 위한 마케팅 원론(제3전정판). 박영사.

서명준(2014). 미디어사회학. 커뮤니케이션북스.

서천범(2017). 레저백서 2017. 한국레저산업연구소.

신동호(2019.6.4.). 영국 프리미어리그 7조 2천억 원, 유럽 5대 축구리그 중 수입 1위. 브랜드타임즈. http://www.brandtimes.co.kr

정연석(2015). 국제스포츠 이벤트가 지역발전에 미치는 영향: 2015 경북 문경 세계군인체육대회를 중심으로. 미간행 석사학위논문, 국민대학교 스포츠산업대학원.

정성훈(2019.4.4.). 4차 산업혁명시대, 미래 유망직업. 뉴스핌.

조영태(2016). 정해진 미래: 인구학이 말하는 10년 후 한국 그리고 생존전략. 북스톤.

한국경제TV산업팀(2016). 4차 산업혁명 – 세상을 바꾸는 14가지 미래 기술. 지식노마드.

한국산업인력공단(2016a). 국가직무능력표준 NCS. 스포츠 마케팅–스포츠이벤트–스포츠이벤트경기운영지원.

한국산업인력공단(2016b). 국가직무능력표준 NCS. 스포츠 마케팅–스포츠정보관리–스포츠정보분석.

한국산업인력공단(2016c). 국가직무능력표준 NCS. 스포츠 마케팅–스포츠에이전트.

한국스포츠정책과학원(2019.9.26.). 스포츠산업 첨단 테크놀로지를 만나다: 해외편. 스포츠산업동향(122호).

한국스포츠정책과학원(2019.10.8.). 스포츠산업 첨단 테크놀로지를 만나다: 국내편. 스포츠산업동향(123호).

한국스포츠정책과학원(2017.3.15.) 국내외 프로스포츠 방송 중계권 시장 동향 분석. 제2017–3호(통권 24호). SI 포커스.

한상만, 하영원, 장대련(2018). 경쟁우위 마케팅 전략(제4판). 박영사.

황용철, 나준희, 박소진, 송영식, 김동훈(2015). 소비자행동. 학현사.

최윤섭(2014). 이미 시작된 미래 헬스케어 이노베이션. 클라우드나인.

최윤식(2016). 2030 대담한 도전. 지식노마드.

최윤식, 최현식(2017). 제4의 물결이 온다. 지식노마드.

최성범(2013). 미디어 경영. 커뮤니케이션북스.

케이비에스(KBS) 제작팀(2016). 명견만리, 향후 인류에게 가장 중요한 것들을 말하다. 인프루엔셜.

Aaker, D. A. (1991). *Managing Brand Equity*, NY: Free Press.

Aaker, J. L. (1997). Dimensions of Brand Personality. *Journal of Marketing Research, 34*(8), 347-356.

Assael, H. (1992). *Consumer Behavior and Marketing Action*(4th eds.). Boston, PWS-KENT.

Backman, S., & Crompton, J. L. (1991). Differentiating between high, spurious, latent, and low loyalty participants in two leisure activities. *Journal of Park and Recreation Administration, 9*(2), 1-17.

Bausenwein, C. (2006). *Ghehimnis Fussball: Auf Den Spuren Eines Phänomens*. 김태희 옮김(2010). 축구란 무엇인가. 민음인.

Brustad, R. (1992). Integration socialization influences into the study of children's motivation in sport. *Journal of Sport and Exercise Psychology, 14*(1), 59-77.

Caillois, R. (1958). *Les Jeux et Les Hommes*. 이상률 옮김(2018). 놀이와 인간: 가면과 현기증. 문예출판사.

Dobbs, R., & Manyika, J., & Woetzel, J. (2016). *No Ordinary Distruption*. 고영태 옮김(2016). 미래의 속도, 청림출판.

Dyson, A., & Turco, D. (1998). The state of celebrity endorsement in sport. *The Cyber Journal of Sport Marketing, 2*(1), [Online] Available: http://pandora.nla.gov.au/nph-wb/19980311130000/http://www.cad.gu.edu.au/cjsm/dyson.htm

Erickson, G., M., & Johansson, J. K. (1985). The role of price in multi-attribute product evaluation. *Journal of Consumer Research, 12*(2), 195~199.

Festinger, L. (1957). *A Theory of Cognitive Dissonance.* California: Standford University Press.

Ford, M. (2015). *Rise of the Robots: Technology and the Threat of a Jobless Future.* 이창희 옮김(2016). 로봇의 부상. 세종서적.

Foster, G., Greyser, S. A., & Walsh, B. (2006). *The Business of Sports: Text and Cases on Strategy and Management.* 문병준, 이상규 옮김(2007). 스포츠 비즈니스. 한경사.

Frey, C. B., & Osborne, M. A. (Sep. 17, 2013). *The Future of Employment: How Susceptible are Jobs to Computerisation.* Oxford University Press.

Fullerton, S. (2009). *Sports Marketing* (2th ed.). HS MEDIA 번역팀 옮김(2011). 스포츠 마케팅. HS MEDIA.

Giulianotti, R. (1999). *Football: A Sociology of the Global Game.* 복진선 옮김(2004). 축구의 사회학: 지구를 정복한 축구공, 지구를 말하다. 현실문화연구.

Gray, D. P. (1996). Sponsorship on campus. *Sports Marketing Quarterly, 5*(2), 29-34.

Huizinga, J. (1938). *Homo Rudens.* 이종인 옮김(2010). 놀이하는 인간 호모 루덴스. 연암서가.

Kapferer, J. N., & Laurent, G. (1985). Consumer Involvement Profile: New Empirical Result, inNA-Advances in Consumer Research, 12, eds., E. C. Hirschman & M. B. Holbrook, UT: *Association Consumer Research,* 290-295.

Kaser, K., & Oelkers, D. B. (2015). *Sports and Entertainment Marketing*(4th ed.). 오세이, 전태준 옮김(2016). 스포츠 엔터테인먼트 마케팅. 카오스북.

Katsuaki Sato(2016). *未來に先回りする思考法.* 양필성 옮김(2016). 내가 미래를 앞서가는 이유: 스타트업 1위 천재사업가의 미래 통찰. 스몰빅인사이트.

Keller, K. L. (2002). *Strategic brand management* (2nd ed.). Upper Saddler, NJ: Prentice Hall.

Koppett, L. (1991). *New Thinking Fan's Guide to Baseball.* 이종남 옮김(1999). 야

구란 무엇인가. 황금가지.

Kotler, P., & Armstrong, G. (2001). *Principles of Marketing*(9th eds.). Englewood Cliffs, NJ: Prentice－Hall.

Kotler, P., Berger, R., & Bickhoff, N. (2010). *The Quintessence of Strategic Management.* 방영호 옮김(2011). 필립 코틀러 전략 3.0. 청림출판.

Kotler, P., & Keller, K. L. (2006). *Marketing Management*(12th ed.). 윤훈현 옮김 (2006). 마케팅 관리론. (주)피어슨에듀케이션코리아.

Kotler, P., Kartajaya, H., & Setiawan, I. (2017). *Marketing 4.0: Moving From Traditional to Digital.* 이진원 옮김(2017). 필립 코틀러의 마켓 4.0. 더퀘스트.

Kotler, P., Kartajaya, H., & Setiawan, I. (2010). *Marketing 3.0 : From Products to Customer to the Human Spirit.* 안진한 옮김(2010). 마켓 3.0. 타임비즈.

Kotler, P., & Stigliano, G. (2018). *Retail 4.0.* 이소영 옮김(2020). 리테일 4.0. 더퀘스트.

Kozinets, R. V. (2015). *Netnography: Redefined.* NY: Sage Publication Ltd.

Krugman, H. E. (1965). The impact of television advertising: Learning without involvement. *Public Opinion Quarterly, 29*(3), 349－356.

Laswell, H. D. (1948). The Structure and Function of Communication in Society. In Bryson, L. (ed.), *The Communication Ideas,* NY: Harper and Brothers.

Lauterborn, B. (1990). New Marketing Litany: 4P's Passe; C－Words Take Over. *Advertising Age,* October, p.26.

Levitt, T. (1960). Marketing Myopia. *Harvard Business Review,* July－August, p.50.

Maslow, A. (1954). *Motivation and Personality.* NY. Harper and Row.

Mcdonald, M., Sutton, W., & Milne, G. (1995). TEAMQUAL: Measuring service quality in professional team sports. *Sport Marketing Quarterly, 4*(2), 9－15.

Miller, C. (1993). U.S. Firms Lag in Meeting Global Quality Standards. *Marketing News,* Feb., 15.

Moon, K. S., May, K., Ko, Y. J., Connaughton, D. P., & Lee, J. H. (2011). The influence of consumer's event quality perception on destination image.

Managing Service Quality, 21(3), 287－303.

Muniz, A. M., & O'Guinn, T. C. (2001). Brand Community. *Journal of Consumer Research, 27*(4), 412－432.

Mullin, B. J., Hardy, S., & Sutton, W. A. (1993). *Sport Marketing. Champaign*, IL: Human Kinetics Publishers.

Mullin, B. J., Hardy, S., & Sutton, W. A. (2000). *Sport Marketing*(2nd eds.). Champaign, IL: Human Kinetics Publishers.

IOC (2018). Olympic Marketing Fact File 2018 Edition.

Ohanian, R. (1990). Construction and validation of a scale to measure celebrity endorses' perceived expertise, trustworthiness, and attractiveness. *Journal of Advertising Research, 31*(1), 46－53.

Parasuraman, P. A., Zeithaml, V. A., & Berry, L. L. (1985). A conceptual model of service quality and its implications for future research. *Journal of Marketing, 49*(4), 41－50.

Parasuraman, P. A., Zeithaml, V. A., Berry, L. L. (1988). SERVQUAL－A multiple－item scale for measuring consumer perceptions of service quality. *Journal of Retailing, 64*(1), 12－40.

Porath, C. (2018). *Mastering Civility: A Manifesto for the Workplace.* 정태영 옮김(2018). 무례함의 비용: 막말 사회에 더 빛나는 정중함의 힘. 흐름출판.

Porter, M. (1980). *Competitive Strategy: Techniques for Analyzing Industries and Competitors.* NY. The Free Press.

Postman, N. (1985). *Amusing Ourselves to Death: Public Discourse in the Age of Show Business.* 홍윤선 옮김(2009). 죽도록 즐기기. 굿인포메이션.

Rein, l., Kotler, P., & Shields B. (2006). *The Elusive Fan: Reinventing Sports in a Crowded Marketplace.* 서원재, 성용준 옮김(2009). 필립 코틀러의 스포츠 브랜드 마케팅: 스포츠팬을 잡아라. 지식의 날개.

Rifkin, J. (2001). *The Age of Access: The New Culture of Hypercapitalism, Where all of Life is a Paid-for Experience.* 이희재 옮김(2001). 소유의 종말. 민음사.

Rifkin, J. (2011). *The Third Industrial Revolution.* 안진환 옮김(2012). 3차 산업혁명: 수평적 권력은 에너지, 경제, 그리고 세계를 어떻게 바꾸는가. 민음사.

Rifkin, J. (2014). *The Zero Marginal Cost Society.* 안진환 옮김(2014). 한계비용 제로 사회. 민음사.

Ross, A. (2016). *The Industrial of the Futuer.* 안기순 옮김(2016). 알렉로스의 미래산업 보고서. 사회평론.

Sandage, C. H. (1983). *Advertising Theory and Practice*(11th ed.). Homewood, IL: Richard D. Irwin.

Shank, M. D. (2009). *Sports Marketing: A Strategic Perspective* (4th ed.). 오응수·신흥범 옮김(2011). Shank's 스포츠 마케팅 전략적 관점. HS MEDIA.

Sandel, M. J. (2012). *What Money can't Buy: The Moral Limits of Markets.* 안기순 옮김(2012). 돈으로 살 수 없는 것들 - 무엇이 가치를 결정하는가. 와이즈베리.

Schwab, K. (2016). *Fourth Industrial Revolution.* 송경진 옮김(2016). 클라우스 슈밥의 제4차 산업혁명. 새로운 현재.

Schwab, K. et al. (2017). *The Fourth Industrial Revolution.* 김진희, 손용수, 최시영 옮김(2017). 4차 산업혁명의 충격. 흐름출판.

Shannon, C. E., & Weaver, W. (1949). *The Mathematical Theory of Communication.* Urbana Illinois: University of Illinois Press.

Shank, M. D. (2009). *Sports Marketing: A Strategic Perspective* (4th ed.). 오응수·신흥범 옮김(2011). Shank's 스포츠 마케팅 전략적 관점. HS MEDIA.

Shimp, T. (2010). *Advertising Promotion and Other Aspects of Integrated Marketing Communications*(7th eds.). Cengage.

Stotlar, D. K. (1993). *Successful Sport Marketing.* Dubuque, IA: WCB Brown & Benchmark.

Susskind, R., & Susskind, D. (2015). *The Future of the Professions.* 위대선 옮김(2016). 4차 산업혁명 시대, 전문직의 미래. 와이즈메리.

Tapscott, D., & Tapscott, A. (2016). *Blockchain Revolution.* 박지훈 옮김(2017). 제4차 산업혁명 시대, 인공지능을 뛰어넘는 거대한 기술. 을유문화사.

Theodorakis, N., Kambitsis, C., Laios, A., & Koustelios, A. (2001). Relationship between measures of service quality and satisfaction of spectators in professional sports. *Managing Service Quality, 11*(6), 431–438.

Ukman, L. (2015). *IEG's Guide to Sponsorship: Everything You Need to Know about Sports, Arts, Event, Entertainment and Cause Marketing.* Illinois: IEG, LLC.

Vaughn, R. (1980). How advertising works: A planning model. *Journal of Advertising Research, 20,* 27–30.

Wiener, N. (1948). *Cybernetics.* NY: Wiley and Sons.

Wikipedia (n. d.). Personal seat license. [Online] Available: https://en.wikipedia.org/wiki/Personal_seat_license

Wilson, Edward O. (2012). *Social Conquest of Earth.* 이한울 옮김(2013). 지구의 정복자. 사이언스북스.

색인

ㅅ

저자소개

문개성

(현) 원광대학교 스포츠과학부 교수
(현) 한국연구재단 평가위원
(전) 서울특별시 체육회 집필위원
(전) 한국스포츠산업경영학회 이사
(전) 한국스포츠산업협회 개발위원(NCS 스포츠 마케팅－스포츠에이전트)
(전) 한국체육학회 영문저널 편집위원
(전) 한국스포츠정책과학원 영문저널 편집위원
(전) 미국 플로리다대학교 Research Scholar(스포츠 매니지먼트)
(전) 문화체육관광부 국민체육진흥공단 Tour de Korea 조직위원회 스포츠 마케팅 팀장
(전) 경희대학교 테크노경영대학원 외래교수

저서

체육·스포츠 행정의 이론과 실제. 박영사. 2022(공저).
스포마니타스: 사피엔스가 걸어온 몸의 길. 박영사. 2021.
무크(MOOC)와 함께 하는 스포츠 마케팅. 한국학술정보. 2021.
나를 성장시킨 노자 도덕경. 부크크. 2021.
현대사회와 스포츠: 미래에도 무한한 인류 공통의 언어. 박영사. 2020.
스포츠 창업 해설서: 스타트업 4.0 미래시장. 박영사. 2020.
스포츠 에이전트 직무해설서(개정2판): 선수 대리인의 비즈니스 관점. 박영사. 2020.
보이콧 올림픽: 지독히 나쁜 사례를 통한 스포츠 마케팅 이해하기. 부크크. 2020.
스포츠 경영: 21세기 비즈니스 미래전략. 박영사. 2019.
스포츠 마케팅 4.0: 4차 산업혁명 미래비전. 박영사. 2018.
스포츠 에이전트 직무 해설서. 박영사. 2018.
스포츠 갬블링. 커뮤니케이션북스. 2017.
스포츠 마케팅. 커뮤니케이션북스. 2016.
스포츠 매니지먼트. 커뮤니케이션북스. 2016.
스포츠 인문과 사회. 커뮤니케이션북스. 2015.

수험서

M 스포츠경영관리사 필기·실기 한권 완전정복. 박영사.
M 스포츠지도사 필기 한권 완전정복. 박영사(공저) 외 다수

* 블로그 : 스포마니타스(SPOMANITAS)
* K－MOOC(http://www.kmooc.kr) : 스포츠 마케팅론

개정2판
스포츠 마케팅 4.0: 4차 산업혁명 미래비전

초판발행 2018년 8월 15일
개정2판발행 2022년 1월 20일
중판발행 2024년 4월 25일

지은이 문개성
펴낸이 안종만 · 안상준

편 집 탁종민
기획/마케팅 이영조
표지디자인 이소연
제 작 고철민 · 조영환

펴낸곳 (주) 박영사
서울특별시 금천구 가산디지털2로 53, 210호(가산동, 한라시그마밸리)
등록 1959. 3. 11. 제300-1959-1호(倫)
전 화 02)733-6771
f a x 02)736-4818
e-mail pys@pybook.co.kr
homepage www.pybook.co.kr
ISBN 979-11-303-1454-9 93690

정 가 32,000원